高等职业教育药学类与食品药品类专业第四轮教材

# 医药商品基础

（供药品经营与管理、食品药品监督管理、药学、中药学等专业用）


主　编　都慧慧　林瑾文

副主编　邓　媚　刘　韬　刘相晨

编　者　（以姓氏笔画为序）

王　岚（盐城工业职业技术学院）

邓真真（山东药品食品职业学院）

司晓铭（淄博职业学院）

刘相晨（漱玉平民大药房连锁股份有限公司）

林瑾文（福建生物工程职业技术学院）

都慧慧（山东药品食品职业学院）

邓　媚（湖南食品药品职业学院）

龙萌萌（河南医药健康技师学院）

刘　韬（红河卫生职业学院）

张丽媛（河北化工医药职业技术学院）

柳　莹（辽宁医药职业学院）

靳　曼（天津生物工程职业技术学院）



中国健康传媒集团
中国医药科技出版社·北京

## 内容提要

本教材为“高等职业教育药学类与食品药品类专业第四轮教材”之一，根据药品经营与管理等专业培养目标和《医药商品基础》教学大纲基本要求编写而成。本书紧密结合新时代医药流通行业发展和社会用人需求，以职业引领和专业入门为定位，分为医药商品概论和医药商品分类识别两个模块，主要涵盖医药行业认知、医药企业认知、监督管理体系认知、医药商品基础知识、常见药物商品分类识别等内容，注重行业核心价值引领，图文并茂，易学易教，为后续专业课程的学习和从事医药流通服务领域工作夯实品种基础。本教材为书网融合教材，即纸质教材有机融合电子教材，教学配套资源（PPT、微课、视频等），题库系统，数字化教学服务（在线教学、在线作业、在线考试），使教材立体化，便教易学。

本教材主要供药品经营与管理、食品药品监督管理、药学、中药学等专业使用，也可作为药品购销“1+X”证书考试参考书，亦可供医药流通服务领域各岗位新员工学习培训使用。

**图书在版编目（CIP）数据**

医药商品基础／都慧慧，林瑾文主编．—北京：中国医药科技出版社，2021.8（2025.6 重印）.

高等职业教育药学类与食品药品类专业第四轮教材

ISBN 978－7－5214－2524－6

Ⅰ.①医…　Ⅱ.①都…②林…　Ⅲ.①药品－商品学－高等职业教育－教材　Ⅳ.①F763

中国版本图书馆 CIP 数据核字（2021）第 143944 号

**美术编辑**　陈君杞

**版式设计**　友全图文

出版　**中国健康传媒集团**｜中国医药科技出版社

地址　北京市海淀区文慧园北路甲 22 号

邮编　100082

电话　发行：010－62227427　邮购：010－62236938

网址　www.cmstp.com

规格　$889 \times 1194$mm $^{1}/_{16}$

印张　20 $^{1}/_{4}$

字数　553 千字

版次　2021 年 8 月第 1 版

印次　2025 年 6 月第 5 次印刷

印刷　大厂回族自治县彩虹印刷有限公司

经销　全国各地新华书店

书号　ISBN 978－7－5214－2524－6

**定价　58.00 元**



获取新书信息、投稿、为图书纠错，请扫码联系我们。

# 出版说明

“全国高职高专院校药学类与食品药品类专业‘十三五’规划教材”于2017年初由中国医药科技出版社出版，是针对全国高等职业教育药学类、食品药品类专业教学需求和人才培养目标要求而编写的第三轮教材，自出版以来得到了广大教师和学生的好评。为了贯彻党的十九大精神，落实国务院《国家职业教育改革实施方案》，将“落实立德树人根本任务，发展素质教育”的战略部署要求贯穿教材编写全过程，中国医药科技出版社在院校调研的基础上，广泛征求各有关院校及专家的意见，于2020年9月正式启动第四轮教材的修订编写工作。

党的二十大报告指出，要办好人民满意的教育，全面贯彻党的教育方针，落实立德树人根本任务，培养德智体美劳全面发展的社会主义建设者和接班人。教材是教学的载体，高质量教材在传播知识和技能的同时，对于践行社会主义核心价值观，深化爱国主义、集体主义、社会主义教育，着力培养担当民族复兴大任的时代新人发挥巨大作用。在教育部、国家药品监督管理局的领导和指导下，在本套教材建设指导委员会专家的指导和顶层设计下，依据教育部《职业教育专业目录（2021年）》要求，中国医药科技出版社组织全国高职高专院校及相关单位和企业具有丰富教学与实践经验的专家、教师进行了精心编撰。

本套教材共计66种，全部配套“医药大学堂”在线学习平台，主要供高职高专院校药学类、药品与医疗器械类、食品类及相关专业（即药学、中药学、中药制药、中药材生产与加工、制药设备应用技术、药品生产技术、化学制药、药品质量与安全、药品经营与管理、生物制药专业等）师生教学使用，也可供医药卫生行业从业人员继续教育和培训使用。

本套教材定位清晰，特点鲜明，主要体现在如下几个方面。

**1.落实立德树人，体现课程思政**

教材内容将价值塑造、知识传授和能力培养三者融为一体，在教材专业内容中渗透我国药学事业人才必备的职业素养要求，潜移默化，让学生能够在学习知识同时养成优秀的职业素养。进一步优化“实例分析/岗位情景模拟”内容，同时保持“学习引导”“知识链接”“目标检测”或“思考题”模块的先进性，体现课程思政。

**2.坚持职教精神，明确教材定位**

坚持现代职教改革方向，体现高职教育特点，根据《高等职业学校专业教学标准》要求，以岗位需求为目标，以就业为导向，以能力培养为核心，培养满足岗位需求、教学需求和社会需求的高素质技能型人才，做到科学规划、有序衔接、准确定位。

**3.体现行业发展，更新教材内容**

紧密结合《中国药典》（2020年版）和我国《药品管理法》（2019年修订）、《疫苗管理法》（2019

年）、《药品生产监督管理办法》（2020年版）、《药品注册管理办法》（2020年版）以及现行相关法规与标准，根据行业发展要求调整结构、更新内容。构建教材内容紧密结合当前国家药品监督管理法规、标准要求，体现全国卫生类（药学）专业技术资格考试、国家执业药师职业资格考试的有关新精神、新动向和新要求，保证教育教学适应医药卫生事业发展要求。

**4. 体现工学结合，强化技能培养**

专业核心课程吸纳具有丰富经验的医疗机构、药品监管部门、药品生产企业、经营企业人员参与编写，保证教材内容能体现行业的新技术、新方法，体现岗位用人的素质要求，与岗位紧密衔接。

**5. 建设立体教材，丰富教学资源**

搭建与教材配套的"医药大学堂"（包括数字教材、教学课件、图片、视频、动画及习题库等），丰富多样化、立体化教学资源，并提升教学手段，促进师生互动，满足教学管理需要，为提高教育教学水平和质量提供支撑。

**6. 体现教材创新，鼓励活页教材**

新型活页式、工作手册式教材全流程体现产教融合、校企合作，实现理论知识与企业岗位标准、技能要求的高度融合，为培养技术技能型人才提供支撑。本套教材部分建设为活页式、工作手册式教材。

编写出版本套高质量教材，得到了全国药品职业教育教学指导委员会和全国卫生职业教育教学指导委员会有关专家以及全国各相关院校领导与编者的大力支持，在此一并表示衷心感谢。出版发行本套教材，希望得到广大师生的欢迎，对促进我国高等职业教育药学类与食品药品类相关专业教学改革和人才培养作出积极贡献。希望广大师生在教学中积极使用本套教材并提出宝贵意见，以便修订完善，共同打造精品教材。

# 数字化教材编委会

主　编　都慧慧　林瑾文
副主编　邓　媚　刘　韬　刘相晨
编　者　（以姓氏笔画为序）
王　岚（盐城工业职业技术学院）
邓　媚（湖南食品药品职业学院）
邓真真（山东药品食品职业学院）
龙萌萌（河南医药健康技师学院）
司晓铭（淄博职业学院）
刘　韬（红河卫生职业学院）
刘相晨（漱玉平民大药房连锁股份有限公司）
张丽媛（河北化工医药职业技术学院）
林瑾文（福建生物工程职业技术学院）
柳　莹（辽宁医药职业学院）
都慧慧（山东药品食品职业学院）
靳　曼（天津生物工程职业技术学院）

# 前言

为适应新时代我国医药流通行业发展需求，本教材根据高等职业教育药品经营与管理等专业培养目标和主要就业方向及职业能力要求，按照本套教材编写指导思想和原则要求，结合《医药商品基础》课程教学大纲，由全国10所高等职业院校（联合知名药品零售企业）从事教学和生产一线的教师、学者悉心编写而成。

本教材系“高等职业教育药学类与食品药品类专业第四轮教材”新增品种，与同类教材功能定位略有不同，为专业基础课教材，主要以医药行业职业引领和专业入门为定位，分为医药商品概论和医药商品分类识别两个模块，涵盖医药行业认知、医药企业认知、监督管理体系认知、医药商品基础知识、常见药物商品分类识别等内容。使学习者在了解医药行业、药品产业链以及监督管理体系下，熟悉行业规范最新要求，遵守医药职业道德，掌握必备的医药商品基础知识和药品分类方法，以最新版《中华人民共和国药典》《国家基本药物目录》《国家基本医疗保险、工伤保险和生育保险药品目录》为依据，不断积累药物商品的品种知识；同时注重信息素养养成，使学习者能紧跟市场建立动态的品种资源库以保持职业适应性和可持续发展性，为后续专业课程的学习和从事药品流通服务领域的工作夯实基础。

本教材坚持“必需、实用”的编写原则，具有以下编写特点，从而使学生乐学、易学、善学。

1. 注重行业核心价值引领，教材内容体系由“广角”到“聚焦”，由“宏观综合”到“微观单一”，符合学生认知规律，精选基础与核心内容，并及时纳入当前医药市场中的新政策和新知识，体现教材内容的基础性和先进性。

2. 药物商品知识难记易忘易混，充分利用信息化将药物商品的实体形象以及市场动态引入教材，数字资源丰富，图文并茂，书网融合，且在结构设计上依次通过药品识记→实践训练→知识回顾→巩固提升，层层递进，聚焦重点，突破记忆难点，体现教材的实用性、可读性、趣味性和有效性。

落实立德树人根本任务，将党的二十大精神融入课程思政，注重药德教育，多维度、多基点挖掘育人元素，并有机融入到案例分析、知识链接及实践训练中，强调思、学、用的有效结合，循序渐进融价值塑造、知识传授和能力培养为一体。

本教材编写分工如下：都慧慧（项目二任务一、项目三任务一、项目十任务四），林瑾文（项目一），邓媚（项目二任务三～五），刘韬（项目二任务二），刘相晨（项目十一），王岚（项目三任务二、三），龙萌萌（项目四、项目十任务一～三），张丽媛（项目五、项目六），靳曼（项目七），司晓铭（项目八），柳莹（项目九），邓真真（项目十二）。全书由都慧慧、林瑾文负责统稿和审核，邓真真负责药品识记部分医药商品图片的编辑，都慧慧负责简化版药品标签及说明书的编辑。

为了增强商品品种学习的可读性、趣味性和有效性，教材关联了当前医药流通市场中代表品种的包装图片，在此声明，所有厂家的代表商品（包含商品名）仅作为教学举例使用，不涉及商业推广，后期会跟随市场保持动态调整。模块二常见药品识别部分【品种信息】中涉及的批文数目，来源于2023年6月25日国家药品监督管理局“药品查询”实时数据（该数据呈动态性），批文数目包含了该药物的“原料药、单方制剂及复方制剂”所有品种，主要生产企业为随机列举，仅为教学举例使用，且为了节省篇幅，统一采用简称。

本教材主要供高职高专药品经营与管理、食品药品监督管理、药学、中药学等专业使用，也可作为药品购销“1+X”证书考试参考书，亦可供医药流通服务领域各岗位新员工学习培训使用。

编写过程中得到了许多行业专家、各参编单位和编委的鼎力支持和协助。同时，参考了国家药品监督管理局药品查询数据库，国家药品监督管理局南方医药经济研究所历年的《中国医药市场发展蓝皮书》，前瞻产业研究院《中国医药流通行业商业模式与投资机会分析报告》等数据。在此表示衷心的感谢！由于编者水平所限，难免有疏漏和不足之处，敬请读者批评指正。

编　者
2021 年 5 月

# 目录
CONTENTS

# 模块一
# 医药商品概论

# 项目一 行业认知

## 学习引导

随着全球经济和科技的发展，人类健康观念的转变以及人口老龄化进程的加快等，医药行业成为与人类生命健康、生活质量密切相关的高速发展的产业之一，被誉为“永不落的朝阳产业”，在整个消费市场中有着举足轻重的地位，是我国国民经济的重要组成部分。医药商品是医药企业生产和经营的对象，更是人们预防、治疗和诊断疾病不可缺少的资源。医药商品质量直接关系着人们的生命和健康。

本单元主要介绍医药行业、医药企业、医药商品监督管理体系以及医药职业道德的相关知识，引导学习者去了解探索医药行业，熟悉监管体系，强化医药职业道德，树立质量安全意识，增强医药人的责任使命感，进而指导未来的专业学习和规范职业行为，对保证医药商品质量安全、保障人民群众生命健康有着非常重要的指导意义。

## 学习目标

1. **掌握** 医药商品的概念，药品的特殊性；医药产业链的组成；医药职业道德的内涵，理解其重要性。

2. **熟悉** 医药企业类型、国家药品监督管理部门的主要职责、药品监管体系构成；医药职业道德基本要求及职业守则。

3. **了解** 医药行业及医药市场的发展、国家药品监督管理部门的组织发展及直属机构的主要职责等。

## 任务一 认识医药行业

PPT

### 案例分析

**案例描述** 2020 年 10 月，据相关报道：①医药行业传统营销模式开始崩塌，企业削减销售费用越来越普遍。浙江华海药业第三季度销售费用同比下降了 30.98%，首次出现大幅下降；昆药集团母公司降幅达到 58.23%；华北制药也减少了 19.26%。信立泰 2019 年底其销售人员已从 2018 年的 2108 人下降到了 1666 人，至少减少了 422 人。2020 年初，亚宝药业整体降薪、阿斯利康鼓励员工主动申请去基层等。②医药企业破产、重组、裁员、降薪、岗位调整等在频繁上演。2019 年以来，全国至少已有 18 家医药相关企业破产关停。破产企业既有医药经营企业，也有医药工业企业。

据 FierceBiotech 统计，2023 年 1 月份，不少医药企业也陆续传出了裁员、卖厂，甚至破产的消息，如默克、BMS、辉瑞和安进等大型制药企业相继被媒体证实裁员。

**讨　论**　1. 医药行业发生了哪些转变？

2. 医药企业发生破产、重组、裁员、降薪、岗位调整的原因是什么？

答案解析

## 一、医药行业发展历程

医药行业是关系国计民生的重要产业，是全社会关注的热点，是构建社会主义和谐社会的重要内容，与人们的生命健康和生活质量息息相关。新中国成立以来，医药行业一直保持快速成长阶段，尤其改革开放以来更是取得了举世瞩目的成就。医药行业发展可划分为五个阶段：完全计划经济阶段、计划市场经济阶段、市场经济阶段、转型改革阶段、合规健康转型阶段。

**1. 完全计划经济阶段（从 1949 ~ 1984 年）**　1949 年至改革开放早期的 1984 年，药品生产、流通及消费一直是完全的计划经济产物，这一阶段是计划经济体制下高度集中制，产销分离。当时生产力低下、物资匮乏，药品供不应求，为满足广大人民群众对医疗的需求，我国实行统一定点生产、统一购买、统一配送（统购统销）。医药工业企业按计划生产产品。全国医药流通只有国营主渠道，供应按一、二、三级批发逐级调拨。医药批发企业根据各行政区的划分设置，对医药生产企业的产品包购包销。

**2. 计划经济向市场经济过渡阶段（1984 ~ 1998 年）**　伴随着国家经济体制改革，我国的医药流通体制打破了计划经济体制形成的一、二、三级批发的流通格局和计划调拨药品的供给模式，医药生产企业开始自己选择销售对象，医药分销公司可以直接从厂商采购，垄断市场逐步被打破，行业竞争无序。此阶段，国企改制民企萌芽崛起，合资企业开始进入中国。OTC 市场迅速发展，医院市场竞争加剧，行业监管相对滞后，市场较为混乱。零售与医药代表分工逐渐产生并日趋明确，投资不断涌入医药市场，各种形式的合资药企层出不穷。

**3. 市场经济阶段（1999 ~ 2012 年）**　医药行业取得了市场化发展，开始出现混合、民营等各种医药企业，市场逐步释放活力，产品和服务供应得到了丰富，竞争日渐加剧。

1999 ~ 2006 年，医药市场全面开放，新的商业模式和经营业态不断出现。政策变化主导市场走向和经营行为。国家在新药报批法规及监管方面相对薄弱，出现大量仿制药、伪新药，同质化竞争加剧。广告战、价格战、促销战愈演愈烈。市场变化多端，应接不暇。

2007 ~ 2012 年，医改推动医药市场逐步走向规范化，如国家推行打击医药商业贿赂、整顿和规范药品市场秩序、加大医疗体制改革力度、药品降价等多项政策法规，加速企业优胜劣汰，加速产业集中化进程。国家通过政策从医药工业、医药商业及终端市场方面加以规范，行业进入理性发展阶段，行业内掀起整顿浪潮。社会医疗保险采购施行以省为单位的网上集中采购模式，并逐渐呈现基药/非基药二元化招标趋势。期间，各种新模式不断涌现，如双信封模式、质量分层、剂型合并等。

**4. 转型改革阶段（2013 年 -2020 年）** 从 2013 年下半年起，医药行业的发展契合了中国经济新常态的特征，增长进入换挡期，我国医药工业总产值增速持续放缓，由高速增长转为中高速增长。其中 2017 年是国内医药企业机遇与挑战并存的一年，也是中国医药研发、生产、销售以及流通的政策规范年。随着医药行业改革持续推进，“两票制”的落地、国家新版医保目录和谈判目录的出台、推进药品上市许可持有人制度、仿制药一致性评价、深化改革鼓励创新、全国药品集中采购、“4+7”带量采购、新版 GMP 改造检查等配套措施落地、《药品注册管理办法》和《中华人民共和国药品管理法》（以下简称药品管理法）征求修订等一系列制度和政策，以及疾病诊断相关分组（DRG）付费、基于大数据的病种组合（DIP）付费方式的实施，将对医药行业各个方面产生深远的影响，行业集中度进一步提高，同时新医改将促使行业重新洗牌，进一步促进企业坚持永远造好药、永远不能放弃创新，激活行业企业自身不断创新营销模式，寻找发展方向。

**5. 合规健康转型阶段（2021～至今）** 我国药企和药品数量过多，产品推广、商业贿赂、不正当竞争、垄断、信息安全等方面，都存在高合规风险。随着医改的深入，行业的重新洗牌以及国家重拳治理背景下，医药企业深刻意识到合规刻不容缓，坚持永远造好药、永远不能放弃创新，是激活行业企业发展的方向，提出了合规推广和反商业贿赂等。中国化学制药工业协会在北京举办了 2023 医药行业合规发展大会，医药行业代表向全行业同仁发出了倡议，积极响应和推行国家关于企业合规建设的方针政策、合规管理规范；积极倡导和推进企业内部的合规文化和合规体系建设。会上发布了《医药行业企业合规师职业技术技能要求》团体标准和医药行业企业合规师专业教材。国家市场监督管理总局组织开展 2023 年反不正当竞争“守护”专项执法行动，加强对新型商业营销行为监管，严打医药商业贿赂违法行为等，推动医药行业企业合规守法经营、健康发展。

## 二、医药产业链及医药企业

### （一）医药产业链

医药行业对保护和增进人民健康、提高百姓生活质量有着十分重要的作用，它既和百姓的切身利益紧密相连，也是构建社会主义和谐社会的核心内容，是一、二、三产业为一体的传统产业和现代产业相结合的产业。医药行业的产业链主要由医药原料、医药研发与生产制造、医药流通与服务三部分组成，见图 1-1 和图 1-2 所示。

产业链上游的医药原料是用作生产化学药、中药、生物药和医疗器械等的原料，包括化学药原料、天然药物原料、生物药原料等；中游的医药研发与生产制造主要包含化学原料药、化学药品制剂、中药饮片、中成药、生物药品、卫生材料及医药用品、制药专用设备、医疗仪器设备及器械的研发与制造 8 大子行业（此为 2017 年及以后的分类方法）。

医药流通与服务是医药制造业的下游行业，涵盖了医药产品从生产企业出厂到消费者手中的全部过程，是医药产业链中极其重要的一环，是把产品转化为商品，使其发挥预防、诊断、治疗、康复等作用，满足人们健康需求的中心环节，它是生产厂家生产医药产品和消费者使用医药商品的重要桥梁，既是安全生产过程的延续，也是产品质量保证的延续。医药产品从完成生产流程成为成品开始，就进入医药流通领域，因此医药流通领域涉及医药批发企业、医药零售企业、医药物流企业等。

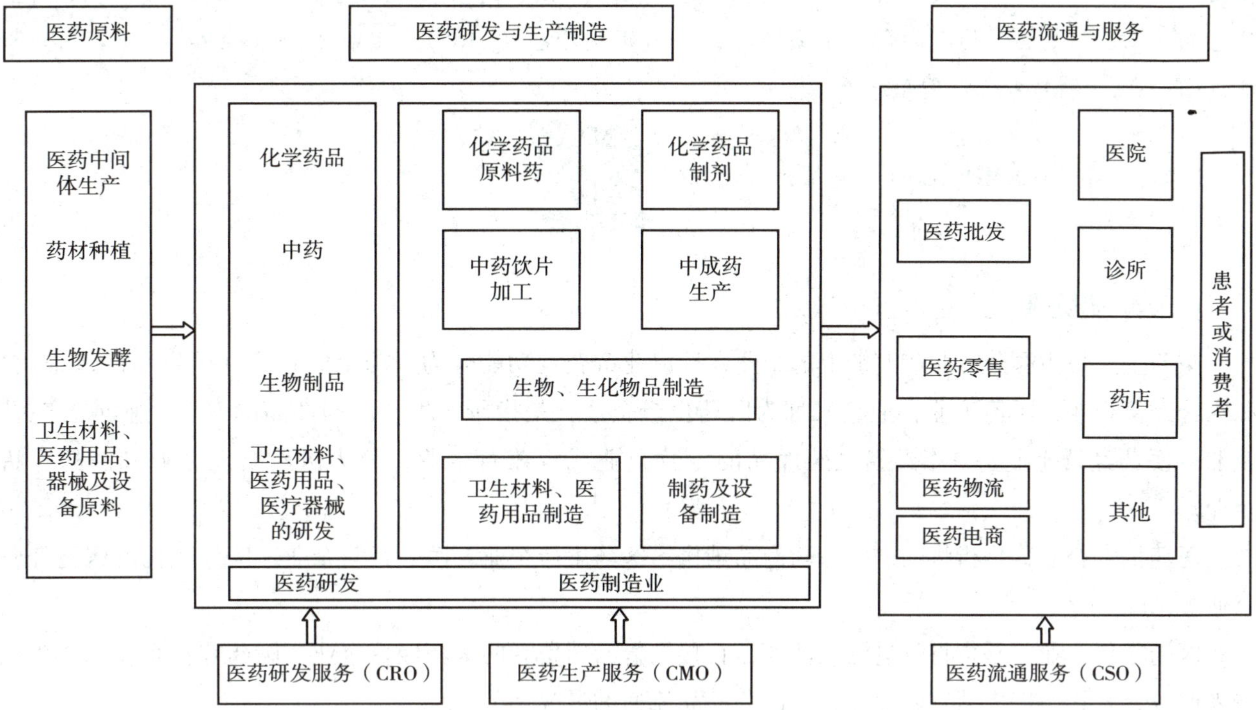


图1－1　医药行业产业链

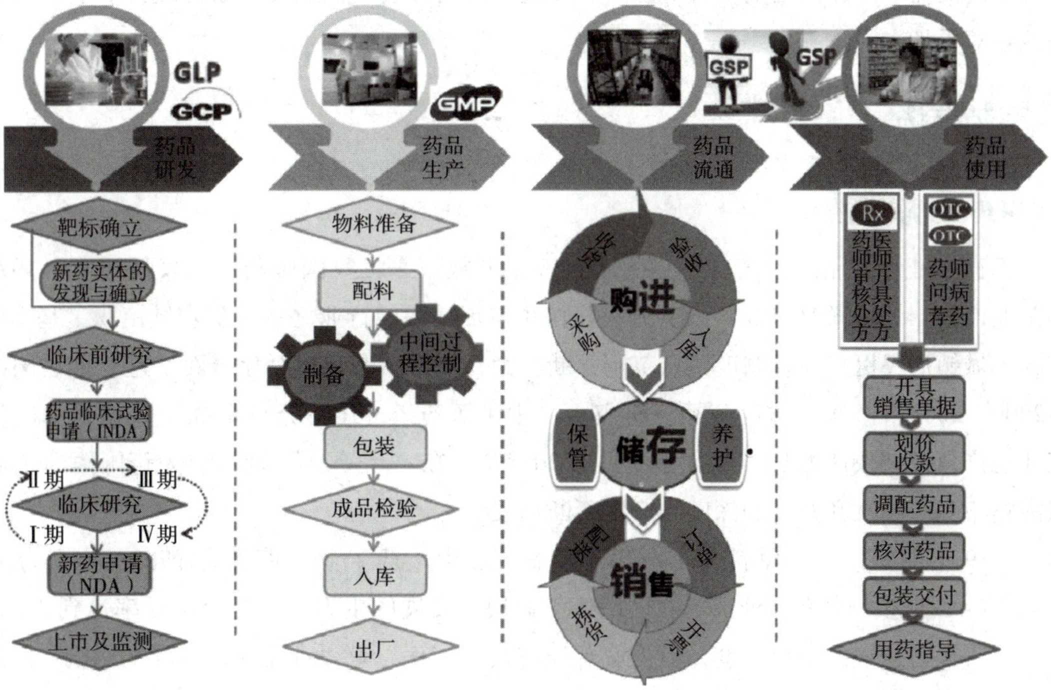


图1－2　药品产业链工作流程图

## 知识链接

### 医药外包

近年来，随着全球医药外包转移及国家鼓励创新政策、药品上市许可持有人（MAH）制度的实施，在国内创新药研发需求扩大，叠加海外订单需求阶段性向国内转移加速的背景下，医药外包成长迅速。外包范围涵盖药物生命周期的各个主要阶段，包括研发外包（CRO）、定制生产（CMO）、研发生产外包（CDMO）、销售外包（CSO）等。

CRO、CMO、CDMO、CSO 名词简介，请扫码

### （二）医药企业

医药企业是指医药行业产业链上的企业，按产业链企业功能分为医药工业企业（研发与制造企业）和医药经营企业。医药工业企业，又称为医药生产企业，是指研发生产医药产品的专营企业或者兼营企业。医药经营企业，是指经营医药商品的专营企业或者兼营企业，分为医药批发企业和医药零售企业。

医药批发企业，是指将购进的医药商品销售给医药生产企业、医药经营企业、医疗机构的医药经营企业。

医药零售企业，是指将购进的医药商品直接销售给消费者的医药经营企业。医药零售企业直接为消费者服务，直接与广大消费者见面，是医药商品流通的最终环节。

医药经营企业的经营活动，即从事医药商品的买卖活动，向社会提供医药商品和服务，以满足消费者对医疗、保健的需求。在满足消费者对医疗、保健需求的社会效益过程中取得经济效益，具有社会效益和经济效益双重性。

## 三、医药市场

### （一）医药工业市场

根据《医药工业统计制度》统计数据显示，改革开放以来，我国医药工业发展迅猛。1978～2000年，医药工业产值年均递增16.6%，成为国民经济中发展最快的行业之一。随着城镇职工基本医疗保险制度的完善，城镇居民医疗保险制度试点范围不断扩大，农村新型合作医疗全面推进，推动国内医药市场发展，2000～2009年，据南方医药经济研究所“中国医药经济运行分析系统”数据显示，我国七大类医药工业总产值保持快速增长；复合年增长率20.8%，在“十一五”期间成为跨国医药企业重点开发的新兴战略市场，投入和开发的深度和广度不断拓展。

2010～2019年期间，化工原料药工业、化学制剂、中成药工业产值复合增长率分别为16.42%、20.29%和17.74%，生物制药行业成为我国医药工业快速发展的生力军，复合增长率达到31.59%。我国医药行业一直保持较快的增长速度，但受宏观经济及“三医”联动改革新政变化的影响，医药工业总产值的增速有所放缓，呈现波动下跌趋势，“十三五”期间行业复合增速在17%左右。2019年，《中国医药行业经济运行指数》报告显示，医药工业增加值增速显著放缓，但仍领先GDP及工业增加值增速，发挥引领带动作用，也充分显示医药制造业具有长期抗经济波动的特征。

2020年，突如其来的新冠疫情使全球经济陷入衰退，但我国医药工业在抗击疫情的过程中起到了非常重大的作用，2021年新冠疫苗形成很大的行业增量，2022年新冠疫苗销售大幅下降，中药、创新药、医疗器械国产化等是国家政策重点鼓励的方向，这些领域发展将更为迅速。随着国家和地方药品集

中带量采购深入实施，纳入集采范围的产品覆盖面不断扩大，整体价格进一步下降，医药工业增速有所下滑。随着疫情影响的消退，国内创新药的研发进程不断推进，医药工业整体将稳步发展。

### （二）医药商业市场

2000～2009 年，我国医药商业购销保持活跃，我国七大类医药商品销售规模复合增长率在“十五”期间为 15.17%，“十一五”期间上升至 20.50%，其中药品类总销售额在十年间增长了 3 倍，复合增长率为 17.10%，中成药类总销售额的复合年增长率为 12.72%。随着人们生活水平不断提高，大健康理念持续增强，人口老龄化程度日益加深，药品流通市场规模持续增长，但增速有所放缓。“十二五”期间，复合增长率为 16.55%，2015～2019 年复合增长率仅为 5.58%，其中医药电商市场用户不断增加。2020 年初，受新冠疫情影响，医药电商行业在抗疫中发挥了积极作用，1 药网、药房网商城、叮当快药迅速成长，居医药流通领域 APP 月度活跃用户前 3 位。2022 年，疫情物资需求爆发，带动医药商业业绩较大幅度的增高。2023 年恢复常态化经营，有望持续稳中向好。

近年，行业集中度迅速提升，上市公司作为行业龙头，受益明显。面对医药分开、公立医院改革、基层医疗崛起、市场营销扁平化等行业新趋势，以往的商业服务方式和盈利模式受到严峻挑战。全行业围绕医改带来的契机，进一步发挥业态创新、技术创新优势，推进供应链管理应用，不断创新服务模式，多元化服务趋势日益展现，在开展对医院院内药品物流延伸服务、进行医院物流管理系统（SPD）试点、承接药房托管、承接医院药库外设管理以及药店承担社区医疗机构药房功能试点等新服务模式突出。

### （三）医药终端市场

中国医药终端市场主要包括医疗终端和零售终端。医疗终端市场是指县及县以上医院、社区卫生服务中心与服务站、乡镇卫生院、村卫生室和诊所等医疗机构的药品零售总额，其中，县及县以上医院为第一终端，其余医疗机构为第三终端。零售终端市场是指所有实体药店和网上药店的药品零售总额，即第二终端。

米内网数据显示，2022 年，我国三大终端六大市场药品销售额达 17936 亿元，同比增长 1.1%。从实现药品销售的三大终端的销售额分布来看，公立医院终端市场份额最大，占比为 61.8%；零售药店终端市场份额占比为 29.0%；公立基层医疗终端市场份额近年有所下降，占比为 9.2%。

我国医药电商市场从 2005 年开始发展，2005 年～2009 年处于初创期，2009 年～2015 年处于探索期，2015 年后进入快速发展期，经历了 5 年的快速增长阶段，市场规模年复合增长率为 33.93%。十四五期间，医药电商仍有较大的发展空间，目前竞争激烈，未来值得期待。

近年来，受疫情影响自建门店速度虽有所放缓，但药店龙头整体仍处于加速扩张通道。截止 2023 年 3 月，益丰药房、大参林、老百姓三大龙头的总门店数量分别达到 10865 家、10895 家、11231 家，行业迈入万店时代。

### （四）医药物流市场

医药物流是指药品、医疗器械等医药商品在空间上的转移，贯穿于整个医药产业链中，为我国医药行业的流通与发展贡献了不可磨灭的力量。随着“两票制”、税收改革、一致性评价等重大医药改革的逐步实施，国家对医药物流行业的规范性和规模也愈加重视，不断出台政策，加大监管力度，推动行业规模发展，传统医药流通面临着前所未有的行业格局大调整和市场的重新洗牌。

目前，医药物流行业处于持续增长阶段，医药物流市场规模稳步上升。随着国家医药流通行业的整合，第三方医药物流成为大势所趋。因医药商品对温湿度要求的特殊性，冷链及 GSP 仓储正逐渐成为众多快递物流企业的重要战略发展布局之一。虽然物流行业知名企业众多，但受限于自身冷链水平及符合 GSP 要求的现代化医药物流仓库的建设，只能无奈地被挡在医药物流的大门外。未来，物流仓储、物流成本、物流效率、物流可追溯等方面提出的更高服务要求，将驱动医药物流向智慧化变革，其中医药物流信息化是未来医药物流发展的主要方向。

## 四、医药商品

### （一）医药商品的概念

医药商品泛指医药商业所经营的药品、保健食品、医疗器械、消毒产品、化妆品、化学试剂、玻璃仪器等与人类健康相关的商品，其主要作用是维护人类健康，医药产品从完成生产流程成为成品开始，进入医药流通领域，就成为医药商品。其中，药品在医药商品中品种最多、分类最复杂，是医药商品的核心，需要具备相关的专业知识才能够正确生产、经营和使用。

我国医药商品可谓门类齐全、品种繁多，其技术、生产、销售、消费等特点各不相同，合理的分类可以帮助医药企业针对自己所生产和经营的产品类别，正确掌握其生产经营上的特征、特点，更好地去实现医药商品的价值和使用价值（关于医药商品的分类详见项目二任务一）。

### （二）医药商品的特殊性

医药商品是关系到人民群众生命健康的一类特殊商品。其中，药品作为医药商品的重要组成部分，它除了具有一般商品的两个基本要素即使用价值和价值外，还具有一般商品所没有的特殊性。其特殊性主要体现在药品的专属性、两重性、消费者的低选择性、质量的特殊性、药品的时效性、经营的特殊性等六个方面。

**1. 药品的专属性** 药品不同于一般商品在使用上有一定的任性，喜欢就购买，不喜欢可不选择或任意替代。药品在使用方面不具有任何随意性，对于药品使用而言，不能因为药苦难服而放弃使用，或选择自己喜欢的，或随意选择，而必须“对症下药”，才能达到防病、治病和保健的目的。如感冒必须选择感冒对症的药品，若风热感冒选择风寒感冒药，可能加重病情。

国家对于药品包装、标签及使用说明都以法律形式作明确规定，用于指导人们合理用药，保证用药安全。

**2. 药品作用的两重性** 俗话说，是药三分毒。药品是一把双刃剑，药品在发挥防治作用的同时，往往也引起不良反应。如维生素 A 具有维持上皮组织结构完整、增强视网膜感光作用，皮肤粗糙、干燥性眼炎及夜盲症的人群应适当补充，但对于正常成年人，连续使用 2 个月正常剂量，则可能出现食欲不振、皮肤发痒、毛发干枯、脱发等不良反应。

**3. 消费者的低选择性** 对症下药，决定了患者诊断、治疗用药需要一定的医学和药理学知识，才能根据患者的病情症状，选择合适的药品合理用药。一般对于处方药来说，为了用药的安全、有效，严格规定了必须凭医师的处方购买，在药师指导下调配、使用，消费者不可能对处方药自行选择使用。非处方药也需要根据病情症状，对症用药。因此，药品使用的专属性、药品作用的两重性，决定了药品的使用专业性强，消费者选择性较低。

**4. 药品质量的特殊性** 药品质量与一般商品不同，一般商品可根据质量的优劣分为一、二、三等品，甚至还可以有等外品，按质论价在市场上销售，而药品只有合格品与不合格品，且要求不合格的药品一律不得生产、流通和使用。如红霉素肠溶衣片，若包衣时未完全包好，有的有小针眼孔隙，可能在经过胃中时，胃酸通过孔隙导致药片崩解，与胃酸发生反应，药品不仅未能发挥原有药效，而且可能加重病情或延误治疗。另一方面，消费者一般自己无法判断药品质量，其质量必须借助专门的检验方法和仪器，或由药学专业技术人员利用其具备的相关药学和法律知识来判断。因此，《药品管理法》明确规定："药品必须符合国家药品标准"，保证药品合格。

**5. 药品的时效性**　一方面指"不用不买、买则急需"。药品与公众生命健康密切相关的特殊性，决定了药品具有需求时效性，尤其是在解毒、急救、灾情、疫情、战争等紧急需要药品情况下，能否及时提供足够的药品关系到一个人甚至成千上万人的生死存亡。这就要求国家对药品要有超前性、预测性和适当的储备，即"药等病而非病等药"。另一方面指药品本身的特性，药品随保存时间的延长可能质量发生变化，因此，药品都有有效期，过了有效期的药品即使保管再好，也只能是劣药。

**6. 药品经营的特殊性**　在经营过程中，药品质量会受到温度、湿度等诸多因素影响，为保证药品质量，药品经营企业必须持有药品监督管理部门发给的《药品经营许可证》方可从事药品经营，且进销存运全过程必须符合《药品经营质量管理规范》（GSP）要求。《药品经营许可证》有效期为 5 年，到期后必须换证才能继续经营。

总之，药品作为特殊的商品，管理有方、用之得当，可以治病救人，造福人类；若失之管理、使用不当，则可致病，危害健康甚至危及生命。近年来，为保证药品质量，保障用药安全，促进民众健康，我国政府相继出台了很多政策，加强对医药行业的监管力度。

### 即学即练

答案解析

1. 药品的特殊性不包括（　　）

A. 专属性　　B. 双重性　　C. 时效性　　D. 高选择性　　E. 低选择性

2. 医药经营企业不包括（　　）企业

A. 批发　　B. 零售　　C. 物流　　D. 医疗机构

### 知识链接

**医药行业新名词**

2020 年是中国打赢新冠疫情防控狙击战的一年，是中国全面建设小康社会和"十三五"圆满收官之年，也是医药行业继续积极奋进的一年。"十三五"期间全面机构改革，主管医药行业的国家医保局、药监局、卫健委三大部门成立，大部制改革重塑医药行业顶层设计，行政效率进一步提高，医药监管趋严，为后续医疗体制改革继续纵深前行提供了坚实基础。

常见行业新名词有：带量采购、药品上市许可持有人制度、仿制药一致性评价、飞行检查、药占比、国家药价谈判、两票制、医药代表备案制等。

名称解析【详情扫码】

# 任务二　医药商品监督管理体系

PPT

**案例分析**

**案例描述**　2012年4月15日，中央电视台《每周质量报告》中有一期节目《胶囊里的秘密》，曝光了河北一些企业用生石灰处理皮革废料，熬制成“工业明胶”代替“食用明胶”，卖给绍兴新昌一些企业制成药用胶囊，最终又流入药品生产企业，重金属铬超标的“毒胶囊”进入患者腹中。国家有关机关已严肃办理了这起严重的药品安全事件，涉及9家药厂，共13个药品品种。

**讨　　论**　1. 导致“毒胶囊”事件的根本原因是什么？

2. 结合生活实际，说一说现代医药行业面临哪些职业道德问题的考验？

3. 结合本事件，谈一谈对我国药品监督管理体系的认识和理解。

答案解析

## 一、医药商品监督管理组织

### （一）医药商品监督管理组织发展

医药商品监管是我国行政监管体系的一个重要组成部分，是监管部门在药品、医疗器械等医药商品的生产、经营、使用过程中进行的监督管理。根据国家行政部门命名，从1978年的国家医药管理总局到2018年的国家药品监督管理局，药品监管体制历经数次变迁，以监管体制改革到监管体系和监管能力建设为主线，走科学化、法治化、国际化、现代化道路，从监管到治理、从经验到科学、从传统到现代不断成长。

1978年，我国成立国家医药管理总局，1982年，更名为国家医药管理局，当时监管力度较弱。1998年，国家医药管理局合并了卫生部的药政局，组建国务院直属机构国家药品监督管理局（SDA），把原来国家医药管理局的生产、流通的监管职能和卫生部药政、药检职能合并，主管全国药品监督管理工作。2003年，在国家药品监督管理局（SDA）基础上组建了国家食品药品监督管理局（SFDA），主要职能是对食品、药品、医疗器械的研发、生产、流通、使用实行垂直管理，进行全方位的技术监督和行政监督，但对药品流通占70%左右的医院缺乏有效监督。2013年国务院机构改革进一步将原分散于工商、质检等多部门的食品安全职能整合，成立了国家食品药品监督管理总局（CFDA），消除了分段监管的弊端，把所有涉药（食）职能由分散到集中，对药品行业的审批、生产、流通、使用、价格管制等进行全方位监管。2018年，综合了原有的工商行政管理总局、国家质量检验检疫总局、国家食品药品监督管理总局、国家发展与改革委员会以及商务部等机构的全部或部分监管和执法职责，成立了国家市场监督管理总局（SAMR），单独组建国家药品监督管理局（NMPA），由国家市场监督管理总局管理。国家医药商品监督管理组织发展过程见图1-3。

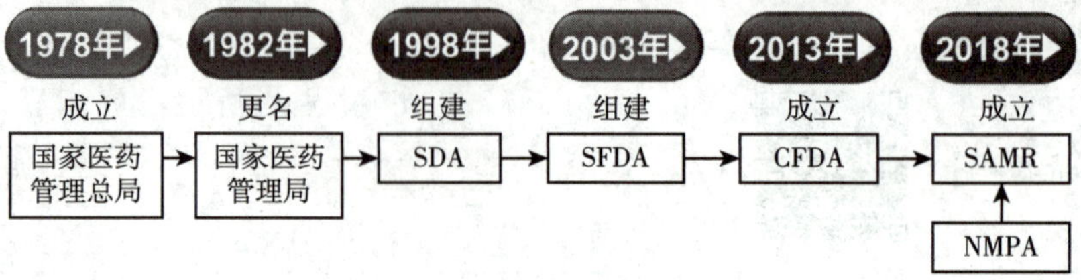


图1-3　国家医药商品监督管理组织发展过程

知识链接

**国家市场监督管理总局、国家药品监督管理局**
**组建过程及分工**

【详情扫码】

### （二）国家药品监督管理局及主要技术支撑单位

**1. 国家药品监督管理局** 全面负责药品、医疗器械和化妆品的监督管理。主要职责：负责药品、医疗器械和化妆品安全监督管理、标准管理、注册管理、质量管理、上市后风险管理、监督检查、执业药师资格准入管理及相应的规章制度的制定、实施等工作。同时负责指导省、自治区、直辖市药品监督管理部门工作，省以下实行垂直管理。

**2. 中国食品药品检定研究院** 国家检验药品生物制品质量的法定机构和最高技术仲裁机构。主要职责：负责食品、药品、医疗器械、化妆品及有关药用辅料、包装材料与容器的检验检测、抽验和质量分析工作，及相应的质量标准、技术规范、技术要求、检验检测方法的制（修）订以及技术复核工作。

**3. 国家药典委员会** 法定的国家药品标准工作专业管理机构。主要职责：组织编制、修订和编译《中华人民共和国药典》（以下简称《中国药典》）及配套标准；组织制定修订国家药品标准；参与拟订有关药品标准管理制度和工作机制；组织《中国药典》收载品种的医学和药学遴选工作；负责药品通用名称命名；组织评估《中国药典》和国家药品标准执行情况等相关工作。

**4. 国家药品监督管理局药品审评中心** 国家药品注册技术审评机构。主要职责：负责药物临床试验、药品上市许可申请的受理和技术审评；负责仿制药质量和疗效一致性评价的技术审评；承担再生医学与组织工程等新兴医疗产品涉及药品的技术审评；参与拟订药品注册管理相关法律法规和规范性文件，组织拟订药品审评规范和技术指导原则并组织实施等相关工作。

**5. 国家药品监督管理局食品药品审核查验中心** 主要职责：组织修订药品、医疗器械、化妆品检查制度规范和技术文件；承担药物临床试验、非临床研究机构资格认定（认证）和研制现场检查；承担药品注册现场检查；承担药品生产环节的有因检查；承担药品境外检查；承担医疗器械临床试验监督抽查和生产环节的有因检查；承担医疗器械境外检查；承担化妆品研制、生产环节的有因检查；承担化妆品境外检查等相关工作。

**6. 国家药品监督管理局药品评价中心（国家药品不良反应监测中心）** 负责不良反应监测与上市后安全性评价。主要职责：组织制定修订药品不良反应、医疗器械不良事件、化妆品不良反应监测与上市后安全性评价以及药物滥用监测的技术标准和规范；组织开展药品不良反应、医疗器械不良事件、化妆品不良反应、药物滥用监测工作；开展药品、医疗器械、化妆品的上市后安全性评价工作；指导地方相关监测与上市后安全性评价工作；参与拟订、调整国家基本药物目录，参与拟订、调整非处方药目录等相关工作。

**7. 国家药品监督管理局执业药师资格认证中心** 主要职责：开展执业药师资格准入制度及执业药师队伍发展战略研究，参与拟订完善执业药师资格准入标准并组织实施；承担执业药师资格考试相关工作；组织制订执业药师认证注册工作标准和规范并监督实施，承担执业药师认证注册管理工作；组织制订执业药师认证注册与继续教育衔接标准等相关工作。

## 二、医药商品监督管理体系

医药行业是特殊的行业，医药商品是特殊的商品，其中药品是核心，进行药品质量管理，必须以系统、整体的观念为指导，应用统计的方法、系统分析问题，结合企业产品和品种实际，建立质量保证和监督管理体系，抓主要环节，综合治理，即实行全面质量管理。

1978 年，国家成立医药管理总局，主管中西药品、医疗器材的生产、供应和使用，经过 40 多年的努力，我国已逐步建立并完善全面质量监督管理体系，行业监督日趋规范。新修订《中华人民共和国药品管理法》第六条规定：国家实行药品上市许可持有人（MAH）制度，药品上市许可持有人依法对药品研制、生产、经营、使用全过程中药品的安全性、有效性和质量可控性负责。药品上市许可持有人制度的全国推行，是我国药品监管体系已逐步完备的标志。药品监管相关法律法规的完善、配套措施的跟进、各方职责明晰的基础上，有能力对 MAH 制度所涉及的研发、生产、流通、营销的各个环节进行规范化监管，实现全面质量管理，确保药品质量安全。

### 知识链接

**MAH 制度新规**

2019 年，药品上市许可持有人制度全面实施后，陆续出台配套文件。2023 年 5 月 24 日，国家药监局发布了公开征求《关于加强委托生产药品上市许可持有人监管工作的通知（征求意见稿）》意见，鼓励持有人自主生产，整顿生产质量乱象。对药品委托生产持有人的监管进行了严格的规定。

【详情扫码】

主要监管体系建设如图 1-4 所示。

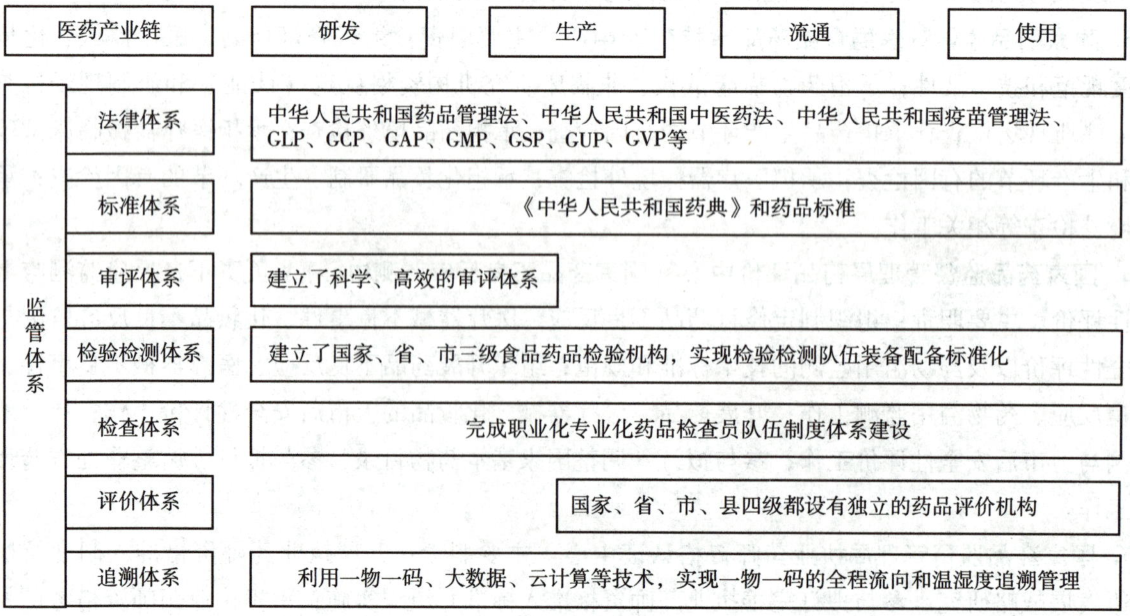


图 1-4 药品监督管理体系图

### （一）法律体系

目前，国家制定和认可并依靠国家强制力保证其实施的，以保障药品质量的宪法法律、行政法规、地方性法规、行政规章、地方性规章等基本完善。建立了药物非临床研究质量管理规范（GLP）、药物临床试验质量管理规范（GCP）、中药材生产质量管理规范（GAP）、药品生产质量管理规范（GMP）、药品经营质量管理规范（GSP）、药品使用质量管理规范（GUP）、药物警戒质量管理规范，以保障药品研发→生产→经营→使用各环节质量，做到预防为主、风险管理、全程管控、社会共治，全面保护和促进公共健康。

**知识链接**

**药品监管法律体系**

（1）宪法法律：《中华人民共和国药品管理法》《中华人民共和国中医药法》《中华人民共和国疫苗管理法》等。

（2）行政法规：《药品管理法实施条例》《中药品种保护条例》《易制毒化学品管理条例》《麻醉药品和精神药品管理条例》《血液制品管理条例》《医疗用毒性药品管理办法》《野生药材资源保护管理条例》等。

（3）地方性法规：《福建省药品监督管理条例》《山东省药品使用条例》等。

（4）行政规章：《药品注册管理办法》《药品生产监督管理办法》GLP、GCP、GAP、GMP、GSP 等。

（5）地方政府规章：《福建省药品和医疗器械流通监督管理办法》等。

### （二）标准体系

药品标准是医药产业发展水平的重要标志，是衡量和控制药品质量的法定“标尺”，是国家为保证药品质量，对药品的质量指标、检验方法和生产工艺等作出的强制性规定，伴随药品的全生命周期，贯穿药品的生产、销售、使用全过程。按新修订《药品管理法》规定，我国已规范构建了药品标准体系，包括国家标准、地方标准和国务院药品监督管理部门核准的药品质量标准。

**知识链接**

**《药品管理法》有关标准的规定**

第 25 条指出：在审批药品时，对药品的质量标准一并核准。药品监管部门对药品质量标准的核准，是附随于特定申请人药品注册申请的批准。

第 28 条指出：药品应当符合国家药品标准。经国务院药品监督管理部门核准的药品质量标准高于国家药品标准的，按照经核准的药品质量标准执行；没有国家药品标准的，应当符合经核准的药品质量标准。国务院药品监督管理部门颁布的《中华人民共和国药典》和药品标准为国家药品标准。

第 44 条指出：药品应当按照国家药品标准和经药品监督管理部门核准的生产工艺进行生产。生产、检验记录应当完整准确，不得编造。中药饮片应当按照国家药品标准炮制；国家药品标准没有规定的，应当按照省、自治区、直辖市人民政府药品监督管理部门制定的炮制规范炮制。

### （三）审评体系

我国已建立药品审评技术支撑体系。初步形成了以适应团队建设及项目管理为中心，优先审评、沟通交流、专家咨询委员会及信息公开无缝衔接的审评工作机制，扩大药品审评队伍，药品的审评标准、质量和效率都有很大提高。

《国务院关于改革药品医疗器械审评审批制度的意见》（国发〔2015〕44 号）指出：建立更加科学、高效的药品医疗器械审评审批体系，并逐步完善，使批准上市药品医疗器械的有效性、安全性、质量可控性达到或者接近国际先进水平。2017 年中国药监部门加入国际人用药品注册技术协调会（ICH），对于国内审评标准与国际化接轨提出更高要求，科学技术的进步、以“患者为中心”的研发理念也对指导原则体系建设提出了更高要求。

### （四）检验检测体系

我国拥有世界上最庞大的食品药品检验机构和检验体系，建立了国家、省、市三级食品药品检验机构。2019 年，国家药品监督管理局组织制定了《药品检验检测机构能力建设指导原则》，以指导药品检验检测机构在能力方面的建设，提升检验检测能力，实现检验检测队伍装备配备标准化。到 2020 年底，药品医疗器械检验检测机构基本达到国家相应建设标准。

### （五）检查体系

药品检查是药品监管部门依法对药品研制、生产、经营和使用等生命周期各环节是否符合国家相关法律法规、质量管理规范和技术标准要求的现场确认过程，是最直接、有效、系统的监管。《药品管理法》规定：国家建立职业化、专业化药品检查员队伍。检查员应当熟悉药品法律法规，具备药品专业知识。

2019 年 7 月《国务院办公厅关于建立职业化专业化药品检查员队伍的意见》明确了检查员队伍建设的主要目标、体制机制、检查员配置、能力素质提升、激励约束机制建立等内容。到 2020 年底，国务院药品监管部门和省级药品监管部门基本完成职业化、专业化药品检查员队伍制度体系建设。

### （六）评价体系

药品上市后再评价是相对于药品上市前评价（药品审评）而言的，也可称为药品再评价。药品获批上市并不意味研究的结束，在上市后复杂的使用过程中存在着不为人知的潜在风险与可能的开发潜质。可以说，药品获批上市是在“真实世界”中更广泛的上市后研究的开始，对研发、注册、流通、使用都具有广泛影响。近年来，药品、医疗器械、化妆品的不良反应监测评价，药物滥用监测评价工作取得明显成效，制度规范不断完善，监测评价体系逐步建立，报告数量和质量稳步提升，风险控制手段更加成熟，国际合作持续加强，为药品监管工作提供了有力支撑。目前，国家、省、市、县四级都设有独立的药品评价机构（药品不良反应监测机构）。2020 年 7 月，国家药品监督管理局出台了《国家药监局关于进一步加强药品不良反应监测评价体系和能力建设的意见》，加强了药品不良反应监测评价体系和能力建设。

### （七）追溯体系

药品信息化追溯体系是运用信息化手段采集记录药品研发、生产、流通、使用等环节信息，以国家药品追溯协同服务平台为中心节点，串联企业自建和第三方追溯系统的信息，辅助追溯系统最终形成完整的追溯数据链。在此基础上，应用大数据分析、人工智能算法等技术手段，实现来源可查、去向可追、责任可究。构建监管部门追溯监管系统，强化全品种全过程质量安全管理与风险控制的有效措施，提升监管的预见性、靶向性、时效性，达到“智慧监管”的目的。药品追溯体系建设有助于打通各环节、企业独立系统之间的壁垒，有利于构建药品追溯数据链条，有利于实现全品种、全过程药品追溯，对提升企业质量管理能力、促进监管方式创新、保障消费安全将产生重大而深远的影响。2020 年 3 月，

NMPA 组织编制的 10 个药品追溯相关标准，已全部发布实施。10 个药品追溯标准可分为药品追溯基础通用标准、疫苗追溯数据及交换标准、药品（不含疫苗）追溯数据及交换标准三大类。利用一物一码、大数据、云计算等技术，帮助药品企业实现一物一码的全程流向和温湿度追溯管理。

党的十八大以来，药品监管改革深入推进，创新、质量、效率持续提升，医药产业快速健康发展。为全面加强药品监管能力建设，更好保护和促进人民群众身体健康，满足人民群众对药品安全的需求，我国不断健全法律体系、标准体系建设，深化审评评价、检查检验制度改革，建设国家药物警戒体系，完善应急管理体系，持续推进监管创新，加强监管队伍建设，加快建立健全科学、高效、权威的药品监管体系，坚决守住药品安全底线，进一步提升药品监管工作科学化、法治化、国际化、现代化水平。

## 三、医药职业道德

### （一）道德与职业道德

道德是调节人与人之间、人与社会之间、人与自然之间关系的行为规范的总和。通俗意义上，即指做人的道理和规矩。道德主要依靠社会舆论、传统伦理观念和习惯、个人的信念和良知等因素来维系，以是非、善恶、荣辱等为评判标准，是继法律、经济、行政手段之外第四种维系社会关系的基本手段。

职业道德指从事一定职业的人们，在其职业活动中所必须遵守的带有职业特点的行为规范。它既是一般社会道德在特定职业生活中的体现，又突出了在特定职业领域内特殊的职业要求。职业道德与社会公德、家庭美德、环境道德等一起构成了社会主义道德的整体。

职业道德是作为任何职业者都必须遵守的职业行为的道德标准，它特别强调的是职业者在工作岗位上的道德情操和道德行为，是职业者在工作状态下的道德规范，任何职业者只要身在工作岗位就必须时刻接受职业道德的约束，必须完整、彻底地遵循所有的职业道德规范，不允许职业者在时间阶段和内容要求上对职业道德有任何选择。因此，职业道德具有行业性、稳定性与连续性、自律与他律性的基本特征。

职业道德的作用主要体现在以下三方面。

**1. 调节功能**　约束职业内部人员的行为，表现为职员间的团结互助、爱岗敬业、齐心协力；调节从业人员和服务对象之间的关系，例如，医生对病人负责、教师对学生负责、营销人员对顾客负责等。

**2. 培养职业信誉**　良好的职业道德不仅是一种品行，更是一种责任；不仅是一种道义，更是一种准则；不仅是一种声誉，更是一种资源。就个人而言，是高尚的人格力量；就企业而言，是宝贵的无形资产。政府部门应该从法律、道德的角度要求各大厂商做好生产经营，建立完善奖惩机制；对于示范厂商，应该予以高度肯定，公开表彰，树立模范形象，让其更具召唤力和感染力；对于投机取巧，甚至为了寻求不合理利益而不惜违反法律法规的经营者，应该毫不留情地坚决取缔，予以严惩，维护法律形象，重塑政府监管威严。

**3. 提高社会道德水平**　职业道德一方面涉及每个从业者如何对待职业，如何对待工作，同时也是一个从业人员的生活态度、价值观念的表现。另一方面，职业道德也是一个职业集体，甚至一个行业全体人员的行为表现，如果每个行业，每个职业集体都具备优良的道德，对整个社会道德水平的提高肯定会发挥重要作用。

### （二）医药职业道德

医药职业道德是同医药职业内容和医药职业活动紧密相连的。医药职业者在职业活动中形成了关心、尊重患者，以患者的利益为最高标准，尊重生命，治病救人的道德观念和道德准则。医药职业者依法开展职业活动时，调节医药职业者与自然界、医药职业者与集体和国家、医药职业者与患者、医药职业者与其他医药职业者之间关系，必须遵循的行为规范的总和，就是医药职业道德。

**1. 医药职业道德的特点**

（1）全人类性　医药学是人类同疾病斗争的科学，是为全人类健康服务的，从业人员的首要职责是提供安全有效的药品，它本身并不直接涉及阶级的利益。在长期实践中形成了适用于一切阶级的公共医药职业道德准则，这就是人道主义思想的体现。

（2）严肃性　医药产品的研制、生产、经营和使用都要按照国家制定的法律法规进行。药事法律法规是维护人们身体健康、保证医药行业在市场经济中公平竞争的法律依据。依法生产、经营和使用药品不仅是法律法规规定，也是医药职业道德所要求的。

（3）平等性　医药职业道德要求职业者对患者一视同仁，无论男女老幼、职务高低、生人熟人都应平等、热诚相待。

（4）连续性　我国是历史悠久的文明古国，历来以注重道德礼仪而著称于世。人们在世代相传的医药职业实践中，形成的连续性的道德观念、道德意识和道德习惯，具有历史继承性和连续性。

**2. 医药职业道德的基本原则**　医药职业道德的基本原则是所有职业者在医药领域活动和实践中应遵守的根本原则，是评价与衡量医药领域内所有人员的个人行为和思想品质的最高道德标准。医药领域的实践都与人们的健康密切相关，这就决定了医药职业道德的基本原则应包括以下三方面。

（1）救死扶伤，实行革命的人道主义　这是医药职业道德的基本原则。人道主义是古今中外医药道德传统的精华所在，是医药领域职业者的神圣天职，它的核心是最大限度地尊重人的生命，尊重人的生存权利、人格、生命价值，尽可能地去关心、尊敬、爱护、同情和帮助那些身受疾病痛苦的患者，一视同仁，治病救人，由关心人的幸福，扩展到对社会全体人民健康的关怀。

（2）以患者为中心，提供安全、有效、经济的药品　这是医药职业道德的重要原则。在医药生产经营活动中坚持社会效益和经济效益并重、社会效益优先的原则，要求药品生产、流通企业和其他销售单位要从保障人民健康的职责出发，牢固树立质量第一的思想，以患者利益为最高标准，提供安全、有效、经济的药品，而不能把追求利润最大化作为唯一目标。为此，医药职业者必须以患者利益为重，从治愈疾病和提高人们的生活质量出发，做好各项工作。

（3）不忘初心，以人为本，全心全意为人民的健康服务　这是医药职业道德的根本宗旨。医药行业是关系到人民身体健康的特殊行业，更应该把为人民的健康服务作为职业活动的出发点，真正把患者的利益放在首位，待患者如亲人，急患者之所急，痛患者之所痛，竭尽全力为患者服务。医药职业者要做到全心全意为人民防病治病服务，既要有良好的职业道德，又要有精湛的医药技术，二者缺一不可。

**知识链接**

**中国执业药师职业道德准则**

一、救死扶伤，不辱使命　　二、尊重患者，一视同仁

三、依法执业，质量第一　　四、进德修业，珍视声誉

五、尊重同仁，密切协作

【详情扫码】

### 3. 医药行业的职业守则

（1）遵纪守法，爱岗敬业

①依法经营、遵纪守法　在实际工作中，医药职业者要认真学习药事法律法规，严禁出售假冒伪劣药品。真正做到有法必依，因为这直接关系到职业活动的正常秩序和各项方针政策的贯彻落实。职业纪律是职业团体内部制定的劳动规则和秩序，主要依靠职业者的自觉性来维持，这种自觉性是建立在职业者对纪律必要性认识的基础上的。遵纪守法是医药职业者必须具备的起码的基本品质，是行业职业道德的一项重要规范。

②爱岗敬业，尽职尽责　爱岗是热爱自己的工作岗位，热爱本职业工作。热爱本职，就是职业者以正确的态度对待各种职业劳动，努力培养自己对所从事该工作的幸福感、荣誉感。敬业是忠于职守、尽职尽责，其核心是要用一种恭敬严肃的态度对待自己的工作，勤奋努力，精益求精，追求卓越。爱岗敬业作为基本的职业道德规范，是对人们工作态度的一种普遍的要求。

③严肃认真，一丝不苟　医药职业者肩负着维护人民生命健康的崇高使命，因此具备对待工作严肃认真、一丝不苟的职业道德尤为重要。它要求职业者必须有强烈的道德义务感和责任心，要把解除患者的疾苦作为义不容辞的职责，培养认真负责、细致周到、准确无误的良好职业道德。

④按处方配药，谨慎出售　销售药品必须准确无误，并正确说明用法、用量和注意事项。对处方药必须凭处方销售。调配处方必须经过严格的查对，对处方所列药品不得擅自更改或者代用。对有配伍禁忌或者超剂量的处方，应当拒绝调配。销售非处方药，要有高度的职业责任感，关心顾客，了解用药目的，指导患者科学服用，当好顾客的参谋。

（2）质量为本，信誉第一　医药产品的特殊性，决定了对医药产品质量的要求的严格性。药关人命，质量第一，如何在自己的职业岗位上把好质量关，成为评价和判断每个医药工作者职业活动和职业行为的首要依据。对社会来说，医药产品质量综合体现了经济、技术和科学的水平；对企业来说，产品质量综合体现了管理、技术和经营水平。保证和提高医药产品质量是企业整体素质的反映，是企业实现经济效益的关键，也是企业坚持社会主义方向的问题。因此，医药职业者一定要牢固树立质量第一的观念，以对人民用药安全高度负责的精神，把药品质量放在首位，熟悉药品知识，提高鉴别药品的能力，坚决杜绝假劣药，为消费者提供安全有效、质量可靠的药品。 微课

医药质量包含医药产品的质量和医药工作的服务质量两个方面，而服务质量中最突出的要求是真诚守信。真诚守信不仅是一般的社会公德，而且也是任何一个医药职业工作者应遵守的职业道德。产品的质量和服务质量直接关系到企业的信誉，是企业的生命。产品质量高、服务质量好，企业的信誉就高，其产品让消费者信得过，企业也就拥有了强大的生命力。

（3）急人所难，救死扶伤　医药职业者从事的是一种维护人的生命和提高人类健康水平的服务工作。这些人员的职责、义务、态度和专业技术直接关系到人民群众的生命安危，涉及千家万户。

①关心患者，热忱服务　医药职业者是直接或间接为人民健康服务的，必须以患者为本。要把患者的利益放在首位，时时处处为患者的健康着想，真诚、热情、主动为患者服务。职业者面对患者的要求，要有同情心，把患者的疾苦当成自己的疾苦，急患者所急。无数事实证明，道德高尚，对患者极端负责，就能有效地减轻或解除患者的病痛。

②业务熟练，精益求精　现代社会，科学技术突飞猛进，要求医药职业者要不断完善和提高自己的业务水平，学习新知识、新理论，敏锐、及时地把握医药发展新动向、新法规、新药品等信息。同时医药职业者必须具备熟练的职业技能，从而为患者提供优质的服务，尽到职业责任。

## 知识链接

### 孙思邈《大医精诚》

《大医精诚》出自唐代药王孙思邈著作《备急千金要方》的第一卷，是论述医德的一篇极重要文献，这篇文章广为流传，影响深远。主要论述了有关医德的两个问题：第一是“精”，亦即要求医者要有精湛的医术，认为医道是“至精至微之事”，习医之人必须“博极医源，精勤不倦”。第二是“诚”，亦即要求医者要有高尚的品德修养，诚心救人，以“见彼苦恼，若己有之”感同身受的心，策发“大慈恻隐之心”，进而发愿立誓“普救含灵之苦”，且不得“自逞俊快，邀射名誉”、“恃己所长，经略财物”。

（4）文明经商，服务热情　医药经营行业要与各层次、各类型的人打交道，因此文明礼貌经商和热情服务就显得十分必要。这不仅表示对服务对象的尊重，也表明对自己工作的重视和自信、自重。文明经商，服务热情，亦包括营业场所的文明，要保持营业场所的清洁卫生，保持良好的店容店貌，按要求陈列医药商品。销售商品要做到主动、热情、耐心、周到。

（5）团结协作，共同努力　做好医药工作，不但要处理好职业者与服务对象或患者的关系，还要处理好职业者之间的关系，包括各行业之间、同行业之间、同级之间、上下级之间、青老年之间的关系。职业者之间的关系应建立在共同的医药事业目标基础上，其道德准则应该是相互尊重，平等相待。在当今社会，企业发展及竞争力的关键因素是全体员工的凝聚力。任何一项工作都需要有关人员的共同努力和紧密配合才能完成。因此每一位医药职业者都必须具有团队精神，在自己的岗位上尽职尽责、互相支持、紧密配合，为医药事业的发展作出贡献。

## 知识链接

### 从“同仁堂”老字号论职业道德

在三百多年历史长河中，北京同仁堂恪守“炮制虽繁必不敢省人工，品味虽贵必不敢减物力”传统古训化为企业行为准则，树立“修合无人见，存心有天知”的自律意识，坚守“同修仁德、济世养生”的道德准则，造就了“配方独特、选料上乘、工艺精湛、疗效显著”的制药特色，奠定了同仁堂质量和诚信文化的根基，确保了金字招牌长盛不衰。2006 年同仁堂中医药文化进入国家非物质文化遗产名录。同仁堂品牌作为中国第一个驰名商标，享誉海外，实现了从“北京的同仁堂”到“中国的同仁堂”向“世界的同仁堂”的跨越。

【启示】同仁堂的企业精神，正是当今着力倡导的诚信精神、敬业精神和民族精神，彰显了作为医药人和商人在道德上的自觉，体现了对个体生命的尊重，对国家民族的热爱。“大道于心，匠心于品”，唯有精心做药，才能立足百年，扬我国威。

## 即学即练

答案解析

1. 药品经营质量管理规范缩写为（　　）

A. GMP　　B. GSP　　C. GLP　　D. GCP

2. 医药职业道德的基本原则是（　　）

A. 救死扶伤，实行人道主义　　B. 以患者为中心，提供安全、有效、经济的药品

C. 全心全意为人民服务　　D. 以利润最大化为目的

# 实践实训一

## 中国医药企业排行榜信息查询训练

**【实训目的】**

通过本次实训，能够利用互联网等信息化工具，小组协作、自主查询近两年权威机构发布的中国医药企业相关排行榜信息，并组织交流，培养学生主动获取医药企业信息的能力，强化学生对国内医药企业的认知度，在训练过程中培养学生敏锐的洞察力、信息意识、信息素养和团队协作力。

**【材料准备】**

1. 全班分成8个组，6～7人/组，人数少的班级可5～6人/组。
2. 计算机、网络、智能手机。

**【实施步骤】**

1. 教师布置具体查询任务，包括近两年的中国医药工业百强榜（包括化药企业、中药企业、生物医药企业）、中国医药商业百强榜（包括批发企业和零售企业）、中国连锁药店百强榜、中国医药企业品牌影响力排行榜、网上药店品牌排行榜等。小组讨论，并进行相应的分工。
2. 按照组内分工，分别进行信息查询，按年度和类别整理成Word文件。
3. 组内汇总查询成果，并从以下三个角度展开讨论交流。①从分布区域上，探讨我国的医药大省；②从所有制结构上，探讨国有企业和民营企业的占比；③从对该企业的医药产品的认知度上或其他视角，谈对该企业的了解。
4. 各小组提交资料，教师检验成果。
5. 教师组织班内总结分享，并发布排行榜。

**【注意事项】**

1. 查询排行榜要注意发布机构的权威性（如南方医药经济研究所、赛柏蓝、米内网、中国医药经济报、工信部、中国医药商业协会等），以保证信息的有效性。
2. 排行榜单个文件命名格式为“年度＋排行榜名称”，如“2019年度中国医药工业企业百强榜”，所有文件汇总到一个文件夹，以小组命名上交。

# 目标检测

答案解析

### 一、单项选择题

1. 医药产业包括（　　）

A. 第一产业　　B. 第二产业　　C. 第三产业　　D. 上面三个都包括

2. 我国目前药品监督管理局组织体系框架为（　　）

A. 全国集中统一，实行垂直管理　　B. 全国集中统一，省以下实行垂直管理

C. 全国集中统一，省市统筹管理　　D. 全国集中统一，中央、省、市三级管理

3. 我国药品监督管理部门对药品进行监督管理的环节为（　　）

A. 研究、生产、经营、价格　　B. 研究、生产、广告、价格

C. 研究、生产、经营、使用　　D. 生产、经营、使用、广告

4. 我国现行药品质量标准有（　　）

A. 中国药典和国家药监局核准标准　　B. 中国药典和地方标准

C. 国家药监局核准标准和地方标准　　D. 中国药典、国家药监局核准标准和地方标准

5. 下列不是职业道德的基本特征的是（　　）

A. 行业性　　B. 稳定性与连续性　　C. 统一性　　D. 自律与他律性

## 二、多项选择题

1. 医药行业发展经历的阶段包括（　　）

A. 完全计划经济阶段　　B. 计划经济向市场经济过渡阶段

C. 市场经济阶段　　D. 转型改革阶段

2. 国家药品监督管理负责管理的业务机构为（　　）

A. 药品注册司　　B. 市场监督司　　C. 安全监管司　　D. 药品监督司

3. 国家药品监督管理部门负责药品管理的主要职责包括（　　）

A. 拟定、修订药品管理的法律法规　　B. 负责医药品的战略储备

C. 组织实施《执业药师资格制度暂行规定》　　D. 组织培训药品监督管理干部

4. 职业道德的作用可体现在（　　）

A. 调节功能　　B. 培养职业信誉　　C. 提高社会道德水平　　D. 传递正能量

5. 医药职业道德的特点为（　　）

A. 全人类性　　B. 严肃性　　C. 平等性　　D. 连续性

6. 医药职业道德的基本原则为（　　）

A. 救死扶伤，实行人道主义　　B. 以患者为中心

C. 提供安全、有效、经济的药品　　D. 全心全意为人民服务

## 三、判断题

1. 职业道德强调职业者在岗时间里，必须完整、彻底地遵循所有的职业道德规范，不允许职业者在时间阶段和内容要求上对职业道德有任何选择。

2. 在医药经营过程中，一切活动的目的是满足利润最大化。

3. 医药物流贯穿于研发与制造、医药流通与使用整个产业链中。

4. 国家市场监督管理局是国家药品监督管理局的主要技术支撑单位之一。

---

书网融合……

知识回顾　　微课　　习题

# 项目二　医药商品基本知识

## 学习引导

商品是满足人们某种需要的、用于交换的劳动产品。商品的基本属性是价值和使用价值。人们通过劳动创造医药产品，再将医药产品投入市场，通过流通、交换而形成医药商品。医药商品是一类特殊的商品，既有商品的一般属性，又有医药类商品的特殊属性。党的二十大报告提出“推进健康中国建设”，人民健康是民族昌盛和国家强盛的重要标志。随着大健康产业的蓬勃发展及《“健康中国2030”规划纲要》等一系列政策的发布，“健康”消费成为主流消费趋势，大健康产业显现出巨大的市场商机，医药商品的需求量日益增大。2021年全国七大类医药商品销售总额为26064亿元，药品流通市场规模稳步增长。

本单元主要介绍医药商品相关基础知识，包括医药商品的常见类别及区别，每类商品的概念及注册审批管理、质量标准要求，医药商品的信息检索，药理基础与合理用药等。重点介绍药品的质量标准、分类方法以及包装、标签、说明书与编码等知识，为后续品种知识的学习奠定基础。

### 学习目标

1. **掌握**　医药商品的基本分类及各自的定义；药品的质量特性与药品标准；药品的分类方法。

2. **熟悉**　药品的包装、标签、说明书的相关内容；药品的编码分类；医药商品的信息检索。

3. **了解**　国外药品标准的概况；医药商品的注册审批管理与非药品类商品的质量标准；医药电子商务的概况；基础药理相关概念及合理用药的重要性等。

PPT

## 任务一　认识医药商品基本分类

商品分类就是根据一定的目的，为满足某种需要，选择适当的分类标志或特征，将所有商品划分成大类、中类、小类，品类或类目、品种，甚至规格、品级、花色等的不同类别的过程。

通常商品的大类是按国民经济的行业来划分，如食品、药品、百货、文化用品等；商品品类或类目是指具有若干共同性质或特征的商品的总称，如橡胶制品、棉纺织品、塑料制品、化学药品、生物制品等；商品品种是按商品的性能、成分等方面特征来划分，常用具体商品的名称表示，如手机、汽车、感冒药等；商品细目则是对商品品种的进一步区分，通常用商品的规格、花色、质量等级等作为标准，如我国著名的龙井茶常有特级龙井、一级龙井、二级龙井等分别。

我国医药市场中流通的医药商品范围较广，可谓门类齐全、品种繁多，根据作用属性不同主要分为药品、医疗器械、保健食品、化妆品、消毒产品等几大基本类别，其技术、生产、销售、管理、消费等特点各不相同，其中药品是医药商品的核心，品类、品种、品规最多，需要具备相关的专业知识才能够正确生产、经营和使用。分类认识医药商品，按照不同的分类标准认清其商品信息，实行分类管理，便于医药商品的生产、经营、使用和监管过程规范有序。

**案例分析**

**案例描述** 2018年7月，长春长生生物科技有限公司（下称长春长生）因冻干人用狂犬病疫苗生产存在记录造假等行为被强行收回《药品GMP证书》。然而一波未平，一波又起，长生生物发布公告，其全资子公司长春长生生物科技有限公司收到《吉林省食品药品监督管理局行政处罚决定书》，原因是该公司生产的“吸附无细胞百白破联合疫苗”（批号：201605014－01），经食品药品检定研究院检验，检验结果“效价测定”项不符合规定。

7月29日，公安机关对长春长生董事长等18名犯罪嫌疑人提请批捕。2019年1月，吉林长春长生生物科技有限公司问题疫苗案件相关责任人被严肃处理。

**讨　论** 1. 从药品质量特性来看上述疫苗案，请问质量出现了什么问题？

2. 不合格疫苗判断的法律依据是什么？

答案解析

## 一、药品

### （一）药品的定义

药品是指用于预防、治疗、诊断人的疾病，有目的地调节人的生理机能并规定有适应证或者功能主治、用法和用量的物质，包括中药、化学药和生物制品等。药品定义的关键在于以下几点。

1. 药品有三种功能，即预防、治疗、诊断人的疾病，有目的地调节人的生理功能。

2. 药品应具备三个条件：严格规定适应证或者功能主治、用法和用量。某些食品、医疗器械也能够预防、治疗、诊断人的疾病，或能够调节人的生理功能，但它们既没有规定适应证或功能主治，也没有严格的用法用量，这是与药品的本质不同。

3. 明确了我国的药品是专指人用药品，而不包括动物用药（兽药）、植物用药（化肥、农药等），这一点与某些国家药品的定义不同。

4. 明确了药品的范围包括传统药（中药）和现代药（化学药和生物制品）。其中中药包括中药材、中药饮片及中成药，化学药包括化学原料药及其制剂。

### （二）药品的批准文号 知识链接1

生产新药或者已有国家标准的药品，须经国务院药品监督管理部门（国家药品监督管理局）批准，并在批准文件上规定该药品的专有编号，此编号称为药品批准文号。药品批准文号是药品生产企业合法生产的标志，也是消费者从外观包装上判定药品合法性的标志。药品生产企业在取得药品批准文号后，方可生产该药品，未经批准生产的药品以假药论处。对上市后经过再评价，疗效不确定、不良反应或其他原因危害人民健康的药品，药品监督管理部门有权撤销其批准文号。

按照我国最新《药品注册管理办法》（2020 年 7 月 1 日施行）的规定，新的药品批准文号格式如下：

①境内生产药品批准文号格式：国药准字 H（Z、S）＋四位年号＋四位顺序号。

②中国香港、澳门和台湾地区生产药品批准文号格式：国药准字 H（Z、S）C＋四位年号＋四位顺序号。

③境外生产药品批准文号格式：国药准字 H（Z、S）J＋四位年号＋四位顺序号。

其中，H 代表化学药，Z 代表中药，S 代表生物制品。

### （三）药品的质量特性与质量标准

药品是最主要的医药商品，关乎人民群众的生命健康，患者用药的安全有效性取决于药品本身的质量，但是在通常情况下，患者并不具备鉴定药品质量的条件。因此国家规定在药品的研发、生产、流通、使用等各环节必须由专业人员对其质量进行全程全方面的监督控制，确保人民群众用药安全。

**1. 药品的质量**　药品的质量是指对形成药品使用价值的客观属性和使用药品的主观满意程度的综合性评价，可通过药品质量的五种特性来体现。

（1）安全性　是指药品在按规定的适应证或者功能主治、用法和用量使用的情况下，对用药者生命安全的影响程度，是评价药品质量最重要的指标之一，安全性是用药的前提。由于大多数药品均有不同程度的不良反应，因此安全性是药品的固有特性。一般说来，只有在保障药品安全性的前提下，才能使用某种药品，发挥其有效性。如各国政府在新药的审批中都要求研制者提供急性毒性、长期毒性、致畸、致癌、致突变等数据，就是为了保证药品的安全性。

（2）有效性　是指在规定的适应证、用法和用量条件下，能满足预防、治疗、诊断人的疾病，有目的地调节人的生理功能的要求。药品有效性满足了人们对药品的客观需求，也是评价药品质量最重要的指标之一，有效性是用药的根据。我国对药品的有效性按在人体达到所规定的效应的程度分为“痊愈”、“显效”、“有效”，国际上有的则采用“完全缓解”、“部分缓解”、“稳定”来区别。

（3）均一性　是指药物制剂的每一单位产品都符合安全性、有效性的规定要求。即指药物制剂的每一片、每一支注射剂、每一包颗粒剂、每一瓶糖浆等都具有相同的品质，也是药物的重要特征。由于人们在服用药品时是按每单位剂量服用的，若每单位药物含量不均一，就可能造成患者用量不足而无效，或用量过大而中毒。因此，药品在进入流通市场前应具备工艺及产品质量的均一性，并且在生产、流通和使用过程中有具体的标准来控制各批产品间的均一稳定性。

（4）稳定性　是指药品在规定的条件下保持其安全性和有效性的能力。所谓规定的条件是指在规定的有效期内，以及生产、储存、运输和使用的条件下，药品的各项质量检查指标仍在合格范围内。稳定性也是药品的固有特性。如某些物质虽然具有预防、治疗、诊断疾病的有效性和安全性，但极易变质、不便于运输和储存，因此不能作为药品进入流通和使用领域。

（5）经济性　是指药品在生产、流通过程中形成的价格水平。提高药物的经济性就是要在保证符合各方面条件和要求的前提下，提高药物的安全性、有效性等与药品的生命周期成本的比值。如在国家基本药物的遴选中就强调了入选药物需满足价格合理的要求，即药品要具有较好的经济性。

**知识链接**

药品质量的严格性

药品只有合格与不合格之分，没有优劣等级之分，只有合格的药品才能进入市场流通，为此，国家授权药品监督管理部门负责制定并颁布药品标准，任何个人或单位都不得更改，符合标准的药品才能为合格药品，不合格的药品不准出厂、销售或使用。对不合格药品，我国在《中华人民共和国药品管理法》中按假药或者劣药论处。

【启示】党的二十大报告将“健康中国”作为我国2035年发展总体目标的一个重要方面，提出“把保障人民健康放在优先发展的战略位置，完善人民健康促进政策”，并对“推进健康中国建设”作出全面部署。作为医药职业工作者，我们要充分认识到药品质量安全的重要性，坚持质量第一，牢固树立安全责任意识。研好药、制好药、销好药、用好药、管好药，做好人民群众生命健康的守护者。

关于假药、劣药的界定【详情扫码】

**2. 药品标准** 国家药品标准是国家对药品的质量、规格及检验方法等的技术规定，是药品生产、流通、使用及检验、监督管理部门共同遵循的法律依据。国家药品标准属于强制性标准，是药品质量的衡量尺度和药品质量问题的处理依据，对维持药品的稳定性、均一性、一致性，保证用药安全至关重要。国家药品标准主要包括国家药品监督管理局颁布的《中华人民共和国药典》、药品注册标准和其他药品标准等，其内容包括质量指标、检验方法以及生产工艺等技术要求。

（1）中华人民共和国药典 《中华人民共和国药典》（以下简称《中国药典》）依据法律组织制定和颁布实施，是药品研制、生产、流通、使用和监督管理等均应遵循的法定依据。我国政府从1953年开始颁布《中国药典》，至今已经颁布了11版。如无特殊介绍，《中国药典》均指现行版。

《中国药典》（2020年版）于2020年12月30日正式施行，分为四部，共收载品种5911种。其中，一部（2711种）收载药材和饮片、植物油脂和提取物、成方制剂和单味制剂等；二部（2712种）收载化学药品、抗菌药物、生化药品以及放射性药品等；三部（153种）收载生物制品；四部收载通则，包括制剂通则、检验方法、指导原则、标准物质和试液试药相关通则、药用辅料（335种）等。主要内容包括凡例、正文及通则三部分。

### 知识链接

#### 国外药品标准简介

各个国家均有自己的药品标准，比较有代表性和参考价值的主要有美国、英国、日本等以下国家药典。

| 药典名称 | 英文缩写 | 最新版本 | 收载特点 |
|---|---|---|---|
| 美国药典/国家处方集 | USP - NF | USP43 - NF38 | 处方和非处方药、生物和生物技术产品化妆品、辅料医疗器械、兽药等 |
| 英国药典 | BP | 2021年 | 药用和成药配方标准以及公式配药标准 |
| 日本药局方 | JP | 第17版 | 药品 |
| 欧洲药典 | EP | 第十版 | 欧盟成员国法定标准 |
| 国际药典 | IntPh | 第五版（2015） | 世界卫生组织（WHO）颁布，推荐各国使用高优先级为WHO卫生计划重要的药品 |

（2）局颁标准 局颁标准的全名是《中华人民共和国药品监督管理局药品标准》。局颁标准也是由药典委员会编纂出版。它是药典的补充，其性质与药典相同，属国家药品标准，亦具有法律约束力。

列入局颁标准的品种主要有：①国家批准的新药；②上版药典收载而现行版药典未列入的，疗效肯定，国内部分省仍在生产、使用，需要统一标准的品种。

（3）部颁标准　部颁标准的全名是《中华人民共和国卫生部药品标准》，是由原卫生部颁布的药品标准，收载了当时国内已生产、需要统一标准但尚未载入药典的品种。

（4）注册标准　药品应当符合国家药品标准和经国家药品监督管理局核准的药品质量标准。经国家药品监督管理局核准的药品质量标准，为药品注册标准。生产该药品的药品生产企业必须执行该注册标准。药品注册标准应当符合《中国药典》通用技术要求，不得低于《中国药典》的规定。申报注册品种的检测项目或者指标不适用《中国药典》的，申请人应当提供充分的支持性数据。

**知识链接**

**药品标准的基本内容**

**1. 原料药标准**　包括品名、性状、鉴别、检查、含量测定、类别、储藏、制剂。

**2. 化学制剂标准**　包括品名、处方、制法、性状、鉴别、检查、含量测定、类别、储藏。

**3. 中药材标准**　包括品名、性状、鉴别、检查、含量测定、炮制、性味与归经、功能与主治、用法与用量、注意、储藏。

**4. 中成药标准**　包括品名、处方、制法、性状、鉴别、检查、含量测定、功能与主治、用法与用量、规格、储藏。

**5. 生物制品标准**　包括基本要求、制法、检定、保存、运输及有效期、使用说明，其中使用说明包括药品名称、成分和性状、接种对象、作用与用途、规格、用法用量、不良反应、禁忌、注意事项、储藏。

## 二、保健食品

### （一）保健食品的定义

《保健食品注册与备案管理办法》规定，保健食品是指声称具有特定保健功能或者以补充维生素、矿物质为目的的食品，即适宜于特定人群食用，具有调节机体功能，不以治疗疾病为目的，并且对人体不产生任何急性、亚急性或者慢性危害的食品。

### （二）保健食品的标志与批准文号

**1. 保健食品标志**　保健食品的标志为天蓝色图案，下有保健食品字样，俗称“小蓝帽”，如图 2－1 所示。

图 2－1　保健食品标志

**2. 保健食品的批准文号**

目前保健食品等特殊食品由国家市场监督管理局监管，可以在国家市场监督管理局特殊食品安全监督管理司官网的“特殊食品信息查询”中查询相关信息。

由于政府机构改革和职能的调整，保健食品批准部门的更换，导致保健食品批准文号格式有以下几种：

（1）卫生部批准的保健食品　2003 年 7 月前，由卫生行政部门颁发保健食品批准证书，批准文号在有效期内仍然有效。国产保健食品批准文号格式：卫食健字＋4 位年代号第××××号。进口保健食品批准文号格式：卫食健进字＋4位年代号第××××号（2000年以前还包括，卫进食健字＋4位年代号第××××号）。

（2）药品监督管理部门批准的保健食品　2003年11月起，由药品监督管理部门颁发保健食品的批准证书。国产保健食品批准文号格式：国食健字G＋4位年代号＋4位顺序号。进口保健食品批准文号格式：国食健字J＋4位年代号＋4为顺序号。

（3）保健食品注册与备案管理　为规范保健食品的注册与备案，2016年经原国家食品药品监督管理总局局务会议审议通过《保健食品注册与备案管理办法》，并因职能调整，于2020年进行修订并发布。

①生产和进口下列产品应当申请保健食品注册　使用保健食品原料目录以外原料（以下简称目录外原料）的保健食品；首次进口的保健食品（属于补充维生素、矿物质等营养物质的保健食品除外）。

保健食品注册证书有效期为5年。变更注册的保健食品注册证书有效期与原保健食品注册证书有效期相同。

国产保健食品注册号格式为：国食健注G＋4位年代号＋4位顺序号。进口保健食品注册号格式为：国食健注J＋4位年代号＋4位顺序号。

②生产和进口下列保健食品应当依法备案　使用的原料已经列入保健食品原料目录的保健食品；首次进口的属于补充维生素、矿物质等营养物质的保健食品。

国产保健食品备案号格式为：食健备G＋4位年代号＋2位省级行政区域代码＋6位顺序编号。进口保健食品备案号格式为：食健备J＋4位年代号＋00＋6位顺序编号。

**知识链接**

**保健食品与药品的区别**

保健食品与药品有着严格的区别。不能认为保健食品是介于食品与药品之间的一种中间产品或加药产品。保健食品与药品的区别，主要体现在：

1. 药品是用来治病的，而保健食品不以治疗为目的，不能取代药物对病人的治疗作用。保健食品重在调节机体内环境平衡与生理节律，增强机体的防御功能，以达到保健康复的目的。

2. 保健食品要达到现代毒理学上的基本无毒或无毒水平，在正常摄入范围内不能带来任何毒副作用。而作为药品，则允许一定程度的毒副作用存在。

3. 保健食品无需医生的处方，没有剂量的限制，可按机体的正常需要自由摄取。

## 三、医疗器械

### （一）医疗器械的定义

医疗器械是指直接或者间接用于人体的仪器、设备、器具、体外诊断试剂及校准物、材料以及其他类似或者相关的物品，包括所需要的计算机软件。

医疗器械的作用主要通过物理等方式获得，不是通过药理学、免疫学或者代谢的方式获得，或者虽然有这些方式参与但是只起辅助作用。

### （二）医疗器械的注册与备案管理

国家对医疗器械按照风险程度实行分类管理，按照风险程度由低到高，管理类别依次分为第一类、第二类和第三类（具体分类及代表商品介绍详见项目十二）。

**1. 医疗器械的注册与备案管理要求**　《医疗器械注册与备案管理办法》（现行版自2021年10月1日施行）规定：第一类医疗器械实行产品备案管理，第二类、第三类医疗器械实行产品注册管理（表2－1）。

表2－1　医疗器械的注册与备案

| 类别 | | 注册或备案 | 管理部门 |
|---|---|---|---|
| 第一类 | 国产 | 备案 | 所在地设区的市级药品监督管理部门 |
| | 进口 | 备案 | 国家药品监督管理局 |
| 第二类 | 国产 | 注册 | 省级药品监督管理局 |
| | 进口 | 注册 | 国家药品监督管理局 |
| 第三类 | 国产 | 注册 | 国家药品监督管理局 |
| | 进口 | 注册 | 国家药品监督管理局 |

医疗器械注册证有效期为5年，中国香港、澳门、台湾地区医疗器械的注册、备案，参照进口医疗器械办理。

**2. 医疗器械注册证格式与备案凭证格式**

（1）医疗器械注册证格式　医疗器械注册证格式由国家药品监督管理局统一制定。注册证编号的编排方式为：X1械注X2XXXX3X4XX5XXXX6。

其中，X1为注册审批部门所在地的简称，境内第三类医疗器械、进口第二类、第三类医疗器械为“国”字；境内第二类医疗器械为注册审批部门所在地省、自治区、直辖市简称。X2为注册形式，“准”字适用于境内医疗器械；“进”字适用于进口医疗器械；“许”字适用于中国香港、澳门、台湾地区的医疗器械。XXXX3为首次注册年份。X4为产品管理类别。XX5为产品分类编码。XXXX6为首次注册流水号。延续注册的，XXXX3和XXXX6数字不变。产品管理类别调整的，应当重新编号。如某境内第二类医疗器械注册证编号为：川械注准20182640080，2018为注册年份，2为产品管理类别，64为产品分类编码，0080为注册流水号。

（2）备案凭证格式　第一类医疗器械备案凭证编号的编排方式为：X1械备XXXX2XXXX3号。

其中，X1为备案部门所在地的简称，进口第一类医疗器械为“国”字；境内第一类医疗器械为备案部门所在地省、自治区、直辖市简称加所在地设区的市级行政区域的简称（无相应设区的市级行政区域时，仅为省、自治区、直辖市的简称）。XXXX2为备案年份。XXXX3为备案流水号。如境内第一类医疗器械备案凭证编号为：沪嘉械备20180046号。

## （三）医疗器械的质量管理与质量标准

国家药品监督管理部门先后颁布了《医疗器械标准管理办法》、《医疗器械召回管理办法（试行）》、《医疗器械注册管理办法》、《体外诊断试剂注册管理办法》、《医疗器械生产监督管理办法》、《医疗器械经营监督管理办法》、《医疗器械说明书、标签管理规定》等系列法规，以规范医疗器械的生产、经营、使用与管理，确保医疗器械的质量。

为了加强对医疗器械的监督管理，保证医疗器械的安全、有效，保障人体健康和生命安全，促进医疗器械产业发展，2021年2月9日，国务院公布修订通过的《医疗器械监督管理条例》，自2021年6月1日起施行。

目前，医疗器械标准分为国家标准、行业标准和注册产品标准（备案的产品技术要求）。

1. 强制性国家标准（代号为“GB”，如GB18671－2009《一次性使用静脉输液针》）；推荐性国家标准（代号为“GB/T”，如 GB/T 27949－2011《医疗器械消毒剂卫生要求》）。

2. 医疗器械强制性行业标准（代号为“YY”，如 YY0881－2013《一次性使用植入式给药装置专用针》）和医疗器械推荐性行业标准（代号为“YY/T”，如 YY/T1245－2014《自动血型分析仪》）。其中，强制性标准是必须执行，推荐性标准是参考执行。

3. 注册产品标准（备案的产品技术要求）是指由制造商制定，应能保证产品安全有效，并在产品申请注册或备案时，经设区的市级以上药品监督管理部门依据国家标准和行业标准相关要求复核的产品标准。制造商应对注册产品标准（备案的产品技术要求）所规定的内容负责。医疗器械注册产品标准（备案的产品技术要求）由各级药品监督管理部门负责管理。

**知识链接**

**医疗器械的批准文号格式**

为贯彻实施新《医疗器械监督管理条例》，落实医疗器械审评审批制度改革要求，建立更加科学的医疗器械监督管理制度，加强医疗器械注册管理，国家药监局组织对原《医疗器械注册管理办法》进行修订。2021 年 8 月，国家市场监督管理总局公布修订通过的《医疗器械注册与备案管理办法》，自 2021 年 10 月 1 日起施行。

因此，医疗器械产品的注册（备案）号编排格式同药品批准文号格式一样，新旧版本会在相当长的一段时间内共存。

2014 年之前的医疗器械产品注册（备案）号编排方式。【详情扫码】

## 四、化妆品

### （一）化妆品的定义

根据《化妆品监督管理条例》规定，化妆品是指以涂抹、喷洒或者其他类似方法，施用于皮肤、毛发、指甲、口唇等人体表面，以清洁、保护、美化、修饰为目的的化学工业产品。

化妆品功效是指产品在正确使用条件下，所具有的能够帮助消费者改善其皮肤、头发、体味、口唇齿、指（趾）甲，达到清洁、保养、美化、修饰、改变外观或修正人体气味，保持良好状态的功能和作用。

### （二）化妆品的备案编号与注册编号

国产普通化妆品应当在上市销售前向备案人所在地省、自治区、直辖市人民政府药品监督管理部门备案。进口普通化妆品应当在进口前向国务院药品监督管理部门备案。特殊化妆品经国务院药品监督管理部门注册后方可生产、进口。

《化妆品注册备案管理办法》已于 2020 年 12 月 31 日经国家市场监督管理总局 2020 年第 14 次局务会议审议通过，自 2021 年 5 月 1 日起施行。对于化妆品的备案编号、注册编号规则如下。

**1. 普通化妆品备案编号规则**

国产产品：省、自治区、直辖市简称＋G 妆网备字＋四位年份数＋本年度行政区域内备案产品顺序数。例如：粤 G 妆网备字 2021043791。

进口产品：国妆网备进字（境内责任人所在省、自治区、直辖市简称）+四位年份数+本年度全国备案产品顺序数。例如：国妆网备进字（粤）2021000497。

中国台湾、香港、澳门产品：国妆网备制字（境内责任人所在省、自治区、直辖市简称）+四位年份数+本年度全国备案产品顺序数。

**2. 特殊化妆品注册编号规则**

国产产品：国妆特字+四位年份数+本年度注册产品顺序数。

进口产品：国妆特进字+四位年份数+本年度注册产品顺序数。

中国台湾、香港、澳门产品：国妆特制字+四位年份数+本年度注册产品顺序数。

### （三）化妆品的质量标准

化妆品的技术标准可分为通用基础标准、卫生标准、方法标准、产品标准和原料标准几大类。

**1. 通用基础标准**　包括《消费品使用说明化妆品通用标签》（GB 5296.3－2008）、《化妆品分类》（GB/T 18670－2002）、《限制商品过度包装要求 食品和化妆品》（GB 23350－2009）、《化妆品检验规则》（QB/T 1684－2005）、《化妆品产品包装外观要求》（QB/T 1685－2006）等。

**2. 卫生标准**　包括《化妆品卫生标准》（GB 7916－1987）、《化妆品安全性评价程序和方法》（GB 7919－1987）、《化妆品皮肤病诊断标准及处理原则》系列标准等。

**知识链接**

**“药妆”合法存在吗？**

目前社会药房销售的化妆品，大部分属于特殊用途的化妆品，主要针对问题性皮肤有一定修复护理作用。许多具有美白、祛斑、防晒等特殊功效的化妆品都希望按药品的模式来销售，因为药店能给消费者安全感、专业感，但是目前在中国并没有“药妆”这一概念，两者应明确区分，否则会对消费者造成误导。

2019年1月10日，NMPA化妆品监管司发布《化妆品监督管理常见问题解答》，再次明确我国对于“药妆”“医学护肤品”“药妆品”概念的监管态度，即以化妆品名义注册或备案的产品，宣称“药妆”“医学护肤品”等“药妆品”概念的，均属于违法行为。

关于药妆的相关知识【详情扫码】

## 五、消毒产品

### （一）消毒产品的定义

根据《消毒管理办法》（2017年修订版）第四十五条规定，消毒产品包括消毒剂、消毒器械（含生物指示物、化学指示物和灭菌物品包装物）、卫生用品和一次性使用医疗用品。

为了加强消毒管理，预防和控制感染性疾病的传播，保障人体健康，根据《中华人民共和国传染病防治法》及其实施办法的有关规定，原国家卫生和计划生育委员会制定了《消毒管理办法》，适用于医疗卫生机构、消毒服务机构以及从事消毒产品生产、经营活动的单位和个人，其他需要消毒的场所和物品管理也适用于本办法。2018 年 3 月国务院机构改革后，不再保留国家卫生和计划生育委员会，设立中华人民共和国国家卫生健康委员会，主管全国消毒监督管理工作。

### （二）卫生许可证、卫生许可批件

消毒剂、消毒器械和卫生用品生产企业取得营业执照后，还应当取得所在地省级卫生主管部门发放的卫生许可证，方可从事消毒产品的生产。

消毒产品生产企业卫生许可证编号格式为：（省、自治区、直辖市简称）卫消证字（发证年份）第 XXXX 号。

国产产品（消毒剂和消毒器械）的批准文号格式为：卫消字（年份）第 XXXX 号，例如：卫消字（2013）第 0084 号；进口产品（消毒剂和消毒器械）的批准文号格式为：卫消进字（年份）第 XXXX 号，例如：卫消进字（2013）第 0005 号。

**知识链接**

**消毒产品与药品的区别**

消毒产品作为一种外用消毒杀菌产品，不具备调节人体生理功能的功效，与药品有着明显的本质区别。

1. 在作用目的上：它是一种防病的产品，而不是治病或诊断疾病的产品。

2. 在作用机制上：它是一种用化学、物理、生物的方法消除病原微生物的产品，而不是用药理学或免疫学的方法预防疾病的产品。

3. 在作用对象上：它是针对环境中的病原微生物，而不是针对人的疾病。

**即学即练**

答案解析

下列不属于我国药品标准的是（　　）

A. 中国药典　　B. 局（部）颁标准　　C. GSP　　D. 药品注册标准

## 任务二　认识药品的分类

PPT

药品是人类防病治病过程中必不可少的一大类医药商品，是医药商品的核心，且品类、品种、品规最多。目前我国药物商品接近 20000 种，其性质特点各不相同，需要具备相关的专业知识才能够正确生产、经营和使用。

合理的分类能够实现对药品的有序管理，并能为药品的编码提供基础。依据生产、经营、管理和使用过程的实际需求以及各自的特点，药品的分类方法也各不相同，每种方法角度不同，各有侧重，但均以有利于本领域药品的科学管理和研究使用为目的。

### 一、按药品来源分类

药品按来源不同，分为植物药、动物药、矿物药、人工合成药品和生物药品五大类，其中植物药、动物药和矿物药又可统称为天然药物。

**1. 植物药**　主要利用植物的各个部分制成的药物，包括植物的根、茎、叶、果实等都可制成药品。如三七的根和花、人参、山楂、芦荟等。

**2. 动物药**　主要利用动物的脏器和分泌物制成的药物，如牛黄、熊胆、麝香、蝎子、家畜的甲状腺等都可制成药品，胰岛素最早来源于猪、牛、羊的胰腺。

**3. 矿物药**　指直接利用矿物或经过加工而制成的药物，如硼砂、硫黄以及无机盐类、酸类、碱类等。

**4. 人工合成药品**　指人们利用化学方法进行合成的药品，可分为全人工合成药品（如对乙酰氨基酚、阿司匹林）和半合成药品（如阿莫西林、头孢拉定等）。

**5. 生物药品**　主要利用微生物及其代谢物、动物毒素、人或动物的组织或血液等，利用生物技术加工制成，用于预防、治疗和诊断人类疾病的药品。如各类疫苗、血液制品、免疫球蛋白、细胞因子、生长因子、体内外免疫诊断制品、微生态制剂等。

**6. 天然药物**　是指在现代医药理论指导下使用的天然药用物质及其制剂。其来源包括植物、动物和矿物，一般不包括来源于基因修饰动植物的物质、经微生物发酵或经化学等修饰的物质。

## 二、按药品剂型分类

### 案例分析

**案例描述**　炎炎夏日，货车司机小李怕中暑，就去药店买了盒藿香正气水，一口气喝了好几支，喝完继续开车，不料在路上碰到交警查酒驾，酒精含量竟然超标了。

**讨　　论**　1. 货车司机没有喝酒为什么酒精检查不合格？

2. 市面上有很多藿香正气的药物制剂，比如藿香正气颗粒、藿香正气滴丸、藿香正气口服液等，都会产生这种现象吗？

答案解析

一般情况下，原料药是不能直接供患者使用的，必须制成适合于患者应用的给药形式。药物剂型是指根据医疗需要，适用于疾病的治疗、诊断和预防而制备成的不同制剂形式，简称剂型，如片剂、胶囊剂、注射剂等。各种剂型中的具体药品称为药物制剂，简称制剂，如阿司匹林片、双黄连口服液等。而且把制剂的研制过程也称为制剂。不同的制剂形式具有不同的特点，以便于药物的贮存、运输、携带和使用。

药物剂型种类繁多，根据不同的分类标准分出的类型有几十种之多，不同的剂型分类方法也各有特点，各具优缺点。在药剂学中常按形态、给药途径、分散系统等来分类。

### （一）按制剂形态分类

药品按制剂形态主要分为以下四个类别。

**1. 固体制剂**　如片剂、散剂、胶囊剂、颗粒剂（冲剂）、丸剂、膜剂、贴剂等。

**2. 半固体制剂**　如软膏剂、乳膏剂、霜剂、凝胶剂、栓剂、糊剂、膏剂等。

**3. 液体制剂**　如芳香水剂、溶液剂、注射剂、乳剂、混悬剂、合剂、洗剂、搽剂、糖浆剂、酊剂等。

**4. 气体制剂**　如喷雾剂、气雾剂等。

形态相同的剂型，由于物态相同，其制备工艺、特点和疗效亦有相同之处，例如，制备液体剂型时多采用溶解、分散等方法；制备固体剂型多采用粉碎、混合等方法；半固体剂型多采用熔化、研匀等方法。疗效方面以液体、气体剂型为最快，固体剂型较慢。这种分类法在制备、存储和运输上较有意义，但是过于简单，缺少剂型间的内在联系，在药品使用上实用价值不大。

### （二）按制剂给药途径分类

药品按制剂给药途径主要分为以下两个类别。

**1. 经胃肠道给药剂型** 指制剂通过口服的用药方法进入胃肠道，经胃肠道局部吸收而作用于全身的剂型。如片剂（普通片剂、分散片、泡腾片、缓控释片、咀嚼片）、胶囊剂（硬胶囊、软胶囊、缓释胶囊）、颗粒剂、溶液剂、糖浆剂、乳剂、混悬剂等。由于胃肠道中会分泌酶和酸性物质，因此易被酶和酸分解、破坏的药品不易采用这类剂型。

**2. 非胃肠道给药剂型** 指除经胃肠道给药外的所有剂型，这些剂型可在给药部位起局部作用或被吸收后发挥全身作用，包括注射给药剂型和局部组织给药剂型。

（1）注射给药剂型　如注射剂，包括液体注射剂（小容量注射剂、输液剂）和固体注射剂（注射用无菌粉末），注射途径包括静脉注射、肌内注射、皮下注射、皮内注射及腔内注射等多种。

（2）局部组织给药剂型

①呼吸道给药剂型　如喷雾剂、气雾剂、粉雾剂、吸入剂等。

②皮肤给药剂型　如外用溶液剂、洗剂、搽剂、软膏剂、乳膏剂、糊剂、贴剂等。

③黏膜给药剂型　如滴眼剂、滴鼻剂、眼用软膏剂、含漱剂、舌下片剂、口腔粘贴片及贴膜剂等。

④腔道给药剂型　如栓剂、阴道泡腾片、滴耳剂等，用于直肠、阴道、尿道、耳道等。

这种分类方法，与临床用药结合较紧密，并能反映给药途径与方法对剂型制备的特殊要求。缺点是一种剂型，由于给药途径或方法的不同，可能多次出现，使剂型分类复杂化。

### （三）按分散系统分类

**1. 真溶液型** 药物以分子或离子状态（质点直径小于1nm）分散于分散介质中所形成的均匀分散体系，也称为低分子溶液，如芳香水剂、溶液剂、糖浆剂、甘油剂、酯剂、注射剂等。

**2. 胶体溶液型** 主要以高分子（质点直径在1～100nm）分散在分散介质中所形成的均匀分散体系，也称高分子溶液，如胶浆剂、火棉胶剂、涂膜剂等。

**3. 乳剂型** 油类药物或药物油溶液以液滴状态分散在分散介质中所形成的非均匀分散体系，如口服乳剂、静脉注射乳剂、部分搽剂等。

**4. 混悬型** 固体药物以微粒状态分散在分散介质中所形成的非均匀分散体系，如合剂、洗剂、混悬剂等。

**5. 气体分散型** 液体或固体药物以微粒状态分散在气体分散介质中所形成的分散体系，如气雾剂、喷雾剂。

**6. 固体分散型** 固体药物以聚集体状态存在的分散体系，如片剂、散剂、颗粒剂、胶囊剂、丸剂等。

**7. 微粒分散型** 药物以不同大小微粒呈液体或固体状态分散，如微球制剂、微囊制剂、纳米囊制剂等。

这种分类方法，便于应用物理化学的原理来阐明各类制剂特征，但不能反映用药部位与用药方法对剂型的要求，甚至一种剂型由于辅料和制法的不同而必须分到几个分散系统中去，因而无法保持剂型的完整性，如注射剂中有溶液型、混悬型、乳浊型及粉针型等。

### （四）以剂型为基础的综合分类

药剂学中常用的分类方式不太适合药品在经营、流通和服务工作中的需要，为了更好地反映出药物商品的形态、用途、制剂方法及储存养护要求，以适合药品作为商品的经营、管理和使用需要，应以剂型为基础采用综合分类方法。药物制剂综合分类见图 2－2 所示。

- 药物制剂
  - 注射剂
    - 液体注射剂
      - 小容量注射剂
      - 输液剂
    - 固体注射剂（注射用无菌粉末）
  - 口服制剂
    - 固体制剂：如片剂、胶囊剂、丸剂、滴丸剂、颗粒剂等
    - 液体制剂：如口服液、芳香水剂、糖浆剂、乳剂、合剂等
  - 外用制剂
    - 固体或半固体制剂：如软膏剂、眼膏剂、栓剂等
    - 液体制剂：如搽剂、洗剂、滴眼液、滴鼻液、滴耳液等
    - 气雾剂和喷雾剂：如外用喷雾剂与外用气雾剂等

图 2－2　药物制剂综合分类

#### 知识链接

**常见剂型简介及特点分析**

剂型与药效的发挥息息相关，适宜的剂型可以更好地使药效得以发挥，减少不良反应，更好地预防和治疗疾病，也有利于商业流通中的储存与养护。

1. 片　剂　2. 胶囊剂　3. 注射剂　4. 溶液剂　5. 乳　剂　6. 混悬剂
7. 糖浆剂　8. 颗粒剂　9. 软膏剂　10. 乳膏剂　11. 栓　剂　12. 气雾剂
13. 喷雾剂　14. 丸　剂　15. 散　剂　16. 贴　剂　17. 膜　剂　18. 酊　剂
19. 醑　剂　20. 搽　剂　21. 合　剂　22. 糊　剂　23. 眼用制剂　24. 耳用制剂
25. 鼻用制剂

【详情扫码】　微课 1　微课 2　微课 3

## 三、按药品管理制度分类

### （一）特殊管理药品和一般管理药品

《药品管理法》规定：对疫苗、血液制品、麻醉药品、精神药品、医疗用毒性药品、放射性药品、药品类易制毒化学品等实行特殊管理。

特殊管理药品是指国家制定法律制度，实行比其他药品更加严格的管制的药品。在生产、经营、管理和使用过程，应严格执行国家有关管理规定。通常情况下，特殊管理药品包括上述疫苗、血液制品、麻醉药品、精神药品、医疗用毒性药品、放射性药品、药品类易制毒化学品等。其他药品即为一般管理药品，又称为普通药品（简称普药）。特殊管理药品在诊断、治疗疾病中应用广泛，占有很重要的位

置，如果用之不当，易危害人们身体健康甚至危及生命，影响社会安定，因此，国家对这些药品要实行特殊管理。

**知识链接**

**特殊管理药品专有标志**

《药品管理法》规定：麻醉药品、精神药品、医疗用毒性药品、放射性药品的标签、说明书，应当印有规定的标志。专有标志如下所示。

1. 麻醉药品（蓝白）麻

2. 精神药品（绿白）精神药品

3. 医疗用毒性药品（黑白）毒

4. 放射性药品（红黄）

【详情扫码】

### （二）处方药和非处方药

**案例分析**

**案例描述** 2020年4月27日，国家药监局发布关于益母草软胶囊等8种药品转换为非处方药的公告（2020年第56号），公告根据《处方药与非处方药分类管理办法（试行）》的规定，经国家药品监督管理局组织论证和审定，益母草软胶囊等8种药品由处方药转换为非处方药。品种名单及其非处方药说明书范本一并发布。

**讨　论** 1. 什么情况下，处方药可转换为非处方药？

2. 那么非处方药可以转换为处方药吗？

答案解析

20世纪50～60年代，西方发达国家为保证用药安全，对毒性、成瘾性药品销售、使用进行管理和控制，将药品分两类。一类必须经医生诊断开出处方后才能获得，即处方药。另一类不需要医生处方，消费者自主购买和使用，即非处方药。1951年，美国最早通过立法对药品实行分类管理。20世纪80年代，世界卫生组织（WHO）开始向全世界推广这一模式。我国《处方药与非处方药分类管理办法（试行）》于2000年1月1日起正式施行。我国药品分类管理发展历程见图2－2。

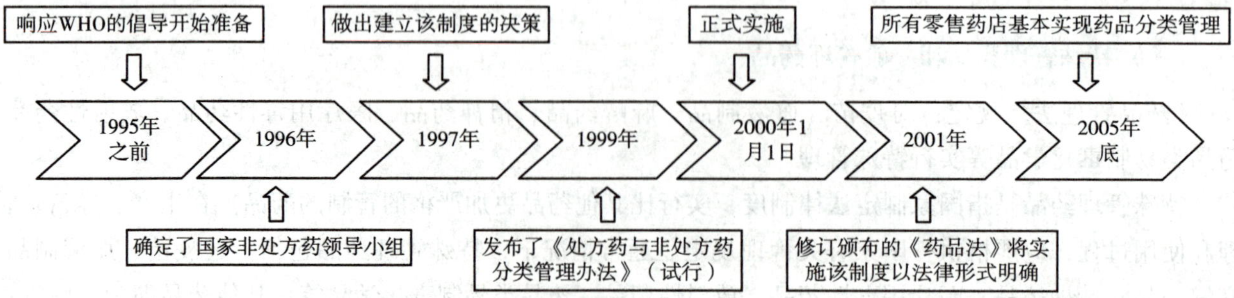


图2－2　我国药品分类管理发展历程

## 知识链接

### 反应停事件

1957年德国梅瑞公司购买的专利药沙利度胺，商品名反应停，用于治疗妊娠初期的恶心、呕吐等，但许多服用此药的孕妇产下的婴儿手直接连在躯干上，形似海豹，称为海豹胎。该药从1957年进入市场至1962年撤药，全世界30多个国家和地区共报告了海豹胎1万余例。反应停事件成为20世纪规模最大的、世界性的药物导致先天畸形的灾难性事件，给世人留下了深刻的历史教训，敲响了必须重视药品安全性的警钟。该事件引起各国高度重视，各国政府先后通过立法制定了处方药和非处方药分类管理制度。

【启示】党的二十大报告指出：要推进健康中国建设，把保障人民健康放在优先发展的战略位置，完善人民健康促进政策，深入贯彻以人民为中心的发展思想，人民至上，生命至上。药品作为维护人类健康的特殊商品，在研制、生产、销售、使用的各个环节都受到相应法规的严格控制，所有医药人员必须坚守职业道德，在工作中一定要遵纪守法，严肃认真遵守职业行为准则，确保药品质量安全。

药品分类管理是指根据药品的安全性、有效性原则，依其品种、规格、适应证、剂量及给药途径等的不同，将药品分为处方药和非处方药进行分类管理。

**1. 处方药（Rx）** 处方药，是指必须凭执业医师或执业助理医师处方，才可调配、购买和使用的药品。处方药大多属于以下几种情况。

（1）注射剂、上市不满5年的由新活性成分组成的新药，对其活性和副作用还有待进一步观察。

（2）具有依赖性潜力或者易导致滥用的，如麻醉药品、精神药品等。

（3）因药物的毒性或者其他潜在风险，患者自行使用不安全的，如毒性药品和抗癌药品、放射性药品等。

（4）某些必须由医生和实验室确诊，用药方法有特殊要求，必须在医药卫生专业人员指导下使用的药品，如抗感染药品、心脑血管病药品等。

（5）其他不适合按非处方药管理的。

处方药必须由生产企业把“凭医师处方销售、购买和使用”的警示语醒目的印刷在药品包装或药品说明书上。此外，处方药只准在专业性医药报刊进行宣传，不准在大众媒体进行广告宣传。

**2. 非处方药（OTC）** 非处方药，指由国家监督管理部门公布的，不需要凭借执业医师或执业助理医师处方，根据消费者需要，可自行判断、购买和使用的药品。非处方药根据其安全性又可分为甲类非处方药和乙类非处方药。乙类非处方药安全性高于甲类，标识为绿色。甲类非处方药标识为红色。我国遴选非处方药的原则为应用安全、疗效确切、质量稳定、方便使用。甲、乙类非处方药标识见图2－3。微课4

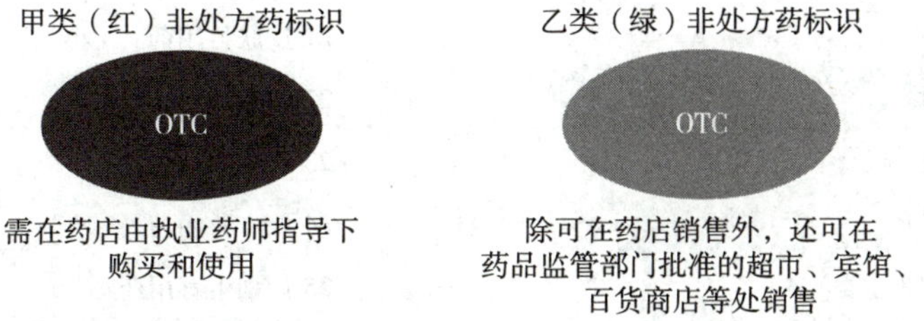


图2－3　甲、乙类非处方药标识

### （三）《国家基本药物目录》药品

**1. 概述** 基本药物是指适应基本医疗卫生需求，剂型适宜，价格合理，能够保障供应，公众可公平获得的药品。国家基本药物目录是指由各国政府制定的药品品种目录，是各级医疗卫生机构配备使用药品的依据。在 WHO 的积极倡导和推动下，基本药物正在越来越广泛用于医疗保险费用的支付、合理用药的指导、药品的生产和供应、初级医疗保健的建立等领域。

我国自 1992 年起结合医疗保险制度的改革，开展制定国家基本药物的工作。2009 年 8 月 18 日发布《关于建立国家基本药物制度的实施意见》，正式启动国家基本药物制度建设工作，同时公布《国家基本药物目录》（以下简称基药目录）自 2009 年 9 月 21 日起正式施行。

我国基药目录是国家卫生健康委员会组织专家遴选、制定，并由国家基本药物委员会审核通过的药物目录的总称。遴选原则为：防治必需、安全有效、价格合理、使用方便、中西药并重、基本保障、临床首选和基层能够配备。在充分考虑我国现阶段基本国情和基本医疗保障制度保障能力的基础上，结合我国用药特点和基层医疗卫生机构配备的要求，参照国际经验，合理确定基本药物的品种（剂型）和数量。

基药目录中的药品包括化学药品和生物制品、中成药、中药饮片三部分，应当是《中华人民共和国药典》收载的，国家药品监督管理部门颁布药品标准的品种。对列入基本药物的品种国家要保证生产和供应，政府举办的基层医疗卫生机构全部配备和使用基本药物，其他各类医疗机构也都必须按规定使用基本药物。根据经济社会的发展、医疗保障水平、疾病谱变化、基本医疗卫生需求、科学技术进步等情况，不断优化基本药物品种、类别与结构比例。目录需定期开展评估，实行动态调整，原则上每 3 年调整一次。对新审批上市、疗效较已上市药品有显著改善且价格合理的药品，可适时启动调入程序。

我国现行版本的《基药目录》为 2018 年版，自 2018 年 11 月 1 日起实施。

**2.《国家基本药物目录》（2018 年版）药品品种大类**

（1）中成药　依据功能分类。共 7 大类，包括内科用药、外科用药、妇科用药、眼科用药、耳鼻喉科用药、骨伤科用药、儿科用药。

（2）化学药品和生物制品　依据临床药理学分类。共 26 大类，见表 2－2。

表 2－2　《国家基本药物目录》（2018 年版）化学药品和生物制品分类

| | |
|---|---|
| 1 抗微生物药（15 小类） | 14 免疫系统用药 |
| 2 抗寄生虫病药（5 小类） | 15 抗肿瘤药（8 小类） |
| 3 麻醉药（3 小类） | 16 维生素、矿物质类药（4 小类） |
| 4 镇痛、解热、抗炎、抗风湿、抗痛风药（3 小类） | 17 调节水、电解质及酸碱平衡药（3 小类） |
| 5 神经系统用药（6 小类） | 18 解毒药（6 小类） |
| 6 治疗精神障碍药（5 小类） | 19 生物制品 |
| 7 心血管系统用药（6 小类） | 20 诊断用药（4 小类） |
| 8 呼吸系统用药（3 小类） | 21 皮肤科用药（4 小类） |
| 9 消化系统用药（8 小类） | 22 眼科用药（3 小类） |
| 10 泌尿系统用药（3 小类） | 23 耳鼻喉科用药 |
| 11 血液系统用药（5 小类） | 24 妇产科用药（2 小类） |
| 12 激素及影响内分泌药（8 小类） | 25 计划生育用药 |
| 13 抗变态反应药 | 26 儿科用药 |

**知识链接**

**《国家基本药物目录》（2018 年版）特点**

该目录在 2012 年版基础上进行调整完善，主要具有以下特点：

1. 增加了品种数量。

2. 优化了结构，突出常见病、慢性病以及负担重、危害大疾病和公共卫生等方面的基本用药需求，注重儿童等特殊人群用药。

3. 进一步规范剂型、规格。

4. 继续坚持中西药并重，增加了功能主治范围，覆盖更多中医临床症候。

5. 强化了临床必需，这次新增品种中，有 11 个为非医保药品，主要是临床必需、疗效确切的药品。

### （四）《国家基本医疗保险、工伤保险和生育保险药品目录》药品 知识链接 2

为贯彻落实党中央、国务院决策部署，进一步提高参保人员的用药保障水平，按照《基本医疗保险用药管理暂行办法》及《2022 年国家基本医疗保险、工伤保险和生育保险药品目录调整工作方案》要求，国家医保局、人力资源社会保障部组织调整并制定了《国家基本医疗保险、工伤保险和生育保险药品目录（2022 年）》（以下简称《2022 年药品目录》）。自 2023 年 3 月 1 日起正式执行，谈判药品中的阿兹夫定片和清肺排毒颗粒新的医保支付标准自 2023 年 4 月 1 日起实施。

《药品目录》中的西药和中成药是在《国家基本药物》的基础上遴选，并分“甲类目录”和“乙类目录”。“甲类目录”的药品是临床治疗必需，使用广泛，疗效好，同类药品中价格低的药品。“乙类目录”的药品是可供临床治疗选择使用，疗效好，同类药品中比“甲类目录”药品价格略高的药品。参保人员使用《药品目录》中的药品，所发生的费用按以下原则支付。使用“甲类目录”的药品所发生的费用，全额纳入报销范围，按规定比例报销。使用“乙类目录”的药品所发生的费用，先由参保人员个人自付一定比例费用，之后的部分再纳入报销范围。《药品目录》以外的药品属于参保人员自费的药品，需要参保人员完全自付。

《2022 年药品目录》分为凡例、西药、中成药、协议期内谈判药品（含竞价药品）和中药饮片五个部分。药品分类上西药品种主要依据解剖 – 治疗 – 化学分类（ATC），中成药主要依据功能主治分类，中药饮片按中文笔画数排序。常规准入部分共 2967 种，其中西药 1586 种，中成药 1381 种。另外，还有基金可以支付的中药饮片 892 种。本次调整在确保基金安全的基础上，继续适当放宽了部分目录内品种的支付范围，药品可及性和用药公平性得到进一步提升。临床具有多种治疗用途的药品，选择其主要治疗用途分类。临床医师依据病情用药，不受《2022 年药品目录》分类的限制。医保药品在医疗机构药品使用占比逐年上升，主导地位进一步巩固，临床用药合理性得到积极改善。同时，创新药进入医保速度明显加快，常用药品价格水平显著下降，重大疾病和特殊人群用药保障水平大幅提升，显著降低了群众用药负担。

《2022 年药品目录》
查询码

## 四、其他分类

### （一）按药理学方法分类

根据药品临床用途分类，是依据药物的作用和临床应用而实行的一种分类方法。例如，将药品分为抗微生物药、中枢神经药物、心血管系统药物、呼吸系统药物、消化系统药物等。国家基本药物、非处方药物及医院药房等药品使用单位多采用此法分类，这种分类方法有利于指导医生和患者用药，使治疗不同疾病的药品名目清晰，方便学习。本教材模块二主要按此法分类，系统地向学习者介绍各类药物商品。缺点是分类过于复杂，不利于仓储和保管。

### （二）按商业保管习惯分类

在医药商业运作中，常在按剂型分类的基础上，根据医药商品的仓储保管和陈列习惯，将品种众多的医药商品简单划分为片、针、水、粉四个类别。这种方法虽然不够严谨，但易从外观上加以区别，且在药物商品的包装、贮藏、保管和运输等方面，因各大类有共同特点而为药品流通提供方便，因而在医药商业中被广泛采用。

**1. 片剂类** 包括片剂、胶囊剂、丸剂类等。

**2. 针剂类** 包括注射液（小容量注射液和大容量输液剂）、注射用无菌粉末、注射用浓溶液等。

**3. 水剂类** 包括液体制剂、半固体制剂（软膏剂、眼膏剂、霜剂、栓剂）、气雾剂等。

**4. 粉剂类** 包括原料药、颗粒剂、散剂、干混悬剂等。

### （三）中药和西药

从医学理论体系的角度及国人传统习惯，药品可分为西药和中药两大类。

**1. 西药** 长期以来，人们习惯于把由国外研制生产的药品称为西药。如今，西药常指以西医理论体系为基础的药品，主要指化学药品和生物药品（含生物制品和生化药品）。化学药物主要指将从天然矿物、动植物中提取的有效成分，以及经过化学合成或生物合成而制得的药物，统称为化学药物。其中通过人工经化学方法合成的药物称为化学合成药物，而从天然植物、动物和矿物中提取有效成分合成的称为天然化学药物。

**2. 中药** 人们习惯于把我国传统使用的药物称为中药，又称之为国药。它是我国的国粹，有数千年的研究和使用历史。中药最本质的特点是在中医理论指导下应用。具体分类见表2－3。

表2－3 中药的分类

| 中药分类 | 定 义 | 举 例 |
|---|---|---|
| 中药材 | 指符合药用要求的动植物及矿物类药材，是从自然界中采集、未经加工的原药 | 动物：鹿茸、麝香；植物：丹参、黄连；矿物：朱砂、石膏 |
| 中药饮片 | 中药材经过加工处理成的片、段、丝、块等称为中药饮片，即将中药材经过炮制处理后的制成品，可以直接供应临床配方、煎制汤剂或生产中成药 | 干姜、甘草、三七粉等 |
| 中成药 | 是以中药材或者中药饮片为原料，经制剂加工制成不同剂型的中药制品，包括丸、散、膏、丹等各种剂型 | 牛黄解毒丸、双黄连口服液、柴胡注射液、口腔溃疡散等 |

随着医药科学技术的发展，中药现代化的探索以及中西结合药物的不断涌现，尤其是用现代医学观点表述其特性的中成药的不断出现，传统的中药、西药分类方法越来越不能反映其实际情况，因此中药、西药分类的界线越来越趋于模糊，其概念将逐渐为传统药与现代药所取代。

### （四）传统药和现代药

《药品管理法》规定“国家发展现代药和传统药”。

**1. 传统药** 又称民族药，是指按照传统医药学理论指导用于疾病预防、治疗的物质，包括中药、蒙药、藏药、维药等。其主要来源是天然药物及其加工品。包括植物药、动物药、矿物药等。我国传统药的应用历史源远流长，沿袭至今，长盛不衰，对中华民族的繁衍昌盛起到了重大作用，至今仍在我国人民的医疗保健中占有重要地位。

**2. 现代药**　一般指在现代医学理论指导下用于预防、治疗、诊断疾病的药品。是19世纪以来发展起来的，用现代药学理论方法和化学技术、生物技术等现代科学技术手段发现或获得。根据来源不同，现代药通常分为化学药品、抗生素、生物制品和生化药品、放射性药品等，如阿司匹林、青霉素、尿激酶、干扰素等。

答案解析

**即学即练**

把药品分为处方药和非处方药的分类原则是（　　）

A. 保管要求　　B. 剂型　　C. 药品分类管理要求　　D. 药理学

# 任务三　药品包装、标签、说明书与药品编码

PPT

## 一、药品的包装

药品包装是指用适当的材料或容器，利用包装技术对药物制剂的半成品或成品进行分（灌）、封、装、贴签等操作，为药品提供品质保证、鉴定商标与说明的一种加工过程的总称。也指在药品流通过程中为保护药品，方便储运、销售和使用，按指定技术方法而采用的容器、材料及辅助物的总称。按其在流通领域中的作用分为内包装和外包装两大类，具有保护药品质量、便于药品流通、方便药品应用和商品宣传的作用。同时药品包装中的标签和说明书能为医护人员、药房药师、药品流通工作人员、药品监管人员以及消费者等提供必要的药物商品信息，充分表现了药物商品的有用性和特殊性，为实现商品的使用价值提供了充足条件，以便于更好地进行药品的流通、使用和监管。

### （一）药品包装的分类

药品包装分类情况见表2-4。

表2-4　药品包装分类情况一览表

| 分类依据 | 类别 | 解　析 |
|---|---|---|
| 按是否与药品直接接触 | 内包装 | 指直接与药品接触的包装，如安瓿、注射剂瓶、口服液瓶、片剂或胶囊剂的泡罩包装 |
| | 外包装 | 指内包装以外的包装，按由里向外分为小包装、中包装和大包装。个包装也称小包装或销售包装，是消费者购买药品时的基本包装单位 |
| 按包装容器的特性 | 密闭容器 | 能防止尘埃、异物等混入的容器，如玻璃瓶、纸袋、纸盒、塑料袋、木桶及纸桶（内衬纸袋或塑料袋）等。凡受空气中氧气、二氧化碳、湿度影响不大，仅需防止损失或尘埃等杂质混入的药品均可使用此类容器 |
| | 密封容器 | 能防止药品风化、吸湿、挥发或与异物污染的容器，如带玻璃塞或木塞的玻璃瓶、软膏管、铁罐等，最好用适宜的封口材料辅助密封，适用于盛装易挥发的液体药品及易风化、潮解、氧化的固体药品，如云南白药酊 |
| | 熔封和严封容器 | 指将容器熔封或以适宜的材料严封，能防止空气、水分进入与细菌污染的容器，如玻璃安瓿或输液瓶等。主要用于注射剂、血浆及各种输液，如注射用青霉素钠 |

续表

| 分类依据 | 类别 | 解　析 |
| --- | --- | --- |
| 按包装容器的特性 | 遮光容器 | 指能阻止阳光直射，保护药品不受光照影响的容器。如棕色玻璃瓶，普通无色玻璃瓶外面裹以黑纸或装于不透明的纸盒内也可达到遮光的目的。遮光容器主要用于盛装遇光易变质的药品，如硝酸甘油片 |
| 按包装容器的材质 | 纸质包装 | 其用量约占药品包装的50% |
| | 塑料包装 | 是一种以合成树脂为主要原料，经人工合成并加入适当的辅助剂而制得的高分子有机化合物 |
| | 玻璃包装 | 在药品包装材料中的地位已经下降，现用较多的主要是安瓿、部分输液瓶、试剂瓶等，在大输液中玻璃瓶正在退出市场，软包装是发展趋势 |
| | 复合包装 | 是用塑料、纸、铝箔等复合而制成的包装材料，常用的有纸塑复合材料、铝箔－聚乙烯复合材料等 |
| 按包装的技术与目的 | 真空包装 | 指将药品装入气密性包装容器，抽去容器内的空气，使密封后的容器内达到预定真空度的包装方法 |
| | 充气包装 | 指将药品装入气密性容器，用氮、二氧化碳等气体置换容器中原有空气的包装方法 |
| | 无菌包装 | 是将药品、包装容器、材料或包装辅助器材灭菌后，在无菌的环境中进行充填和封合的包装方法 |
| | 条形包装 | 每个单元可以单独撕开或剪开以便于销售 |
| | 喷雾包装 | 是将液体或膏状药品装入带有阀门和推进剂的气密性包装容器中，当开启阀门时，药品在推进剂产生的压力下被喷射出的包装方法，如云南白药气雾剂 |
| | 儿童安全包装 | 是一种能够保护儿童安全的包装，其结构设计使大部分儿童在一定时间内难以开启或难以取出一定数量的药品包装方法，如上海强生制药的儿童退热药泰诺林的包装瓶盖即为儿童保险盖，可避免儿童误服 |
| 按包装容器的形状 | 主要有袋装、瓶装、泡罩板装、条形装、管装等；袋装如塑料袋、铝塑复合袋等；瓶装如塑料瓶、玻璃瓶等；泡罩板装如铝塑泡罩板等；条形装如复合膜条形包装；管装如金属软管等 | |

### （二）药品包装的管理

《药品管理法》规定：直接接触药品的包装材料和容器，应当符合药用要求，符合保障人体健康、安全的标准。对不合格的直接接触药品的包装材料和容器，由药品监督管理部门责令停止使用。《直接接触药品的包装材料和容器管理办法》明确了实施注册管理的药包材产品种类，加强了对药包材生产流通环节的抽查，规范了药包材的质量标准与检验方法以及药品包装的详细规定，对保障药品质量、方便药品储运和指导患者用药等方面起到了重要作用。

**1. 药包材注册管理**　药包材，是指药品生产企业生产的药品和医疗机构配制的制剂所使用的直接接触药品的包装材料和容器。国家对药包材实行产品注册制度。药品生产企业应根据药品的特性选择能保证药品质量的包装材料。药品生产企业使用的直接接触药品的包装材料和容器，必须符合药用要求，符合保障人体健康、安全的标准，并由药品监督管理部门在审批药品时一并审评。

**2. 药品包装及标识管理**　《药品管理法》规定：药品包装应当适合药品质量的要求，方便储存、运输和医疗使用。发运中药材应当有包装。在每件包装上，应当注明品名、产地、日期、供货单位，并附有质量合格的标志。药品包装应当按照规定印有或者贴有标签并附有说明书。

标签或者说明书应当注明药品的通用名称、成分、规格、上市许可持有人及其地址、生产企业及其地址、批准文号、产品批号、生产日期、有效期、适应证或者功能主治、用法、用量、禁忌、不良反应和注意事项。标签、说明书中的文字应当清晰，生产日期、有效期等事项应当显著标注，容易辨识。

麻醉药品、精神药品、医疗用毒性药品、放射性药品、外用药品和非处方药的标签、说明书，应当印有规定的标志。

## 知识链接

**药品包装标识**

药品内外包装上印有的指示性标识和警示性专有标识，便于药品识别，便于药品的运输、存储、养护等工作，也便于药品的销售和使用（图2-4，2-5）。

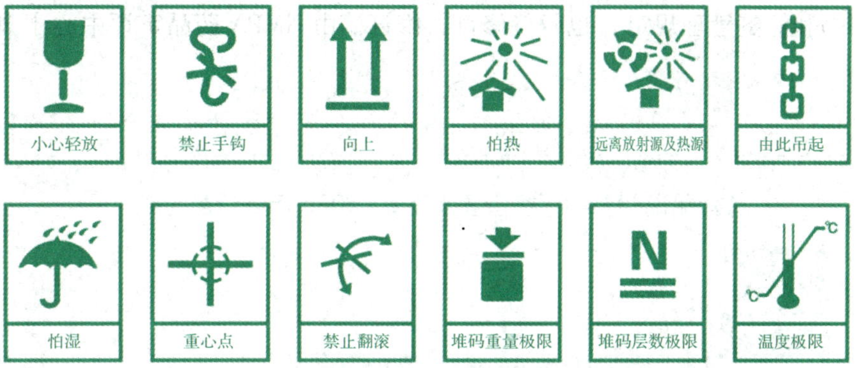


图2-4　外包装指示性标识

图2-5　药品专有标识

## 二、药品说明书和标签

### 案例分析

**案例描述**　2000年8月，美国吉他手莱文因严重头痛合并恶心、脱水症状到社区卫生诊所求治，医生为其注射惠氏公司药物“非那根”时，并未采取药品标签建议的肌内注射而是采取了静脉注射。由于医生注射不当造成部分药物注入动脉，导致莱文右手和右前臂坏死被迫截肢。莱文对这起医疗事故起诉诊所获得赔偿金后，又在佛蒙特州法院控告惠氏公司，认为药厂应该修订“非那根”的标签，标明该药严禁静脉推注。

**讨　论**　你认为莱文控告惠氏的理由成立吗？为什么？

答案解析

药品说明书和标签是药品包装的重要组成部分，是载明药品重要信息的法定文件，它既是医师、药师和消费者治疗用药的依据，也是医药企业向医疗卫生人员和消费者宣传介绍药品特性、指导合理用药和普及医药知识的主要媒介。国家药品监督管理局负责药品说明书和标签的核准与监管。

为加强药品说明书和标签的全生命周期动态管理，构建药品说明书和标签统一管理体系，依据《药品管理法》，国家药品监督管理部门制定了《药品说明书和标签管理规定》，指出：在中华人民共和国境内上市销售的药品，其说明书和标签应当符合本规定的要求。现行《药品说明书和标签管理规定》由 SFDA 于 2006 年 6 月 1 日公布实施，随着新修订的《药品管理法》和《药品注册管理办法》的颁布实施，《药品说明书和标签管理规定》也亟待修订，修订稿由 NMPA 药品审评中心于 2020 年 5 月 15 日发布。

**知识链接**

《药品说明书和标签管理规定》（2020 年修订意见稿）

【详情扫码】

### （一）药品标签相关要求

药品的标签是指药品包装上印有或者贴有的内容，分为内标签和外标签。药品内标签指直接接触药品的包装的标签，外标签指内标签以外的其他包装的标签。药品包装必须按照规定印有或者贴有标签，不得夹带其他任何介绍或者宣传产品、企业的文字、音像及其他资料。药品的标签应当以说明书为依据，其内容不得超出说明书的范围，不得印有暗示疗效、误导使用和不适当宣传产品的文字和标识。

药品的内标签应当包含药品通用名称、适应证或者功能主治、规格、用法用量、生产日期、产品批号、有效期、生产企业等内容。包装尺寸过小无法全部标明上述内容的，至少应当标注药品通用名称、规格、产品批号、有效期等内容。药品外标签应当注明药品通用名称、成分、性状、适应证或者功能主治、规格、用法用量、不良反应、禁忌、注意事项、贮藏、生产日期、产品批号、有效期、批准文号、生产企业等内容。适应证或者功能主治、用法用量、不良反应、禁忌、注意事项不能全部注明的，应当标出主要内容并注明“详见说明书”字样。

用于运输、储藏的包装的标签，至少应当注明药品通用名称、规格、贮藏、生产日期、产品批号、有效期、批准文号、生产企业，也可以根据需要注明包装数量、运输注意事项或者其他标记等必要内容。

原料药的标签应当注明药品名称、贮藏、生产日期、产品批号、有效期、执行标准、批准文号、生产企业，同时还需注明包装数量以及运输注意事项等必要内容。

同一药品生产企业生产的同一药品，药品规格和包装规格均相同的，其标签的内容、格式及颜色必须一致；药品规格或者包装规格不同的，其标签应当有明显区别或者在规格项中有明显标注。同一药品生产企业生产的同一药品，分别按处方药与非处方药管理的，两者的包装颜色应当明显区别。

对贮藏有特殊要求的药品，应当在标签的醒目位置注明。

### （二）药品说明书相关要求

药品说明书是基于科学研究数据总结形成的包含药品安全性和有效性等重要信息的法定技术文件，是指导医药专业人员和患者安全、合理用药的重要依据。

药品生产企业生产供上市销售的最小包装必须附有药品说明书。

药品说明书应当使用国家语言文字工作委员会公布的规范化汉字，增加其他文字对照的，应当以汉字表述为准。应包含安全有效使用药品所必需的科学信息，内容必须详实，具有知识性、真实性和准确性，在任何项目中不得使用宣传性语言，不可包含虚假和误导性信息。不可夸大有效性，也不能回避不利信息。

药品说明书中对疾病名称、药学专业名词、药品名称、临床检验名称和结果的表述，应采用国家统一颁布或规范的专用词汇，度量衡单位应当符合国家标准的规定。药品说明书的具体格式、内容和书写要求由国家药品监督管理部门制定并发布。 e 知识链接 3

### （三）药品说明书和标签的内容介绍 e 微课 5 e 微课 6

**1. 药品名称**　标签和说明书中标注的药品名称必须符合国家药品监督管理部门公布的药品通用名称和商品名称的命名原则，并与药品批准的证明文件的相应内容一致。

（1）药品通用名称　是由药典委员会按照《药品通用名称命名原则》组织制定并报国家药品监督管理局备案的列入国家药品标准的药品的法定名称，即国际非专利名称，在全世界都可通用的名称，在一定程度上可以反映出药物的主要化学成分，如对乙酰氨基酚、阿司匹林，一种药物只有一个通用名称。凡上市流通的药品的标签、说明书或包装上必须要用通用名称，具有强制性和约束性，不可用做注册商标。化学制剂一般以成分、剂型命名，若药物制剂中含有两种以上成分，各药名不能全部简缩时则在能简缩的成分前加“复方”二字，如复方氨酚烷胺片，中成药往往以成分功效命名，如连花清瘟胶囊。

（2）药品商品名称　是指经国家药品监督管理部门批准的特定企业使用的该药品专用的商品名称，具有专属性，受到法律的保护。在一个通用名称下，由于生产厂家的不同，可有多个商品名称，如阿莫西林颗粒为常用抗感染药，常见的商品名有阿莫仙（联邦制药厂）、再林（先声药业）等。

**2. 成分和性状**　即药品的“内在”与“外貌”。药品生产者需要通过实验确证，在药品说明书“成分”项中注明药品的化学信息、中药中各味中药的组成，特别是在患者同时服用多种药物时需要关注“成分”信息，可以避免重复用药。而“性状”则描述了药品的“外貌”与“气味”，药品实物与说明书中性状的对照，可作为药品真伪、是否变质的一个判断依据。

**3. 适应证/功能主治**　适应证也称为作用与用途，是指某一药物主要适宜于哪些病症的治疗，在一些中成药的说明书中常用“功能与主治”表示，适应证一般列出该药能够治疗的病症或是疾病类别。只有对症下药，才能达到治病的目的。

患者服药一定要在适应证范围内，尤其是非处方药物，自行购买的过程应严格按照说明书中适应证服用，避免错服、误服，造成不良后果。目前随着医学研究的发展，超说明书用药越来越多，但患者不可擅自超说明书用药，应在医生或药师指导下用药。

**4. 用法用量**　“用法”指的是怎么用，“用量”指的是用多少的问题。用法通常是指给药的次数、间隔时间及给药途径等。药品的用法用量都是经过很多科学研究得到的实际数据而确定的，一定要严格按照说明书的用法用量服用。

**5. 不良反应**　药品不良反应是指合格药品在正常用法用量下出现的与用药目的无关或意外的有害反应。药品不良反应不是在每个人身上都会发生，它与患者的身体状况、年龄、遗传因素、生活习惯、饮酒等多种因素有关；正常情况下药品生产企业会把可能发生的药品不良反应都写在说明书上，哪怕很少见的情况也不例外，真正没有不良反应的药品为零。

**6. 注意事项** 主要是对服药和服药期间的相关要求，针对用药的安全和效果以及服药的建议等，是提醒在使用药物过程中需要注意的内容。如头孢类药物应用前，应详细询问患者的过敏史，服药期间不能饮酒；阿司匹林建议餐后服药等。

**7. 禁忌** 禁忌项是为了避免药物使用给人体带来损害，明确哪些人不能用、哪些事不能做；凡属禁用的药品，一定要严格执行药品说明书的规定，禁止使用。

**8. 药品生产日期和有效期**

（1）生产日期 是指某种药品完成所有生产工序的最后日期，如某产品生产日期是20210201，说明这批产品是2021年2月1日生产的。

（2）药品有效期 是指药品在一定的贮存条件下，能够保证质量的期限。《药品管理法》规定：超过有效期的药品为劣药，过期变质的药品则为假药，是不能流通和使用的。

药品标签中的有效期应当按照年、月、日的顺序标注，年份用四位数字表示，月、日用两位数表示。其具体标注格式为“有效期至XXXX年XX月”或者“有效期至XXXX年XX月XX日”；也可以用数字和其他符号表示为“有效期至XXXX. XX.”或者“有效期至XXXX/XX/XX”等。

预防用生物制品有效期的标注按照国家药品监督管理局批准的注册标准执行，治疗用生物制品有效期的标注自分装日期计算，其他药品有效期的标注自生产日期计算。

有效期若标注到日，应当为起算日期对应年月日的前一天，若标注到月，应当为起算月份对应年月的前一月。如某产品生产日期是2020. 11. 19，有效期：36个月，则有效期至2023. 10。

进口药品效期的标示方法并不统一，各国有自己的习惯书写方法。如欧洲国家的产品按“日–月–年”顺序排列（如8/6/21）；美国产品按“月–日–年”顺序排列（如Nov. 1，14）；日本产品按“年–月–日”顺序排列（如2021–6–8）等。进口药品有效期的英文标示如下：①失效期Expiry date（Exp. Date）、Expiration或Expiring；②在以前使用Use before或Use by；③有效期Validity；④有效期Duration；⑤稳定期Stability；⑥贮存期限Storage life。

**9. 药品的生产批号** “批”是经一个或若干加工过程生产的、具有预期均一质量和特性的一定数量的原辅料、包装材料或成品。为连续完成某些生产操作步骤，可能有必要将一批产品分成若干亚批，最终合并成为一个均一的批。在连续生产情况下，批必须与生产中具有预期均一特性的确定数量的产品相对应，批量可以是固定数量或固定时间段内生产的产品量。

批号是指用于识别一个特定批的具有唯一性的数字和（或）字母的组合。批号的作用主要有：用以追溯和审查该批药品的生产历史，便于药品的抽样检验，提供药品销售的时间先后，追踪和召回不合格药品等。

（1）国产药品生产批号的标示

①按“年+月+流水顺序号”编制。批号的前4位或2位数字为当年年份或年份的末尾两个数字，次两个数字为当月月份的两个数字（不足2位的在月份前加0），之后的（一般为2~4位）为流水序号或代号。

例如200106或20200106，即2020年1月第6批生产。也可采用亚批号，如200106–03，即代表该药品为2020年1月生产的第6批第3小批或返工批号。

②按“年+月+流水顺序号”加字母编制。有1个字母的，也有几个字母加数字组成批号的；字母有在前，也有在后、在中间的，其长度大都在6位以上。例如生产批号20200610 A。

（2）进口药品的生产批号标示 一般由各国制造厂商自定，极不一致。其表示方式也与国产药品不同，从药品批号上一般看不出药品生产的日期和批次。例如盐酸莫西沙星片（拜耳制药）生产批号标注为“BJ20624”，而生产日期却为2020年6月21日。

**10. 药品规格与包装规格**

（1）药品规格 指制剂的规格，每一支、片或其他每一个单位制剂中含有主药的重量（或效价）或含量（%）或装量。如注射液规格为“1ml：10mg”，系指1ml中含有主药10mg；对于列有处方或标有浓度的制剂，也可同时规定装量规格。

生物制品的规格指每支（瓶）主要有效成分的效价（或含量及效价）或含量及装量（或冻干制剂复溶时加入溶剂的体积）。

不同药品或同一种药品的规格可以不同。如阿莫西林胶囊，分别有每粒0.125g、0.25g、0.5g三种规格。

（2）包装规格 一般由生产企业根据厂商和市场需求的具体情况自行制定的包装数量，分为小包装规格、中包装规格和大包装规格。

①小包装 药品的最小销售单元，系指直接供上市药品的最小包装，又称销售包装，是消费者购买药品时基本包装单位。如25mg×12片/盒，每盒为一个小包装。

②中包装 以若干小包装组成的包装规格。如25mg×12片×10盒，每10盒为一个中包装。

③大包装 由若干中包装组成的包装规格。如25mg×12片×10盒×30/箱（件），每30个中包装为一个大包装。

**11. 贮藏条件** 药品保管中，影响药品质量的因素主要包括空气、温度、湿度、明暗、时间等。如存储不当可导致药品变质影响疗效，甚至产生毒副作用。要严格按照标签和说明书的贮藏条件进行药品存储。《中国药典》（2020年版）凡例中规定：阴凉处，系指不超过20℃；凉暗处，系指避光并不超过20℃；冷处/冷藏，系指2～10℃；常温，系指10～30℃，凡贮藏项未规定贮存温度的系指常温；除另有规定外，生物制品应在2～8℃避光贮藏。避光贮藏指避免日光直射。一般药品储藏的相对湿度，系指35%～75%。但“干燥处”贮存和保管的药品，要求处所不潮湿，没有水分或水分很少，即药品贮藏的相对湿度在35%～75%之间。

**12. 注册商标** 商标是指生产者、经营者为使企业的商品或服务与他人的商品或服务相区别，而使用在商品及其包装上或服务标记上的由文字、图形、字母、数字、三维标志和颜色组合，以及上述要素的组合所构成的一种可视性标志。注册商标是商品的销售包装及其他宣传品上的专用标志，它代表了该商品的出处、特定的质量和生产者的专有权，任何人未经许可，禁止使用他人已注册的商标。

商标可以提高医药企业药品的知名度，提高产品的竞争力，保障药品质量，使消费者对本企业的产品产生偏爱而购买，如同仁堂、太极、诺和灵等。《药品管理法》规定，医药企业可以将商品名注册为商标，药品的通用名称不得注册为商标。将药品商品名作为商标或者为所属产品设计专门的注册商标，对保护医药企业知识产权意义重大，企业要使品牌长久延续，必须取得受法律保护的商标专用权。

商标的符号表示方法：

①TM（Trademark）商标符，指已经向商标局登记（申请注册，但只是商标初步审定公告）或持有人声明拥有权利的商品商标。

②R（Registered）注册符，指经商标局正式核准注册的商标。使用注册商标，可以在商品、商品包装、说明书或者其他附着物上标明“注册商标”或者注册标记。注册标记包括（“注”外加○）和（“R”外加○，即®）。使用注册标记，应当标注在商标的右上角或者右下角。

药品说明书和标签中禁止使用未经注册的商标以及其他未经国家药品监督管理局批准的药品名称。药品标签使用注册商标的，应当印刷在药品标签的边角，含文字的，其字体以单字面积计不得大于通用名称所用字体的四分之一。

### 知识链接

**品牌和商标的区别与联系**

品牌和商标是一对容易混淆的概念，品牌不等同于商标，二者既有联系，又有区别。其联系表现为：两者都是用以区别于竞争者产品和服务的标志和名称；都是企业的无形资产；都有一定的专有性。

其区别表现为：品牌是市场概念，它强调与产品及其相关质量、服务等之间的关系，实质上是品牌使用者对顾客在产品特征、服务和利益等方面的承诺，代表一定的文化，有一定个性，其内涵比商标更为丰富；商标（注册）是法律概念，是已获得专用权并受法律保护的品牌或品牌的一部分，是一种符号或标记，属于所有人所独占，任何企业或个人未经注册商标所有权人许可或授权，均不可自行使用，否则将承担侵权责任。注册商标在有效期内是可以转让买卖的，而品牌则不能。

## 三、药品的编码

医药商品的分类和编码是密切相关的，分类是编制医药商品目录的基础，是商品编码的前提，而编码是医药商品分类体系和目录的一个重要组成部分。医药商品编码是否科学得当直接影响其分类体系的实用价值。医药商品编码可使名目繁多的医药商品便于识别和记忆，有利于医药商品分类体系的通用化和标准化，为建立统一的医药商品产供销存用系统以及应用计算机网络进行流通服务的现代化科学管理创造了条件。

### （一）商品条形码

医药产品商品条码是医药产品流通过程中全国统一的代码（或编码）与条码符号表示的总称，是中国物品编码中心按照国际通用规则（即 EAN/UCC 系统）推行的、并与之相统一的、全球通用的标准化医药产品标识系统，包括医药产品代码和可自动识别的条码符号（由一组规则排列、宽度不同、黑白相间、平行相邻的线条）两部分内容。商品条码相当于商品的“身份证”，扫描商品条码可以获取名称、规格、价格等商品信息。

医药商品包装上的商品条码具有国际通用性，我国目前大部分采用 EAN/UCC－13 商品条码，由 13 位数字组成。如图 2－6 所示。

| XXX | XXXX | XXXXX | C |
|---|---|---|---|
| ↓ | ↓ | ↓ | ↓ |
| 前缀码 | 企业代码 | 医药产品项目代码 | 校验码 |

图 2－6　EAN－13 商品条码结构图

前缀码：为国家或地区代码，由国际物品编码协会总部分配管理。中国大陆 690～695，中国台湾 471，中国香港 489。前缀码只代表该商品条码的注册地，并不代表商品的产地。

企业代码：我国的企业代码由中国物品编码中心分配。其中，以 690 和 691 为前缀码的企业代码是 4 位，以 692－695 为前缀码的企业代码是 5 位。

医药产品项目代码：由制造厂商自己分配。

校验码：用于计算机自动校验整个代码录入是否正确，通过一定计算得来。

根据商品条码组成的规则，世界上任何两个企业都不可能拥有相同的企业识别代码。产品项目代码则由企业按照产品的品种、商标、内装商品规格与数量及包装类型的不同而分配不同的号码，一般按照顺序号编制，没有特定的含义。

例如阿法骨化醇软胶囊（法能）的条形码为：6918200182010，其中691代表中国，8200代表某某药业有限公司，18201是商品代码，0是校验码，如图2－7所示。

图2－7 商品条形码

### （二）国家药品编码

国家药品编码是指在药品研制、生产、经营、使用和监督管理中由计算机使用的表示特定信息的编码标识。药品编码是药品管理与信息化的生命之码，以实现药品信息的交换和资源共享，它必须具有科学的分类方法。在国家药品编码的基础上，对药品生产、经营、使用实施药品电子监管和药品分类管理。

目前，国家药品编码主要包括本位码、监管码和分类码。适用于药品研制、生产、经营、使用和监督管理等各个领域以及电子政务、电子商务的信息化建设、信息处理和信息交换。根据应用需要，可以采用一维码、二维码或电子标签等多种方式标识。

**1. 药品本位码** 2009年起国家对批准上市的药品编制本位码，用于唯一标识按照药品注册管理办法批准上市的与特定生产企业、药品名称、剂型、制剂规格等信息对应的药品。本位码由国家药品监督管理局统一编制赋码，药品在生产上市注册申请获得审批通过的同时获得。本位码共14位，由药品国别码、药品类别码、药品本体码和校验码依次连接组成，不留空格，其结构如图2－8所示。

前2位为药品国别码，"86"代表在我国境内生产、销售的所有药品。

第3位为药品类别码，"9"代表药品。

第4到13位为本体码，本体码的前5位为药品企业标识，根据《企业法人营业执照》、《药品生产许可证》，遵循一照一证的原则，按照流水的方式编制；本体码的后5位为药品产品标识，是指前5位确定的企业所拥有的所有药品产品。药品产品标识根据药品批准文号，依据药品名称、剂型、规格，遵循一物一码的原则，按照流水的方式编制。

第14位为药品校验码，是本位码的最后一个字符，通过特定的数学公式来检验国家药品编码本位码中前13位数字的正确性，计算方法按照"GB 18937"执行。药品本位码可通过NMPA官网药品数据查询窗口进行查询，如图2－9所示。

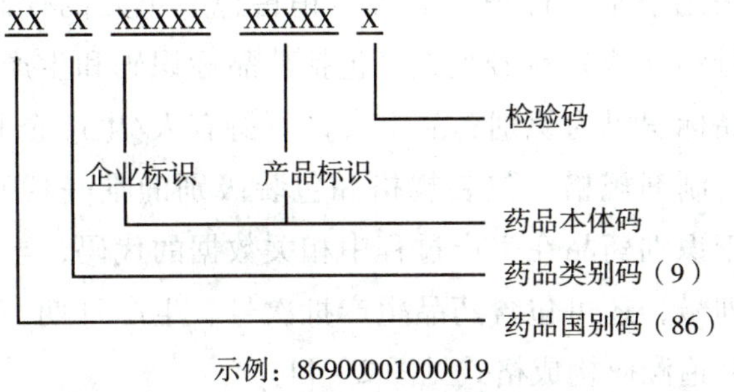


图2－8 药品本位码结构图

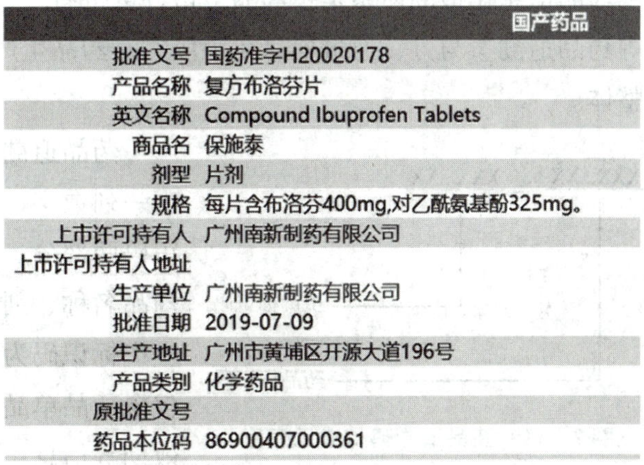

| 国产药品 | |
|---|---|
| 批准文号 | 国药准字H20020178 |
| 产品名称 | 复方布洛芬片 |
| 英文名称 | Compound Ibuprofen Tablets |
| 商品名 | 保施泰 |
| 剂型 | 片剂 |
| 规格 | 每片含布洛芬400mg,对乙酰氨基酚325mg。 |
| 上市许可持有人 | 广州南新制药有限公司 |
| 上市许可持有人地址 | |
| 生产单位 | 广州南新制药有限公司 |
| 批准日期 | 2019-07-09 |
| 生产地址 | 广州市黄埔区开源大道196号 |
| 产品类别 | 化学药品 |
| 原批准文号 | |
| 药品本位码 | 86900407000361 |

图2－9 药品本位码查询截图

**2. 药品监管码**

（1）中国药品电子监管码　是中国政府对产品实施电子监管为每件产品赋予的标识。每件产品的电子监管码唯一，即“一件一码”，好像商品的身份证，简称监管码。可以实现对产品生产、流通、消费的全程监管，实现产品真假判断、质量追溯、召回管理与全程跟踪等功能。突破了传统一类一码的机制，做到对每件产品唯一识别、全程跟踪，实现了政府监管、物流应用、商家结算、消费者查询的功能统一。

我国自2006年开始启动药品电子监管工作。至2012年2月底，已分三期将麻醉药品、精神药品、血液制品、中药注射剂、疫苗、基本药物全品种纳入电子监管系统。2015年CFDA要求：2015年12月31日前，境内药厂、进口药品制药厂须全部纳入中国药品电子监管网，并进行数据采集上传。

中国药品电子监管码格式如图2－10所示。

图2－10　中国药品电子监管码示意图

2015年12月30日，国务院办公厅印发《关于加快推进重要产品追溯体系建设的意见》（95号文件），2016年7月20日，CFDA公布了新修订的《药品经营质量管理规范》，以95号文件为依据，将药品电子监管系统调整为药品追溯体系。

（2）药品追溯码　继中国药品电子监管码之后，政府强调建立药品可追溯体系，实现药品可追溯，确保药品质量安全。2019年4月28日，NMPA发布《药品信息化追溯体系建设导则》《药品追溯码编码要求》两项信息化标准的公告，推动药品信息化追溯体系建设。

药品信息化追溯体系是指药品上市许可持有人、生产企业、经营企业、使用单位、监管部门、消费者等药品追溯参与方，通过信息化手段，对药品生产、流通、使用等各环节的信息进行追踪、溯源的有机整体。

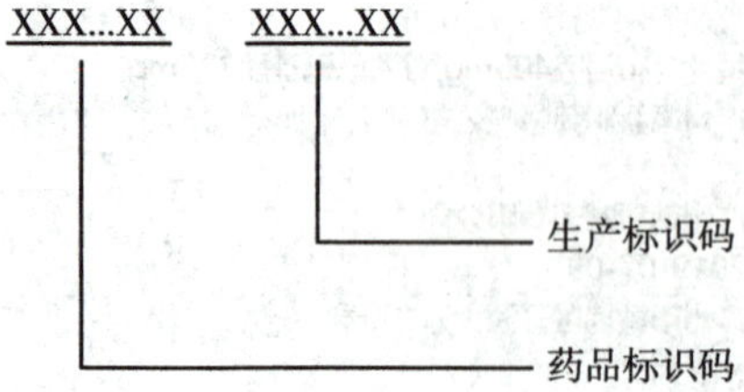


图2－11　药品追溯码构成示意图

药品追溯码是用于唯一标识药品各级销售包装单元的代码，由一列数字、字母和（或）符号组成。包括药品标识码和生产标识码两部分。药品标识码为识别药品上市许可持有人/生产企业、药品名称、剂型、制剂规格、包装规格和包装级别的唯一代码；生产标识码为用于识别药品在生产过程中相关数据的代码，至少包含药品单品序列号，还可包含药品生产批次号、生产日期、有效期等信息。药品追溯码构成格式见图2－11。

**知识链接**

**药品追溯码编写要求**

药品追溯码在药品投产且上市前获得，要求通过一定的载体（如一维码、二维码、电子标签等）体现在药品各级销售包装单元上，用于对药品“一物一码”的管理。生产企业应根据《药品追溯码编码要求》选择符合要求的追溯码为所生产的产品赋码。药品追溯码的唯一性应指向单个药品销售包装单元，编码对象应为药品各级销售包装单元。

目前，我国药品追溯码存在“多码并存”现象。现有的药品追溯系统所使用的追溯码以“码上放心追溯码”为主，编码载体为一维条码；部分药品进出口企业采用符合 GS1 标准的商品编码规则为其生产的药品赋码，编码载体为二维码；也有少量其他类型编码和载体正在使用，例如企业或追溯系统自定义编码、电子标签等（如哈药追溯码）。

【详情扫码】

**3. 药品分类码**　分类型代码主要用于对物品统计、分析，对分类类目要求保持唯一性，但对物品分类并不要求唯一性。例如一个药品有多种功能，可以在不同的分类类目下重复出现。一个分类类目下也可以包含有多个药品。药品分类码主要用于医疗保险、药品临床研究、药品供应及药品分类管理等。

国际上主要有国际医学统计协会的 AC 代码和世界卫生组织的 ACT 代码（图 2－12）。国内没有明确采用的药品分类代码，主要有北京协和医院的药品编码、北京军区总医院的药品编码、《中华人民共和国国家军用标准》YY0252 等。以二甲双胍为例说明 ACT 代码结构见表 2－5。

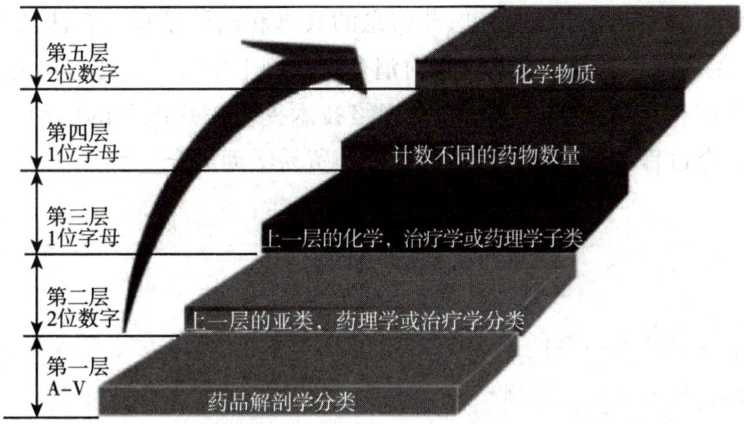


图 2－12　ACT 代码结构图

表 2－5　以二甲双胍为例说明 ACT 代码结构

| 代码 | 英文项目 | 中文项目 | 层次 |
|---|---|---|---|
| A | Alimentary tract and metabolism | 消化道和新陈代谢 | 第一层：解剖学分类 |
| A10 | Drugs used in diabetes | 糖尿病用药 | 第二层：治疗学亚类 |
| A10B | Oral blood glucose lowering drugs | 口服的降血糖用药 | 第三层：病理学子类 |
| A10BA | Biguanides | 双胍 | 第四层：化学子类 |
| A10BA02 | Metformin | 甲福明二甲双胍 | 第五层：化学物质 |

**即学即练**

红底 OTC 专用标识表示（　　）

A. 甲类非处方药　　B. 乙类非处方药

答案解析

# 任务四　医药电子商务与医药商品信息检索

PPT

## 一、医药电子商务概论

党的二十大报告指出："加快发展数字经济，促进数字经济和实体经济深度融合。"电子商务作为数字经济和实体经济深度融合的重要结晶，引发了生产模式、流动模式、消费模式的深刻变革。特别是疫情发生以来，电子商务在稳定市场方面作用更加凸显，网络购物已经成为居民消费的重要渠道。

医药电子商务是我国电子商务的重要组成部分。医药电子商务的迅速兴起，为我国药品流通行业提供了拓展市场的机会和动力。我国医药电商的发展历程，可以分为四个时期：初创期（2005 ~ 2009 年）、探索期（2009 ~ 2015 年）、快速成长期（2015 ~ 2020 年）、洗牌期（2020 年后至今）。我国医药电商行业自 2005 年兴起后发展迅速，不断创新着行业服务模式；现阶段，我国医药电商行业已迎来洗牌期，行业内不断开拓市场的同时，还将业务进一步延伸至服务环节。

### （一）医药电子商务的定义

医药电子商务是指以医药商品生产者、医药商品经营者、医疗机构、医药信息服务提供商、保险公司、银行等医药商品交易活动的参与者，通过互联网络系统以电子数据信息交换的方式进行并完成的各类医药商品的交易和服务活动。它不仅包括医药信息的共享和电子结算、合法的医药生产企业（原料、制剂）、流通企业及医院的网上交易、零售药店对消费者的网上销售等，还包括远程医疗、互联网医院、机器人医生（人工智能医生）等新业态依托信息网络技术提供医疗服务的活动。概括地讲，医药电子商务就是医药贸易活动全过程的电子化，它贯穿于医药贸易活动的全过程。

**知识链接**

**我国医药电子商务的发展现状**

目前，我国医药电商正处在一个快速成长期，这一市场的竞争也在变得越来越激烈，与其他行业电子商务的蓬勃发展相比，医药电子商务因交易物品的特殊性，其发展显得更为艰难，主要表现在：总体上电子商务应用分散，发展水平不高，从业公司规模偏小，应用主要还是停留在信息服务层面，少有完整的电子商务服务。从商业模式上来看，网上药店发展受限制，以网上批发业务为主的 B2B 模式成为电子商务应用的主流，未来医药电商将延伸至发展潜力较大的互联网医疗板块。

制约我国医药电子商务发展的因素【详情扫码】

### （二）医药电子商务的模式及特点

我国现有医药电子商务主要有 B2B、B2C、O2O 三种模式。

医药电子商务 B2B（Business to Business）模式是我国医药电子商务中产生最早的一种模式，是药品生产企业、药品批发企业通过自身网站与本企业成员之外的其他企业进行的互联网药品交易，该模式主要是企业自建综合性商务，在线订货、付款、线下实施配送。企业通过平台可直接面对中国中小型经销商、连锁型骨干型单体药店、诊所等，即现代化的医药分销，完成了医疗机构与药企之间的信息对接。

医药电子商务 B2C（Business to Consumer）模式主要针对的是普通消费者，取得互联网药品交易服务机构资格的药品经营企业通过互联网向消费者销售国家允许网上销售的药品。消费者通过这一平台在网上购买药品，省去了去药店的麻烦。

医药电子商务 O2O（Online to Offline）模式是药品经营企业将药品信息通过网络向消费者进行推广，消费者在网络上了解药品信息，在实体药店进行体验、对比后在网络上下订单消费。医药电子商务 O2O 模式的创立，不仅减少了药品的流通环节、降低了药品价格，而且还使消费者有更多的购买渠道进行选择。不仅如此，消费者还可以在网上购买以后选择在指定的实体药店取药。

医药电子商务的各模式及特点见表 2－6。

表 2－6　医药电子商务的模式及特点

| 类　型 | | 平台属性 | 盈利模式 | 代表网站或企业 |
|---|---|---|---|---|
| B2C | 自营式 B2C | 企业自营多品种医药，向消费者提供医药电商服务 | 采购价与销售价之间的差价和交易费 | 健一网（华润集团）、好药师网（九州通医药集团）、七乐康、1 药网等 |
| | 平台式 B2C | 第三方 B2C 平台为买卖双方提供医药交易服务 | 从商家抽成、广告费用 | 天猫医药馆、京东健康等 |
| B2B | 政府主导下的 B2B | 非营利性的药品集中招标采购 | 非营利 | 各地政府医药招标采购平台 |
| | 药企 B2B | 生产商、批发商、医疗机构之间的交易服务平台 | 交易佣金、广告费用、物流配送 | 珍诚在线、药京采等 |
| O2O | —— | 线上下单线下取药，销售价差 | 从商家抽成，为线下导流 | 京东药急送、叮当快药、美团等 |

## 二、医药商品信息检索

医药商品信息是指一定时间和条件下，医药商品交易活动的各种消息、情报、数据资料的总称，例如与生产经营活动直接相关的商品供应量、需求量、销售额、品种、质量和价格信息等，医药商品信息具有复杂性和多样性、可传递性、时效性、专业性等特点。其中医药商品的品种信息（包括品名、剂型、规格、生产企业、批准文号、作用用途等）是医药商品最基本的商品信息。本任务主要介绍国家药品监督管理局（NMPA）官网数据库、药物在线网站、药智网数据库等相关网站的信息检索方法。

### （一）NMPA 官网数据库

NMPA 官网数据库中可对药品、医疗器械、化妆品进行信息数据查询（图 3－13）。

其中，查询药品的基础数据库包括：国产药品数据库、国产药品商品名数据库、进口药品数据库、药品生产企业数据库、GMP 认证数据库、药品经营企业数据库、GSP 认证数据库、麻醉药品和精神药品品种目录数据库、国家基本药物（2018 年版）数据库等。

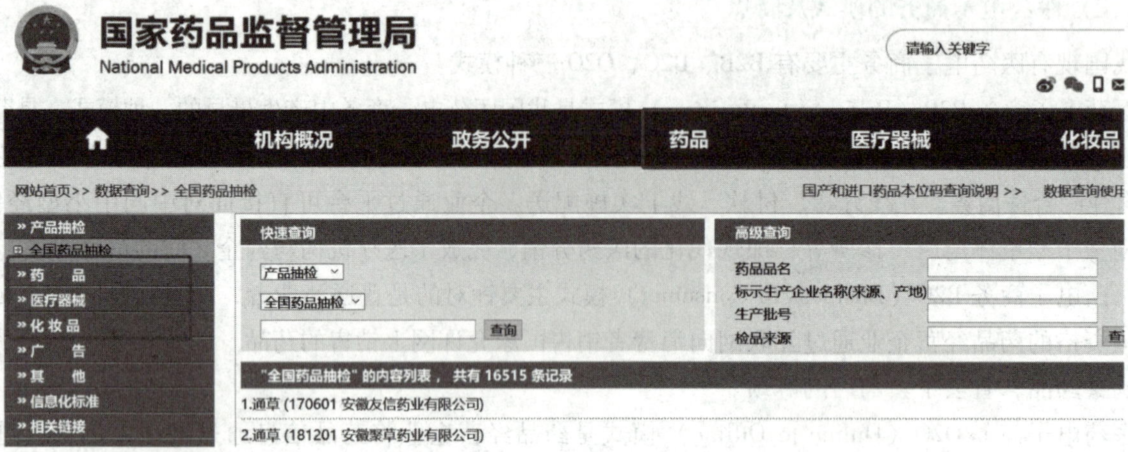


图 2－13　NMPA 官网数据查询界面（www. nmpa. gov. cn）

快速查询，选择相应数据库后，在快速查询窗口栏目下选择好对应的项目，输入查询内容的关键词，便可进行快速查询。以国产药品数据库中联苯苄唑溶液为例进行查询，如图 2－14 所示。

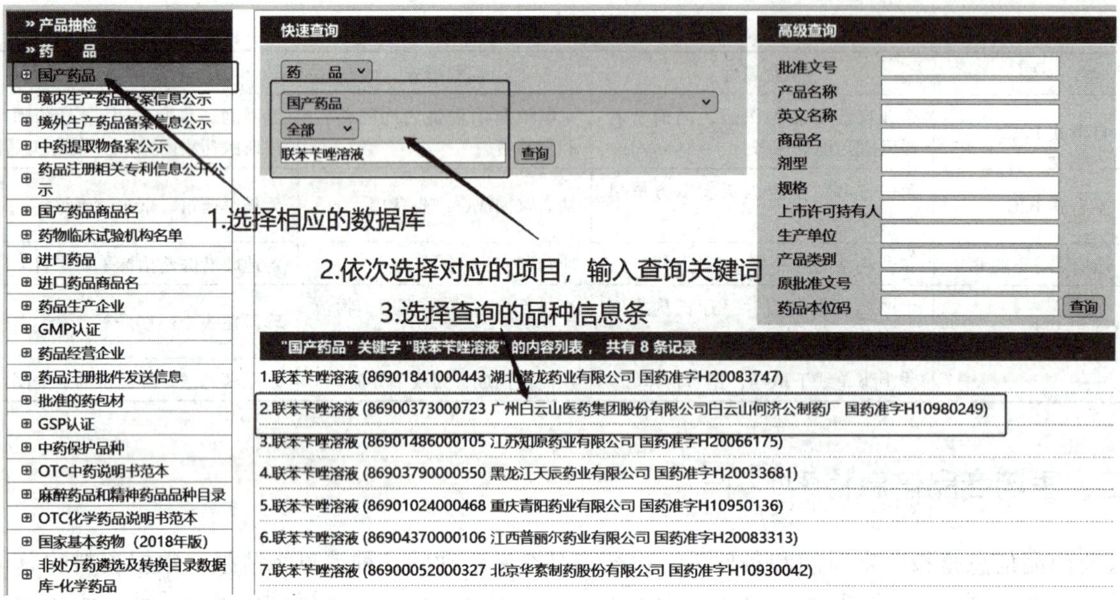


图 2－14　NMPA 官网药品数据库快速查询界面

高级查询，即针对选择的数据库或数据库分类，根据高级查询窗口栏目提示输入各项相应的查询信息，便可进行精准查询。

### （二）药物在线数据库

药物在线网站（www. drugfuture. com）是广泛、快捷的药物信息、药学资源提供平台，聚焦于全球药物研发信息，提供药物信息资讯、药物科学数据库、药物开发资源共享、专利信息检索下载等，为从事药物研究、开发的专业人员提供快捷、专业、高效的药物信息数据（图 2－15）。药物在线网站开发的药物数据库包括中国药品注册数据库、仿制药参比制剂目录数据库、药品标准查询数据库、美国 FDA 药品数据库、欧盟 EMA 药品数据库、日本药典数据库（日本药局方）等。

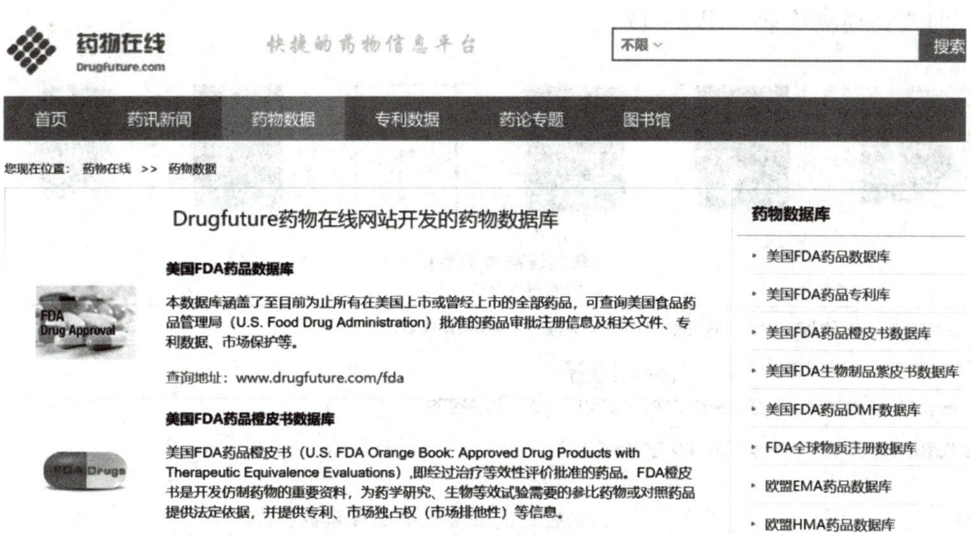


图 2－15　药物在线查询界面（www. drugfuture. com）

其中，中国药品注册数据库以中文或英文药品名称，通用名，商品名为关键字，国产药品注册数据库检索结果包括：批准文号、原批准文号、药品本位码、本位码注释、产品名称、英文名称、商品名、生产厂家、生产地址、规格、剂型、类别、批准日期等（图 2－16）。进口药品注册数据库包括注册证号、原注册证号、产品名称、商品名、剂型、规格、注册证号备注、包装规格、生产厂商、厂商地址、分包装批准文号、发证日期、有效期截止日、产品类别、药品本位码、药品本位码备注等。

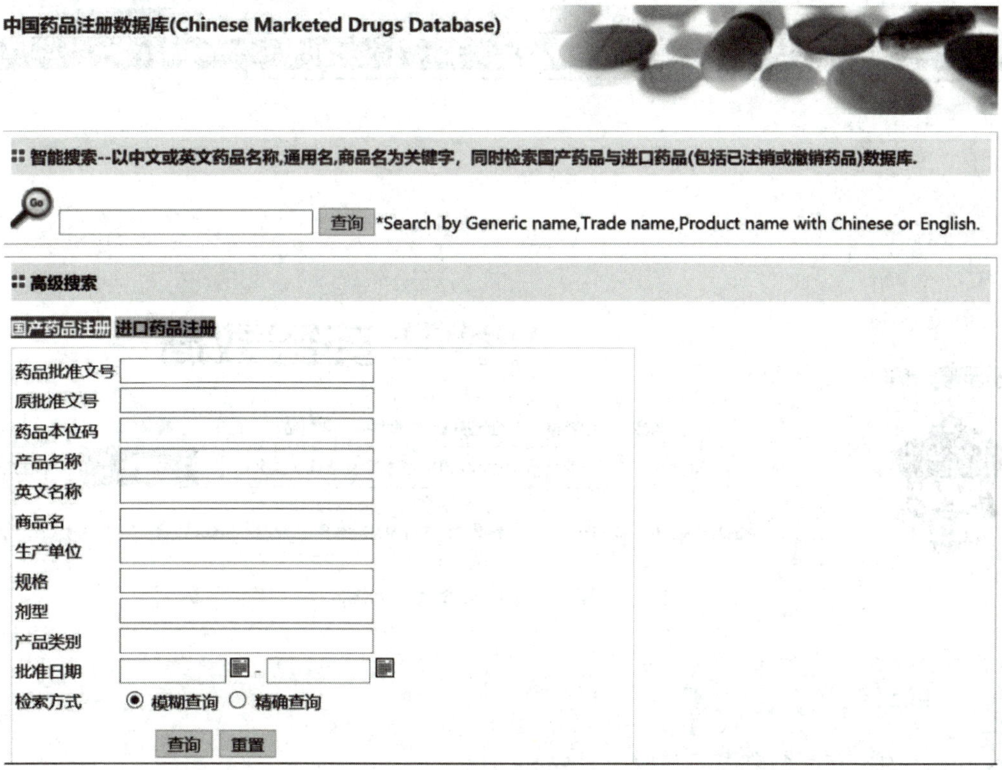


图 2－16　药物在线中国药品注册数据库查询界面

药品标准数据库收载国内外药品标准及药典目录及全文，以药品通用名、专论名为关键字在线查询相关信息，同时支持模糊检索（图 2－17）。

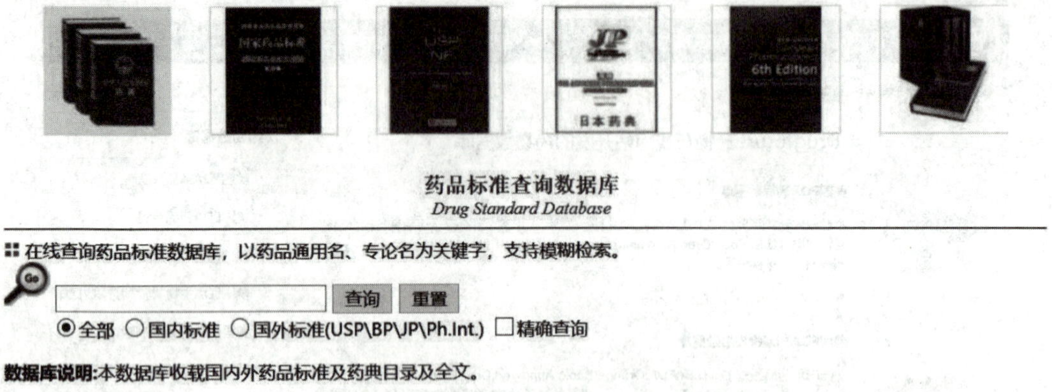


图 2－17　药物在线药品标准数据库查询界面

## （三）药智网数据库

知识链接 4

药智网数据库是药智网医药数据检索系统。药智数据是中国主流医药数据库之一，拥有药品研发、生产检验、合理用药、市场信息、中药材、医疗器械、食品、化妆品等板块，100 余个数据库，是研发企业、投资机构和营销型药企用户进行信息检索的重要工具（图 2－18）。可检索药品、医疗器械、中药材、化妆品、食品、疾病、药品标准、中国药典、国外药典、药品中标、药品价格、药品注册、医保目录等信息，为医药从业人员提供数据查询与报告定制服务。

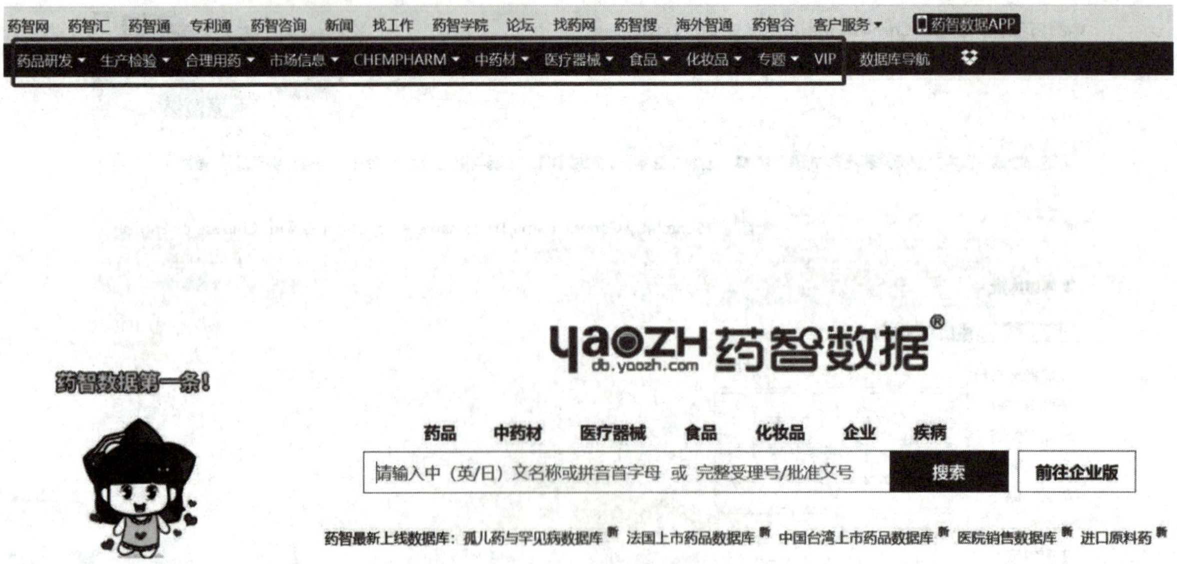


图 2－18　药智数据库查询界面

**即学即练**

答案解析

我国现有医药电子商务模式主要有（　　）

A. B2B　　B. B2C　　C. O2O　　D. B2O

# 任务五　药理基础与合理用药

PPT

## 案例分析

**案例描述**　南京一名27岁的在校研究生小张，因感冒发烧，自己去药店买了好几种感冒药，混着吃就吃出了事，出现高热41℃、呼吸困难、血压下降、肾功能衰竭、肝功能衰竭、严重凝血功能障碍等症状，人体总共八个脏器系统，而小张当时已有五个系统功能衰竭。虽然积极抢救，但最终还是没能撑过去，从入院到去世仅仅7天！

**讨　论**　1. 造成小张多器官衰竭的根本原因是什么？

2. 药物疗效与药物用量是正比关系吗？关于用药“量”的概念有哪些？存在“安全范围”吗？

答案解析

医药商品学是研究流通过程中如何更好地实现医药商品的使用价值规律的一门应用型学科，主要涉及药物商品信息的掌握以及药物的合理应用。药理学基础概念为合理用药提供了最基本的理论知识，合理用药是有关人员、药物和环境相互作用的结果，较为复杂。因此，系统地了解药理学基础概念，牢固树立合理用药意识，便于提升医药工作者的药学服务专业能力和职业素养，以保障用药安全，促进民众健康。

## 一、药理学基本概念

药理学是研究药物与生物体（包括病原体）相互作用的规律及原理的学科，是联系医学与药学桥梁的学科，为临床防治疾病、合理用药提供基本理论和实践。药理学主要研究对象是机体和药物，包括药物效应动力学和药物代谢动力学两个方面。

药物代谢动力学（简称药动学）研究机体对药物的影响，包括药物在体内的吸收、分布、代谢、排泄等动态过程，以及血药浓度随时间而变化的规律。药物在体内药理效应强弱和血药浓度有关，利用药动学公式可以计算达到一定的血药浓度所需的给药剂量，并掌握药效的强弱久暂，从而合理确定给药剂量、给药时间及给药时间间隔，制定最佳给药方案，保证药效，减少不良反应。

药物效应动力学（简称药效学）研究药物对机体的作用和产生作用的机制，包括药物的作用、作用机制、不良反应、禁忌证等。药效学是临床合理用药的依据，也是药物作用的理论基础。

简言之，药理学就是研究药物在体内产生什么作用，为什么会产生这个作用以及药物在体内的变化规律。

药理学的任务主要分为以下三方面：①指导合理用药、提高疗效、减少不良反应，为临床合理用药提供理论基础。②阐明生命过程，为探索和发现新的生命现象提供科学依据及研究方法。③为研发新药、常用药物的新用途提供实验依据。

其他相关概念如下：

**1. 血药浓度**　系指药物吸收后在血浆内的总浓度，包括与血浆蛋白结合的或在血浆游离的药物，有时也可泛指药物在全血中的浓度。药物作用的强度与药物在血浆中的浓度呈正比，药物在体内的浓度随着时间而变化。

**2. 生物利用度** 是指药物经血管外途径给药后吸收进入全身血液循环的相对量。计算公式是 $F = (A/D) \times 100\%$（A 为体内药物总量，D 为用药剂量）。

**3. 药物的半衰期** 是指药物从体内消除一半所需的时间，也是血药浓度下降一半所需要的时间。药物半衰期可以反映药物在体内消除速度的快慢。半衰期长的药物，说明它在体内消除慢、停留时间长，服药的间隔时间就要长些；反之，半衰期短的药物在体内消除快，给药间隔时间就需短些。药物的给药次数和间隔实际上是由药物的半衰期决定的。

**4. 药物相互作用** 两种或两种以上的药物合并或先后使用时，所引起的药物作用和效应的变化。即一种药受另一种药的影响，产生协同（增效）、相加（增加）、拮抗（减效）等作用。药物相互作用是双向的，既可能产生对患者有益的结果，使疗效协同或毒性降低；也可能产生对患者有害的结果，使疗效降低和毒性增强，有时会带来严重后果，甚至危及生命。重视药物相互作用，对提高医疗质量、安全有效的联合用药极为重要。深入了解药物在体内的吸收、分布、代谢和排泄过程，以及各种药物在体内的相互作用，可以趋利避害，减少药品不良反应，保证用药安全。 微课 7

**5. 药品不良反应（ADR）** 是指合格药品在正常用法、用量下出现的与用药目的无关的或意外的有害反应。市场上出售的药品都有可能存在不良反应，只不过根据药品安全等级分类，有轻有重而已。不良反应按照程度分级可分为轻度、中度、重度。不良反应是药品说明书中必须包含项，即使这个药品经过多年临床研究和应用，至今还没有发现任何不良反应数据，说明书中不良反应也不能写“无”，一般写“尚不明确”。

正确合理用药，有些不良反应是可以预防和规避的，或使其危害降低到最低，很多严重不良反应的发生跟不合理用药行为有关系。正常情况下一些轻微的不良反应，患者可以耐受不需太在意，停药后一般都可自行消失，如果不能耐受则需立即停药，严重的要携带药品立即就医。 知识链接 5

**6. 药源性疾病** 顾名思义就是药物引起的疾病。医学上把由于药物本身或药物相互作用所引起的人体功能异常或组织结构损害，并且有相当临床经过的疾病称作药源性疾病。常见的药源性疾病主要有药源性胃肠道疾病、药源性肝脏疾病、药源性肾脏疾病、药源性血液系统疾病、药源性神经系统疾病五类。其中药源性肝脏疾病是最主要的药源性疾病。 微课 8

## 二、合理用药的重要性

### 案例分析

**案例描述** 某患者当日在皮科因患有灰指甲前去就医，皮科医师为其开具了斯皮仁诺（伊曲康唑）治疗甲真菌病。同时又在妇科就医，妇科医师为其开具了美肤（伊曲康唑），以治疗阴道念珠菌病。

**讨　　论** 案例中是否存在不合理用药？请说明。

答案解析

### （一）合理用药的概念及要素

20 世纪 90 年代以来，国际上药学界的同仁已就合理用药问题达成共识，给合理用药赋予了科学、完整的定义：以当代药物和疾病的系统知识和理论为基础，安全、有效、经济、适当地使用药物，就是合理用药。合理用药是在充分考虑患者用药后获得的效益与承担的风险后所做的最佳选择，使药效得到充分发挥，不良反应降至最低水平，药品费用更为合理。

合理用药应当包括安全性、有效性、经济性和适当性四大要素。其中安全性和有效性是合理用药的首要条件。有效性是指药品在规定的适应证或者功能主治、用法和用量的条件下，能满足预防、治疗、诊断人的疾病，有目的地调节人的生理功能的性能。安全性是指药品在按规定的适应证或者功能主治、用法和用量使用后，人体产生毒副反应的程度。经济性是获得单位用药效果所投入的成本应尽可能低，而不是指尽量少用药可使用廉价的药品。不合理用药造成严重的药品浪费，加重了国家和社会组织的经济负担。因此，经济地使用药品成为合理用药的新内容。适当性是合理用药最基本的要求，是指根据用药对象选择适当的药品，在适当的时间，以适当的剂量、途径和疗程，达到适当的治疗目标。适当性原则强调尊重客观现实，立足当前医药科学技术和社会的发展水平，避免不切实际地追求高水平的药物治疗。

### （二）合理用药的重要性 微课9

药品与生命健康息息相关，能治病救命，用不好也能致病甚至致命。世界卫生组织调查报告显示，全球有近三分之一的患者不是死于疾病本身，而是死于不合理用药。我国临床用药存在一些不合理用药现象，如用药剂量不足、用药过量或疗程过长、选用药物不当、剂型选择不当、不适当的合并用药、无适应证用药、违反禁忌证用药、无必要地使用昂贵药品等。而不合理用药必然会导致延误疾病治疗，浪费医疗资源，产生药源性疾病，严重者酿成医疗事故。

与用药有关的各类人员（医师、药师、护师、病人等）的行为失当和错误是导致不合理用药的主要因素，药物本身的特性是造成不合理用药的潜在因素，而外部因素则涉及国家卫生医疗体制、药品政策、经济发展水平、文化传统、社会风气等诸多方面，因此合理用药是一项社会系统大工程。

合理用药应该做到根据病情、病人体质和药物的全面情况适当选择药物，真正做到“对症下药”，同时以适当的方法、剂量、时间准确用药，并注意该药物的禁忌、不良反应、相互作用等，同时尽量降低药品费用，以做到安全、有效、经济、适当用药，促进公众健康。

目前，我国处于全面建成小康社会、实现“健康中国”战略的关键阶段，让广大人民群众有病可医，有药可用，用则安全、有效、经济、适当是我们医药卫生工作者奋斗的共同目标。合理用药涉及广大群众的切身利益，发挥药物最大的效能，可以充分有效地利用医药卫生资源，进而取得最大的经济效益和社会效益。

**知识链接**

**影响药物作用的主要因素**

多种因素影响药物在体内所产生的作用，主要有药物方面的因素（药物的化学结构、药物的剂量、药物的剂型、给药途径等）和机体方面的因素（年龄、体重、病人的生理因素等）。这些因素不仅影响药物的作用强度，有时还可改变药物作用性质。所以使用药物时不仅应了解各种药物的作用和用途，还应了解影响药物作用的一些因素，以便更好地掌握药物使用的规律，充分发挥药物的治疗作用，减少不良反应的发生率。

【详情扫码】

答案解析

**即学即练**

合理用药的基本要素包括（　　）

A. 安全性　　B. 有效性　　C. 经济性　　D. 适当性

# 实践实训二

## 常见医药商品分类训练

**【实训目的】**

通过本次实训，使学生能够利用医药商品包装上的专有标志、批准文号等信息先对商品进行大类分类，再结合药品分类方法对药品类商品进行小类分类，小组协作完成分类任务单，并通过查阅现行版《国家基本药物目录》和《药品目录》分类目录，绘制出医药商品分类结构思维导图。通过实训巩固医药商品分类知识，逐步掌握医药商品分类技能，强化医药商品分类管理的责任意识，达到学用结合。

**【材料准备】**

1. 全班分成8个组，6~7人/组，人数少的班级可5~6人/组。

2. 每组不同类别医药商品包装盒60种、现行版《国家基本药物目录》和《药品目录》（电子版）、计算机、网络。

3. 医药商品分类任务单。

**【实施步骤】**

1. 教师以一个医药商品为例进行示范演示，通过包装盒信息的读取，《国家基本药物目录》和《药品目录》的查询，准确判断分类（从大类到小类），并完成分类任务单的内容。

2. 小组内分配任务，每人分配10个左右不同类别的商品，识别完毕后按教师示范要求完成分类任务单，组内相互交换，进行纠错检查。

3. 小组汇总数据，提交小组总分类任务单作业。

4. 小组讨论、协作完成医药商品分类结构思维导图，并提交作业。

5. 班内总结分享。

6. 教师评价总结。

**【注意事项】**

1. 选择医药商品优先选择具有代表性的品种，如知名度高的或者网店销量高的。

2. 填写分类任务单中商品信息时要注意格式规范。

3. 尽量避免分类有争议的商品引入实践。

4. 组内纠错时，教师要引导养成严谨扎实、精益求精的工作态度和职业习惯。

5. 绘制分类结构思维导图时，教师做好引导启发，纸质版、电子版均可。

6. 预留时间让小组展示作业成果，尽量营造比、学、赶、超的学习氛围，进一步增强学生的团队荣誉感。

【扫码获取《医药商品分类任务单》】

## 实践实训三

### 医药商品信息检索训练

【实训目的】

通过本次实训，使学生能够利用国家药品监督管理局官网、药物在线、药智数据等药品信息数据平台，快速、自主检索医药商品品种信息，培养学生的探究学习意识、科学信息素养、敏捷的思维能力以及医药商品信息检索能力，以保持职业的适应性和可持续发展性。

【材料准备】

1. 全班分成 8 个组，6 ~ 7 人/组，人数少的班级可 5 ~ 6 人/组。
2. 计算机、网络。
3. 医药商品信息检索任务单。

【实施步骤】

1. 教师分别演示 NMPA 官网（www. nmpa. gov. cn）、药物在线（www. drugfuture. com）、药智数据（db. yaozh. com）等药品数据检索查询操作过程。

2. 小组明确检索任务：利用 NMPA 官网查询国药准字 H19991146 罗红霉素分散片的商品名、英文名、生产厂家、规格、本位码等信息；通过药物在线查询罗红霉素分散片的药品标准；利用药智数据检索罗红霉素分散片的药品标准和药品说明书。

3. 小组按照检索任务对检索结果界面进行截图形成检索报告。

4. 组内交流、学生完成组内评价。

5. 提交报告、教师完成小组评价。

6. 班内总结分享。

【注意事项】

1. 在利用 NMPA 官网、药物在线、药智数据等药品信息数据平台完成检索任务的同时，注意了解各平台可供查询的其他信息功能。

2. 预留时间让小组展示成果报告，营造比、学、赶、超的学习氛围，增强学生的团队荣誉感和学习的主动性。

【扫码获取《医药商品信息检索任务单》】

答案解析

## 目标检测

### 一、单项选择题

1. 下列有关商品的说法，错误的是（ ）

A. 商品是具有使用价值的劳动产品

B. 商品必须通过交换，才能实现其使用价值和价值

C. 商品不必满足人的需要

D. 医药商品只是商品中的一类

2. 下列不属于医药商品的是（ ）

A. 医疗器械 B. 中成药 C. 中药材 D. 普通食品

3. 下列不属于医药商品特殊性的是（ ）

A. 具有使用价值与价值 B. 质量标准严格

C. 专业技术性强 D. 需要迫切性

4. 医药商品检验为合格时应挂（ ）标志

A. 绿色 B. 蓝色 C. 黄色 D. 红色

5. 下列不属于特殊药品的是（ ）

A. 医药毒性药品剂 B. 麻醉药品 C. 精神药品 D. 解热镇痛药品

6. 乙类非处方药的 OTC 标识底色为（ ）

A. 红色 B. 绿色 C. 黑色 D. 白色

7. 药品分为片、针、水、粉四个类别的分类标志是（ ）

A. 按生产工艺分类 B. 按剂型分类

C. 按商业保管习惯分类 D. 按管理制度分类

8. 我国最新的《国家基本药物目录》是（ ）

A. 2012 版 B. 2014 版 C. 2016 版 D. 2018 版

9. 能防止尘埃、异物等混入的容器，如玻璃瓶、纸袋、纸盒、塑料袋、木桶及纸桶等，属于（ ）

A. 熔封和严封容器 B. 密封容器 C. 密闭容器 D. 遮光容器

10. 药品的瓶签属于（ ）

A. 内标签 B. 外标签 C. 内包装 D. 外包装

11. 某药品批准文号中的一位字母是“S”，该药品属于（ ）

A. 化学药品 B. 体外化学诊断试剂 C. 生物制品 D. 中药

### 二、多项选择题

1. 下列属于按特殊管理的药品是（ ）

A. 毒性药品 B. 放射性药品 C. 精神类药品

D. 生物制品 E. 麻醉药品

2. 必须在包装上印有规定的专有标识的是（ ）

A. 医疗用毒性药品 B. 放射性药品 C. 精神类药品

D. 外用药品　　　　　　E. 非处方药

3. 关于药品通用名称，说法正确的是（　　）

A. 药品通用名称应当显著、突出，其字体、字号和颜色必须一致

B. 对于横版标签，必须在上三分之一范围内显著位置标出

C. 对于竖版标签，必须在左三分之一范围内显著位置标出

D. 不得选用草书、篆书等不易识别的字体，不得使用斜体、中空、阴影等形式对字体进行修饰

E. 字体颜色应当使用黑色或者白色，与相应的浅色或者深色背景形成强烈反差

4. 导致不合理用药的因素是（　　）

A. 医师、药师、护师、病人等的行为失当和错误

B. 药物本身的特性

C. 国家卫生体制

D. 药品政策

E. 社会风气等诸多方面

书网融合……

知识回顾　微课 1　微课 2　微课 3　微课 4　微课 5

微课 6　微课 7　微课 8　微课 9　习题

知识链接 1　知识链接 2　知识链接 3　知识链接 4　知识链接 5

# 模块二
# 医药商品分类识别

# 项目三 抗感染药

## 学习引导

感染是一个永恒的话题。当今世界，感染性疾病是全球最常见的疾病，也是引起患者死亡的最常见原因之一。青霉素的问世，虽然使抗生素成了人类战胜病菌的神奇武器，但抗生素滥用导致的耐药菌也越来越多。全球各地超级病菌（耐药菌）病例的产生，也让人们感受到了无药可用的“可怕”，2020 年新型冠状病毒肺炎更是对全球发起了挑战。在人类与病原微生物漫长的抗争史上，抗感染药的研发始终在路上。那么抗感染药针对不同的感染原都包含哪些种类？在其发展史上都有哪些代表药品？抗感染药的市场现状如何呢？

本单元主要介绍抗生素、人工合成抗菌药、抗结核药、抗真菌药、抗病毒药、抗寄生虫药等抗感染药物及其代表药品，并结合当前国内医药市场介绍其药物商品的基本信息。

## 学习目标

1. **掌握** 抗感染药的分类；每种类别代表药品的名称与适应证。

2. **熟悉** 抗感染药的相关概念；每种类别代表药品的药理作用特点、剂型规格以及药物评价信息。

3. **了解** 抗感染药的概述、市场现状和发展趋势；代表药品的品种信息以及其他品种的相关商品信息。

感染性疾病是指各种病原微生物（细菌、放线菌、真菌、病毒、衣原体、支原体、立克次体、螺旋体等）和寄生虫（疟原虫、血吸虫、滴虫和肠道寄生虫等）等病原体侵入人体的皮肤、呼吸道、胃肠道等部位，引起组织器官出现感染。抗感染药物是指用于治疗各种病原体（病原微生物、寄生虫）所致的感染的药物，通过口服、肌注、静注等方式全身应用，主要包括抗微生物药和抗寄生虫药两大类。抗微生物药包括抗生素、人工合成抗菌药、抗结核病药、抗麻风病药、抗真菌药、抗病毒药等，抗寄生虫药包括抗疟药、抗阿米巴病药、抗滴虫病药、抗利什曼原虫病药、抗血吸虫病药、驱肠虫药等。

抗感染药相关概念如下：

**1. 化学治疗** 是指对细菌和其他病原微生物、寄生虫以及癌细胞所致疾病的药物治疗，简称化疗。用于化学治疗的药物称为化疗药物，包括抗微生物药、抗寄生虫药和抗肿瘤药等。

**2. 抗菌药物** 是指对病原菌具有杀灭或抑制作用的各种抗生素和人工合成抗菌药物。

**3. 抗生素** 是指微生物如细菌、真菌、放线菌等在生命活动中产生的对病原体或肿瘤细胞具有抑制或杀灭作用的物质。

**4. 抑菌药**　是指能抑制病原菌生长繁殖而无杀灭作用的药物。如四环素类、红霉素类、磺胺类等。

**5. 杀菌药**　是指不仅能抑制病原菌生长繁殖，而且对其具有杀灭作用的药物。如青霉素类、头孢菌素类。

**6. 抗菌谱**　是指抗菌药物的抗菌范围，是临床选药的重要依据。其中仅作用于某一菌种或某一菌属的药物称为窄谱抗菌药，如异烟肼仅作用于结核分枝杆菌。而对多种致病菌或多种病原微生物有抑制或杀灭作用的药物称为广谱抗菌药，如第三代头孢菌素对多种病原微生物均有抑杀作用。

**7. 耐药性**　又称抗药性，即反复使用化疗药物后，病原体、寄生虫或肿瘤细胞对药物的敏感性降低或消失的现象。

PPT

# 任务一　抗生素

抗生素是指由细菌、真菌或其他微生物在生活过程中所产生的具有抗病原体或其他活性的一类次级代谢产物，能干扰其他生活细胞发育功能的化学物质。现临床常用的抗生素主要是微生物培养液中的提取物以及用化学方法合成或半合成的化合物。自1943年以来，青霉素应用于临床，现抗生素的种类已达几千种，在临床上常用的亦有几百种。在销售方面，抗生素仍占世界抗感染药物市场的最大份额。

抗生素按其结构可分为β－内酰胺类（青霉素类、头孢菌素类等）、大环内酯类、氨基糖苷类、四环素类、氯霉素类、糖肽类、林可霉素类、抗真菌抗生素、抗肿瘤抗生素等。本任务主要介绍具有抗微生物作用的抗生素。微课1

## 一、青霉素类

**案例分析**

**案例描述**　患者，女，24岁。既往无药物过敏史，因咽痛1天就诊。查体：咽红，扁桃体Ⅱ度肿大。诊断为急性扁桃体炎，青霉素皮试阴性，予以80万单位青霉素。肌注，约10分钟后，患者突然晕倒在地。查体：意识丧失，面色苍白，四肢末梢发凉，冷汗，脉搏细弱。立即将患者去枕平卧，畅通呼吸道，注射0.1%肾上腺素1ml，维丁胺性钙2ml，地塞米松5mg，约2分钟后，患者苏醒，临床症状逐渐好转。

**讨　　论**　1. 上述患者晕倒的原因是什么？

2. 使用青霉素应注意什么？

答案解析

### （一）概述

自20世纪40年代青霉素用于临床以来，国内外医药界一致公认它是高效、低毒的抗生素，加之价格低廉，易于大规模生产，迄今仍不失为重要的抗生素之一。目前用于临床的青霉素分为天然青霉素和半合成青霉素两类。天然青霉素对大多数革兰阳性菌（如链球菌、肺炎球菌、葡萄球菌、白喉杆菌、破伤风杆菌）和少数革兰阴性菌（如脑膜炎球菌、淋球菌）以及螺旋体和放线菌有强大的杀菌作用，对病毒、真菌、支原体、立克次体无效，但其具有抗菌谱窄、不耐酸、易为青霉素酶破坏、容易引起过敏等缺点。因此，人类对天然青霉素进行了结构改造，获得了具有耐酸、耐酶、广谱等特点的多种半合成青霉素以及增加β-内酰胺酶抑制剂的复合青霉素等。

青霉素类药物类别、特点及代表药物见表3-1。

**表3-1 青霉素类药物类别特点及代表药物**

| 类别 | | 特点 | 代表药物名称 |
|---|---|---|---|
| 天然青霉素类（窄谱青霉素） | | 主要对革兰阳性菌有效，主治化脓性球菌感染，不耐青霉素酶 | 青霉素、苄星青霉素、普鲁卡因青霉素 |
| 半合成青霉素 | 耐酸青霉素类 | 抗菌谱与青霉素相同，耐酸，可口服 | 青霉素V、非奈西林（苯氧乙基青霉素）、丙匹西林 |
| | 耐酶青霉素类 | 对β-内酰胺酶稳定性高，具有抗耐药金葡菌的能力、耐酸 | 氯唑西林、甲氧西林、苯唑西林、双氧西林、氟氯西林 |
| | 作用于革兰阴性菌的青霉素 | 主要作用于革兰阴性菌 | 美西林、匹美西林、替莫西林 |
| | 广谱青霉素 | 广谱，耐酸，可口服。对革兰阳性、革兰阴性菌都有杀菌作用；不耐酶，对耐药金葡菌无效 | 阿莫西林、氨苄西林、匹氨西林 |
| | 抗铜绿假单胞菌广谱青霉素 | 对铜绿假单胞菌有强大作用，主要用于铜绿假单胞菌感染 | 哌拉西林、羧苄西林、美洛西林、阿洛西林、磺苄西林、替卡西林、他唑西林 |
| 复合制剂 | | 合用β-内酰胺酶抑制，抗菌谱扩大，对β-内酰胺酶稳定性加强。（克拉维酸钾、舒巴坦本身只有微弱的抗菌活性，但具有强大的广谱β-内酰胺酶抑制作用） | 氨苄西林-舒巴坦、阿莫西林-克拉维酸钾、替卡西林钠-克拉维酸钾 |

## 知识链接

### 青霉素的发明

青霉素的发明是人类在战胜感染性疾病方面取得的里程碑式的进展。1945年，诺贝尔生理学和医学奖同时颁发给对青霉素来说具有决定性意义的三个人：发现却没有坚持到底的弗莱明，借鉴前人发现最终提取成功并投产的弗洛里和钱恩。弗莱明获奖演讲中说道："我要告诉各位，青霉素的发现源自于一个偶然的实验观察。我唯一的功绩在于，当时没有忽略掉这项观察"。作为世纪神药，青霉素不仅拯救了成千上万人的生命，而且促使人们开启了抗生素的研究与应用。青霉素诞生之后，链霉素、氯霉素、金霉素、红霉素等抗生素相继问世。

【启示】历史上许多重大的科学发现都来源于科学家对某些现象的认真观察、深入思考和不懈探究。我们要学习弗莱明极为敏锐的观察能力和严谨细致的科学素养，学习弗洛里和钱恩的执着探索、攻坚克难的研究精神。

作为新时代的中国青年，我们要自信自强、守正创新、踔厉奋发、勇毅前行，不断坚定理想信念、力践知行合一。

【详情扫码】

### （二）常见药品识别

**青霉素**[典][基][医保(甲)]

Benzylpenicillin

**【别名】**盘尼西林

**【药理作用与适应证】**本品为繁殖期杀菌药，通过干扰细菌细胞壁的合成，对繁殖期细菌起杀菌作用。对多数革兰阳性球菌（溶血性链球菌、肺炎球菌、敏感的葡萄球菌）及革兰阴性球菌（脑膜炎球菌、淋球菌）作用强，对革兰阳性杆菌（白喉杆菌、破伤风杆菌、炭疽杆菌、产气荚膜杆菌）、放线菌、螺旋体（梅毒螺旋体、回归热螺旋体、钩端螺旋体）有抗菌作用，但对革兰阴性杆菌（如大肠埃希菌、铜绿假单胞菌、痢疾杆菌）以及病毒、真菌无效。

用于敏感菌所致的急性感染，如溶血性链球菌引起的咽炎、扁桃体炎、猩红热、心内膜炎、丹毒、蜂窝织炎、产褥热等，肺炎球菌引起的肺炎、中耳炎、脑膜炎、菌血症等，梭状芽孢杆菌引起的破伤风、气性坏疽等，白喉棒状杆菌引起的白喉，淋球菌引起的淋病，脑膜炎球菌引起的流行性脑脊髓膜炎，钩端螺旋体引起的钩端螺旋体病，梅毒螺旋体引起的梅毒等。

**【剂型及规格】**主要剂型有注射剂。①注射用青霉素钾：0.125g（20万U）、0.25g（40万U）、0.5g（80万U）、0.625g（100万U）、3.125g（500万U）。②注射用青霉素钠：0.24g（40万U）、0.48g（80万U）、0.96g（160万U）。③注射用普鲁卡因青霉素（复合长效）：40万U、80万U、100万U、400万U。④注射用苄星青霉素（复合长效）：30万U、60万U、120万U。

**【药物评价】**①第一个用于临床的天然抗生素，抗菌谱窄、不耐酸、不耐酶、口服无效。②高效、低毒、价廉，临床应用广泛，是各种敏感菌所致感染的首选治疗药。③过敏反应最常见（1%～10%），包括药疹、接触性皮炎、哮喘、白细胞减少，严重可出现过敏性休克。④用药需做到“一问、二试、三观察”：详细询问过敏史，有过敏史者禁用；用药前须皮试，呈阴性时方可用药，皮试阴性患者如有胸闷、头晕、哮喘、皮肤发痒等症状出现，也不给予用药；在注射药物后，应严密观察患者30分钟，无反应发生方可离开。

**【品种信息】**国产药品：获批文的有281个，生产企业有哈药集团制药总厂、中孚药业、广州白云山天心制药、华北制药、瑞阳制药、山东鲁抗医药等。进口药品：获批文的有2个，生产企业是奥地利Sandoz GmbH。

**【贮藏】**密闭，在凉暗干燥处保存。

**【药品识记】**扫码认药

## 阿莫西林[典][基][医保(甲)]

## Amoxicillin

**【别名】**羟氨苄青霉素

**【商品名】**益萨林、再林、强必林、阿莫仙、阿莫灵

**【药理作用与适应证】**通过抑制细菌细胞壁的合成而起杀菌作用，为广谱半合成青霉素类抗生素，对溶血链球菌、肺炎链球菌、不产酶的葡萄球菌、肠球菌等需氧革兰阳性球菌、大肠埃希菌、奇异变形杆菌、沙门菌属（包括伤寒、副伤寒等）、流感杆菌、淋球菌等需氧革兰阴性菌及幽门螺杆菌均具有良好的抗菌活性。

用于敏感菌（不产β－内酰胺酶菌株）所致的呼吸道、泌尿生殖道、胆道和皮肤软组织感染以及伤寒等。与克拉霉素、兰索拉唑三联用药治疗幽门螺杆菌有良好疗效。

**【剂型及规格】**主要剂型有片剂、颗粒剂、胶囊剂、干混悬剂、注射剂（无菌分装粉针剂）。①阿莫西林片：0.125g、0.25g。②阿莫西林颗粒：0.125g、0.25g。③阿莫西林胶囊：0.125g、0.25g。④阿莫西林干混悬剂：0.125g、0.25g。⑤注射用阿莫西林钠：0.5g。

**【药物评价】**①为广谱、耐酸、不耐酶的半合成青霉素，抗菌谱较青霉素广，对革兰阳性球菌作用

与青霉素相仿，对部分革兰阴性杆菌亦具抗菌活性。②口服，服用方便、安全性高、疗效好、不良反应少、价格低，应用较广泛。③耐酸，在胃肠道吸收好，一般不受食物影响。④不良反应有药物热、荨麻疹、皮疹和哮喘等过敏反应。⑤多见腹泻、恶心、呕吐等症状，偶见假膜性结肠炎等胃肠道反应。

**【品种信息】**国产药品：获批文的有590个，生产企业有哈药集团制药总厂（益萨林）、海南先声药业（再林）、海南三叶制药（强必林）、山东鲁抗医药、广州白云山天心制药等。进口药品：获批文的有31个，生产企业有中国香港联邦制药厂（阿莫仙）、中国香港澳美制药厂（阿莫灵）等。

**【贮藏】**遮光，密封保存。

**【药品识记】**扫码认药

### 其他青霉素类药物

其他青霉素类药物品种信息见表3－2。

**表3－2　其他青霉素类药物品种信息**

| 药物名称 | 其他名称 | 作用与适应证 | 品种信息 |
|---|---|---|---|
| 青霉素V<br>[典][医保(甲)] | 苯甲氧基青霉素、仙芬、维百斯 | 抗菌谱与青霉素相同，但抗菌活性不及青霉素，易被青霉素酶水解，对大多数金葡菌无效，不宜用于严重感染。用于青霉素敏感菌株所致的轻、中度感染，包括链球菌所致的扁桃体炎、咽喉炎、猩红热、丹毒等；肺炎球菌所致的支气管炎、肺炎、中耳炎、鼻窦炎及敏感葡萄球菌所致的皮肤软组织感染等；也可用于螺旋体感染和作为风湿热复发和感染性心内膜炎的预防用药 | 【剂型及规格】片剂：0.125g、0.25g；胶囊剂：0.125g、0.25g；颗粒剂：0.125g、0.25g、1.5g；混悬剂：0.125g、0.25g；注射剂：0.5g<br>【生产商】哈药集团制药总厂（仙芬）、华北制药（维百斯）、国药集团威奇达药业等 |
| 阿洛西林钠<br>[典] | 阿乐欣、赛柯偌朋 | 为第三代广谱半合成青霉素，对革兰阳性菌、革兰阴性菌及铜绿假单胞菌均有良好的抗菌作用。用于革兰阳性菌及阴性菌所致的各种感染以及铜绿假单胞菌感染，包括败血症、脑膜炎、化脓性胸膜炎、腹膜炎以及下呼吸道、胃肠道、胆道、肾及输尿管、骨及软组织和生殖器官感染、妇科、产科感染、外耳炎、烧伤、皮肤及手术感染 | 【剂型及规格】注射剂（无菌粉末）：1.0g、1.5g、2.0g、3.0g<br>【生产商】浙江金华康恩贝生物制药（阿乐欣）、华北制药股份有限公司、瑞阳制药、天津华津制药等 |
| 阿莫西林克拉维酸钾<br>[典][基] | 棒酸钾羟氨苄青霉素、超青、奥格门汀、安灭菌、君尔清、奥先 | 阿莫西林与克拉维酸联合，可抑制葡萄球菌流感嗜血杆菌、卡他球菌、大肠埃希菌、克雷伯菌、奇异变形杆菌、普通变形杆菌、淋球菌、军团菌、脆弱拟杆菌，对不产β－内酰胺酶的肺炎链球菌、化脓性链球菌、绿色链球菌、梭状芽孢杆菌、消化球菌、消化链球菌等有抗菌作用。用于下呼吸道、中耳、鼻窦、皮肤组织、尿路等部位感染。对肠杆菌属尿路感染也可有效 | 【剂型及规格】片剂：阿莫西林：克拉维酸＝2：1、4：1、7：1；颗粒剂：阿莫西林：克拉维酸＝4：1、7：1；干混悬剂：阿莫西林：克拉维酸＝4：1、7：1；注射用无菌粉末：阿莫西林：克拉维酸＝5：1等<br>【生产商】杭州天目山药业（超青）、湖北威尔曼制药（奥格门汀）、华北制药（安灭菌）、鲁南倍特制药（君尔清）、中国香港澳美制药厂（奥先）等 |

**【药品识记】**扫码认药

## 二、头孢菌素类

### （一）概述

头孢菌素类是以顶头孢霉培养得到的天然头孢菌素C作为原料，经半合成改造其侧链而得到的一类抗生素，通过抑制细菌细胞壁的合成而达到抗菌作用，为繁殖期杀菌药。与青霉素相比，具有抗菌谱广、耐青霉素酶、疗效高、毒性低、过敏反应少、对β－内酰胺酶较稳定等优点。所以头孢菌素类药物为治疗细菌感染，特别是青霉素类抗生素耐药菌株所致的感染及院内感染提供了良好的抗菌品种，是一类高效、低毒、临床广泛应用的抗生素，预估长时间内仍将是世界药品市场销售份额最大的抗生素。

根据抗菌谱、抗菌活性、对β－内酰胺酶稳定性的差异，将头孢菌素分为五代，其类别、特点及代表药物见表3－3。

表3－3　头孢菌素类药物类别特点及代表药物

| 类别 | 特点 | 剂型 | 代表药物名称 |
|---|---|---|---|
| 第一代 | 主要作用于需氧革兰阳性球菌，对革兰阴性菌作用弱，对革兰阴性菌产生的β－内酰胺酶不稳定 | 注射 | 头孢唑啉、头孢拉定、头孢替唑、头孢噻吩 |
| | | 口服 | 头孢氨苄、头孢拉定、头孢羟氨苄 |
| 第二代 | 抗菌谱较第一代扩大，对革兰阳性菌比第一代弱，对革兰阴性菌比第一代强，对β－内酰胺酶稳定性比第一代强 | 注射 | 头孢呋辛、头孢孟多、头孢替安 |
| | | 口服 | 头孢呋辛、头孢克洛、头孢丙烯 |
| 第三代 | 抗菌谱较第二代扩大，对革兰阳性菌比第二代弱，对革兰阴性菌比第二代强，多数对β－内酰胺酶稳定性比第一、二代强 | 注射 | 头孢噻肟、头孢曲松、头孢唑肟、头孢地嗪、头孢他啶、头孢哌酮 |
| | | 口服 | 头孢克肟、头孢泊肟酯 |
| 第四代 | 抗菌谱更广，对革兰阳性和阴性菌抗菌活性更加平衡，对多数β－内酰胺酶稳定性强于第三代 | 注射 | 头孢吡罗、头孢吡肟 |
| 第五代 | 对革兰阳性菌强于前四代，对革兰阴性菌和第四代相似，对大部分β－内酰胺酶高度稳定 | 注射 | 头孢洛林、头孢吡普 |

### （二）常见药品识别

## 头孢氨苄[典][基][医保(甲)]

## Cefalexin

**【别名】** 苯甘孢霉素、先锋霉素Ⅳ、头孢菌素Ⅳ

**【商品名】** 美丰、申嘉、福林、斯宝力克

**【药理作用与适应证】** 为半合成的第一代口服头孢菌素，通过抑制细菌细胞壁的合成而起抗菌作用，对肺炎链球菌、溶血性链球菌、产或不产青霉素酶葡萄球菌等大部分需氧革兰阳性球菌敏感，对奈瑟菌属有较好的抗菌作用，对流感嗜血杆菌的敏感性较差，对部分大肠埃希菌、奇异变形杆菌、沙门菌、志贺菌等需氧革兰阴性菌具有一定的抗菌活性，对其他肠杆菌属细菌、不动杆菌、铜绿假单胞菌、脆弱拟杆菌无抗菌作用。

用于敏感菌所致的急性扁桃体炎、咽峡炎、中耳炎、鼻窦炎、支气管炎、肺炎等呼吸道感染、尿路感染、皮肤软组织感染等。与庆大霉素或阿米卡星联用时可产生协同作用。

**【剂型及规格】** 主要剂型有片剂、颗粒剂、胶囊剂。①头孢氨苄片：0.125g、0.25g、0.5g。②头孢氨苄颗粒：50mg、125mg。③头孢氨苄胶囊：0.125g、0.25g。④头孢氨苄缓释片：0.25g。⑤头孢氨苄缓释胶囊：0.25g。

**【药物评价】** ①为广谱、耐酸、耐青霉素酶。②口服吸收良好，重症感染不宜用。③不良反应有皮疹、荨麻疹、红斑、药物热等过敏反应。④多见恶心、腹泻、呕吐和腹部不适等症状，偶见假膜性肠炎等胃肠道反应。⑤对头孢菌素类、青霉素类过敏者禁用。

**【品种信息】** 国产药品：获批文的有617个，生产企业有江苏豪森药业集团（美丰）、上海现代制药（申嘉）、广州白云山光华制药（福林）、广州南新制药（斯宝力克）、哈药集团制药总厂、山东鲁抗

医药等。暂无进口药品。

**【贮藏】** 遮光、密封，凉暗处保存。

**【药品识记】** 扫码认药

## 头孢呋辛[典][基][医保(甲、乙)]

### Cefuroxime

**【别名】** 头孢呋肟

**【商品名】** 库欣、达力新、西力欣、明可欣、安可欣

**【药理作用与适应证】** 为合成的第二代头孢菌素，通过抑制细菌细胞壁的合成而起抗菌作用，对革兰阳性菌的抗菌作用不如第一代头孢菌素，对流感嗜血杆菌、淋球菌、脑膜炎球菌、大肠埃希菌、克雷变形杆菌、肠杆菌属、枸橼酸杆菌、沙门菌属、志贺菌属以及某些吲哚阳性变形杆菌敏感，对铜绿假单胞菌、弯曲杆菌、不动杆菌、沙雷杆菌大部分菌株、普通变形杆菌、难辨梭状芽孢杆菌、李斯特菌等不敏感。不可与氨基糖苷类置同一容器中注射。与高效利尿药联合应用，可损害肾脏。

主要用于敏感菌所致的呼吸道、泌尿道、皮肤和软组织、骨和关节、女性生殖器等部位的感染，也用于败血症、脑膜炎、外科围手术期预防用药等。

**【剂型及规格】** 主要剂型有片剂、颗粒剂、胶囊剂、干混悬剂、注射剂（无菌分装粉针剂）。①头孢呋辛酯颗粒：0.125g、0.25g。②头孢呋辛酯片：0.125g、0.25g、0.5g。③头孢呋辛酯干混悬剂：0.125g。④头孢呋辛酯分散片：0.125g。⑤头孢呋辛酯胶囊：0.125g、0.25g。⑥注射用头孢呋辛钠：0.25g、0.5g、0.75g、1.0g、1.5g、2.0g、2.25g。

**【药物评价】** ①广谱、耐酸、耐β-内酰胺酶。②不良反应有皮疹、红斑、瘙痒等皮肤反应，腹痛、腹泻、恶心、呕吐、食欲减退、口腔溃疡等消化系统反应，头痛等。③对头孢菌素类过敏者禁用，对青霉素类药物过敏者、胃肠道病史者、肾功能不全者慎用。

**【品种信息】** 国产药品：获批文的有365个，生产企业有山东淄博新达制药（库欣）、国药集团致君（深圳）制药（达力新）、哈药集团制药总厂、山东鲁抗医药等。进口药品：获批文的有6个，生产企业有英国Glaxo Operations UK Limited（西力欣）、意大利Esseti Farmaceutici S. r. l.（明可欣）、塞浦路斯Medochemie Ltd.（安可欣）等。

**【贮藏】** 遮光、密封、干燥凉暗处保存。

**【药品识记】** 扫码认药

## 头孢曲松[典][基][医保(甲)]

### Ceftriaxone

**【别名】** 头孢三嗪、头孢氨噻三嗪

**【商品名】** 罗氏芬、泛生舒复

**【药理作用与适应证】** 为半合成的第三代头孢菌素，对金黄色葡萄球菌、链球菌属、肺炎链球菌、嗜血杆菌属、奈瑟菌属、大肠埃希菌、肺炎克雷伯菌、沙雷杆菌、各型变形杆菌、枸橼酸杆菌、伤寒杆菌、痢疾杆菌、消化链球菌、梭状芽孢杆菌等革兰阴性菌作用强，对革兰阳性菌有中等的抗菌作用，对铜绿假单胞菌、肠杆菌属、产酶金黄色葡萄球菌、耐氨苄西林的流感杆菌、耐第一代头孢菌素和庆大霉

素的部分革兰阴性菌敏感，对粪链球菌和耐甲氧西林的葡萄球菌有耐药性。与氨基糖苷类药合并可产生协同作用，但同时可能加重肾脏负担。

用于敏感致病菌所致的下呼吸道感染、尿路、胆道感染、腹腔感染、盆腔感染、皮肤软组织感染、骨和关节感染、脑膜炎及手术前感染预防，单剂可治疗单纯性淋病。

**【剂型及规格】** 剂型只有注射剂（注射用无菌粉末）。注射用头孢曲松钠：0.25g、0.5g、1.0g、1.5g、2.0g、2.5g、3.0g、4.0g。

**【药物评价】** ①为β-内酰胺类抗生素、头孢菌素类药。②本品在消化道不吸收，在尿液和胆汁中有很高的浓度，抗菌作用时间长，每日只需给药1次。③青少年、儿童使用，偶可致胆结石，停药后可消失，对青霉素类过敏者、过敏体质者、严重肾功能不全者慎用。④与含钙制剂合并用药有可能导致致死性结局的不良事件。⑤会引起双硫仑反应，使用本品应禁止饮酒或使用含有乙醇的注射剂或口服制剂。

**【品种信息】** 国产药品：获批文的有336个，生产企业有扬子江药业集团、上海上药新亚药业、哈药集团制药总厂、华北制药、广州白云山天心制药等。进口药品：获批文的有3个，生产企业有中国台湾泛生制药厂（泛生舒复）等。

**【贮藏】** 遮光、密封、在干燥凉暗处保存。

**【药品识记】** 扫码认药

## 其他头孢菌素类药物

其他头孢菌素类物品种信息见表3-4。

表3-4　其他头孢菌素类药物品种信息

| 药物名称 | 其他名称 | 作用与适应证 | 品种信息 |
|---|---|---|---|
| 头孢拉定 [典][基][医保(甲、乙)] | 头孢环己烯、先锋霉素Ⅵ、泛捷复、申优 | 抗菌活性类似头孢氨苄，对金黄色葡萄球菌、溶血性链球菌、肺炎链球菌、大肠埃希菌、奇异变形杆菌、肺炎克雷伯菌、流感嗜血杆菌等有抗菌作用。用于呼吸道、泌尿道、皮肤和软组织等部位的敏感菌感染 | 【剂型及规格】片剂：0.25g、0.5g；胶囊剂：0.25g、0.5g；颗粒剂：0.125g、0.5g；混悬剂：0.125g、0.25g、1.5g；注射剂：0.5g、1.0g、2.0g<br>【生产商】中美上海施贵宝制药（泛捷复）、上海现代制药（申优）等 |
| 头孢他啶 [典][基]医保(乙)] | 头孢羧甲噻肟、新天欣、复达欣、凯复定、泰得欣 | 为半合成第三代头孢菌素，对大肠埃希菌、肺炎杆菌等肠肝科细菌、流感嗜血杆菌、铜绿假单胞菌等有很好抗菌活性，对大多β-内酰胺酶高度稳定，对肺炎链球菌、溶血性链球菌等革兰阳性菌敏感，但对葡萄球菌有中等活性，对肠球菌和耐甲氧西林葡萄球菌具有耐药性，对消化球菌和消化链球菌等厌氧菌有抗菌作用，但对脆弱拟杆菌抗菌作用差。用于败血症、下呼吸道感染、腹腔和胆道感染、复杂性尿路感染和严重皮肤软组织感染等。对于由多种耐药革兰阴性杆菌引起的免疫缺陷者感染、医院内感染以及革兰阴性杆菌或铜绿假单胞菌所致中枢神经系统感染尤为适用 | 【剂型及规格】注射剂：0.5g、0.75g、1.0g、2.0g、3.0g<br>【生产商】广州白云山天心医药集团（新天欣）、意大利 GlaxoSmithKline Manufacturing S.p.A.（复达欣）、巴西 Antibióticos do Brasil Ltda.（凯复定）、韩国 Hanmi Pharm. Co., Ltd.（泰得欣）等 |
| 头孢羟氨苄 [典][医保(乙)] | 欧意、力欣奇、仙逢久 | 为半合成第一代口服头孢菌素，对金黄色葡萄球菌、溶血性链球菌、肺炎链球菌、大肠埃希菌、奇异变形杆菌、肺炎克雷伯菌等有抗菌作用。用于呼吸道、泌尿道、咽部、皮肤等部位的敏感菌感染 | 【剂型及规格】胶囊剂：0.25g；颗粒剂：0.125g；片剂：0.125g、0.5g<br>【生产商】石药集团欧意药业（欧意）、清远华能制药（力欣奇）、山东淄博新达制药（仙逢久）等 |

续表

| 药物名称 | 其他名称 | 作用与适应证 | 品种信息 |
| --- | --- | --- | --- |
| 头孢克洛 [典][医保(乙)] | 希刻劳、新达罗、再克、喜福来、乐维 | 为半合成头孢菌素，抗菌谱略广，对葡萄球菌、化脓性链球菌、肺炎链球菌、大肠埃希菌、奇异变形杆菌、流感嗜血杆菌等有良好抗菌作用。用于呼吸道、泌尿道、皮肤、软组织感染，以及中耳炎等 | 【剂型及规格】片剂：0.25g；胶囊剂：0.25g、0.5g；颗粒剂：0.1g、0.125g、0.25g、0.5g；混悬剂：0.125g、0.25g、0.375g、0.75g、1.5g<br>【生产商】苏州西克罗制药（希刻劳）、山东淄博新达制药（新达罗）、海南先声药业（再克）、广州白云山光华制药（喜福来）、Sun Pharmaceutical Industries Ltd.（乐维）等 |
| 头孢地尼 [典][医保(乙)] | 希福尼、世扶尼、全泽复 | 为第三代头孢菌素，口服广谱制剂，对革兰阳性球菌有良好的抗菌活性，对细菌产生的广谱β-内酰胺酶高度稳定，对金黄色葡萄球菌、肺炎链球菌、化脓性链球菌、流感嗜血杆菌、副流感嗜血杆菌、卡他莫拉菌属有良好的抗菌活性，对耐甲氧西林的葡萄球菌属、多数假单胞菌属、肠球菌、肠杆菌无抗菌活性。用于治疗中轻度的呼吸系统、泌尿生殖系统、非复杂性皮肤和皮肤组织感染，也可用于乳腺炎、淋巴管炎、肛门周围脓肿、外伤或手术伤口的继发感染、眼睑炎、睑腺炎、睑板腺炎、猩红热、急性中耳炎 | 【剂型及规格】片剂：50mg、100mg；胶囊剂：100mg；颗粒剂：50mg<br>【生产商】天津市中央药业（希福尼）、天津医药集团津康制药（世扶尼）、珠海联邦制药、江苏豪森药业集团、日本Choseido Pharmaceutical Co.，Ltd.（全泽复）等 |

【药品识记】扫码认药

## 三、氨基糖苷类

### （一）概述

氨基糖苷类抗生素在其分子结构中都有一个氨基环醇环和一个或多个氨基糖分子，由苷键相连接。其是通过干扰细菌蛋白质合成过程，引起细菌死亡，为一类静止期杀菌药。抗菌谱较广，对革兰阳性菌、阴性菌均有效，杀菌快而完全，主要用于严重的革兰阴性菌感染，但有耳毒性、肾毒性、神经肌肉阻滞等毒副作用，而且不同的氨基糖苷类药物间存在着不完全的交叉耐药性，所以在抗生素市场份额不大，用于治疗某些难治感染性疾病。随着新型氨基酸糖苷类抗生素衍生物的开发，这类抗生素有望重新焕发生机。目前常用的老品种有链霉素、新霉素、卡那霉素、庆大霉素、阿米卡星等，较新的品种有妥布霉素、核糖霉素、小诺霉素、奈替米星、依替米星等。

### （二）常见药品识别

#### 阿米卡星[典][基][医保(甲)]

Amikacin

**【别名】**丁胺卡那霉素、阿米卡霉素

**【商品名】**米丽先

**【药理作用与适应证】**广谱，对大肠埃希菌、铜绿假单胞菌、吲哚阴性和阳性变形杆菌、克雷伯菌、不动杆菌、枸橼酸杆菌、沙雷杆菌、肠杆菌的部分菌株、结核杆菌、非典型性分枝杆菌和金黄色葡

萄球菌（产酶和不产酶株）有很好的抗菌作用，但对其他革兰阳性球菌（包括粪链球菌）、厌氧菌、立克次体、真菌和病毒不敏感，耐酶性能较强，当对其他糖苷类抗生素产生耐药性后，还可能表现敏感。

用于对卡那霉素或庆大霉素耐药的革兰阴性杆菌所致的感染，如尿路、下呼吸道、腹腔、软组织、骨和关节、生殖系统等部位的感染，还有败血症等。

**【剂型及规格】** 主要剂型有滴眼液、洗剂、注射剂。①阿米卡星滴眼液：5ml：12.5mg、8ml：20mg。②阿米卡星洗剂：10ml：25mg。③硫酸阿米卡星注射液：1ml：50mg（5万U）、1ml：0.1g（10万U）、2ml：0.1g（10万U）、2ml：0.2g（20万U）。④注射用硫酸阿米卡星：0.2g。⑤硫酸阿米卡星氯化钠注射液：200ml：阿米卡星0.4g（40万U）与氯化钠1.7g、250ml：阿米卡星0.5g（50万U）与氯化钠2.125g。

**【药物评价】** ①不良反应有耳毒性、肾毒性、神经肌肉阻滞等，还可引起过敏性休克、皮疹、荨麻疹、药热、粒细胞减少、溶血性贫血等过敏反应。②对氨基糖苷类药物过敏者禁用。③对铜绿假单胞菌感染，常与抗假单胞菌青霉素联合应用，但两者需分瓶滴注，以免失活。④适用治疗革兰阴性杆菌对卡那霉素、庆大霉素或妥布霉素耐药菌株所致的严重感染，不适用治疗初发的不复杂的感染。

**【品种信息】** 国产药品：获批文的有223个，生产企业有扬子江药业集团（米丽先）、成都倍特药业、丽珠集团丽珠制药、西安利君制药、齐鲁制药等。暂无进口药品。

**【贮藏】** 密闭、遮光、阴凉处保存。

**【药品识记】** 扫码认药

## 庆大霉素[典][基][医保(甲、乙)]

## Gentamicin

**【别名】** 硫酸庆大霉素、正泰霉素

**【商品名】** 君福安、瑞斯达、瑞贝克

**【药理作用与适应证】** 抗菌谱与阿米卡星相似，对大肠埃希菌、产气杆菌、克雷伯菌、奇异变形菌、某些吲哚阳性变形杆菌、铜绿假单胞菌、某些奈瑟菌、某些无色素沙雷杆菌和志贺菌等革兰阴性菌敏感，对除金黄色葡萄球菌外的革兰阳性菌抗菌活性差，对链球菌（包括化脓性链球菌、肺炎球菌、粪链球菌等）有耐药性。

用于大肠埃希菌、痢疾杆菌、肺炎克雷伯菌、变形杆菌、铜绿假单胞菌等革兰阴性杆菌所致的系统或局部感染。与抗厌氧菌药物合用治疗腹腔感染及盆腔感染，与青霉素（或氨苄西林）合用可治疗肠球菌属感染。与其他糖苷类药物联用，可增加耳毒性、肾毒性及神经肌肉阻滞作用。

**【剂型及规格】** 主要剂型有胶囊剂、片剂、滴眼液、颗粒剂、注射剂。①硫酸庆大霉素胶囊：40mg（4万U）、80mg（8万U）。②硫酸庆大霉素片：20mg（2万U）、40mg（4万U）。③硫酸庆大霉素缓释片：40mg（4万U）。④硫酸庆大霉素滴眼液：8ml（4万U）。⑤硫酸庆大霉素颗粒：10mg（1万U）、40mg（4万U）。⑥硫酸庆大霉素注射液：1ml（2万U）、1ml（4万U）、2ml（8万U）。

**【药物评价】** ①毒性反应与血药浓度密切相关，每日量宜分2~3次给药，对于肾功能不全者或长期用药者需进行药物监测。②对链球菌引起的上呼吸道感染无效。③会抑制呼吸，不能静脉注射。④用量大或疗程延长，仍会对耳、肾有毒性反应，应注意。⑤近年的广泛使用，铜绿假单胞菌、克雷伯菌、沙雷杆菌和吲哚阳性变形杆菌对庆大霉素耐药率开始逐渐增高。

【品种信息】国产药品：获批文的有697个，生产企业有大同市利群药业（君福安）、上海迪冉郸城制药（瑞斯达）、江西制药（瑞贝克）、华北制药、国药集团国瑞药业等。暂无进口药品。

【贮藏】密闭，凉暗处保存。

【药品识记】扫码认药

## 四、四环素类

### （一）概述

四环素类抗生素是由链霉菌发酵分离而得，化学结构中具有菲烷的基本骨架，是一类广谱抗生素。通过阻碍菌体蛋白质的合成、改变细菌细胞膜的通透性而达抗菌作用，高浓度时还具有杀菌作用，强弱顺序依次为米诺环素、多西环素、美加环素、四环素、土霉素。对革兰阳性菌、阴性菌均有抗菌作用，但是四环素类间存在密切的交叉耐药性。近年来随着四环素类药广泛应用，耐药性普遍升高及其不良反应多见，发展受到了很大的限制。

### （二）常见药品识别

#### 多西环素[典][基][医保(甲、乙)]

Doxycycline

【别名】盐酸多西环素、盐酸强力霉素、脱氧土霉素

【商品名】永喜、多迪

【药理作用与适应证】为半合成四环素类抗生素，广谱、体内外均具有良好的抗菌作用，与其他四环素类药物间存在密切的交叉耐药性。

用于敏感的革兰阳性球菌和革兰阴性杆菌所致的上呼吸道感染、扁桃体炎、胆道感染、淋巴结炎、蜂窝织炎、老年慢性支气管炎等，也用于斑疹伤寒、恙虫病、支原体肺炎等。还可用于治疗霍乱、预防恶性疟疾和钩端螺旋体感染。

【剂型及规格】主要剂型有片剂、胶囊剂、丸剂、注射剂。①盐酸多西环素片：0.05g、0.1g、0.2g。②盐酸多西环素胶囊剂（肠溶胶囊）：0.1g。③盐酸多西环素胶丸（软胶囊）：0.1g（10万U）。④盐酸多西环素分散片：0.1g。⑤注射用盐酸多西环素：0.1g、0.2g。

【药物评价】①抗菌谱与四环素、土霉素基本相同，可安全用于肾功能损害患者。②多见恶心、呕吐、腹泻等肠道反应，还会出现溶血性贫血、血小板、中性粒细胞和嗜酸性粒细胞减少等血液系统方面不良反应。③会导致牙齿变色黄染、牙釉质发育不良等，8岁以下小儿禁用，孕妇、哺乳期妇女、肝肾功能不全者慎用。④与碳酸氢钙、铁剂、氢氧化铝、镁盐制剂等含金属离子药物或食物同服，会减弱吸收效果。⑤会导致地高辛吸收增加而中毒。

【品种信息】国产药品：获批文的有102个，生产企业有天方药业、富祥（大连）制药（多迪）、哈药集团制药六厂、江苏联环药业等。暂无进口药品。

【贮藏】遮光、密封保存。

【药品识记】扫码认药

### 米诺环素[典][基][医保(乙)]

### Minocycline

【别名】盐酸米诺环素、二甲胺四环素、美满霉素

【商品名】玫满（美满）、康尼、派丽奥

【药理作用与适应证】为半合成的第二代四环素类抗生素，四环素类药物中抗菌作用最强，对革兰阳性菌、链球菌、金黄色葡萄球菌、奈瑟球菌作用较强，对革兰阴性菌作用较弱。

用于治疗立克次体病、支原体肺炎、淋巴肉芽肿、下疳、鼠疫、霍乱、布氏菌病（与链霉素联合应用）等引起的泌尿系统、呼吸道、胆道、乳腺及皮肤软组织感染。

【剂型及规格】主要剂型有片剂、胶囊剂。①盐酸米诺环素片：50mg、100mg。②盐酸米诺环素胶囊：50mg、100mg。

【药物评价】①口服吸收效果好，脂溶性较高，在体内代谢多。②可引起眩晕、共济失调等前庭功能失调，停药可恢复。较易引起光感性皮炎，用药后避免日晒。③8岁以下儿童禁用、孕妇、哺乳期妇女、肝肾功能不全者慎用。

【品种信息】国产药品：获批文的有22个，生产企业有瀚晖制药（玫满）、海口市制药厂（康尼）、广州白云山医药集团、西安利君制药、哈药集团制药六厂等。进口药品：获批文的有1个，生产企业是日本 Sunstar INC（派丽奥）。

【贮藏】遮光、密闭、干燥处保存。

【药品识记】扫码认药

## 五、大环内酯类

### （一）概述

大环内酯类是由链霉菌产生的一类弱碱性抗生素，分子中含有一个内酯结构的十四元或十六元大环。通过与细菌核糖体50s亚单位结合，阻碍细菌蛋白质的合成，为生长期快速抑菌剂。抗菌谱窄，但比青霉素略广，对革兰阳性菌、革兰阴性球菌、少数革兰阴性菌有很好的抗菌效果。本类抗生素对大环内酯类、青霉素类、头孢菌素类之间不存交叉耐药性，可用于后两者的耐药或者过敏患者，但是本类抗生素药物之间有交叉耐药性存在。

### （二）常见药品识别

### 阿奇霉素[典][基][医保(甲、乙)]

### Azithromyicn

【别名】阿泽红霉素、阿齐红霉素、氮红霉素

【商品名】希舒美、赛乐欣、泰力特、丽珠奇乐、舒美特等

【药理作用与适应证】抗菌谱与红霉素相近，对流感嗜血杆菌、淋球菌的作用是红霉素的4倍，对军团菌是2倍，对绝大多数革兰阴性菌、梭状芽孢杆菌抗菌作用比红霉素强，对弓形体、梅毒螺旋体有良好的杀灭作用。

用于敏感微生物所引起的呼吸道、皮肤和软组织的感染。

**【剂型及规格】** 主要剂型有片剂、颗粒剂、胶囊剂、干混悬剂、注射剂。①阿奇霉素片：0.1g、0.125g、0.25g、0.5g。②阿奇霉素分散片：0.125g、0.25g。③阿奇霉素颗粒：0.1g。④阿奇霉素胶囊：0.125g、0.25g。⑤阿奇霉素干混悬剂：0.1g、0.125g、0.25g。⑥阿奇霉素注射液：2ml∶0.1g、2ml∶0.25g。

**【药物评价】** ①口服宜空腹，重症可注射，但不宜肌内注射。②对大环内酯类药过敏者禁用。③不良反应有呕吐、腹泻、腹痛等消化道反应，少数出现白细胞计数、中性粒细胞及血小板减少。④孕妇、哺乳期妇女、肝肾功能不全者慎用。

**【品种信息】** 国产药品：获批文的有616个，生产企业有辉瑞制药（希舒美）、珠海联邦制药（赛乐欣）、北京太洋药业（泰力特）、丽珠集团丽珠制药（丽珠奇乐）、石药集团欧意药业、鲁南贝特制药等。进口药品：获批文的有9个，生产企业有克罗地亚 Pliva Croatia Ltd.（舒美特）、美国 Pharmacia & Upjohn Company LLC（希舒美）等。

**【贮藏】** 密闭、阴凉干燥处保存。

**【药品识记】** 扫码认药

## 其他大环内酯类药物

其他大环内酯类药物品种信息见表3-5。

表3-5 其他大环内酯类药物品种信息

| 药物名称 | 其他名称 | 作用与适应证 | 品种信息 |
|---|---|---|---|
| 琥乙红霉素<br>[典][医保(乙)] | 利君沙、艾加星、科特加 | 为红霉素的琥珀酸乙酯，在体内水解释放出红霉素，通过阻断抑制细菌蛋白质的合成而起抗菌作用。用于链球菌引起的扁桃体炎、猩红热、白喉及带菌者、淋病、李斯特菌病、肺炎链球菌下呼吸道感染等不耐青霉素的患者治疗 | 【剂型及规格】干混悬剂：0.1g；颗粒剂：50mg、0.1g、0.125g；胶囊剂：0.125g、0.25g；片剂：0.1g、0.125g、0.25g、0.5g；口腔崩解片：50mg、0.1g<br>【生产商】西安利君制药（利君沙）、湖北省益康制药（艾加星）、四川科伦药业（科特加）等 |
| 罗红霉素<br>[典][医保(乙)] | 严迪、仁苏、浦虹、欣美罗、力弗 | 抗菌谱与红霉素相近，对金黄色葡萄球菌（MRSA除外）、链球菌（包括肺炎链球菌和A、B、C型链球菌，但G型和肠球菌除外）、棒状杆菌、李斯特菌、卡他摩拉菌（卡他球菌）、军团菌等高度敏感或较敏感。对部分厌氧菌及脑炎弓形体、衣原体、梅毒螺旋体等有较好的抗菌作用。对螺旋杆菌、淋球菌、脑膜炎球菌、百日咳杆菌等作用较弱。用于敏感菌所致的咽炎、扁桃体炎、鼻窦炎、中耳炎、气管炎、支气管炎、肺炎、尿道炎、宫颈炎、皮肤软组织的感染 | 【剂型及规格】片剂：50mg、75mg、150mg；颗粒剂：50mg、75mg；胶囊剂：50mg、75mg、150mg；软胶囊：75mg、0.15g（15万U）；干混悬剂：3g∶50mg/袋<br>【生产商】哈药集团制药六厂（严迪）、扬子江药业集团（仁苏）、上海现代制药（浦虹）、美罗药业（欣美罗）、苏州中化药品工业（力弗）等 |
| 克拉霉素<br>[典][基][医保(乙)] | 克拉仙、卡斯迈欣、诺邦、百红优 | 抗菌谱与罗红霉素相近，为生长期抑菌剂，通过阻碍细菌蛋白质的合成而抑菌，对葡萄球菌、肺炎链球菌、化脓性链球菌、卡他球菌、肺炎支原体等有抗菌作用，对流感嗜血杆菌作用较强。用于敏感菌所致的咽炎、扁桃体炎、急性中耳炎、肺炎、支气管炎、支原体肺炎、皮肤及软组织感染等。与地高辛、茶碱、口服抗凝血药、麦角胺或二氢麦角碱、三唑仑合用时产生协同作用，与卡马西平、环孢素、苯妥英、利托那韦、氟康唑也会产生协同作用 | 【剂型及规格】片剂：0.125g、0.25g、0.5g；颗粒剂：0.05g、0.1g、0.125g、0.25g；胶囊剂：0.25g、0.5g；软胶囊：0.125g；干混悬剂：125mg/5ml<br>【生产商】上海雅培制药（克拉仙）、杭州中美华东制药（卡斯迈欣）、江苏恒瑞医药（诺邦）、山东新华制药（百红优）等 |

【药品识记】扫码认药

## 六、其他抗生素

其他抗生素药物品种信息见表3－6。

表3－6　其他抗生素药物品种信息表

| 药物名称 | 其他名称 | 作用与适应证 | 品种信息 |
| --- | --- | --- | --- |
| 克林霉素<br>[典][基][医保(甲、乙)] | 盐酸克林霉素、曼奇、力派、特丽仙 | 为林可霉素类抗生素，对革兰阳性菌有良好的抗菌作用，对革兰阴性菌有一定的抗菌作用，但是对厌氧的革兰阴性菌抗菌效果较好。用于厌氧菌所致的腹腔、妇科等感染，革兰阳性菌所致的呼吸道、关节和软组织、骨组织、胆道等感染，与克拉霉素、兰索拉唑三联用药治疗幽门螺杆菌有良好疗效，是治疗金黄色葡萄球菌骨髓炎的首选药。与氯霉素、红霉素联合有拮抗作用 | 【剂型及规格】片剂、分散片、胶囊剂：0.075g、0.15g；注射液：2ml：0.15g；注射用无菌粉末：0.15g<br>【生产商】扬子江药业集团（曼奇）、山东新华制药（力派）、江苏大红鹰恒顺药业（特丽仙）等 |
| 氯霉素<br>[典][基][医保(甲)] | 润舒、复皆舒 | 抗菌谱广，对需氧革兰阴性菌、革兰阳性菌、厌氧菌、立克次体属、螺旋体和衣原体属有良好的抗菌作用。对铜绿假单胞菌、不动杆菌属、肠杆菌属、黏质沙雷菌、吲哚阳性变形杆菌属、甲氧西林耐药葡萄球菌和肠球菌属有耐药性。用于治疗伤寒、副伤寒和其他沙门菌等感染，以及不宜用青霉素治疗的脑膜炎，和治疗沙眼、角膜炎、结膜炎等眼科外用。与林可霉素类、红霉素类联合使用有拮抗作用，还与铁剂、叶酸、维生素$B_{12}$、维生素$B_6$有拮抗作用 | 【剂型及规格】片剂、胶囊剂：0.25g；软胶囊：0.1g；耳丸：7mg、17mg；搽剂：20ml：1.0g；滴眼液：5ml：12.5mg、8ml：20mg、10ml：50mg；眼膏：1%、3%；栓剂：32mg；注射液：2ml：0.25g（25万U）；滴耳液：10ml：0.25g<br>【生产商】山东博士伦福瑞达制药（润舒）、吉林万通药业（复皆舒）等 |
| 磷霉素<br>[典][基][医保(甲、乙)] | 磷霉素钙、磷霉素钠、维尼康 | 通过和磷酸烯醇丙酮酸转移酶结合，阻断细菌细胞壁的合成而杀菌，对葡萄球菌、肺炎链球菌、大肠埃希菌、淋球菌、奇异变形杆菌、伤寒杆菌、沙雷杆菌、大多数的铜绿假单胞菌、化脓性链球菌等有抗菌作用。用于敏感菌所致的尿路、皮肤软组织、肠道、肺部、脑膜感染以及败血症等。与氨基糖苷类药物联合可产生协同作用，与β－内酰胺类药合用，对金黄色葡萄球菌、铜绿假单胞菌也有协同作用 | 【剂型及规格】片剂：0.1g、0.125g、0.2g、0.25g、0.5g；胶囊剂：0.1g、0.125g、0.2g、0.25g；颗粒剂：0.1g、0.5g；注射用无菌粉末：1.0g（100万U）、2.0g（200万U）、3.0g（300万U）、4.0g（400万U）<br>【生产商】东北制药集团沈阳第一制药（维尼康）、哈药集团制药六厂等 |
| 万古霉素<br>[典][医保(乙)] | 盐酸万古霉素、来可信 | 为糖肽类抗生素，对革兰阳性菌有良好的抗菌作用，对多数革兰阴性菌、分枝杆菌属、立克次体属、衣原体属、真菌不起作用。用于耐甲氧西林金黄色葡萄球菌及其他敏感菌所致的感染。与氨基糖苷类药联合用药有协同作用，但会增加肾毒性、耳毒性。考来烯胺会使本药失活 | 【剂型及规格】注射液：0.4g、0.5g、0.8g、1.0g<br>【生产商】浙江医药新昌制药厂（来可信）、浙江海正药业、丽珠集团丽珠制药等 |

【药品识记】扫码认识其他抗生素常见商品。

知识链接

抗生素药品规格的标示与换算

1. 抗生素的剂量常用重量和效价来表示。

2. 化学合成和半合成的抗菌药物以重量单位表示。

3. 非合成的抗生素以效价单位表示。

4. 生物合成的抗生素以效价表示，并同时注明与效价相对应的重量。或以重量单位表示，在括号内注明效价单位。

【详情扫码】

即学即练

答案解析

1. 下列属于耐酸青霉素的是（　　）

A. 苄星青霉素　　B. 苯唑西林　　C. 美洛西林　　D. 青霉素 V 钾

2. 有关第三代头孢菌素的特点，叙述错误的是（　　）

A. 抗菌谱没有第四代广　　B. 对革兰阳性菌的作用比第一、二代强

C. 对革兰阴性菌的作用比第一、二代强　　D. 多数对 β－内酰胺酶稳定性比第一、二代强

知识链接

抗感染药市场资讯

1. 种类众多、品种丰富、发展迅速、用量巨大。

2. 耐药性已成为全球性问题。微课 2 微课 3

3. 加强不良反应监测，倡导科学规范合理应用。

【详情扫码】

## 任务二　人工合成抗菌药

PPT

### 一、磺胺类

#### （一）概述

磺胺类药物是指具有对氨基苯磺酰胺结构的一类药物的总称，具有抗菌谱广、性质稳定、易于组织生产、价格低廉、服用方便等优点。磺胺类药是 20 世纪 30 年代发现的最早能有效防治全身性细菌性感染的第一类化疗药物，在临床上曾广泛应用，但因其耐药性及较多的不良反应，大部分已被优良的抗生素及喹诺酮类药物取代，临床应用减少，不过磺胺类药对流脑、鼠疫等感染性疾病有良好疗效，尤其与

甲氧嘧啶合用，疗效明显增强，抗菌范围增大，使其在抗感染方面仍具有市场。

### （二）常见药品识别

## 复方磺胺甲噁唑[典][基][医保(甲、乙)]

## Compound Sulfamethoxazole

**【别名】** 复方新诺明

**【商品名】** 乐敦康、玉安立清

**【药理作用与适应证】** 为磺胺甲噁唑（SMZ）与甲氧苄啶（TMP）的复方制剂，通过阻断细菌的合成和代谢双重作用达到抑菌效果，对溶血性链球菌、肺炎球菌、葡萄球菌等革兰阳性菌有抑制作用，对大肠埃希菌、沙门菌属、变形杆菌、流感杆菌、痢疾杆菌、伤寒杆菌等具有抗菌活性。

适用于敏感菌所致的儿童急性中耳炎、成人慢性支气管炎急性发作、卡氏肺孢子虫肺炎以及皮肤化脓、尿路等部位感染。

**【剂型及规格】** 主要剂型有片剂、颗粒剂、散剂、胶囊剂、混悬液、滴眼液、注射剂。①复方磺胺甲噁唑片（分散片）：SMZ 0.4g、TMP 80mg。②复方磺胺甲噁唑颗粒：SMZ 0.8g、TMP 0.16g。③复方磺胺甲噁唑胶囊：SMZ 0.2g、TMP 40mg。④小儿复方磺胺甲噁唑片：SMZ 0.1g、TMP 20mg；SMZ 0.2g、TMP 40mg。⑤小儿复方磺胺甲噁唑散：SMZ 0.1g、TMP 20mg。⑥小儿复方磺胺甲噁唑颗粒：SMZ 0.1g、TMP 20mg。⑦复方磺胺甲噁唑口服混悬液：100ml（含 SMZ 4%、TMP 0.8%）。⑧复方磺胺甲噁唑钠滴眼液：含磺胺噁唑钠 400mg。⑨复方磺胺甲噁唑注射液：1ml（SMZ 0.2g、TMP 40mg）、2ml（SMZ 0.4g、TMP 80mg）。

**【药物评价】** ①目前磺胺类药物中抗菌作用最好且较常用的复方制剂，药价低。②有红斑性药疹、大疱性表皮松解、萎缩坏死性皮炎、剥脱性皮炎等过敏反应，应立即停药，并采用抗过敏措施，还会引起白细胞减少，注意用药监测。③因静脉滴注不良反应多，一般肌内注射。④大剂量、长期服用，应多喝水并结合碳酸氢钠同服，防止产生结石。⑤高度敏感过敏体质尤其是对该药物过敏者、孕妇、严重的肝肾功能不全者禁用，哺乳期妇女、新生儿慎用。

**【品种信息】** 国产药品：获批文的有 1043 个，生产企业有曼秀雷敦（中国）药业（乐敦康）、山东新华制药、青岛黄海制药、天津力生制药、神威药业集团等。暂无进口药品。

**【贮藏】** 遮光、密封保存。

**【药品识记】** 扫码认药

### 知识链接

#### 化药新纪元“百浪多息”

磺胺类药物的发现，源于一种叫百浪多息的桔红色染料，该染料具有消毒作用，但在实验中无杀菌作用，一开始并没引起医学界的重视。

20 世纪初，德国人多马克开始用百浪多息做抗菌试验，经历一次次试验结果阴性时，他并没有一概放弃，而是在动物身上继续试验，他给链球菌感染的小白鼠注射后，小白鼠奇迹地痊愈了。并用百浪多息挽救了链球菌败血症生命垂危的女儿。后来经科学家共同研究发现，百浪多息在体内能分解出磺胺基因—对氨基苯磺胺，磺胺的名字在医疗界传播开。1937 年研制出“磺胺吡啶”，1939 年又研制出

"磺胺噻唑"。1939 年多马克获得诺贝尔医学或生理学奖。

【启示】我们要学习多马克的坚忍不拔、锲而不舍、敢于探索的科学研究精神。

古之立大事者，不惟有超世之才，亦必有坚忍不拔之志。——苏轼

【详情扫码】

## 二、喹诺酮类

### 案例分析

**案例讨论** 患儿，男，10 岁。发热，有点腹泻。因为要期末考试了，学习紧张，没时间看病，家长根据孩子的症状，想起自己以往腹泻的时候医生给开的诺氟沙星，效果挺好，于是在自家药箱中找出了该药品给孩子服用。

**讨　论** 1. 上述家长给药的行为合理吗？该药孩子能吃吗？

2. 使用诺氟沙星应注意什么？

答案解析

### （一）概述

喹诺酮类药物是人工合成的含 4－喹诺酮母核的抗菌药物。它是通过妨碍 DNA 回旋酶，进一步造成染色体的不可逆损害，而使细菌细胞不再分裂，达到快速杀菌，其对革兰阴性菌有良好的抗菌作用，具有抗菌谱广、抗菌活性强、不良反应少、给药方便、与许多抗菌药物间无交叉耐药性等优点，是目前临床上治疗细菌感染性疾病的重要抗菌药物，并成为化学合成抗菌药物中发展最为迅速的类别。根据开发年代和抗菌性能不同，本类药物可分为四代，具体分类及代表药物见表 3－7。

表 3－7　喹诺酮类药物类别特点及代表药物

| 类别 | 特点 | 代表药物名称 |
|---|---|---|
| 第一代 | 开发于 20 世纪 60 年代，只对大肠埃希菌、痢疾杆菌、克雷伯菌、少部分变形杆菌有抗菌作用，毒性大，疗效不佳，现已基本淘汰 | 萘啶酸、吡咯酸 |
| 第二代 | 开发于 20 世纪 70 年代初，抗菌谱有所扩大，对革兰阴性杆菌有效，因疗效差、易产生耐药性，目前已少用 | 吡哌酸、西诺沙星 |
| 第三代 | 开发于 20 世纪 80 年代，抗菌谱进一步扩大，对葡萄球菌、革兰阳性菌也有抗菌作用，对革兰阴性菌抗菌作用加强 | 诺氟沙星、环丙沙星、氧氟沙星、左氧氟沙星 |
| 第四代 | 开发于 20 世纪 90 年代后期，抗菌谱更大，保留第三代特点，增加了抗厌氧菌活性，不良反应更少，但价格较贵 | 莫西沙星、加替沙星、克林沙星等 |

### （二）常见药品识别

#### 诺氟沙星[典][基][医保(甲、乙)]

Norfloxacin

**【别名】** 氟哌酸

**【商品名】** 致和

**【药理作用与适应证】** 为第三代喹诺酮类药，抗菌广、作用强，对革兰阴性菌有良好的杀菌作用，

对淋病奈瑟菌、流感嗜血杆菌、卡他莫拉菌也有良好的抗菌作用。

适用于敏感菌所致的泌尿系统、肠道的感染、淋病、伤寒以及其他沙门菌的感染。与碱性药物、抗胆碱药、$H_2$受体拮抗剂以及含铝、钙、铁等多价阳离子的制剂同服会产生拮抗作用，与利福平、伊曲康唑、氯霉素同服会使本品作用完全消失。

**【剂型及规格】** 主要剂型有片剂、胶囊剂、膜剂、软膏剂、滴眼液、栓剂、注射剂。①诺氟沙星片、胶囊：0.1g。②诺氟沙星药膜：20mg。③诺氟沙星软膏（乳膏）：10g∶30mg、10g∶0.1g、250g∶2.5g。④诺氟沙星滴眼液：8ml∶24mg、5ml∶15mg。⑤诺氟沙星栓：0.2g。⑥诺氟沙星注射液：2ml∶0.1g、2ml∶0.2g。

**【药物评价】** ①口服宜空腹，并多饮水，预防结晶尿，严重感染不能口服者静脉滴注。②服药会引起上腹不适，可不停药，会自行逐渐好转。③少见周围神经刺激症状，四肢皮肤有针扎或灼热感，同用维生素 $B_1$ 和 $B_{12}$，可减轻症状。④氟喹诺酮类类药物过敏者、孕妇、哺乳期妇女、18 岁以下青少年禁用，胃溃疡、中枢神经系统、癫痫病患者、严重肾功能不全者慎用。

**【品种信息】** 国产药品：获批文的有 758 个，生产企业有广州白云山制药、太康海恩药业（致和）、石家庄康力药业、武汉五景药业、天津金耀药业等。暂无进口药品。

**【贮藏】** 干燥保存、避免阳光直射。

**【药品识记】** 扫码认药

## 左氧氟沙星[典][基][医保(甲、乙)]

## Levofloxacin

**【别名】** 左旋氧氟沙星

**【商品名】** 利复星、来立信、左克、德宁、安理莱、可乐必妥

**【药理作用与适应证】** 为氧氟沙星的左旋体，体外抗菌活性是其 2 倍，对常见的革兰阴性菌、革兰阳性菌有良好的抗菌作用，对支原体、衣原体、军团菌有较强的杀菌作用。

适用于敏感菌所致的呼吸道、咽喉、扁桃体、泌尿道、皮肤软组织、胆囊胆管、中耳、鼻窦、泪囊等部位感染。

**【剂型及规格】** 主要剂型有片剂、滴眼液、注射剂、胶囊剂。①左氧氟沙星片：0.1g、0.25g、0.5g。②盐酸左氧氟沙星滴眼液：0.8ml∶2.4mg、5ml∶24.4mg、5ml∶15mg。③左氧氟沙星注射液：2ml∶0.2g、5ml∶0.3g、5ml∶0.5g、10ml∶0.5g。④盐酸左氧氟沙星注射液：2ml∶0.1g、2ml∶0.2g、5ml∶0.1g、5ml∶0.25g、5ml∶0.3g、5ml∶0.4g、5ml∶0.5g、10ml∶0.5g、100ml∶0.1g、100ml∶0.2g、100ml∶0.3g。

**【药物评价】** ①18 岁以下青少年使用需要权衡利弊。②老年人、肾功能不全者剂量酌减，严重肾功能不全、癫痫病、脑动脉硬化者慎用。③用药期间多饮水，避免过多阳光直射。④缓慢静脉滴注，30 分钟内静脉滴注不超过 200mg。

**【品种信息】** 国产药品：获批文的有 824 个，生产企业有华润双鹤药业（利复星）、浙江医药新昌制药（来立信）、扬子江药业（左克）、山西普德药业（德宁）、江西制药（安理莱）。进口药品：获批文的有 1 个，生产企业是日本 Santen Pharmaceutical Co. . Ltd. Noto Plant（可乐必妥）。

**【贮藏】** 遮光，密闭，阴凉处保存。

【药品识记】扫码认药

### 其他喹诺酮类药物

其他喹诺酮类抗菌药物常见品种见表3－8。

表3－8　其他喹诺酮类药物常见品种信息

| 药物名称 | 其他名称 | 作用与适应证 | 品种信息 |
| --- | --- | --- | --- |
| 环丙沙星 [典][基][医保(甲、乙)] | 悉复欢、西普乐、巴美洛、希普欣 | 对肠杆菌科大部分细菌、铜绿假单胞菌、流感嗜血杆菌、淋球菌、链球菌、军团菌、金黄色葡萄球菌、脆弱拟杆菌等有良好的抗菌作用。用于泌尿生殖系统感染、呼吸道感染、胃肠道感染、伤寒、骨和关节感染、皮肤软组织感染、败血症感染等 | 【剂型及规格】片剂：0.25g、0.5g；胶囊剂：0.2g、0.25g；（盐酸）注射剂：0.2g、0.4g；（乳酸）注射剂：0.1g、0.2g；滴眼剂：5ml∶15mg、8ml∶24mg、10ml∶30mg；眼膏剂：2.5g∶7.5mg；耳用制剂：8ml∶24mg；凝胶剂：10g∶30mg；乳膏（软膏）剂：10g∶30mg；栓剂：0.2g等<br>【生产商】广州南新制药（息复欢）、德国拜耳医药（西普乐）、沈阳兴齐眼药（巴美洛）、广州百特侨光医疗（希普欣）等 |
| 加替沙星 [医保(乙)] | 澳莱克、万悦、加喹沙、奎尔泰、百科沙 | 通过抑制细菌DNA旋转酶的活性，阻碍细菌DNA的复制而达到抗菌作用。对甲氧西林敏感金黄色葡萄球菌、表皮葡萄球菌、青霉素敏感或耐药肺炎链球菌、溶血型链球菌、化脓性链球菌、流感和副流感嗜血杆菌、沙门菌属、淋病奈瑟球菌等有较强的抗菌作用。对多数奇异变形菌、不动杆菌属、铜绿假单胞菌、产气肠杆菌等具有良好抗菌作用。对嗜肺衣原体、军团菌和支原体有较强抑制作用，对耐甲氧西林金黄色葡萄球菌和表皮葡萄球菌、屎肠球菌作用较差。用于慢性支气管炎急性发作、急性鼻窦炎、社区获得性肺炎、尿路感染、急性肾盂肾炎、女性淋球菌性宫颈和直肠感染 | 【剂型及规格】片剂：0.1g、0.2g、0.4g；胶囊剂：0.1g、0.2g；滴眼液：0.3%（5ml∶15mg）、8ml∶24mg；眼用凝胶：0.3%；注射液：0.1g、0.2g、0.4g、5ml∶0.2mg、10ml∶0.2g、10ml∶0.4mg<br>【生产商】地奥集团成都药业（澳莱克）、武汉人福药业（万悦）、四川百利药业（加喹沙）、西安万隆制药（奎尔泰）、湖北百科亨迪药业（百科沙）等 |
| 莫西沙星 [基][医保(乙)] | 拜复乐、佰美诺 | 为第四代喹诺酮类广谱抗菌药物，对革兰阳性菌、革兰阴性菌（铜绿假单胞菌除外）、非典型致病菌和厌氧菌有较强的抗菌作用。C－7位上的氮双环结构加强了对革兰阳性菌的抗菌作用，甲氧基则加强了对厌氧菌的作用。对常见的呼吸道病原菌、青霉素敏感和耐药的肺炎链球菌、嗜血杆菌属、卡他莫拉菌属以及肺炎支原体、肺炎衣原体、肺炎军团菌等均较敏感。适用于呼吸道感染，皮肤和软组织感染 | 【剂型及规格】片剂：0.4g；注射剂：20ml∶0.4g、250ml：莫西沙星0.4g与氯化钠2.0g；滴眼液：0.5%<br>【生产商】拜耳医药保健（拜复乐）、南京优科制药（佰美诺）、扬子江药业集团、深圳信立泰药业、四川科伦药业等 |

【药品识记】扫码认药

## 知识链接

### 警惕莫西沙星的不良反应

莫西沙星于1999年在欧盟和美国上市，2002年在我国正式上市并广泛应用。随着临床应用的不断扩大，不良反应的报道也逐渐增多，虽然绝大多数为轻中度不良反应，但也有莫西沙星所致严重不良反应的相关报道。比如敏性休克、肝衰竭死亡、心源性猝死、致中枢神经系统毒性及精神障碍等不良反应相关案例。为此，欧盟限制使用口服莫西沙星，拜耳公司发出警告、加拿大修订说明警示莫西沙星严重肝损伤风险，FDA 黑框警告等官方发出警告。

关于莫西沙星的不良反应，详情扫码。

## 三、硝基呋喃类

硝基呋喃类是一类合成的广谱抗菌药物，它们作用于微生物酶系统，抑制乙酰辅酶 A，干扰微生物糖类的代谢而起抑菌作用。具有抗菌谱广、杀菌能力强、不易产生耐药性、价格低廉、疗效好等特点。目前在医疗上应用较广的有呋喃妥因，主要用于泌尿系统感染。

### 呋喃妥因[典][基][医保(甲)]

Nitrofurantoin

**【别名】** 呋喃坦啶

**【药理作用与适应证】** 广谱抗菌，对大肠埃希菌、肠杆菌科部分菌株、肠球菌属等革兰阳性菌有抗菌作用，对铜绿假单胞菌有耐药性。适用于敏感菌所致泌尿系统的感染及预防。

**【剂型及规格】** 主要剂型有片剂、栓剂、胶囊剂。①呋喃妥因片（肠溶片）：50mg。②呋喃妥因栓：50mg、100mg。③呋喃妥因胶囊：50mg。

**【药物评价】** ①服药量大或者长期服用，会出现手足麻木、肌萎缩等周围神经炎。②可引起胃肠道反应，气喘、胸闷、皮疹、药物热、嗜酸性粒细胞增多等过敏反应以及出现如幻听、幻觉、烦躁等中毒性症状。③同食物服用吸收增加，肠溶片可减轻胃肠道反应。④硝基呋喃类药物过敏者、肾功能减退者、新生儿、孕晚期者禁用。⑤与喹诺酮类合用有拮抗作用，与可致溶血、肝毒性、神经毒性等药物合用会加强毒性，与碱性药物合用会降低药效，与甲氧苄啶合用可以产生协同作用。

**【品种信息】** 国产药品：获批文的有 77 个，生产企业有赤峰蒙欣药业、哈药集团制药六厂、华润紫竹药业、华润双鹤药业、武汉正同药业等。暂无进口药品。

**【贮藏】** 密封保存。

**【药品识记】** 扫码认药

## 四、硝基咪唑类

硝基咪唑类药是一类具有 5 - 硝基咪唑环结构的药物，具有抗原虫和抗菌活性，同时也有很强的抗厌氧菌作用。目前常见的品种有甲硝唑、替硝唑、奥硝唑、左奥硝唑、塞克硝唑等。

### 甲硝唑[典][基][医保(甲、乙)]

Metronidazole

**【别名】** 甲硝基羟乙唑、灭滴灵、灭滴唑

**【商品名】** 迷尔脱、牙康、尼美欣、华适、一孚晴

【药理作用与适应证】对拟杆菌属、梭形杆菌属、梭状芽孢杆菌属、部分真杆菌、消化球菌和消化链球菌等厌氧菌有良好的抗菌效果，广泛应用，而对需氧菌或碱性需氧菌无效。

适用于敏感菌所致的腹部、消化道、女性生殖系统、下呼吸道、皮肤软组织、骨和关节、口腔等部位的厌氧菌感染，还可治疗败血症、心内膜炎、脑膜感染等。

【剂型及规格】主要剂型有片剂、胶囊剂、棒剂、胶浆剂、洗剂、凝胶剂、乳膏剂、栓剂、注射剂等。①甲硝唑片：0.1g、0.2g、0.25g、0.5g、0.75g（缓释片）、3mg（口颊片）、5mg（口腔粘贴片）、2.5mg（含片）。②甲硝唑胶囊：0.2g、0.4g。③甲硝唑棒：每100g含甲硝唑22g。④甲硝唑阴道凝胶：5ml：37.5mg。⑤甲硝唑洗液：250ml（甲硝唑0.5g）、500ml（甲硝唑1g）。⑥甲硝唑凝胶：5g：37.5mg、10g：0.075g、20g：0.15g。⑦甲硝唑乳膏：10g：0.3g。⑧甲硝唑栓：0.5g、1.0g。⑨甲硝唑阴道泡腾片：0.2g。⑩甲硝唑注射液：10ml：50mg、20ml：0.1g、100ml：500mg、250ml：500mg、250ml：1.25g。

【药物评价】①会导致双硫仑反应，服药和停药1周内，禁用含乙醇饮料或药品。②可诱发白念珠菌病，引起周围神经炎和惊厥考虑停药或减量。③用药期间白细胞减少，尿液呈深红色，需注意。④常见恶心、呕吐、食欲不好、腹部绞痛等消化道不良反应，有头痛、眩晕等神经系统症状。⑤合并肾功能衰竭者给药间隔延长至12小时，肝功能不全者减量，有活动性中枢神经系统、血液病患者，孕妇及哺乳妇女禁用。⑥与破伤风抗毒素联用治疗破伤风，与华法林联用会使凝血酶原时间延长，与西咪替丁等肝酶诱导剂合用药效降低。

【品种信息】国产药品：获批文的有1271个，生产企业有江西广信药业（迷尔脱）、佑华制药（牙康）、同方药业（尼美欣）、南京亿华药业（华适）、海南万特制药（一孚晴）等。暂无进口药品。

【贮藏】遮光、密封保存。

【药品识记】扫码认药

## 五、其他合成抗菌药

### 盐酸小檗碱[典][基][医保(甲)]

### Berberine

【别名】黄连素

【药理作用与适应证】对细菌有一定的抑菌作用，但对痢疾杆菌、大肠杆菌有良好的抑菌作用。

适用于敏感菌所致胃肠炎等肠道感染。与含鞣质的中药合用产生拮抗作用。

【剂型及规格】主要剂型有片剂、胶囊剂。①盐酸小檗碱片：50mg、100mg。②盐酸小檗碱胶囊：50mg、100mg。

【药物评价】①是从中药黄连中分离的一种季铵生物碱，是黄连抗菌的主要有效成分，在植物界中分布较广，我国现用合成法大量生产。②溶血性贫血、葡萄糖-6-磷酸脱氢酶缺乏者、对本品过敏者禁用，孕妇前三个月、过敏体质者慎用。

【品种信息】国产药品：获批文的有1039个，生产企业有葵花药业集团、上海新谊天平药业、丽珠集团利民制药厂、华润三九（黄石）药业、瑞阳制药等。暂无进口药品。

【贮藏】遮光、密封保存。

【药品识记】扫码认药

**即学即练**

答案解析

1. 第三代喹诺类药物是（　　）

A. 呋喃妥因　　B. 诺氟沙星　　C. 复方磺胺甲噁唑　　D. 莫西沙星

2. 目前在医疗上应用较广的呋喃妥因主要用于（　　）感染

A. 消化道　　B. 局部应用　　C. 泌尿系统　　D. 肠道

PPT

# 任务三　其他类抗感染药

## 一、抗结核病药

### （一）概述

目前结核病仍然是全球十大死因之一，是高于艾滋病在内的单一传染病中的头号杀手，每年有数以百万的人口罹患结核病。结核病主要是由结核杆菌感染引起的一种慢性传染病，又称痨病。分为肺结核（肺痨）和肺外结核（肾结核、骨结核、肠结核、结核性脑膜炎和结核性胸膜炎等）。

抗结核病药按照作用特点可分为两类（表3－9）。

**1. 对结核杆菌有杀灭作用的药物**　如异烟肼、利福平、链霉素、阿米卡星、环丙沙星、左氧氟沙星等。

**2. 对结核杆菌有抑制作用的药物**　如乙胺丁醇、对氨基水杨酸钠等抑菌剂，与其他抗结核药合用有协同作用。

表3－9　抗结核病药临床应用分类特点及代表药物

| 临床应用 | 特　点 | 代表药物名称 |
|---|---|---|
| 一线用药 | 疗效高、不良反应少，应用方便，大多数结核病患者用一线药物可以治愈 | 异烟肼、利福平、乙胺丁醇、链霉素、吡嗪酰胺等 |
| 二线用药 | 药物毒性较大或疗效较差，主要用于复治和耐药病例或不能耐受一线用药的替代药 | 对氨基水杨酸钠、乙硫异烟胺、丙硫异烟胺、卡那霉素 |

### （二）常见药品识别

**异烟肼**[典][基][医保(甲)]

**Isoniazid**

【别名】雷米封、INH

【药理作用与适应证】对结核杆菌有良好的抗菌作用，对生长繁殖期的分枝杆菌有效，但易产生耐药性。另外，易通过血－脑屏障。

适用于各型肺结核的进展期、溶解播散期、吸收好转期，结合性脑膜炎及肺外结核。常和其他抗结核药物联合用药，防止耐药性，以加强疗效。

**【剂型及规格】** 主要剂型有片剂、注射剂。①异烟肼片：50mg、100mg、300mg。②异烟肼注射液：2ml：50mg、2ml：100mg。

**【药物评价】** ①疗效好、用量小、毒性低，极少肌内注射，一般在强化期或对于重症或不能口服者可用静脉滴注。②大剂量长时间服用，可能出现胃肠道、血液系统、肝损害、过敏、内分泌失调、中枢周围神经炎等症状的不良反应，加用维生素 $B_6$可减少毒性反应，但注意药效，重度或呕血应立即停药。③与乙硫乙酰胺、吡嗪酰胺、烟酸或其他化学结构有关药物存在交叉过敏。④用药前、中，注意关注肝功能，一旦出现肝毒性症状或体征应立即停药，50 岁以上患者易致肝炎需注意肝功能变化。⑤对本品过敏、肝功能不全、精神病、癫痫等患者禁用。

**【品种信息】** 国产药品：获批文的有 521 个，生产企业有上海上药信谊药厂、天津力生制药、山西太原药业、华润三九（北京）药业等。暂无进口药品。

**【贮藏】** 遮光，密封，干燥处保存。

**【药品识记】** 扫码认药

## 二、抗真菌药

### （一）概述

真菌是自然界广泛存在的一种真核微生物。真菌感染可分为深部真菌感染和浅部真菌感染，前者是由白念珠菌、新型隐球菌、粗球孢子菌、荚膜组织胞浆菌等引起，主要侵犯内脏器官和深部组织，发病率低，但病情严重，常危及生命。后者是由皮肤癣菌属、小孢子菌属、毛癣菌属引起，主要侵犯皮肤、毛发、指（趾）甲感染，如手足癣、体癣、甲癣、头癣等，发病率高，但危害性较小。

抗真菌药是指具有抑制或杀灭真菌作用的药物，按照作用部位可分为两类。

**1. 治疗深部真菌感染药物** 如两性霉素 B、氟胞嘧啶、氟康唑、伊曲康唑、伏立康唑、卡泊芬净等。

**2. 治疗浅部真菌感染药物** 如灰黄霉素、制霉素、克霉唑、咪康唑、益康唑、酮康唑、联苯苄唑、特比萘芬等。

### （二）常见药品识别

#### 氟康唑[典][基][医保(甲、乙)]

#### Fluconazole

**【商品名】** 大扶康、三维康、依利康、康锐、麦道福慷、汝宁

**【药理作用与适应证】** 本品为三唑类第三代广谱抗真菌药，抗菌活性强，对念珠菌、隐球菌等具有良好的抑菌作用。用于治疗念珠菌病、隐球菌病、球孢子菌病、芽生菌病和组织胞浆菌病等，以及化疗、放疗和免疫抑制患者念珠菌感染预防。

**【剂型及规格】** 主要剂型有片剂、胶囊剂、滴眼液、注射剂、颗粒剂。①片剂、分散片：50mg、100mg、150mg。②胶囊剂：50mg、100mg、150mg。③滴眼液：5ml：25mg、8ml：40mg、0.5%。④注

射液：50ml：100mg、100ml：200mg。⑤颗粒剂：1g：50mg、2g：100mg。

**【药物评价】** ①口服吸收不受食物影响，效果良好。②常见恶心、呕吐、腹痛、腹泻等不良反应，皮疹等过敏反应，偶见严重的剥脱性皮炎、渗出性多形红斑。③有艾滋病和癌症等严重基础疾病患者，可能出现肝毒性症状、肾功能异常。④肝、肾功能减退者须监测肝、肾功能，避免无指证预防用药。⑤对唑类药物过敏者禁用。⑥与华法林合用可延长凝血酶原时间，可抑制口服降糖药代谢，使苯妥英钠、环孢素的血药浓度升高。

**【品种信息】** 国产药品：获批文的有240个，生产企业有辉瑞制药（大扶康）、上海上药中西制药（三维康）、石家庄四药（依利康）、扬子江药业集团（康锐）、杭州康恩贝制药（汝宁）等。进口药品：获批文的有4个，主要生产企业有Medochemie Ltd.（麦道福慷）、Fareva Amboise（大扶康）等。

**【贮藏】** 避光、密闭，干燥处保存。

**【药品识记】** 扫码认药

## 其他抗真菌药物

其他抗真菌药物常见品种信息见表3－10。

表3－10　其他抗真菌药物常见品种信息

| 药物名称 | 其他名称 | 作用与适应证 | 品种信息 |
|---|---|---|---|
| 制霉素 [医保(甲)] | 米可定 | 为多烯类广谱真菌药，对念珠菌属的抗菌活性强，对新型隐球菌、曲霉菌、毛霉菌、小孢子菌、荚膜组织胞浆菌、皮炎芽生菌及皮肤癣菌等亦有作用。用于念珠菌属引起的消化道感染、外阴阴道炎、皮肤黏膜感染和耳真菌病等 | 【剂型及规格】片剂：10万U、25万U、50万U；栓剂：20万U<br>【生产商】哈药集团制药六厂、华中药业、远大医药（中国）等 |
| 酮康唑 [典][医保(乙)] | 采乐、里素劳 | 人工合成咪唑类广谱抗真菌药，对发癣菌属、表皮癣菌属、小孢子菌属等皮肤癣菌，念珠菌属、马拉色菌属、球拟酵母菌属、隐球菌属等酵母菌具有抑菌和杀菌活性。用于手癣、足癣、体癣、股癣、花斑癣和皮肤念珠菌病以及头皮糠疹（头皮屑）和脂溢性皮炎 | 【剂型及规格】乳膏剂：10g：0.2g、15g：0.3g、20g：0.4g；洗剂：1%、2%；栓剂：0.4g<br>【生产商】西安杨森制药（采乐）、地奥集团成都药业、华润三九医药等 |
| 咪康唑 [典][基][医保(甲)] | 硝酸咪康唑、达克宁 | 人工合成咪唑类广谱抗真菌药，对芽生菌属、组织浆菌属、隐球菌属、念珠菌属、球孢子菌属等真菌敏感，对革兰阳性球菌（葡萄球菌、链球菌）和杆菌（炭疽杆菌）具有抗菌作用。用于肠道念珠菌感染，敏感真菌引起的皮肤、指（趾）甲、阴道感染等 | 【剂型及规格】胶囊剂：0.25g；散剂、溶液剂、乳膏剂、搽剂：2%；软膏：1g：200mg、10g：200mg、15g：300mg、20g：400mg；阴道片：100mg；栓剂：100mg、200mg、400mg；阴道泡腾片：0.2g；阴道软胶囊：400mg、1.2g<br>【生产商】西安杨森制药（达克宁）、山东罗欣药业、华润三九（南昌）药业等 |
| 益康唑 [典][医保(乙)] | 硝酸益康唑 | 人工合成咪唑类广谱抗真菌药，作用机制是抑制真菌细胞膜的合成，以及影响其代谢过程。对白念珠菌、球孢子菌、新生隐球菌、荚膜组织胞浆菌、皮炎芽生菌以及癣菌等有效。用于皮肤念珠菌病的治疗；亦可用于治疗体癣、股癣、足癣、花斑癣，还用于念珠菌性外阴阴道病 | 【剂型及规格】气雾剂：30g：1.875g、40g：2.5g；栓剂：50mg、150mg；乳膏剂：10g：0.1g；搽剂：1%；溶液剂：1%；喷雾剂：1%<br>【生产商】地奥集团成都药业、长春海外制药、马应龙药业等 |

续表

| 药物名称 | 其他名称 | 作用与适应证 | 品种信息 |
|---|---|---|---|
| 联苯苄唑 [典][医保(乙)] | 美克、必伏、孚康、孚宁、惠复得 | 是一种新型咪唑类局部广谱抗真菌药，作用机制是抑制细胞膜的合成，对皮肤癣菌及念珠菌等有抗菌作用。用于治疗各种皮肤真菌病，如手、足癣，体、股癣，花斑癣，或念珠菌性外阴阴道炎。 | 【剂型及规格】阴道片：0.1g；栓剂：0.15g；乳膏剂：1%；凝胶剂：1%；溶液剂：8ml∶80mg；喷雾剂：10ml∶0.1g<br>【生产商】白云山何济公制药厂（孚康）、重庆华邦制药（必伏）、拜耳医药保健有限公司（美克）、北京四环制药（孚宁）、山西康宝生物制品（惠复得）等 |
| 伊曲康唑 [典][基][医保(乙)] | 斯皮仁诺、美扶、易启康、斯迈克 | 人工合成的具有三唑环的广谱抗菌药，作用机制同氟康唑，对皮肤癣菌、酵母菌、曲霉属、组织胞浆菌属、马内菲青霉及其他多种酵母菌和真菌有抑制作用，但对根霉属、根毛酶属、毛霉菌属等无效。用于真菌引起的皮肤、指（趾）甲、口咽、食管、眼部、阴道以及全身性真菌感染 | 【剂型及规格】颗粒剂：0.1g；胶囊剂：0.1g；片剂：0.1g<br>【生产商】西安杨森制药（斯皮仁诺）、天津力生制药（美扶）、成都倍特药业（易启康）、哈尔滨三联药业（斯迈克）等 |
| 特比萘芬 [典][医保(乙)] | 兰美抒、丁克 | 为烯丙胺类的广谱抗真菌药，对皮肤真菌、丛霉真菌、丝状真菌、双型真菌、酵母真菌等有良好的抗菌活性，对皮肤真菌作用显著有杀菌作用，对白念珠菌起抑菌作用。用于治疗手癣、足癣、股癣、体癣、花斑癣及皮肤念珠菌病，还用于外阴阴道念珠菌病 | 【剂型及规格】片剂：125mg、250mg；乳膏剂：1%；软膏剂：1%、2%；凝胶剂：1%；溶液剂：5ml∶50mg、10ml∶100mg；喷雾剂：15ml∶150mg、1%；散剂：10g∶100mg；阴道泡腾片：50mg；搽剂：15ml∶0.15g。<br>【生产商】中美天津史克制药（兰美抒）、齐鲁制药（丁克）等 |

**【药品识记】**扫码认药

## 三、抗病毒药

### （一）概述

病毒是最小的病原微生物，不具有细胞结构，寄生于宿主细胞内，依赖宿主细胞代谢系统进行增殖复制，是引起感染性疾病的主要元凶，临床上约60%的流行性传染病是由病毒引起的，如普通感冒、流行性感冒、小儿麻痹症、病毒性肝炎、麻疹、腮腺炎、狂犬病、艾滋病以及新冠肺炎等。

抗病毒药物的作用主要是通过影响病毒复制周期的某个环节而实现，如直接抑制病毒、干扰病毒吸附、阻止病毒穿入细胞、抑制病毒生物合成、抑制病毒释放或增强宿主抗病毒能力等。根据抗病毒药物的作用机制，目前可将抗病毒药物分为以下几类。

1. **用于治疗流感及呼吸道病毒感染的药物** 如利巴韦林、金刚烷胺、奥司他韦等。
2. **用于治疗疱疹病毒的药物** 如阿昔洛韦、泛昔洛韦、更昔洛韦、伐昔洛韦等。
3. **用于治疗肝炎病毒的药物** 如干扰素、拉米夫定、替比夫定、阿德福韦酯、恩替卡韦等。
4. **用于治疗艾滋病的药物** 如拉米夫定、齐多夫定、扎西他滨、奈韦拉平等。
5. **用于治疗巨细胞病毒的药物** 如更昔洛韦、膦甲酸钠等。

## 阿昔洛韦[典][基][医保(甲、乙)]

## Aciclovir

【别名】无环鸟苷、克毒星

【商品名】艾韦达、邦纳、天诚惜尔、沙威洛、爱尔新、葆珍康

【药理作用与适应证】通过竞争酶抑制病毒复制而达到抑制作用，对单纯疱疹病毒、水痘－带状疱疹病毒、巨细胞病毒等有抑制作用，对单纯疱疹病毒的潜伏感染和复发无效。

用于治疗单纯疱疹病毒感染、带状疱疹以及免疫缺陷者水痘、急性视网膜坏死等。

【剂型及规格】主要剂型有片剂、胶囊剂、颗粒剂、滴眼液、注射剂。①阿昔洛韦片：0.1g、0.2g、0.4g。②阿昔洛韦咀嚼片：0.4g、0.8g。③阿昔洛韦胶囊：0.2g。④阿昔洛韦颗粒：0.2g。⑤滴眼液：8ml∶8mg、0.1%。⑥注射剂：5ml∶0.25g、10ml∶0.25g。

【药物评价】①静脉滴注时宜缓慢，尽量避免配伍使用，滴注2小时后多饮水。②常见静脉炎、皮肤瘙痒、荨麻疹、皮疹、发热、轻度头痛、恶心、呕吐、腹泻、蛋白尿、血液尿素氮、肝功能异常等不良反应。③对阿昔洛韦过敏者禁用，严重肝功能不全者、不能耐受者、精神异常或反应者、孕妇及哺乳期妇女、儿童慎用。

【品种信息】国产药品：获批文的有262个，生产企业有国药控股星鲨制药（艾韦达）、山东淄博新达制药（邦纳）、杭州万邦天诚药业（天诚惜尔）、浙江诚意药业（沙威洛）、上海上药信谊（爱尔新）、山东罗欣药业、杭州益品新五丰药业（葆珍康）等。暂无进口药品。

【贮藏】片剂、颗粒剂、胶囊剂密闭保存；滴眼液、软膏剂、注射剂密闭，凉暗处保存。

【药品识记】扫码认药

## 奥司他韦[典][基][医保(乙)]

## Oseltamivir

【别名】磷酸奥司他韦、奥赛米韦

【商品名】可威、达菲

【药理作用与适应证】通过转化为具有抑制作用的代谢物，抑制病毒颗粒释放，达到减少病毒的传播。

适用于成人和1岁及1岁以上儿童的甲型和乙型流感治疗，成人和13岁及13岁以上青少年的甲型和乙型流感的预防。在使用减毒活流感疫苗两周内不得服用奥司他韦，在服用奥司他韦48小时内不得使用减毒活流感疫苗。

【剂型及规格】主要剂型有胶囊剂、颗粒剂。①磷酸奥司他韦胶囊：30mg、45mg、75mg。②磷酸奥司他韦颗粒：15mg、25mg。

【药物评价】①目前治疗流感最常用的药物之一，也是抗禽流感、猪流感最有效的药物之一。②服药期间，密切监测患者的自我伤害和谵妄事件等异常行为。③常见不良反应：胃肠道症状有呕吐、恶心、腹痛、腹泻，中枢神经系统症状有失眠、头痛，呼吸系统症状有咽痛、鼻塞、咳嗽，偶见血尿、嗜酸性粒细胞增多、血液白细胞降低、皮炎、皮疹、血管性水肿等。④对奥司他韦和制剂中任何成分过敏的患者禁用，孕妇、哺乳期妇女、终末期肾衰竭患者不推荐。

【品种信息】国产药品：获批文的有37个，生产企业有宜昌东阳光长江药业（可威）、北京双鹭药

业等。进口药品：获批文的有13个，生产企业是罗氏 Delpharm Milano S. r. l.（达菲）。

【贮藏】密封保存。

【药品识记】扫码认药

## 知识链接

### “奥司他韦”知多少?

近年来，奥司他韦作为流感特效药引发人们关注。每到流感高发季，不少消费者开始囤货，出现“神药”刷爆朋友圈，药店断货的现象。神药真那么神吗？使用前，须注意以下要点。

1. 该药只对流感有效，对普通感冒无效。

2. 需在症状出现48小时内启用，可缩短症状持续时间。

3. 作为预防用药是在特定情况下，特定情况指流感并发症高风险人群密切接触传染期病人的48小时内。

4. 治疗时，2次/天，服用5天。预防时，1次/天，服用7～14天不等。中途症状好转，也需服完整个疗程。

5. 每年接种流感疫苗是最好的预防手段。

6. 该药是处方药，需在医生评估和权衡利弊后正确使用。

【提示】专家提醒：用药面前，不能跟风，药品不仅是“治病”的重要手段，也是“致病”的重要因素。我们不推荐盲目囤货进行过度治疗和预防，也不要盲目排斥，要学会辨证看问题。

## 其他抗病毒药物

其他抗病毒药物常见品种信息见表3－11。

表3－11　其他抗病毒药物常见品种信息

| 药物名称 | 其他名称 | 作用与适应证 | 品种信息 |
| --- | --- | --- | --- |
| 利巴韦林 [典][基][医保(甲)] | 病毒唑、言净欣、新博林、利力宁、威乐星 | 为合成的核苷类广谱抗病毒药，是一种强的单磷酸次黄嘌呤核苷脱氢酶抑制剂，对呼吸道合胞病毒、流感病毒、甲肝病毒、腺病毒有抑制作用，对病毒无直接灭活作用。用于呼吸道合胞病毒引起的病毒性肺炎与支气管炎、皮肤疱疹病毒感染、肝功能代偿期的慢性丙型肝炎患者 | 【剂型及规格】注射液：1ml∶100mg、2ml∶250mg；片剂：20mg、50mg；胶囊剂：0.1g、0.15g；分散片（含片）：50mg、100mg、200mg；颗粒剂：50mg、0.1g、0.15g；滴眼液：5ml∶5mg、8ml∶8mg等；气雾剂：0.5mg/揿；喷雾剂：3mg/揿；口服液：5ml∶150mg、10ml∶0.3g；滴鼻液10ml∶50mg等<br>【生产商】葵花药业（言净欣）、百利药业（新博林）、江苏悦兴药业（利力宁）、上海禾丰制药（威乐星）等 |
| 拉米夫定 [典][医保(乙)] | 贺普丁 | 为叠氟脱氧胸苷类似物，可选择性抑制乙肝病毒复制。通过在肝细胞内转化为活性的拉米夫定三磷酸酯，竞争性地抑制HBV DNA聚合酶，同时终止DNA链的延长，从而抑制病毒DNA的复制。用于乙型肝炎病毒所致的慢性乙型肝炎，与其他抗反转录病毒药联用于治疗人类免疫缺陷病毒感染 | 【剂型及规格】片剂：0.1g、0.15g、0.3g；胶囊剂：0.1g；口服液：5mg/ml（240ml∶1.2g）、10mg/ml（240ml∶2.4g）<br>【生产商】吉斯凯（苏州）制药（贺普丁）、山东罗欣药业、湖南千金湘江药业等 |

续表

| 药物名称 | 其他名称 | 作用与适应证 | 品种信息 |
|---|---|---|---|
| 恩替卡韦 [基][医保(乙)] | 博路定 | 为鸟嘌呤核苷类似物，对乙肝病毒多聚酶具有抑制作用，对人DNA多聚酶选择性弱，影响相对较小。用于病毒复制活跃，血清ALT持续升高或肝脏组织学显示有活动性病变的慢性成人乙型肝炎的治疗 | 【剂型及规格】片剂：0.5mg、1mg；胶囊剂：0.5mg；分散片：0.5mg；口服溶液剂：0.005%（210ml：10.5mg）<br>【生产商】中美上海施贵宝制药（博路定）、正大天晴药业等 |
| 阿德福韦酯 [典][医保(乙)] | 贺维力、代丁、亿来芬、阿甘定、名正 | 为嘌呤类衍生物，是新型的无环核苷酸抗病毒药，经细胞磷酸化，形成具抗病毒活性的产物，抑制HBV DNA多聚酶，使病毒的复制受到抑制。有较强的抗HIV、HBV及疱疹病毒的作用。用于治疗乙型肝炎病毒活动复制和血清氨基酸转移酶持续升高的肝功能代偿的慢性乙型肝炎成年患者 | 【剂型及规格】片剂、胶囊剂、分散片：10mg<br>【生产商】葛兰素史克（天津）（贺维力）、天津药物研究院药业（代丁）、齐鲁制药（亿来芬）、福建广生堂药业（阿甘定）、正大天晴药业（名正）等 |
| 替比夫定 [医保(乙)] | 素比伏 | 为一种合成的胸腺嘧啶苷类似物，对乙型肝炎病毒有抑制作用。用于有病毒复制证据以及有血清转氨酶（ALT或AST）持续升高或肝组织活动性病变证据的慢性乙型肝炎成人患者 | 【剂型及规格】片剂：600mg<br>【生产商】北京诺华制药（素比伏） |

**【药品识记】**扫码认药

## 四、抗寄生虫病药

寄生虫是指一种能将一生的大多数时间居住在另外一种动物体中的生物，另外一种动物称为宿主或寄主。寄生虫能伤害宿主。抗寄生虫病药是指能杀灭或抑制寄生虫，并使之排出体外的药物。根据作用对象不同，可分为抗疟药、抗阿米巴病药及抗滴虫病药、抗血吸虫病药及抗丝虫药、驱肠虫药。本任务我们主要介绍驱肠虫药，人体肠道内的寄生虫很多，分为绦虫和线虫（蛔虫、蛲虫、钩虫、鞭虫），常见的驱肠虫药有哌嗪、阿苯达唑、甲苯咪唑、左旋咪唑等。

### 阿苯达唑[典][基][医保(甲)]

### Albendazole

**【别名】**丙硫达唑、丙硫咪唑、抗蠕敏、扑尔虫

**【商品名】**史克肠虫清

**【药理作用与适应证】**为高效低毒的广谱驱虫药，通过阻断虫体吸收营养导致虫体糖原耗竭，同时阻碍三磷酸腺苷的产生，致使寄生虫无法生存和繁殖。对线虫、血吸虫、绦虫有高度的活性，并对其虫卵发育有抑制作用。

适用于驱除蛔虫、蛲虫、钩虫、鞭虫等，也可用于家畜的驱虫。

**【剂型及规格】**主要剂型有片剂、胶囊剂、颗粒剂、口服乳剂、锭剂。①阿苯达唑片：0.1g、0.2g、0.4g。②咀嚼片：0.1g。③阿苯达唑胶囊：0.1g、0.2g。④阿苯达唑颗粒：1g∶0.1g、1g∶0.2g。⑤阿苯达唑口服乳剂：1.25%，250ml/瓶。⑥阿苯达唑糖丸（锭剂）：0.1g。

**【药物评价】**①不良反应少，偶见轻度头痛、头昏、恶心、呕吐、腹泻、口干、乏力等，可自行消失。②2岁以下幼儿、孕妇禁用，严重心肝肾不全、活动性溃疡者慎用。③治囊虫（猪肉绦虫的幼虫）病，出现头

晕、头痛、发热、荨麻疹等症状，与囊虫数量、寄生部位与机体反应有关，重度患者要住院密切观察。

【品种信息】国产药品：获批文的有148个，生产企业有中美天津史克制药（史克肠虫清）、辅仁药业集团、北京曙光药业、四川大冢制药等。暂无进口药品。

【贮藏】密封、干燥处保存。

【药品识记】扫码认药

## 知识链接

### 青蒿素：中医药给世界的礼物

屠呦呦教授因创制新型抗疟药—青蒿素和双青蒿素的突出贡献，2015年获诺贝尔生理或医学奖。这是中国科学事业、中医中药走向世界的一个荣誉。2019年，国家主席习近平签署主席令，授予屠呦呦“共和国勋章”。

【启示】科学的探索是一个漫长而曲折的过程，要不畏艰险，敢于实践，一丝不苟，才能出成果。我们不仅要学习屠呦呦埋头苦干、潜心钻研、认真工作的敬业精神，还要学习她敢于探索、勇于实践的科研精神，更要学习科学家的爱国爱民精神，时刻把祖国放心里，把人民健康放在首位。

大力发扬孺子牛、拓荒牛、老黄牛的精神，继续为中华民族伟大复兴辛勤耕耘、勇往直前。

屠呦呦和青蒿素的故事【详情扫码】

### 即学即练

答案解析

1. 抗结核病的一线药是（　　）

A. 异烟肼、利福平、对氨基水杨酸钠　　B. 异烟肼、链霉素、卡那霉素

C. 异烟肼、乙胺丁醇、环丙沙星　　D. 异烟肼、利福平、链霉素

2. 临床上用于治疗流感及呼吸道病毒感染的药物是（　　）

A. 奥司他韦　　B. 甲硝唑　　C. 阿昔洛韦　　D. 阿德福韦酯

# 实践实训四

## 抗感染药药物商品信息查询和品种识记训练

【实训目的】

以2018版《国家基本药物目录》药物品种为依据，通过本次实训，使学生能够利用国家药品监督管理局官网、药智数据以及常见的医药电商网等数据信息平台，结合当前医药流通市场，小组协作、自主查询获取抗感染药物每种分类下具体品种的商品信息，以培养学生的信息意识、探究学习意识和药物商品信息检索能力，强化品种知识记忆效果。

**【材料准备】**

1. 全班分成 8 个组，6 ~7 人/组，人数少的班级可 5 ~6 人/组。
2. 计算机、网络。
3. 抗感染药药物商品信息表。

**【实施步骤】**

1. 教师分别演示各网站数据查询操作过程。含医药电商网站（健客网、1 药网、好药师、康爱多、天猫医药馆、京东医药商城等）、国家药品监督管理局官网（www. nmpa. gov. cn）、药智数据网站（https：//db. yaozh. com）。

2. 小组结合《国家基本药物目录》按照药物类别，讨论确定出本次实训任务需要查询的所有药物品种的名称，依次利用 NMPA 官网，进行所有备案品种商品信息的浏览熟悉。

3. 小组按照药物类别进行分工，结合对药品生产企业的认知度、本任务所学知识点，并通过浏览医药电商网，选择出抗感染药每种分类下（从大类到小类）的代表药物商品，合作完成教师提供的《抗感染药药物商品信息表》，每小类补充 1 ~3 个代表商品，摘录其商品信息，并搜集商品包装图片。

4. 组内交流，检验成果，完成组内评价。

5. 小组提交资料，教师检查结果，完成小组评价。

6. 班内总结分享成果。

7. 各组交换搜集的药物商品图片成果，班内开展看图识药竞赛。

**【注意事项】**

1. 选择代表品种时优先选择知名度高的，或者市场销量大的。

2. 填写商品信息时要注意格式规范。

3. 查询过程同时搜集商品的包装图片，图文并茂，强化品种知识记忆。

4. 搜集的图片命名格式为“类别 + 通用名称 + 厂家简称”，同一类别归属一个文件夹，从大类到小类依次建档。

5. 看图识药竞赛要注意：①小组可抽签决定交换次序；②竞赛原则为“看图片 – 背名称（通用名和商品名）– 说分类 – 讲特点”。

**【扫码获取《抗感染药药物商品信息表》】**

## 巩固提升

抗感染药各类别重点品种见如下思维导图，扫码查看药物商品包装标签及简化版说明书，巩固学习，精益求精。

药品详情

- 抗感染药重点品种
  - 抗生素
    - 青霉素类：青霉素V钾片、阿莫西林颗粒/胶囊、阿莫西林克拉维酸钾片
    - 头孢菌素类：头孢氨苄片、头孢拉定胶囊、头孢克洛干混悬剂/颗粒、头孢克肟颗粒、头孢地尼胶囊
    - 大环内酯类：罗红霉素胶囊、阿奇霉素胶囊、克拉霉素缓释片
    - 氨基糖苷类：硫酸庆大霉素颗粒
    - 四环素类：盐酸多西环素片、盐酸米诺环素胶囊
    - 硝基咪唑类：甲硝唑片、替硝唑片
  - 人工合成抗菌药
    - 喹诺酮类：左氧氟沙星片、诺氟沙星胶囊、盐酸莫西沙星片
  - 抗真菌药
    - 氟康唑片、伊曲康唑胶囊、盐酸特比萘芬片
  - 抗病毒药
    - 阿昔洛韦片、利巴韦林颗粒、利巴韦林喷剂

## 目标检测

答案解析

### 一、单项选择题

1. 男子因病住院给予抗生素药物治疗，期间饮酒后有明显的恶心、呕吐、面部潮红、头痛、血压降低等现象，男子可能使用了（　　）

A. 庆大霉素　　B. 氨苄西林　　C. 青霉素V钾　　D. 头孢哌酮

2. 妊娠期感染，避免使用的药物是（　　）

A. 青霉素　　B. 头孢菌素　　C. 万古霉素　　D. 磷霉素

3. 不属于第一代头孢菌素类抗菌药物的是（　　）

A. 头孢唑林　　B. 头孢氨苄　　C. 头孢拉定　　D. 头孢呋辛

4. 青霉素最常见的不良反应是（　　）

A. 高血钠　　B. 过敏反应　　C. 高血钾　　D. 胃肠道反应

5. 大环内酯类抗生素不包括（　　）

A. 红霉素　　B. 阿奇霉素　　C. 罗红霉素　　D. 克林霉素

6. 阿昔洛韦属于（　　）

A. 抗结核病药　　B. 抗真菌药　　C. 抗病毒药　　D. 抗寄生虫病药

7. 可影响骨骼和牙齿生长的抗生素是（　　）

A. 庆大霉素　　B. 四环素　　C. 头孢氨苄　　D. 青霉素

8. 为广谱驱肠虫药的是（　　）

A. 氯硝柳胺　　B. 乙胺嗪　　C. 阿苯达唑　　D. 吡喹酮

### 二、多项选择题

1. 不属于第二代头孢菌素的是（　　）

A. 头孢曲松　　B. 头孢克洛　　C. 头孢拉定

D. 头孢氨苄　　E. 头孢吡肟

2. 青霉素类抗生素的特点是（　　）

A. 对繁殖期细菌有杀菌作用　　B. 影响细菌细胞壁合成　　C. 抗菌谱相同

D. 有交叉耐药性　　E. 有交叉过敏反应

3. 有耳毒性和肾毒性的抗生素是（　　）

A. 阿莫西林　　B. 庆大霉素　　C. 链霉素

D. 头孢克肟　　E. 头孢克洛

4. 可用于革兰阳性菌感染的药物有（　　）

A. 青霉素 G　　B. 头孢克洛　　C. 红霉素

D. 多黏菌素 B　　E. 阿莫西林

5. 使用药物后，饮酒可引起双硫仑样反应的药物有（　　）

A. 阿莫西林　　B. 甲硝唑　　C. 头孢唑林

D. 头孢曲松　　E. 青霉素

6. 四环素的不良反应是（　　）

A. 胃肠刺激　　B. 肝毒性　　C. 二重感染

D. 影响骨骼和牙齿生长　　E. 再生障碍性贫血

7. 服用后，容易导致结晶尿，应多饮水的药物是（　　）

A. 磺胺甲噁唑　　B. 阿奇霉素　　C. 链霉素

D. 头孢丙烯　　E. 磺胺嘧啶

8. 甲氧苄啶与磺胺甲噁唑合用的结果是（　　）

A. 作用时间延长　　B. 用药次数减少　　C. 抗菌谱扩大

D. 抗菌活性增强　　E. 耐药菌株减少

## 三、判断题

1. 甲硝唑属于硝基咪唑类抗菌药物。

2. 盐酸小檗碱属于抗病毒药物。

书网融合……

知识回顾　微课 1　微课 2　微课 3　习题

# 项目四　神经系统及精神障碍常用药

## 学习引导

神经系统是人体中起主导作用的功能调节系统。神经系统疾病主要指发生于中枢神经系统、周围神经系统、植物神经系统的以感觉、运动、意识、植物神经功能障碍为主要表现的疾病。失眠、抑郁、焦虑、帕金森、阿尔茨海默病等神经系统疾病发病率随着年龄的增长和生活压力加大而上升。从全球医药市场规模看，精神神经类药物市场仅次于心脑血管类药物，为全球第二大用药领域，我国在精神神经类药物的消费增速居全球第一。

本单元主要介绍神经系统及精神障碍常用药、代表药品，并结合当前国内医药市场介绍其药物商品的基本信息。

## 学习目标

1. **掌握**　神经系统及精神障碍常用药的分类；每种类别代表药品的名称与适应证。

2. **熟悉**　神经系统及精神障碍常用药每种类别代表药品的药理作用特点、剂型与规格以及药物评价信息。

3. **了解**　神经系统及精神障碍常用药的概述、市场现状和发展趋势；代表药品的品种信息以及其他品种的相关商品信息。

## 任务一　神经系统用药

PPT

神经系统由中枢神经系统及其外周神经系统所组成。中枢神经系统包括脑和脊髓，分别位于颅腔和椎管内，两者在结构和功能上紧密联系，组成中枢神经系统。外周神经系统包括 12 对脑神经、31 对脊神经及内脏神经。外周神经分布于全身，把脑和脊髓与全身其他器官联系起来，使中枢神经系统既能感受内外环境的变化（通过传入神经传输感觉信息），又能调节体内各种功能（通过传出神经传达调节指令），以保证人体的完整统一及其对环境的适应。

神经系统疾病为重要的慢性病之一，且随着经济社会高速发展导致的生活节奏加快、压力增大等因素以及年龄的增长，发病率呈上升趋势。伴随着人口老龄化上升，神经系统药物市场规模将持续增长。

目前，神经系统用药主要集中在抗帕金森药、抗癫痫药、抗重症肌无力药、脑血管病用药及降颅压药、抗阿尔茨海默病药和脑代谢改善药等。

**案例分析**

**案例描述**　近年中国公立医疗机构终端神经系统化药市场增速放缓，但2019年销售额仍超千亿规模。TOP10厂家中8家是国内药企，其中，扬子江药业、恒瑞医药、豪森药业和恩华药业均为江苏明星药企，合计市场份额超16%。2020年上半年，神经系统用药有1个1类新药和41个仿制药获上市审批，涉及扬子江药业集团、正大天晴药业集团、石药集团欧意药业、齐鲁制药等。

作为国内神经系统用药领域领先企业之一，恩华药业研发管线较为清晰：一是一致性评价持续推进，目前公司已有6个品种过评（4个首家）；二是仿制药积极申报上市，地佐辛等重磅品种有望于2021年陆续获批；三是创新药陆续申报，8款创新药亮相，获独家许可的TRV－130已获得FDA批准上市。

**讨　　论**　我国公立医疗机构终端神经系统用药TOP20厂家有哪些？

答案解析

## 一、抗帕金森药

### （一）概述

帕金森病（PD），也称震颤麻痹，是一种常见的中老年神经系统变性疾病，该病最为显著的症状就是静止性震颤、运动迟缓、步态异常和肌强直，中晚期患者出现姿势平衡障碍，发病前后还会伴随一些非运动症状，包括便秘、嗅觉障碍、睡眠障碍、自主神经功能障碍及精神、认知障碍等。随着疾病进展，日常生活能力显著丧失而致残，严重影响生活质量。

抗帕金森病药包括拟多巴胺类药物（左旋多巴、盐酸金刚烷胺、溴隐亭）和中枢抗胆碱类药物（苯海索）等，这两类药物合用效果更好。目前国内治疗该病的药品大多为进口药品，价格偏高。且这些药物一般不能根治疾病，需长期用药。

### （二）常见药品识别

#### 左旋多巴[典][医保(甲)]

#### Levodopa

**【别名】**左多巴

**【商品名】**亚太

**【药理作用与适应证】**为多巴胺（DA）的前体药物，本身无药理活性，通过血－脑屏障进入中枢，经多巴脱羧酶作用转化成DA而发挥药理作用，改善帕金森病症状。用于帕金森病及帕金森综合征。

**【剂型及规格】**主要剂型有片剂、胶囊剂。①左旋多巴片：50mg、125mg、250mg。②左旋多巴胶囊：0.25g。③左旋多巴注射液：20ml：50mg。

**【药物评价】**①本品口服吸收迅速，对轻、中度患者效果好，价格适中。单用不良反应多，目前多与卡比多巴或苄丝肼组成复方制剂，如复方左旋多巴片。②不良反应多与左旋多巴在外周生成多巴胺有关。常见恶心，呕吐，直立性低血压，头、面部、舌、上肢和身体上部的异常不随意运动，精神抑郁，排尿困难；少见高血压、心律失常、溶血性贫血。③高血压、心律失常、糖尿病、支气管哮喘、肺气肿、肝肾功能障碍、尿潴留者慎用；严重精神疾患、严重心律失常、心力衰竭、青光眼、消化性溃疡和有惊厥史者、孕妇及哺乳期妇女禁用。

【品种信息】国产药品：获批文的有38个，生产企业有上海福达制药、济川药业集团、广西大海阳光药业、广西河丰药业（亚太）等。暂无进口药品。

【贮藏】遮光，密封保存。

## 多巴丝肼[典][基][医保(甲)]

## Levodopa and Benserazide

【商品名】美多芭

【药理作用与适应证】本品为复方制剂，含左旋多巴及苄丝肼，苄丝肼为外周脱羧酶抑制剂，不易进入中枢，仅抑制外周左旋多巴转化为多巴胺，使循环中左旋多巴含量增加5～10倍，因而进入中枢的左旋多巴的量也增多，并在脑内经多巴脱羧酶作用转化为多巴胺而发挥药理作用，改善帕金森病症状。苄丝肼与左旋多巴合用既可降低左旋多巴的外周性心血管系统的不良反应，又可减少左旋多巴的用量。用于帕金森病、帕金森综合征。

【剂型及规格】主要剂型有片剂、胶囊剂。多巴丝肼片、胶囊：125mg（左旋多巴100mg、苄丝肼25mg）、250mg（左旋多巴200mg、苄丝肼50mg）。

【药物评价】①口服吸收迅速，疗效肯定，价格较高。②较常见的不良反应有恶心，呕吐，直立性低血压，头、面部、舌、上肢和身体上部的异常不随意运动，精神抑郁，排尿困难；少见有高血压、心律失常、溶血性贫血。③高血压、心律失常、糖尿病、支气管哮喘、肺气肿、肝肾功能障碍、尿潴留者慎用；骨质疏松老年人，用本品治疗有效者，应缓慢恢复正常活动，以减少骨折风险；用药期间需监测血常规、肝肾功能及心电图。

【品种信息】国产药品：获批文的有7个，生产企业有上海罗氏制药（美多芭）、上海福达制药、上海益生源药业、广州白云山汉方现代药业。暂无进口药品。

【贮藏】遮光，密封保存。

【药品识记】扫码认药

## 苯海索[典][基][医保(甲)]

## Trihexyphenidyl

【别名】安坦

【药理作用与适应证】本品为中枢抗胆碱抗帕金森病药，作用在于选择性阻断纹状体的胆碱能神经通路，而对外周作用较小，从而有利于恢复帕金森病患者脑内多巴胺和乙酰胆碱的平衡，改善患者的帕金森病症状。

用于帕金森病、帕金森综合征。也可用于药物引起的锥体外系疾患。

【剂型及规格】盐酸苯海索片：2mg。

【药物评价】①本品口服后胃肠道吸收快而完全，透过血－脑屏障进入中枢神经系统，口服1小时起效。②常见不良反应有口干、视物模糊等，偶见心动过速、恶心、呕吐、尿潴留、便秘等。长期应用可出现嗜睡、抑郁、记忆力下降、幻觉、意识混浊。③青光眼、尿潴留、前列腺肥大患者禁用；心血管功能不全者、高血压患者、肠梗阻或有此病史者、重症肌无力患者、肾功能障碍者、有锥体外系反应的精神病患者慎用。

【品种信息】国产药品：获批文的有16个，生产企业有北京斯利安药业、上海中华药业、湖南中南制药、宁波大红鹰药业等。暂无进口药品。

【贮藏】密封保存。

【药品识记】扫码认药

### 普拉克索[基][医保(乙)]

### Pramipexole

【商品名】森福罗

【药理作用与适应证】本品是一种多巴胺受体激动剂，与多巴胺受体 $D_2$ 亚家族结合有高度选择性和特异性，并具有完全的内在活性，对其中的 $D_3$ 受体有优先亲和力。本品通过兴奋纹状体的多巴胺受体来减轻帕金森患者的运动障碍。

用于治疗成人特发性帕金森病的体征和症状，单独（无左旋多巴）或与左旋多巴联用。

【剂型及规格】盐酸普拉克索片：0.125mg、0.25mg、0.375mg、0.5mg、0.75mg、1mg、1.5mg。

【药物评价】①空腹口服后可迅速吸收，2 小时可达血药峰值。②常见不良反应包括恶心、头晕、嗜睡和失眠；有幻觉、运动障碍及口干、便秘等；用本品治疗初期，常见直立性低血压；常见外周水肿，可能出现性欲异常。③对本品过敏者、妊娠期妇女、哺乳期妇女禁用；肾功能不全者慎用；可引起“睡眠发作”，因此驾驶车和机械操作者应特别注意。

【品种信息】国产药品：获批文的有 42 个，生产企业有齐鲁制药、浙江京新药业、石药集团欧意药业、江苏恒瑞医药等。进口药品：获批文的有 18 个，生产企业是德国勃林格殷格翰制药 Boehringer Ingelheim Pharma GmbH & Co. KG（森福罗）。

【贮藏】密封，30℃以下避光保存。

【药品识记】扫码认药

## 二、抗癫痫药

### （一）概述

癫痫，俗称“羊角风”，是一种慢性脑功能障碍疾病，是由多种病因引起的大脑神经元异常放电所致的短暂中枢神经系统功能失常。根据癫痫患者临床发作表现，可分为全身强直 - 阵挛发作（大发作）、失神性发作（小发作）、单纯部分性发作和复杂部分性发作（精神运动性发作）。

抗癫痫药能预防和控制癫痫的发作，可使发作减少、减轻，病情缓解，但一般不能根治。本类药品多需要长期使用，不可中途骤然停用，以免癫痫复发加剧。临床常用的药物有卡马西平、奥卡西平、丙戊酸钠、苯妥英钠、苯巴比妥、加巴喷丁等。

### （二）常见药品识别

### 卡马西平[典][基][医保(甲)(乙)]

### Carbamazepine

【商品名】得理多、粒珍

【药理作用与适应证】本品为抗惊厥药和抗癫痫药，具有抗惊厥、抗癫痫、抗外周神经痛、抗躁狂－抑郁症、改善某些精神疾病的症状、抗中枢性尿崩症作用。

用于癫痫部分性发作，癫痫原发全身性发作（包括强直、阵挛、强直－阵挛），也可用于三叉神经痛和舌咽神经痛，中枢性尿崩症预防，治疗躁狂－抑郁症。

【剂型及规格】主要剂型有片剂、胶囊剂。①卡马西平片：0.1g、0.2g。②卡马西平胶囊：0.1g、0.2g。

【药物评价】①本品口服吸收缓慢且不规则，疗效肯定，价格适中。②较常见的不良反应是中枢神经系统的反应，表现为视物模糊、复视、眼球震颤；少见 Stevens－Johnson 综合征（一种累及皮肤和黏膜的急性水疱病变）或中毒性表皮坏死溶解症、皮疹、荨麻疹、瘙痒；儿童行为障碍、严重腹泻、红斑狼疮样综合征等。③与三环类抗抑郁药有交叉过敏反应；用药期间注意检查血常规、尿常规等；癫痫患者不可突然停药；乙醇中毒、心脏损害、冠心病、糖尿病、青光眼、对其他药物有血液反应史者（易诱发骨髓抑制）、肝病、抗利尿激素分泌异常或其他内分泌紊乱、尿潴留、肾病患者慎用。

【品种信息】国产药品：获批文的有 138 个，生产企业有北京诺华制药（得理多）、天方药业（粒珍）、上海黄海制药等。暂无进口药品。

【贮藏】遮光，密封保存。

【药品识记】扫码认药

## 奥卡西平[典][基][医保(甲)(乙)]

## Oxcarbazepine

【商品名】仁澳、万仪、曲莱

【药理作用与适应证】本品为卡马西平的结构类似物，是一种前体药，在体内大部分被代谢为有活性的 10－羟基代谢物。药理作用和临床疗效与卡马西平相似，但易于耐受。其作用可能在于阻断脑细胞的电压依赖性钠通道，从而稳定过度兴奋的神经细胞膜，抑制神经元重复放电，并可降低经突触传递的兴奋冲动。

用于治疗原发性全面性强直阵挛发作和部分性发作，伴有或不伴有继发性全面性发作。适用于成年人和 5 岁及 5 岁以上的儿童，其优点是无自身诱导。

【剂型及规格】主要剂型有片剂、混悬液。①奥卡西平片：0.15g、0.3g。②奥卡西平口服混悬液：60mg/ml。

【药物评价】①本品口服易吸收，疗效肯定，价格较高。②用药开始时可能出现轻度的不良反应，如乏力、头晕、头痛、嗜睡等，继续用药后这些不良反应可消失；其他常见的不良反应有复视、胃肠功能障碍、皮疹、共济失调、眼震、感冒样综合征、易激惹等；少见白细胞减少、粒细胞减少、荨麻疹、肝功能异常等；低钠血症的出现率高于卡马西平；有报道与本品相关的严重皮肤反应。③对本药过敏者、房室传导阻滞者禁用，重度肝功能损害、妊娠期和哺乳期妇女慎用；对卡马西平过敏的病人，使用本品也可能发生过敏反应，有可能是严重的皮肤反应；服药期间应避免饮酒；有可能引起自杀行为。

【品种信息】国产药品：获批文的有 8 个，生产企业有北京四环制药（仁澳）、武汉人福药业（万仪）等。进口药品：获批文的有 5 个，生产企业有瑞士诺华制药 Novartis Pharma Schweiz AG（曲莱）。

【贮藏】遮光，密封保存。

**【药品识记】** 扫码认药

## 丙戊酸钠[典][基][医保(甲、乙)]

## Sodium Valproate

**【商品名】** 典泰、德巴金

**【药理作用与适应证】** 本品具广谱抗癫痫活性，主要在中枢神经系统起作用。对各种癫痫类型具有抑制作用。实验见本品能增加 γ－氨基丁酸的合成和减少 γ－氨基丁酸的降解，从而升高抑制性神经递质 γ－氨基丁酸的浓度，降低神经元的兴奋性而抑制发作。

主要用于单纯或复杂失神发作、肌阵挛发作、全身强直阵挛发作（大发作，GTCS）的治疗；还可用于治疗与双相情感障碍相关的躁狂发作。

**【剂型及规格】** 主要剂型有片剂、缓释片、糖浆剂、注射剂。①丙戊酸钠片：200mg、500mg。②丙戊酸钠缓释片：200mg、500mg。③丙戊酸钠糖浆：100ml：5g、300ml：12g。④注射用丙戊酸钠：400mg。⑤丙戊酸钠口服溶液：100ml：4g、300ml：12g。

**【药物评价】** ①本品为广谱抗癫痫药，可口服，可注射给药。②常见不良反应是贫血、血小板减少，胃肠道反应，如厌食、恶心、呕吐；极少数患者出现淋巴细胞增多、血小板减少、脱发、嗜睡、无力、共济失调；老年人会出现失眠；少数患者出现肝脏毒性，血清碱性磷酸酶升高、氨基转移酶升高。③禁用于明显肝功能不全者、卟啉病患者、尿素循环障碍患者，慎用于血液病、器质性脑病患者、妊娠期和哺乳期妇女；用药期间应避免饮酒；与血浆蛋白呈非线性结合，易致中毒，故需进行血药浓度监测。

**【品种信息】** 国产药品：获批文的有 51 个，生产企业有江苏恒瑞医药（典泰）、赛诺菲（杭州）制药等。进口药品：获批文的有 7 个，生产企业有法国赛诺菲制药 Sanofi Aventis Deutschland GmbH（德巴金）。

**【贮藏】** 口服制剂：密封保存；注射剂：密闭，在干燥处保存。

**【药品识记】** 扫码认药

## 苯妥英钠[典][基][医保(甲)]

## Phenytoin Sodium

**【别名】** 大仑丁

**【药理作用与适应证】** 为乙内酰脲类抗癫痫药。通过稳定脑细胞膜的功能及增加抑制性神经递质 5－羟色胺（以下简称 5－HT）与 γ－氨基丁酸（GABA）的作用，防止异常放电的传播而具有抗癫痫作用，还具有抗心律失常作用，抗外周神经痛作用。

用于治疗全身强直－阵挛性发作、复杂部分性发作、单纯部分性发作和癫痫持续状态。对癫痫小发作无效。也可用于治疗三叉神经痛等外周神经痛和洋地黄中毒所致的室性及室上性心律失常。

**【剂型及规格】** 苯妥英钠片：50mg、100mg。

**【药物评价】** ①口服易吸收，慢而不规则，个体差异较大，疗效可靠，价格便宜。②不良反应常见齿龈增生，儿童发生率高；神经系统不良反应与剂量相关，常见眩晕、头痛、语言不清和意识模糊，偶见失眠、一过性神经质、抽搐、舞蹈症、肌张力不全、震颤。③对乙内酰脲类药有过敏史或阿斯综合征、Ⅱ~Ⅲ度房室阻滞、窦房结阻滞、窦性心动过缓等心功能损害者禁用；小儿长期服用可加速维生素D代谢造成软骨病或骨质异常，可加服维生素D预防。④用药期间需检查血常规。

**【品种信息】** 国产药品：获批文的有109个，生产企业有黑龙江鼎恒升药业、上海新黄河制药、华润双鹤药业、石药集团欧意药业等。暂无进口药品。

**【贮藏】** 遮光，密封保存。

**【药品识记】** 扫码认药

## 苯巴比妥[典][基][医保(甲)]

## Phenobarbital

**【别名】** 鲁米那

**【商品名】** 立长

**【药理作用与适应证】** 本品为镇静催眠药、抗惊厥药，是长效巴比妥类的典型代表。对中枢的抑制作用随着剂量加大，表现为镇静、催眠、抗惊厥及抗癫痫。大剂量对心血管系统、呼吸系统有明显的抑制作用。过量可麻痹延髓呼吸中枢致死。

主要用于治疗焦虑、失眠（用于睡眠时间短早醒患者）、癫痫及运动障碍。是治疗癫痫大发作及局限性发作的重要药物。也可用作抗高胆红素血症药及麻醉前用药。

**【剂型及规格】** 苯巴比妥片：15mg、30mg、50mg、100mg。

**【药物评价】** ①口服吸收完全但较缓慢，长期应用可产生耐受性和依赖性，并延长REMS（快动眼睡眠）时相，安全范围较窄，属第二类精神药品。②用于抗癫痫时最常见不良反应为镇静；可能引起微妙的情感变化，出现认知和记忆的缺损；长期用药，偶见叶酸缺乏和低钙血症，大剂量时可产生眼球震颤、共济失调和严重的呼吸抑制。③长期服用可产生耐受性，并易形成依赖性，如作为抗癫痫药治疗，突然停药可诱发癫痫持续状态。长期服用本品者不可突然停药；轻微脑功能障碍症、低血压、高血压、贫血、老年人、妊娠期和哺乳期妇女慎用。

**【品种信息】** 国产药品：获批文的有158个，生产企业有华润双鹤药业、重庆迪康长江制药等。暂无进口药品。

**【贮藏】** 密封保存。

## 加巴喷丁[典][医保(乙)]

## Gabapentin

**【商品名】** 派汀、迭力

**【药理作用与适应证】** 本品抗惊厥作用的机制尚不明确，但动物试验提示，与其他上市的抗惊厥药物相似，加巴喷丁可抑制癫痫发作。

适用于疱疹感染后神经痛，成人疱疹后神经痛的治疗；用于成人和12岁以上儿童伴或不伴继发性全身发作的部分性发作的辅助治疗；也可用于3~12岁儿童的部分性发作的辅助治疗。

**【剂型及规格】** 主要剂型有片剂、胶囊剂。①加巴喷丁片：0.3g。②加巴喷丁胶囊：0.1g、0.3g、0.4g、0.6g。

**【药物评价】** ①本品对常规治疗无效的某些部分性癫痫发作可用作辅助治疗，亦可用于治疗部分性癫痫发作继发全身性发作。②治疗疱疹感染后神经痛常见不良反应是眩晕、嗜睡以及周围性水肿；治疗癫痫最常见的不良事件是嗜睡、疲劳、眩晕、头痛、恶心、呕吐、体重增加、紧张、失眠、共济失调、眼球震颤、感觉异常及厌食。③对本品过敏人群、急性胰腺炎患者禁用，对于原发性全身发作，如失神发作的患者无效。

**【品种信息】** 国产药品：获批文的有 23 个，生产企业有江苏恒瑞医药股份（派汀）、江苏恩华药业（迭力）、海南赛立克药业等。暂无进口药品。

**【贮藏】** 密闭，避免高温保存。

**【药品识记】** 扫码认药

## 三、抗重症肌无力药

### （一）概述

重症肌无力是一种神经－肌肉接头部位因乙酰胆碱受体减少而出现传递障碍的自身免疫性疾病。临床主要为部分或全身骨骼肌无力和易疲劳，活动后症状加重，经休息后症状减轻。患病率为（77～150）/100 万，年发病率为（4～11）/100 万。女性患病率大于男性，约 3∶2，各年龄段均有发病，儿童 1～5 岁居多。用抗胆碱酯酶药物后可以缓解。

目前临床应用的多数抗重症肌无力药为胆碱酯酶抑制剂，如新斯的明、溴吡斯的明等。

### （二）常见药品识别

#### 新斯的明[典][基][医保(甲)]

#### Neostigmine

**【别名】** 普洛色林、普洛斯的明

**【药理作用与适应证】** 本品具有抗胆碱酯酶作用，且能直接激动骨骼肌运动终板上的 $N_2$ 胆碱受体，故对骨骼肌的作用较强，而对腺体、眼、心血管及支气管平滑肌作用较弱，对胃肠道平滑肌可促进胃收缩和增加胃酸分泌，对食道明显弛缓和扩张的病人，本品能有效地提高食道张力。本品可促进小肠、大肠，尤其是结肠的蠕动，促进内容物向下推进。

适用于重症肌无力、手术后功能性肠胀气及尿潴留。

**【剂型及规格】** 主要剂型有片剂、注射剂。①溴新斯的明片：15mg。②甲硫酸新斯的明注射液：1ml∶0.5mg、2ml∶1mg。

**【药物评价】** ①本品对常规治疗无效的某些部分性癫痫发作可用作辅助治疗，亦可用于治疗部分性癫痫发作继发全身性发作。②大剂量时可引起恶心、呕吐、腹泻、流泪、流涎等不良反应。③注射给药时，应随时准备使用阿托品以对抗过量的药物作用，过敏体质患者，应避免口服给药，以防引起过敏药疹；心绞痛、癫痫、支气管哮喘、机械性肠梗阻、室性心动过速、尿路梗阻及甲状腺功能亢进症等患者禁用，对于刚进行肠或膀胱手术的患者，使用本药应非常小心。

**【品种信息】** 国产药品：获批文的有 15 个，生产企业有上海上药信谊药厂、上海信谊金朱药业、江苏浦金药业、浙江仙琚制药等。暂无进口药品。

**【贮藏】** 遮光、密闭保存。

【药品识记】扫码认药

### 溴吡斯的明[典][基][医保(甲)]

### Pyridostigmine Bromide

【别名】吡啶斯的明

【药理作用与适应证】本品为可逆性胆碱酯酶抑制药。作用类似于新斯的明，其效价为新斯的明的1/4，但时效长。

用于重症肌无力，手术后功能性肠胀气及尿潴留等。

【剂型及规格】溴吡斯的明片：60mg。

【药物评价】①本品作用潜伏期和时效比新斯的明长，毒性反应轻，对心脏的效应远比新斯的明弱，不与阿托品合用时也不会引起严重的心动过缓，更少引起心律失常。②不良反应常见有腹泻、恶心、呕吐、胃痉挛、汗及唾液增多等；较少见的有尿频、缩瞳等。接受大剂量治疗的重症肌无力病人，常出现精神异常。③对本品过敏者、心绞痛、支气管哮喘、机械性肠梗阻、尿路梗阻等患者禁用，心律失常、房室传导阻滞、术后肺不张或肺炎及孕妇慎用。

【品种信息】国产药品：获批文的有5个，生产企业有上海上药信谊药厂、海南凯健制药等。暂无进口药品。

【贮藏】遮光、密闭保存。

## 四、脑血管病用药及降颅压药

### （一）概述

在我国，心脑血管病的发病率和死亡率均居各种疾病之首，具有“发病率高、死亡率高、致残率高、复发率高、并发症多”又称“四高一多”的特点。其中，脑血管病是指脑血管破裂出血或血栓形成，引起的以脑部出血性或缺血性损伤症状为主要临床表现的一组疾病，又称脑血管意外或脑卒中，俗称脑中风。

我国是脑卒中高发的国家，每年有约200万新发脑卒中，死亡约150万，存活者有3/4会有不同程度的残疾，包括认知功能障碍和血管性痴呆。不仅给个人带来极大的痛苦，也给家人带来很大负担。研发有效的预防和治疗脑血管病的药物非常重要。

常用的脑血管病治疗药物有尼莫地平、倍他司汀、氟桂利嗪、奥拉西坦、吡拉西坦等。降颅内压药常用脱水药甘露醇，用于治疗各种原因的脑水肿（详见项目十一泌尿系统用药）。

### （二）常见药品识别

### 尼莫地平[典][基][医保(甲、乙)]

### Nimodipine

【商品名】尼达尔、宝依恬、布瑞喜、尼立苏、尼膜同

【药理作用与适应证】1，4－二氢吡啶类钙通道拮抗剂。通过有效阻止钙离子内流进入血管平滑肌细胞，松弛平滑肌，解除血管痉挛，保护神经元，改善脑供血，提高对缺氧的耐受力。脂溶性高，易透过血脑屏障，对脑动脉作用强。

用于缺血性脑血管病，偏头痛，轻度蛛网膜下隙出血所致脑血管痉挛和急性脑血管病恢复期的血液循环改善，突发性耳聋，轻、中度高血压。

**【剂型及规格】** 主要剂型有片剂、胶囊剂、注射剂。①尼莫地平片：20mg、30mg。②尼莫地平胶囊：20mg、30mg。③尼莫地平注射液：20ml：4mg、40ml：8mg。

**【药物评价】** ①本品口服吸收快，在肝脏有较显著的首过效应，生物利用度低，疗效肯定，价格适中。②常见不良反应有血压下降、肝炎、皮肤刺痛、胃肠道出血、血小板减少；偶见一过性头晕、头痛、面部潮红、呕吐、胃肠不适等；个别患者可发生碱性脱氢酶、乳酸脱氢酶升高，血糖升高。③脑水肿及颅内压增高患者、肝功能损害者、妊娠期妇女慎用；在高血压合并蛛网膜下隙出血或脑卒中患者中，应注意减少或暂时停用降血压药物，或减少本品的用药剂量；避免与β受体阻断剂或其他钙拮抗剂合用。

**【品种信息】** 国产药品：获批文的有156个，生产企业有天津市中央药业（尼达尔）、上海世康特制药（宝依恬）、北京四环科宝制药（布瑞喜）、山东新华制药（尼立苏）等。进口药品：获批文的有4个，Bayer Vital GmbH。

**【贮藏】** 遮光，密封保存。

**【药品识记】** 扫码认药

## 倍他司汀[典][基][医保(甲、乙)]

## Betahistine

**【别名】** 培他啶

**【商品名】** 敏使朗、西其汀

**【药理作用与适应证】** 本品为新型组胺类药物，化学结构和药理性质与组胺类似，是组胺 $H_1$ 受体的激动药。本药具有扩张毛细血管，舒张前毛细血管括约肌，增加前毛细血管微循环血流量的作用；也具有舒张内耳前毛细血管括约肌，增加耳蜗和前庭血流量的作用。本药还可抑制组胺释放，产生抗过敏作用。本药在扩血管的同时可改善前庭功能，消除内耳性眩晕、耳鸣和耳闭感等症状。

主要用于梅尼埃综合征，亦可用于动脉硬化、缺血性脑血管疾病及高血压所致体位性眩晕、耳鸣。

**【剂型及规格】** 主要剂型有片剂、口服溶液、注射剂。①盐酸倍他司汀片：4mg、5mg。②盐酸倍他司汀口服液：10ml：20mg。③盐酸倍他司汀注射液：2ml：10mg。

**【药物评价】** ①本药扩张血管作用较组胺弱而持久，扩血管时不增加微血管的通透性，刺激胃酸分泌的作用较小，口服易吸收。②偶有食欲缺乏、恶心、呕吐、口干、头痛、心悸、皮炎、出血性膀胱炎等不良反应。③对本药过敏者、嗜铬细胞瘤患者、小儿禁用；消化性溃疡、支气管哮喘、慢性阻塞性肺疾病、肾上腺髓质瘤、心血管疾病、肝脏疾病患者慎用；妊娠期及哺乳期妇女慎用；老年人使用注意调节剂量。

**【品种信息】** 国产药品：获批文的有91个，生产企业有卫材（中国）药业（敏使朗）、黑龙江中桂制药（西其汀）、浙江康恩贝制药、亚宝药业等。暂无进口药品。

**【贮藏】** 避光、密封保存。片剂置于干燥处。

**【药品识记】** 扫码认药

## 氟桂利嗪[典][基][医保(甲)]

Flunarizine

【别名】氟桂嗪、脑灵

【商品名】西比灵、弗瑞林、奥力保克、花欣、孚瑞尔

【药理作用与适应证】本品为哌嗪类选择性钙通道拮抗剂，为血管扩张药。阻止过量钙离子进入血管平滑肌细胞，引起血管扩张，对脑血管选择性好，对冠脉扩张作用差。

用于脑供血不足，椎动脉缺血，脑血栓形成后等；耳鸣，头晕；偏头痛预防；癫痫辅助治疗。

【剂型及规格】主要剂型有片剂、分散片、胶囊剂、滴丸、口服溶液。①盐酸氟桂利嗪片：5mg。②盐酸氟桂利嗪分散片：5mg。③盐酸氟桂利嗪胶囊：5mg、10mg。④盐酸氟桂利嗪滴丸：1.25mg/丸。⑤盐酸氟桂利嗪口服溶液：10mg：10ml/瓶。

【药物评价】①新型的脑血管病用药，可作为桂利嗪的替代品。口服吸收慢，维持时间长，疗效肯定，不良反应少，价格适中。②嗜睡和疲惫感为最常见不良反应；长期服用者可以出现抑郁症，女性患者较常见；锥体外系症状表现为不自主运动、下颌运动障碍、强直等；少数患者可出现失眠、焦虑等症状；消化道症状为胃部烧灼感，胃纳亢进，进食量增加，体重增加；少数患者可出现皮疹，口干，溢乳，肌肉酸痛等症状。③服药后疲惫症状逐步加重者应当减量或停药；对本药或桂利嗪过敏者、脑出血性疾病急性期、帕金森病及锥体外系疾病、有抑郁症病史者禁用，妊娠期及哺乳期妇女禁用。

【品种信息】国产药品：获批文的有74个，生产企业有西安杨森制药（西比灵）、天津金耀药业（弗瑞林）、黑龙江澳利达奈德制药（奥力保克）、武汉田田药业（花欣）、哈药集团制药六厂（孚瑞尔）等。暂无进口药品。

【贮藏】避光，密封保存。

【药品识记】扫码认药

## 五、中枢兴奋药

### （一）概述

中枢兴奋药是指能提高中枢神经系统功能的药物，该类药物对整个中枢神经系统都有兴奋作用，但是对中枢部位有选择性，这种选择性与剂量相关。为预防用药过度引起中毒，应交替使用几种中枢兴奋药，并根据病情和个体差异严格控制剂量。

常用的中枢兴奋药有：①呼吸兴奋药，如尼可刹米、洛贝林、二甲弗林等。②大脑皮质兴奋药，如咖啡因等，主要作用大脑皮质使精神兴奋。

### （二）常见药品识别

## 尼可刹米[典][基][医保(甲)]

Nikethamide

【别名】可拉明

【药理作用与适应证】本品选择性兴奋延髓呼吸中枢，也可作用于颈动脉体和主动脉体化学感受器反射性地兴奋呼吸中枢，并提高呼吸中枢对二氧化碳的敏感性，使呼吸加深加快，对血管运动中枢有微弱兴奋作用，剂量过大可引起惊厥。

用于中枢性呼吸抑制及各种原因引起的呼吸抑制。

【剂型及规格】尼可刹米注射液：1.5ml：0.375g、2ml：0.5g。

【药物评价】①本品是临床呼吸三联针（尼可刹米、洛贝林及回苏林）的成分之一。吸收好，起效快，作用时间短暂，价格便宜。②不良反应常见面部刺激症、烦躁不安、抽搐、恶心呕吐等；大剂量时可出现血压升高、心悸、出汗、面部潮红、呕吐、震颤、心律失常、惊厥甚至昏迷。③大剂量使用时如出现惊厥应立即停药，应及时静注苯二氮䓬类药或小剂量硫喷妥钠控制；抽搐及惊厥患者禁用。

【品种信息】国产药品：获批文的有39个，生产企业有上海禾丰制药、华润双鹤药业、江苏朗欧药业、西安迪赛生物药业、远大医药（中国）等。暂无进口药品。

【贮藏】遮光，密闭保存

【药品识记】扫码认药

## 洛贝林[典][基][医保(甲)]

## Lobeline

【别名】山梗菜碱

【药理作用与适应证】本品可刺激颈动脉窦和主动脉体化学感受器（均为$N_1$受体），反射性地兴奋呼吸中枢而使呼吸加快，但对呼吸中枢并无直接兴奋作用。对迷走神经中枢和血管运动中枢也同时有反射性的兴奋作用；对植物神经节先兴奋而后阻断。

主要用于各种原因引起的中枢性呼吸抑制。临床上常用于新生儿窒息，一氧化碳、阿片中毒等。

【剂型及规格】盐酸洛贝林注射液：1ml：3mg、1ml：10mg。

【药物评价】①本品吸收较好，疗效肯定，价格适中。②可有恶心、呕吐、呛咳、头痛、心悸等不良反应；剂量较大时能引起心动过速、传导阻滞、呼吸抑制甚至惊厥。③孕妇及哺乳期妇女慎用。

【品种信息】国产药品：获批文的有18个，生产企业有上海禾丰制药、华润双鹤药业、成都第一制药、西安利君制药等。暂无进口药品。

【贮藏】遮光，密封，在阴凉处保存。

【药品识记】扫码认药

## 咖啡因[典][基][医保(乙)]

## Caffeine

【商品名】倍优诺

【药理作用与适应证】本品为大脑皮质兴奋药，中枢兴奋作用较弱。使用小剂量可增强大脑皮质兴奋过程，振奋精神，减少疲劳。增大剂量可兴奋延脑呼吸中枢及血管运动中枢。

主要用于中枢性呼吸及循环功能不全，使患者保持清醒；作为小儿多动症注意力不集中的综合治疗药物；兴奋呼吸，防治未成熟初生儿呼吸暂停或阵发性呼吸困难。与麦角胺合用治疗偏头痛，与阿司匹林、对乙酰氨基酚等制成复方制剂用于一般头痛等。

**【剂型及规格】** 多为复方制剂，主要剂型有注射剂和片剂。①枸橼酸咖啡因注射液：1ml：20mg。②氨基比林咖啡因片：氨基比林150mg和咖啡因0.04g。

**【药物评价】** ①本品口服容易吸收，有耐受性，可产生依赖性，原料按“第一类精神药品”管理。②不良反应：偶尔服用过多，可引起恶心、头痛或失眠；长期习惯性地过多服用，可出现头痛、紧张、激动和焦虑；成人致死量一般为10g，有死于肝性脑病的报道。③胃溃疡患者禁用，妊娠期妇女慎用，大量或长期服用有成瘾性。

**【品种信息】** 国产药品：获批文的有965个，生产企业有上海上药信谊药厂、哈尔滨天地药业、石家庄康力药业、山西国润制药等。进口药品：获批文的有1个，生产企业是Alfasigma S. p. A.（倍优诺）。

**【贮藏】** 密封保存。

## 六、抗痴呆药和脑代谢改善药

### （一）概述

痴呆症是一种因脑部伤害或疾病所导致的渐进性认知功能退化，且此退化的幅度远高于正常老化的进展，特别会影响到记忆、注意力、语言、解题能力，严重时会无法分辨人事时地物。常见的痴呆症有老年痴呆症和血管性痴呆，其中最常见为老年痴呆症（即阿尔茨海默病，AD）。阿尔茨海默病是一种起病隐匿的进行性发展的神经系统退行性疾病。临床上以记忆障碍、失语、失用、失认、视空间技能损害、执行功能障碍以及人格和行为改变等全面性痴呆表现为特征，病因迄今未明。65岁以前发病者称早老性痴呆，65岁以后发病者称老年性痴呆。

针对血管性痴呆主要是预防脑梗发生，改善脑循环、营养脑细胞治疗。主要治疗药物有：

**1. 扩血管、改善脑供血、神经营养和抗氧化治疗** 如银杏叶制剂、阿米三嗪+萝巴新、血管α受体阻滞剂、维生素E等。

**2. 改善脑代谢的药物** 如奥拉西坦、吡拉西坦、茴拉西坦、胞磷胆碱钠、脑蛋白水解物、长春西汀和脑苷肌肽等。一般主要适用患者脑部有缺血缺氧性改变，常见的疾病为脑血管疾病，包括脑出血、脑梗死和蛛网膜下腔出血、颅脑肿瘤、颅脑外伤和颅内寄生虫感染等。

阿尔茨海默病的主要治疗药物有：

**1. 胆碱酯酶抑制剂Ⅰ（AChE－I）** 如多奈哌齐、利斯的明、加兰他敏、石杉碱甲。

**2. N－甲基－D－门冬氨酸（NMDA）受体拮抗剂** 如美金刚，安全性和耐受性良好，具有调节谷氨酸活性的作用，主要用于中晚期（中重度）患者。

### （二）常见药品识别

#### 石杉碱甲[典][基][医保(甲)]

#### Huperzine A

**【商品名】** 忆诺、双益平、哈伯因、瑞立速、诺苏林、富伯信等

**【药理作用与适应证】** 本品为胆碱酯酶抑制剂，对真性胆碱酯酶具有选择性抑制作用，易通过血－

脑屏障，具有促进记忆再现和增强记忆保持的作用。

用于良性记忆障碍，可提高患者指向记忆、联想学习、图像回忆、无意义图形再认及人像回忆等能力，对正常人的学习与记忆也有增强作用；对痴呆患者和脑器质性病变引起的记忆障碍亦有改善作用。

**【剂型及规格】** 主要剂型有片剂、胶囊剂和注射剂。①石杉碱甲片、胶囊：50μg。②石杉碱甲注射液：1ml：0.2mg。③注射用石杉碱甲0.4mg。

**【药物评价】** ①本品是我国研发的可逆性高选择性胆碱酯酶抑制剂，外周胆碱样副作用小。②不良反应一般不明显，剂量过大时可引起头晕、恶心、乏力、视物模糊等反应，一般可自行消失，反应明显时减量或停药后可缓解、消失。③其用量有个体差异，一般应从小剂量开始，逐渐增量。心动过缓、支气管哮喘者慎用。

**【品种信息】** 国产药品：获批文的有19个，生产企业有北京华素制药（忆诺）、上海复旦复华药业（双益平）、河南太龙药业（哈伯因）、海南灵康制药（瑞立速）、重庆药友制药（诺苏林）、宁波立华制药（富伯信）等。暂无进口药品。

**【贮藏】** 遮光，密封，在阴凉（不超过20℃）干燥处保存。

### 胞磷胆碱[典][基][医保(乙)]

### Citicoline Sodium

**【别名】** 胞二磷胆碱

**【商品名】** 欣可来、思考林、英迪特、奥格尔、先立科、滨舒

**【药理作用与适应证】** 本品为核苷衍生物，通过降低脑血管阻力，增加脑血流而促进脑物质代谢，改善脑循环。另外，可增强脑干网状结构上行激活系统的机能，增强锥体系统的机能，改善运动麻痹，故对促进大脑功能的恢复和促进苏醒有一定作用。

用于治疗颅脑损伤或脑血管意外所引起的神经系统的后遗症。

**【剂型及规格】** 主要剂型有片剂、胶囊剂、注射剂。①胞磷胆碱钠片：0.1g、0.2g。②胞磷胆碱钠胶囊：0.1g。③胞磷胆碱钠注射液：2ml：0.1g、2ml：0.25g、2ml：0.2g、2ml：0.5g、4ml：0.5g、5ml：0.5g、5ml：1g。

**【药物评价】** ①口服注射均可，价格低廉。②不良反应偶见胃肠道反应，轻微，持续时间短。③对本品过敏者禁用。

**【品种信息】** 国产药品：获批文的有218个，生产企业有四川梓橦宫药业（欣可来）、齐鲁制药（思考林）、悦康药业（英迪特）、康臣药业（奥格尔）、重庆莱美药业（先立科）、武汉滨湖双鹤药业（滨舒）等。暂无进口药品。

**【贮藏】** 遮光，密封保存。

**【药品识记】** 扫码认药

## 知识链接

### 老年痴呆症药物从何来？

9月21日，是"世界阿尔茨海默病日"，据阿尔茨海默症（以下简称AD）全球报告报道，至2050

年全球AD患者预计将上升到1.3亿。在我国，2029年预计将超过1000万。由于就诊率低、公众对该病缺乏了解且缺少有效药物，导致许多患者丧失早期发现治疗的时机。

该病缺少有效治疗药物的原因是不明确发病机制。从发现AD开始，人们就一直苦苦寻找“记忆大盗”的踪迹，探寻其发病机制，但远比我们想象的复杂。目前新药临床试验难度很大，失败率高达97%。

破解AD的世界难题，道路崎岖，困难重重。早期预防，早期发现和治疗，发病机制研究和新药发明是目前医药界共同努力的方向。科学家们为此一直在砥砺前行，不懈奋斗。希望不久的将来治疗AD的新药再次出自“中国制造”。

**即学即练**

答案解析

1. 美多芭是（　　）的商品名

A. 左旋多巴　　B. 多巴丝肼　　C. 苯海索　　D. 普拉克索

2. 下列属于广谱抗癫痫药的是（　　）

A. 卡马西平　　B. 苯妥英钠　　C. 丙戊酸钠　　D. 苯巴比妥

## 任务二　治疗精神障碍药

PPT

精神障碍指的是大脑功能活动发生紊乱，导致认知、情感、行为和意志等精神活动不同程度障碍的总称，常见的有精神病（精神分裂症）、抑郁障碍（抑郁症）、双相情感障碍（躁狂症和焦虑症）等。治疗精神障碍药是指用来控制幻觉、妄想、兴奋躁动等严重精神症状的药物，但小剂量也可治疗其他疾病或症状，近年来有较大发展。这类药物包括抗精神病药、抗抑郁药、抗焦虑药和镇静催眠药等。

**案例分析**

**案例描述**　2019年2月18日，《柳叶刀·精神病学》发表了黄悦勤教授团队“中国首次全国性精神障碍流行病学调查”的第一批主要结果，引起世界精神卫生领域专家学者、国内精神卫生同仁和媒体的广泛关注。国人的精神卫生状况第一次有了权威科学的“摸底”。

研究结果显示，我国成人任何一种精神障碍（不含老年期痴呆）终生患病率为16.57%。从病种来看，构成精神障碍的五类主要疾病中最高的为焦虑障碍（4.98%），其余为心境障碍（4.06%）、酒精药物使用障碍（1.94%）、精神分裂症及其他精神病性障碍（0.61%），65岁老年期痴呆终生患病率为5.56%。

**讨　论**　1. 我国精神障碍的发病率为什么这么高？

2. 有哪些措施可以促进精神障碍患者及时诊断和治疗？

答案解析

## 一、抗精神病药

### （一）概述

抗精神病药主要指用于治疗精神分裂症等精神障碍的药物。本类药物的特点是对精神活动具有较大的选择性抑制，能治疗各种精神病和多种精神症状，常规剂量下并不影响患者的智力和意识，并能有效地控制患者的精神运动兴奋、烦躁、焦虑、幻觉、妄想、敌对情绪、思维障碍和儿童行为异常等，达到安定的作用。

精神分裂症临床症状多样，主要包括阳性症状（幻觉、妄想、思维障碍、攻击行为等）和阴性症状（情感淡漠、意志减退、社会功能衰退、抑郁、焦虑等），以及认知功能障碍（信息处理、记忆功能、学习和执行能力等减退或缺陷）。

目前临床常用的抗精神病药按药理作用可分为两大类。第一代典型抗精神病药主要包括以氯丙嗪、奋乃静等为代表的吩噻嗪类，以氯普噻吨为代表的硫杂蒽类，以氟哌啶醇为代表的丁酰苯类等。第二代非典型抗精神病药的作用与第一代相比，其锥体外系副作用不明显，代表药物主要有氯氮平、奥氮平、喹硫平和利培酮等。此外，还有一些长效制剂，如吩噻嗪类、丁酰苯类和硫杂蒽类的酯化物。长效制剂的使用可减少用药次数，有利于维持期巩固疗效。

### （二）常见药品识别

#### 氯丙嗪[典][基][医保(甲)]

#### Chlorpromazine

**【别名】**冬眠灵

**【药理作用与适应证】**本品为吩噻嗪类抗精神病药，其作用机制主要与其阻断中脑边缘系统及中脑皮层通路的多巴胺受体（$DA_2$）有关。对多巴胺（$DA_1$）受体、5－HT受体、M－型乙酰胆碱受体、$\alpha$－肾上腺素受体均有阻断作用，作用广泛。此外，本品小剂量时可抑制延脑催吐化学感受区的多巴胺受体，大剂量时直接抑制呕吐中枢，产生强大的镇吐作用。

用于精神分裂症、躁狂症或其他精神病性障碍；止呕，各种原因所致的呕吐或顽固性呃逆。

**【剂型及规格】**主要剂型有片剂和注射剂。①盐酸氯丙嗪片：12.5mg、25mg、50mg。②盐酸氯丙嗪注射液：1ml：25mg、2ml：50mg。

**【药物评价】**①本品口服易吸收，但不规则，用药剂量个体化。安全可靠，临床应用广泛，价格也比较便宜。②不良反应：常见口干、上腹不适、食欲缺乏、乏力及嗜睡；直立性低血压、心悸或心电图改变；锥体外系反应；血浆中泌乳素浓度增加，可能有关的症状为溢乳、男子女性化乳房、月经失调、闭经。③对该药过敏者、骨髓抑制者、青光眼患者、肝功能严重减退、有癫痫史者及昏迷患者禁用；肝功能不全、尿毒症、高血压及冠心病患者、孕妇、6岁以下儿童慎用；用药期间不宜驾驶车辆，操作机械或高空作业。

**【品种信息】**国产药品：获批文的有172个，生产企业有华润双鹤药业、天津金耀药业、西南药业、万邦德制药等。暂无进口药品。

**【贮藏】**遮光，密封保存。

**【药品识记】**扫码认药

## 利培酮[典][基][医保(乙)]

## Risperidone

【商品名】敬平、单克、思利舒、维思通、卓菲、恒德、可同、索乐、卓夫

【药理作用与适应证】本品是一种选择性的单胺能拮抗剂，对 5 - $HT_2$受体、$D_2$受体、$\alpha_1$及$\alpha_2$受体和 $H_1$受体亲和力高。

用于治疗急性和慢性精神分裂症以及其他各种精神病性状态的明显的阳性症状（如幻觉、妄想、思维紊乱、敌视、怀疑）和明显的阴性症状（如反应迟钝、情绪淡漠及社交淡漠、少语），也可减轻与精神分裂症有关的情感症状（如抑郁、负罪感、焦虑）。对于急性期治疗有效的患者，在维持期治疗中，本品可继续发挥其临床疗效。

【剂型及规格】主要剂型有片剂、胶囊剂、口服溶液剂、注射剂。①利培酮片：1mg、2mg、3mg。②利培酮口崩片：0.5mg、1mg、2mg。③利培酮口服溶液：0.1%。④注射用利培酮微球：25mg、37.5mg、50mg。⑤利培酮胶囊：1mg。⑥利培酮分散片：1mg、2mg。

【药物评价】①在抗精神病类用药市场中占据重要地位，为一线用药。②常见不良反应有失眠、焦虑、激越、头痛、口干；较少见有嗜睡、疲劳、注意力下降，便秘、消化不良、恶心、呕吐、腹痛、视物模糊等；可能引起锥体外系症状。③对本品成分过敏的患者禁用，患有心血管疾病的人（如心衰、心肌梗死、传导异常、脱水、失血及脑血管病变）应慎用；服用本品不应驾驶汽车或操作机器。

【品种信息】国产药品：获批文的有 39 个，生产企业有北京天衡药物研究院南阳天衡制药厂（敬平）、常州四药制药（单克）、江苏恩华药业（思利舒）、西安杨森制药（维思通）、天津药物研究院药业（卓菲）、吉林省西点药业（可同）、浙江华海药业（索乐）、齐鲁制药（卓夫）等。进口药品：获批文的有 2 个，生产企业有 Janssen - Cilag N. V. （维恩通）等。

【贮藏】15 ~30℃密闭保存。

【药品识记】扫码认药

## 其他抗精神病药

其他抗精神病药品种信息见表 4 - 1。

**表 4 - 1　其他抗精神病药品种信息**

| 药物名称 | 其他名称 | 作用与适应证 | 品种信息 |
|---|---|---|---|
| 奋乃静[典][基][医保(甲)] | 羟哌氯丙嗪、过非那嗪、氯吩嗪、过二苯嗪、过非拉嗪 | 为吩噻嗪类的哌嗪衍生物，药理作用与氯丙嗪相似，本品镇吐作用较强，镇静作用较弱。用于精神分裂症或其他精神病性障碍，也用于止吐 | 【剂型及规格】片剂：2mg、4mg；注射液：1ml：5mg<br>【生产商】上海上药信谊药厂、上海朝晖药业、江苏黄河药业、瑞阳制药等 |
| 氟哌啶醇[典][基][医保(甲)] | 氟哌醇 | 属丁酰苯类抗精神病药，阻断锥体外系多巴胺的作用较强，镇吐作用亦较强。用于急、慢性各型精神分裂症、躁狂症、抽动秽语综合征。因本品心血管系统不良反应较少，也可用于脑器质性精神障碍和老年性精神障碍 | 【剂型及规格】片剂：2mg、4mg；注射液：1ml：5mg<br>【生产商】上海上药信谊药厂、长白山制药、宁波大红鹰药业、华润双鹤药业等 |
| 氯氮平[典][基][医保(甲、乙)] | 氯扎平 | 系二苯二氮杂草类抗精神病药。对脑内 5 - 羟色胺（5 - $HT_{2A}$）受体和多巴胺（$DA_1$）受体的阻滞作用较强，对多巴胺（$DA_4$）受体的也有阻滞作用，对多巴胺（$DA_2$）受体的阻滞作用较弱。适用于精神分裂症、躁狂症 | 【剂型及规格】片剂：25mg、50mg；分散片：100mg；口腔崩解片：25mg、100mg<br>【生产商】华北制药、北京益民药业、江苏恩华药业等 |

续表

| 药物名称 | 其他名称 | 作用与适应证 | 品种信息 |
| --- | --- | --- | --- |
| 奥氮平 [典][基][医保(乙)] | 悉敏、欧兰宁、再普乐 | 是一种新型二苯氧氮平类非典型抗精神病药，能与多巴胺受体、5-HT受体和胆碱受体结合，并具有拮抗作用。适用于有严重阳性症状或阴性症状的精神分裂症和其他精神病的急性期及维持期；亦可用于缓解精神分裂症及相关疾病常见的继发性情感症状 | 【剂型及规格】片剂：2.5mg、5mg、10mg；口腔崩解片：2.5mg、5mg、10mg；膜剂：5mg、10mg<br>【生产商】常州华生制药（悉敏）、江苏豪森药业（欧兰宁）、Lilly, S. A.（再普乐）等 |
| 舒必利 [典][基][医保(甲)] | 硫苯酰胺、舒宁、止吐灵、消呕宁、止呕灵 | 属苯甲酰胺类抗精神病药，作用特点是选择性阻断中脑边缘系统的多巴胺（$DA_2$）受体，对其他递质受体影响较小，抗胆碱作用较轻，无明显镇静和抗兴奋躁动作用，还具有强止吐和抑制胃液分泌作用。用于精神分裂症的抑郁状态、症状性精神病、官能性抑郁和疑病状态、酒精中毒性精神病、智力发育不全伴有人格障碍、老年性精神病。对淡漠、退缩、木僵、抑郁、幻觉和妄想症状的效果较好；用于治疗呕吐、良性消化性溃疡和溃疡性结肠炎，为中枢性止吐药，有很强的止吐作用 | 【剂型及规格】片剂：10mg、50mg、100mg；注射剂：50mg：2ml、100mg：2ml<br>【生产商】上海上药信谊药厂、成都华宇制药、华北制药、成都第一制药等 |
| 阿立哌唑 [典][基][医保(甲)] | 奥派、博思清、安律凡 | 是一种新型的非典型抗精神分裂症药物，对多巴胺能神经系统具有双相调节作用，是多巴胺递质的稳定剂。用于治疗精神分裂症 | 【剂型及规格】片剂、口腔崩解片：5mg、10mg、15mg、20mg；口服溶液剂：50ml：50mg；胶囊剂：5mg<br>【生产商】上海上药中西制药（奥派）、成都康弘药业（博思清）、浙江大冢制药（安律凡）等 |

**【药品识记】**扫码认药

## 二、抗抑郁药

### （一）概述

抑郁症是最常见的抑郁障碍，以显著而持久的心境低落为主要临床特征，是心境障碍的主要类型。临床可见心境低落与其处境不相称，情绪的消沉可以从闷闷不乐到悲痛欲绝，自卑抑郁，甚至悲观厌世，可有自杀企图或行为；甚至发生木僵；部分病例有明显的焦虑和运动性激越；严重者可出现幻觉、妄想等精神病性症状。每次发作持续至少2周以上，长者甚或数年，多数病例有反复发作的倾向，每次发作大多数可以缓解，部分可有残留症状或转为慢性。

抗抑郁药不仅能治疗抑郁症，对焦虑、强迫、慢性疼痛及恐怖等也有效。经典抗抑郁药有单胺氧化酶抑制药和三环（包括四环类）类抗抑郁药，新型抗抑郁药主要是各类不同选择性的5-HT再摄取抑制药（以下简称SSRIs）。

### （二）常见药品识别

#### 帕罗西汀[典][基][医保(甲)]

#### Paroxetine

**【商品名】**乐友、赛乐特

【药理作用与适应证】本品属抗抑郁症药，为强效、高选择性5-HT再摄取抑制剂，可使突触间隙中5-HT浓度升高，增强中枢5-HT能神经功能。

用于治疗抑郁症。适合治疗伴有焦虑症的抑郁症患者，亦可用于惊恐障碍、社交恐怖症及强迫症的治疗。

【剂型及规格】主要剂型有片剂和缓释片。①盐酸帕罗西汀片：20mg。②盐酸帕罗西汀肠溶缓释片：12.5mg。

【药物评价】①本品是一种强效、高选择性SSRIs，口服吸收好，有首关效应。②不良反应常见有胃肠道不适，如恶心、厌食、腹泻等。亦可出现头痛、不安、无力、嗜睡、失眠、头晕等；少见不良反应有过敏性皮疹及性功能减退；停药可见撤药综合征。③对本品过敏者禁用，闭角型青光眼、癫痫病、肝肾功能不全等患者慎用或减少用量，出现转向躁狂发作倾向时应立即停药，用药期间不宜驾驶车辆、操作机械或高空作业。

【品种信息】国产药品：获批文的有15个，生产企业有浙江华海药业（乐友）、石家庄龙泽制药、浙江尖峰药业等。进口药品：获批文的有3个，生产企业有GlaxoSmithKline Inc.等。

【贮藏】遮光，密封，在干燥处保存。

【药品识记】扫码认药

## 氯米帕明[典][基][医保(甲)]

## Clomipramine

【别名】氯丙咪嗪

【药理作用与适应证】本品为三环类抗抑郁药，主要作用在于阻断中枢神经系统去甲肾上腺素和5-HT的再摄取，对5-HT再摄取的阻断作用更强，而发挥抗抑郁及抗焦虑作用，亦有镇静和抗胆碱能作用。

用于治疗各种抑郁状态；对强迫性神经症具有较好疗效；对恐惧症、惊恐发作、慢性疼痛、神经性厌食、伴有发作性睡病的猝倒症均有一定疗效。

【剂型及规格】主要剂型有片剂、注射剂。①盐酸氯米帕明片：10mg、25mg。②盐酸氯米帕明注射液：2ml：25mg。

【药物评价】①本品是安全可靠、起效迅速的三环类抗抑郁药。②治疗初期可能出现抗胆碱能反应，如多汗、口干、视物模糊、排尿困难、便秘等；中枢神经系统不良反应可出现嗜睡、震颤、眩晕；可发生直立性低血压；偶见癫痫发作、心电图异常、骨髓抑制或中毒性肝损害等。③严重心脏病、近期有心肌梗死发作史、癫痫、青光眼、尿潴留及对三环类药物过敏者禁用，肝、肾功能严重不全、前列腺肥大、老年或心血管疾患者慎用，患者有转向躁狂倾向时应立即停药。④用药期间不宜驾驶车辆、操作机械或高空作业。

【品种信息】国产药品：获批文的有14个，生产企业有上海上药信谊药厂、常州四药制药、湖南洞庭药业、江苏恩华药业等。暂无进口药品。

【贮藏】片剂：密封保存；注射剂：遮光，密闭，在阴凉处保存。

## 氟西汀[典][基][医保(甲)]

## Fluoxetine

**【商品名】** 优克、开克、奥麦伦、金开克、百优解

**【药理作用与适应证】** 本品为临床广泛应用的选择性5－HT再摄取抑制剂，可选择性地抑制5－HT转运体，阻断突触前膜对5－HT的再摄取，延长和增加5－HT的作用，从而产生抗抑郁作用。

用于治疗抑郁症及其伴随的焦虑，尤宜用于老年抑郁症；用于治疗惊恐状态，对广泛性焦虑障碍也有一定疗效；可用于治疗强迫症，但药物剂量应相应加大；适用于神经性贪食症（暴食症）。

**【剂型及规格】** 主要剂型有片剂、胶囊剂和肠溶片。①盐酸氟西汀片：10mg。②盐酸氟西汀肠溶片：90mg。③盐酸氟西汀胶囊：20mg。

**【药物评价】** ①本品相比常规抗抑郁药，疗效确切，副作用较轻，应用安全，因停药及漏服所产生的撤药反应轻，服药方便。②常见不良反应有失眠、恶心、腹泻、易激动、头痛、运动性焦虑、精神紧张、震颤、嗜睡、倦怠、流汗等，大剂量用药时，可出现精神症状，长期用药常发生食欲减退或性功能下降，有撤药反应，须避免突然停药。③对本品过敏者禁用，有癫痫病史、双相情感障碍病史、急性心脏病、有出血倾向者慎用，服药期间不宜驾驶车辆或操作机器。

**【品种信息】** 国产药品：获批文的有17个，生产企业有常州华生制药（优克）、常州四药制药（开克）、上海上药中西制药（奥麦伦）、常州四药制药（金开克）等。进口药品：获批文的有6个，生产企业有Lilly France等。

**【贮藏】** 室温、避光、密闭保存。

**【药品识记】** 扫码认药

## 米氮平[典][基][医保(甲)]

## Mirtazapine

**【商品名】** 派迪生、米尔宁、瑞美隆

**【药理作用与适应证】** 本品可增强中枢去甲肾上腺素（NA）和5－HT活性。通过作用于中枢神经系统产生抗抑郁作用。

用于治疗各种类型抑郁症及抑郁发作。对症状如快感缺乏、精神运动性抑制、睡眠欠佳以及体重减轻均有疗效。也可用于其他症状如对事物丧失兴趣、自杀念头以及情绪波动。

**【剂型及规格】** 米氮平片：15mg、30mg。

**【药物评价】** ①口服后很快从肠道吸收，生物利用度为50%，存在首关效应。②常见不良反应有嗜睡、食欲增加、体重增加、头晕、便秘及口干，偶见直立性低血压、躁狂症、惊厥发作、震颤、肌阵挛、水肿、急性骨髓抑制。③对本品过敏者、精神分裂症、处于抑郁期的躁狂抑郁症患者禁用，儿童、妊娠期妇女、哺乳期妇女禁用，本品能引起镇静、安眠作用，故从事需精神高度集中的活动或工作的人慎用。

**【品种信息】** 国产药品：获批文的有9个，生产企业有华裕（无锡）制药（派迪生）、哈尔滨三联药业（米尔宁）、山西康宝等。进口药品：获批文的有11个，生产企业有N. V. Organon（瑞美隆）等。

**【贮藏】** 遮光，密封，阴凉处（不超过20℃）。

**【药品识记】** 扫码认药

## 其他抗抑郁药

其他抗抑郁药品种信息见表4－2。

表4－2　其他抗抑郁药品种信息

| 药物名称 | 其他名称 | 作用与适应证 | 品种信息 |
|---|---|---|---|
| 舍曲林<br>[典][医保(乙)] | 贝玉、快五优、西同静、彼迈乐、郁洛欣 | 是一种选择性的SSRIs。用于治疗抑郁症的相关症状，包括伴随焦虑、有或无躁狂史的抑郁症。疗效满意后，继续服用本品可有效地防止抑郁症的复发和再发，也用于治疗强迫症 | 【剂型及规格】片剂：50mg、25mg；胶囊剂：50mg；分散片：50mg<br>【生产商】广东逸舒制药（贝玉）、成都奥邦药业（快五优）、天津华津制药（西同静）、广东彼迪药业（彼迈乐）、葵花药业集团佳木斯鹿灵制药（郁洛欣）等 |
| 西酞普兰<br>[典][医保(乙)] | 多弗、一泰纳、望悠 | 为一种SSRIs，为外消旋体。可选择性地抑制5－HT转运体，阻断突触前膜对5－HT的再摄取，延长和增加5－HT的作用，从而产生抗抑郁作用。适用于抑郁性精神障碍（内源性或非内源性抑郁症） | 【剂型及规格】片剂：20mg；口服溶液剂：10ml：20mg<br>【生产商】四川科伦药业（多弗）、江苏恩华药业（一泰纳）、华润三九（唐山）药业（望悠）、瀚晖制药（易特安）等 |
| 艾司西酞普兰<br>[典][基][医保(甲)] | 来士普、百适可 | 为一种SSRIs，是西酞普兰（外消旋体）的左旋对映体。作用机制与抑制中枢神经系统神经元对5－HT的再摄取，从而增强中枢5－HT能神经的功能有关。适用于重症抑郁症，伴有或不伴有广场恐怖症的惊恐障碍，广泛性焦虑 | 【剂型及规格】片剂：5mg、10mg、20mg<br>【生产商】浙江华海药业、山东京卫制药（百适可）、丹麦H. Lundbeck A/S（来士普）等 |
| 文拉法辛<br>[典][基][医保(甲)] | 博乐欣、怡诺思 | 为苯乙胺衍生物，是5－HT及NA再摄取抑制剂（SNRIs），具有抗抑郁作用。镇静作用较弱。适用于各型抑郁症，包括伴有焦虑的抑郁症及广泛性焦虑症 | 【剂型及规格】片剂：25mg、50mg、75mg、100mg；胶囊剂：25mg、75mg；缓释片：37.5mg、75mg；缓释胶囊：75mg<br>【生产商】成都康弘药业（博乐欣）、Pfizer Ireland Pharmaceuticals（怡诺思）等 |
| 曲唑酮<br>[医保(乙)] | 每素玉、舒绪、美时玉 | 属选择性5－HT及NA再摄取抑制剂。能选择性地拮抗5－HT的再摄取，并有微弱的阻止NA再摄取的作用，发挥有效的抗抑郁作用和抗焦虑作用。主要用于治疗抑郁症、伴随抑郁症状的焦虑症以及药物依赖者戒断后的情绪障碍。顽固性抑郁症患者经其他抗抑郁药治疗无效者，用本品往往有效。尤其适用于治疗老年性抑郁症或伴发心脏疾患的患者 | 【剂型及规格】片剂：50mg、25mg、100mg<br>【生产商】常州华生制药（每素玉）、沈阳福宁药业（舒绪）等 |
| 度洛西汀<br>[典][医保(乙)] | 奥思平、欣百达 | 本品是5－HT与NA再摄取的强抑制剂，对多巴胺再摄取的抑制作用相对较弱。用于治疗重型抑郁症，还可用于糖尿病周围神经性疼痛，用于女性中至重度应激性尿失禁 | 【剂型及规格】肠溶片：20mg；肠溶胶囊：20mg、30mg、60mg<br>【生产商】上海上药中西制药（奥思平）、重庆药友制药等 |

【药品识记】扫码认药

## 三、抗焦虑药

### （一）概述

焦虑是多种精神疾病的常见症状，如焦虑障碍就是以持久、无法控制的紧张和焦虑为特征的精神障碍性疾病，常表现为交感神经系统活动过度、坐立不安、睡眠障碍、易激惹、肌肉紧张及惊觉性增高等。抗焦虑药是用于减轻焦虑、紧张、恐惧，稳定情绪并有镇静催眠作用的药物。常用苯二氮䓬类（以下简称 BDZ）药物，如地西泮、氟西泮、劳拉西泮、艾司唑仑、阿普唑仑等。其他的抗焦虑药还有丁螺环酮，5-HT 再摄取抑制剂。

### （二）常见药品识别

## 地西泮[典][基][医保(甲)]

## Diazepam

**【别名】**安定

**【药理作用与适应证】**本品为长效 BDZ 抗焦虑药，随用药量增大而具有抗焦虑、镇静、催眠、抗惊厥、抗癫痫及中枢性肌肉松弛作用。

用于治疗焦虑症及各种功能性神经症；失眠，尤对焦虑性失眠疗效极佳；可与其他抗癫痫药合用，治疗癫痫大发作或小发作；各种原因引起的惊厥，如子痫、破伤风、小儿高热惊厥等；脑血管意外或脊髓损伤性中枢性肌强直或腰肌劳损、内镜检查等所致肌肉痉挛等。

**【剂型及规格】**主要剂型有片剂、注射剂。①地西泮片：2.5mg、5mg。②地西泮注射液：2ml：10mg。

**【药物评价】**①本品口服吸收快而完全，生物利用度高，长期用药有蓄积作用，肌内注射吸收不规则，疗效肯定，是目前临床上最常用药品，第二类精神药品。②常见不良反应有嗜睡、头昏、乏力等；罕见皮疹，白细胞减少；个别病人发生兴奋、多语、睡眠障碍甚至幻觉、停用后消退。③避免长期大量使用而成瘾，如长期使用应逐渐减量，不宜骤停；急性乙醇中毒者、重度重症肌无力者、低蛋白血症、严重慢性阻塞性肺部病变、外科或长期卧床患者慎用；服药后应禁止从事驾驶、高空作业和机器操作等工作。

**【品种信息】**国产药品：获批文的有 183 个，生产企业有上海上药信谊药厂、哈药集团制药等。进口药品：获批文的有 3 个，生产企业 Renaissance Lakewood，LLC。

**【贮藏】**室温、避光、密闭保存。

**【药品识记】**扫码认药

## 其他抗焦虑药

其他抗焦虑药品种信息见表 4-3。

**表 4-3　其他抗焦虑药品种信息**

| 药物名称 | 其他名称 | 作用与适应证 | 品种信息 |
| --- | --- | --- | --- |
| 氯硝西泮[典][基][医保(甲、乙)] | 氯硝安定、静康 | 作用类似地西泮及硝西泮，但抗惊厥作用比前两者强 5 倍，且作用迅速，具有广谱抗癫痫作用。本品尚具有抗焦虑、催眠及中枢性肌肉松弛作用。用于控制各型癫痫，尤其适用于失神发作、婴儿痉挛症、肌阵挛性发作、运动不能性发作及 Lennox-Gastut 综合征 | 【剂型及规格】片剂：0.5mg、2mg；注射液：1ml：1mg、2ml：2mg<br>【生产商】江苏恩华药业（静康）、上海上药信谊药厂、福州海王福药制药、江苏朗欧药业等 |
| 劳拉西泮[典][基][医保(甲)] | 乐拉安、佳普乐、罗拉 | 为中效 BDZ 类镇静、催眠和抗焦虑药物，具有中枢镇静、抗惊厥和肌肉松弛作用，并有显著的催眠作用，其抗焦虑作用较地西泮强 5 倍。用于焦虑障碍的治疗或用于缓解焦虑症状以及与抑郁症状相关的焦虑的短期治疗 | 【剂型及规格】片剂：0.5mg、1mg<br>【生产商】华中药业（乐拉安）、山东信谊制药（佳普乐）、泰国 Atlantic Laboratories Corporation，Ltd.（罗拉）等 |

续表

| 药物名称 | 其他名称 | 作用与适应证 | 品种信息 |
| --- | --- | --- | --- |
| 艾司唑仑[典][基][医保(甲)] | 舒乐安定 | 为短效 BDZ 类镇静、催眠和抗焦虑药，其镇静催眠作用比硝西泮强 2.4～4 倍。用于各种类型的失眠，催眠作用强；用于焦虑、紧张、恐惧及癫痫大、小发作，亦可用于术前镇静 | 【剂型及规格】片剂：1mg、2mg；注射液：1ml：2mg<br>【生产商】天津华津制药、华润双鹤药业、山东信谊制药、江苏朗欧药业等 |
| 阿普唑仑[典][基][医保(甲)] | 佳静安定 | 为新的 BDZ 类药物，具有同地西泮相似的药理作用，有抗焦虑、抗抑郁、镇静、催眠、抗惊厥及肌肉松弛等作用。其抗焦虑作用比地西泮强 10 倍。用于治疗焦虑症、抑郁症、失眠；可作为抗惊恐药；能缓解急性酒精戒断症状；对药源性顽固性呃逆有较好的治疗作用 | 【剂型及规格】片剂：0.4mg；胶囊剂：0.3mg<br>【生产商】上海上药信谊药厂、哈药集团制药六厂、福州海王福药制药、黑龙江瑞格制药 |
| 度螺酮[典][基][医保(乙)] | 律康、希德 | 可选择性激动脑内 $5-HT_{1A}$ 受体，从而发挥抗焦虑作用和改善心身疾病模型的症状。用于各种神经症所致的焦虑状态，如广泛性焦虑症；原发性高血压、消化性溃疡等躯体疾病伴发的焦虑状态 | 【剂型及规格】片剂：5mg、10mg；胶囊剂：5mg、10mg<br>【生产商】四川科瑞德制药（律康）、日本 Sumitomo Dainippon Pharma Co.，Ltd.（希德） |

【药品识记】扫码认药

## 四、镇静催眠药

### （一）概述

失眠即睡眠失常，是临床常见病症之一，虽不属于危重疾病，但妨碍人们正常生活、工作、学习和健康，并能加重或诱发心悸、胸痹、眩晕、头痛、脑卒中等病症。失眠分为偶然性失眠和习惯性失眠，偶然性失眠一般都是暂时的，只要将导致失眠的原因去除，是可以恢复原本的睡眠质量的，不算作疾病。习惯性失眠为长期、反复的失眠，人体的睡眠时相发生错乱，给患者带来长期的痛苦，甚至形成对安眠药物的依赖，而长期服用安眠药物又可引起药源性疾病。

镇静催眠药是一类通过抑制中枢神经系统而缓解过度兴奋和引起近似生理性睡眠的药物。该类药物对中枢神经系统的抑制作用随剂量增加而增强，小剂量呈镇静作用，较大剂量则可产生催眠作用。大剂量时可产生深度抑制，并有抗惊厥、麻醉作用。超大剂量则麻痹延髓，引起呼吸抑制，导致循环衰竭而死亡。

镇静催眠药按化学结构可分为三类：苯二氮䓬类、巴比妥类及其他类。

### （二）常见药品识别

#### 咪达唑仑[典][基][医保(甲、乙)]

#### Midazolam

【别名】咪唑安定

【商品名】力月西、多美康

【药理作用与适应证】本品为苯二氮䓬类的一种，通过和苯二氮䓬受体（BZ 受体）结合发挥作用，并依据和 BZ 受体结合的多少，依次产生抗焦虑、镇静、催眠甚至意识消失。

用于睡眠障碍、失眠，特别适用于入睡困难者、手术或诊断性操作前用药。

**【剂型及规格】** 主要剂型有片剂、注射剂、口服溶液剂。①马来酸咪达唑仑片：15mg。②咪达唑仑注射液：1ml：5mg、2ml：2mg、2ml：10mg、3ml：15mg、5ml：5mg、10ml：50mg。③咪达唑仑口颊黏膜溶液：0.5ml：2.5mg、1ml：5mg、1.5ml：7.5mg、2ml：10mg。

**【药物评价】** ①本品起效快，作用时间短，用药剂量范围大。②可能出现头晕、乏力，偶见血压下降或腹胀等不良反应；偶见过敏性皮疹；短暂顺行性遗忘或长期服用本品可出现躯体性和精神性依赖；骤然停药可出现反跳性失眠。③对苯二氮䓬类药物过敏者、重症肌无力者、严重心肺功能不全者、严重肝功能不全者、睡眠呼吸暂停综合征及儿童患者禁用；服药期间，应避免驾驶或其他机械性操作。

**【品种信息】** 国产药品：获批文的有24个，生产企业有江苏恩华药业（力月西）、江苏九旭药业、宜昌人福药业等。进口药品：获批文的有1个，生产企业有瑞士罗氏 Recipharm Leganés S. L. U.（多美康）等。

**【贮藏】** 片剂：遮光，25℃以下密封保存；注射剂：本品不宜冷冻贮存以防冻裂。

**【药品识记】** 扫码认药

## 唑吡坦[基][医保(乙)]

## Zolpidem

**【商品名】** 诺宾、思诺思

**【药理作用与适应证】** 本品为催眠剂，通过选择性地与中枢神经系统的 $\omega_1$ -受体亚型的结合，产生药理作用。本品小剂量时，能缩短入睡时间，延长睡眠时间；在较大剂量时，第2相睡眠、慢波睡眠（第3和第4相睡眠）时间延长，眼快动期（REM）睡眠时间缩短。

用于失眠症的短期治疗。

**【剂型及规格】** 主要剂型有片剂、口腔崩解片、分散片。①酒石酸唑吡坦片：5mg、10mg。②酒石酸唑吡坦口腔崩解片：5mg。③酒石酸唑吡坦分散片：10mg。

**【药物评价】** ①口服后吸收迅速且完全，疗效肯定，安全性高，无成瘾性。②不良反应可见眩晕、嗜睡、恶心、呕吐、头痛、记忆减退、夜寝不安、腹泻、摔倒、麻醉感觉和肌痛。③仅在必要时才服用本品治疗，不宜长期服用；本品有中枢抑制作用，服药后应禁止从事驾驶、高空作业和机器操作等工作。

**【品种信息】** 国产药品：获批文的有13个，生产企业有江苏豪森药业（诺宾）、上海现代制药、鲁南贝特制药等。进口药品：获批文的有3个，生产企业有法国赛诺菲 Sanofi Winthrop Industrie（思诺思）等。

**【贮藏】** 遮光，密封保存。

## 佐匹克隆[典][基][医保(乙)]

## Zopiclone

**【商品名】** 金盟、三辰、青尔齐、文飞、忆孟返

**【药理作用与适应证】** 本品常规剂量具有镇静催眠和肌肉松弛作用；其作用于苯二氮䓬受体，但结合方式不同于苯二氮䓬类药物；为速效催眠药，能延长睡眠时间，提高睡眠质量，减少夜间觉醒和早醒次数。特点为次晨残余作用低。

用于各种失眠症。

**【剂型及规格】** 主要剂型有片剂、胶囊剂。①佐匹克隆片：3.75mg、7.5mg。②佐匹克隆胶囊：3.75mg、7.5mg。

**【药物评价】** ①本品作用迅速，与苯二氮䓬类相比作用更强。②不良反应：可见困倦、口苦、口干、肌无力、头痛；长期服药后突然停药可出现反跳性失眠、噩梦、恶心、呕吐、焦虑、肌痛、震颤；罕见有痉挛、肌肉颤抖、意识模糊。③对本品过敏者、呼吸代偿功能不全者、重症肌无力者、重症睡眠呼吸暂停综合征患者及严重肝功能不全者禁用；妊娠期妇女、哺乳期妇女及15岁以下儿童不宜使用。④过量服用可导致深睡甚至昏迷；用药时间不宜过长，一般不超过4周，可间断使用，停药时须逐渐减量；用药期间不宜驾车或从事机械操作；用药期间禁止饮酒。

**【品种信息】** 国产药品：获批文的有23个，生产企业有吉林金恒制药（金盟）、齐鲁制药（三辰）、天津华津制药（青尔齐）、江苏天士力帝益药业（文飞）等。进口药品：获批文的有3个，生产企业有法国赛诺菲 Sanofi Winthrop Industrie（忆孟返）等。

**【贮藏】** 遮光，密封保存。

**【药品识记】** 扫码认药

## 知识链接

### 中国镇静催眠药物行业概览

近年来，镇静催眠药物行业受药品监管、药品集中招标采购、两票制等多项医改政策影响较大，但由于中国失眠患者基数庞大且增速迅猛，整体市场呈现增长趋势。

**1. 终端用药需求增加** 目前患有睡眠问题的人数占中国总人数40%以上，就诊率不足30%。失眠问题在中国普遍存在。市场仍有巨大上升潜力。

**2. 老龄化程度加深，需求随之增加** 2020年65岁及以上老年人口比例达到总人口数量的17.3%。老年人患有睡眠问题的概率是年轻人的5~6倍。老年人口数量日益增加，对镇静催眠药物的需求也随之增加。

**3. 中成药逐渐普及，未来市场潜力巨大** 西药尽管经过三代改进副作用已显著降低，长期服用仍可对身体功能造成损伤。镇静催眠中成药恰好弥补了西药的不足，未来市场潜力巨大。

【详情扫码】

## 即学即练

答案解析

1. 百优解是（　　）的商品名

A. 氯米帕明　B. 帕罗西汀　C. 米氮平　D. 氟西汀

2. 下列可以用来治疗精神分裂症的是（　　）

A. 氯丙嗪　B. 舍曲林　C. 劳拉西泮　D. 阿普唑仑

# 实践实训五

## 神经系统及精神障碍常用药分类识别训练

### 【实训目的】

1. 能够分类识别神经系统及精神障碍常用药品，从大类到小类按类列药。

2. 能够对上述药品根据其通用名、商品名进行分类整理，在此基础上进行药品陈列、存储、销售等相关工作。

3. 能够在模拟药房中按功能、用途对神经系统及精神障碍常用药品进行上架陈列及知名产品推荐。

### 【材料准备】

1. 神经系统及精神障碍常用药药品盒或者药品卡片若干。

2. 神经系统及精神障碍常用药各类别重点品种列表。

3. 计算机、网络、智能手机。

4. 模拟药房。

### 【实施步骤】

**1. 获取资讯**　全员分小组学习相关理论知识，对着《神经系统及精神障碍常用药各类别重点品种列表》，扫码巩固学习重点品种药物商品包装标签及简化版说明书；教师讲解重点品种，认真做好记录。

**2. 小组自主识别**　小组成员协作学习，结合资讯知识点及教师讲解要点，对照训练组下发的药品盒或卡片，按类识别记忆药物商品信息，包含药品功能类别、通用名称、商品名称、主要作用与适应证，讨论并交流最佳记忆方式；可利用互联网查阅信息，强化记忆。

**3. 检验识别成果**

（1）打乱训练组药盒或卡片次序，小组内成员按类别每人负责一类药品（可抽签决定），教师计时考核团队药品分类陈列情况。（教师团队考核）

（2）组内成员每人随机抽取一个代表药品，小组内进行药品推介展示，同时进行组内互评。（小组个人考核）

4. 教师总结点评。

### 【注意事项】

1. 教师在示范讲解过程中要结合包装图片，增强直观性，可用引导法，增强互动性。

2. 自主识别过程主要靠团队合作学习能力，要求每位成员高度配合，发挥最大潜能，不断提高团队合作学习能力。

3. 训练前应明确该任务的考核要求。

4. 陈列考核过程要注意团队配合性，组内提前按类别做好分工安排。

### 巩固提升

神经系统及精神障碍常用药各类别重点品种见下列思维导图，扫码见药物商品包装标签及简化版说明书，巩固学习，精益求精。

药品详情

- 神经系统及精神障碍常用药重点品种
  - 神经系统常用药
    - 抗帕金森药：多巴丝肼片、盐酸普拉克索片
    - 抗癫痫药：卡马西平片、奥卡西平片、苯妥英钠片
    - 脑血管病用药及降颅压药：盐酸氟桂利嗪胶囊、甲磺酸倍他司汀片
    - 抗痴呆药和脑代谢改善药：胞磷胆碱钠胶囊、茴拉西坦片、奥拉西坦胶囊
  - 精神障碍用药
    - 抗精神病药：利培酮片
    - 抗抑郁药：盐酸帕罗西汀片、盐酸氟西汀分散片、米氮平片

## 目标检测

答案解析

### 一、单项选择题

1. 左旋多巴应用12个月后，出现“开关现象”，可换用的药物是（　　）

A. 双氯芬酸钠　　B. 苯海索　　C. 氯米帕明　　D. 哌替啶

2. 关于左旋多巴抗帕金森病的作用特点，错误的是（　　）

A. 对轻症患者疗效好　　B. 对年轻患者疗效好

C. 起效慢，作用久　　D. 对肌肉震颤效果好

3. 对所有类型的癫痫都有效的广谱抗癫痫药是（　　）

A. 丙戊酸钠　　B. 苯巴比妥　　C. 乙琥胺　　D. 苯妥英钠

4. 苯妥英钠是（　　）的首选药物

A. 癫痫小发作　　B. 癫痫大发作

C. 癫痫精神运动性发作　　D. 帕金森病发作

5. 商品名为“尼膜同”的制剂，是（　　）生产的

A. 西安杨森　　B. 拜耳　　C. 北京诺华　　D. 中美史克

6. 能促进脑细胞代谢，改善大脑功能的药物是（　　）

A. 对乙酰氨基酚　　B. 尼可刹米　　C. 胞磷胆碱钠　　D. 咖啡因

7. 氯丙嗪可引起下列（　　）分泌

A. 甲状腺激素　　B. 催乳素　　C. 促肾上腺皮质激素　　D. 促性腺激素

8. “舒乐安定”指的是（　　）

A. 地西泮　　B. 氟西泮　　C. 艾司唑仑　　D. 阿普唑仑

9. “乐友”是（　　）的商品名

A. 氯米帕明　　B. 帕罗西汀　　C. 米氮平　　D. 氟西汀

10. 地西泮的不良反应不包括（　　）

A. 嗜睡、头昏乏力　　B. 大剂量可产生共济失调

C. 长期应用可产生耐受性、依赖性　　D. 凝血机制障碍

### 二、多项选择题

1. 下列药物中，可用于抗帕金森的是（　　）

A. 左旋多巴　　B. 多巴丝肼　　C. 苯海索　　D. 普拉克索

2. 下列属于药物奥卡西平商品名的是（　　）

A. 曲莱　　B. 仁澳　　C. 万仪　　D. 德巴金

3. 下列药物中，可用于抗癫痫的是（　　）

A. 卡马西平　　B. 丙戊酸钠　　C. 石杉碱甲　　D. 加巴喷丁

4. 下列属于药物利培酮商品名的是（　　）

A. 敌平　　B. 思利舒　　C. 维思通　　D. 恒德

5. 下列药物中，可用于抗抑郁的是（　　）

A. 帕罗西汀　　B. 阿普唑仑　　C. 舍曲林　　D. 文拉法辛

## 三、判断题

1. 左多巴是药物左旋多巴的别称。
2. 卡马西平既可以抗癫痫又可用于三叉神经痛。
3. 石杉碱甲是我国研发的抗痴呆药。
4. 来士普是药物西酞普兰的商品名。
5. “思诺思”的生产企业是法国赛诺菲－安万特。

---

书网融合……

知识回顾　　习题

# 项目五　镇痛药、解热镇痛抗炎药及抗痛风药

## 学习引导

《后汉书·华佗转》记载“若疾发于内，针药不能及者，乃令先以酒服麻沸散，既醉无知觉”。可见镇痛药从古至今都受到医生及患者的重视。随着医学的不断进步以及医药工作者对镇痛药的不断研究，市面上出现了各种各样的镇痛药。镇痛药分为哪些类型？面对不同的疼痛类型该如何选择？用镇痛药会不会上瘾？镇痛药是不是不痛了就不用了？

本单元主要介绍镇痛、解热、抗炎、抗风湿、抗痛风常用药物及每类药物的代表药品，并结合当前国内医药市场介绍其药物商品的基本信息。

## 学习目标

1. **掌握**　镇痛药、解热镇痛抗炎药、抗痛风药的分类，每种类别代表药品的名称及其适应证。

2. **熟悉**　上述药物代表药品的药理作用特点、常见剂型与规格以及药物评价信息。

3. **了解**　上述药物的概述、市场现状和发展趋势，代表药品的品种信息以及其他品种的相关商品信息。

PPT

## 任务一　镇痛药与解热镇痛抗炎药

疼痛是一种因组织损伤或潜在的组织损伤而产生的痛苦感觉，常伴随恐惧、紧张、不安等情绪活动或心血管及呼吸方面的变化，甚至诱发休克而危及生命。因此，临床上适当使用镇痛药以缓解剧痛并预防休克是有效的，在治疗疾病和创伤救护中具有重要的意义。

目前，可以镇痛的药物包括：①镇痛药，如吗啡、可待因、哌替啶、美沙酮、芬太尼、曲马多等，作用于中枢神经系统，产生明显的镇痛作用。但此类药物大多反复应用易产生耐受性和依赖性，属于“麻醉药品和精神药品”管理范畴，不宜长期使用。②解热镇痛抗炎药，如阿司匹林、对乙酰氨基酚、布洛芬、吲哚美辛、双氯芬酸等，通过抑制前列腺素的合成产生镇痛作用，具有中等强度的镇痛作用。③平滑肌解痉药，如阿托品、山莨菪碱、普鲁本辛等，可解除平滑肌的痉挛缓解内脏绞痛。在实际应用过程中，应根据疼痛的性质和程度合理选用镇痛药，可单独使用，也可以联合应用。本任务主要介绍镇痛药、解热镇痛抗炎药和抗风湿药。

## 一、镇痛药

### （一）概述

镇痛药是指作用于中枢神经系统，在不影响意识和其他感觉的情况下，选择性减轻和缓解疼痛的药品。本类药品镇痛作用强大，缓解疼痛的同时也缓解了因疼痛引发的精神紧张、烦躁不安等不愉快情绪，从而使患者耐受疼痛。因连续多次应用后易产生成瘾性，又称“麻醉性镇痛药”，仅限于急性剧烈疼痛的短期治疗或晚期癌症疼痛。目前临床应用的多数镇痛药属于阿片类镇痛药，如吗啡、哌替啶、芬太尼等，非阿片类镇痛药如普瑞巴林等。镇痛药药物类别、特点及代表药物见表5－1。

表5－1　镇痛药药物类别、特点及代表药物

| 类别 | | 特点 | 代表药物名称 |
|---|---|---|---|
| 阿片类镇痛药 | 阿片生物碱类镇痛药 | 多数药物连续应用可致依赖性，不宜长期应用。大多数药物对呼吸中枢有抑制作用，中毒剂量时可因呼吸被抑制而死亡 | 吗啡、可待因、罂粟碱 |
| | 人工合成镇痛药 | | 哌替啶、阿法罗定、芬太尼、美沙酮、喷他佐辛 |
| 其他镇痛药 | | 无呼吸抑制和成瘾性等不良反应，但仍可能出现严重的精神症状和神经损害 | 齐考诺肽、普瑞巴林 |

### （二）常见药品识别

#### 吗啡[典][基][医保(甲、乙)]

#### Morphine

**【别名】**盐酸吗啡

**【商品名】**美菲康、美施康定、丽科吉、锐宁

**【药理作用与适应证】**为阿片受体激动剂。有强大的镇痛作用，对一切疼痛均有效，对持续性钝痛比间断性锐痛及内脏绞痛效果强，作用维持4～6小时，但易成瘾；具有明显镇静作用，有时产生欣快感，可改善疼痛患者的紧张情绪；可抑制呼吸中枢，降低呼吸中枢对二氧化碳的敏感性；可抑制咳嗽中枢，产生镇咳作用，因有成瘾性，并不用于临床；可使消化道平滑肌兴奋，可致便秘，并使胆道、输尿管、支气管平滑肌张力增加；可促进内源性组胺释放而使外周血管扩张，血压下降，使脑血管扩张，颅压增高。

主要用于创伤、手术、烧伤等引起的剧痛；也用于心肌梗死、心源性哮喘、麻醉前给药。

**【剂型及规格】**主要剂型有片剂、栓剂、注射剂、口服溶液。①硫酸吗啡片：10mg、20mg、30mg。②盐酸吗啡片：5mg、10mg、20mg、30mg。③硫酸吗啡缓释片：10mg、30mg。④盐酸吗啡缓释片：10mg、60mg。⑤硫酸吗啡栓：10mg、20mg。⑥硫酸吗啡注射液：1ml：10mg、1ml：20mg、1ml：30mg。⑦盐酸吗啡注射液：1ml：10mg、0.5ml：5mg。⑧硫酸吗啡口服溶液：10ml：20mg、10ml：30mg。

**【药物评价】**①本品不良反应形式多样，常见：瞳孔缩小如针尖样、视物模糊或复视、便秘、排尿困难、直立性低血压、眩晕、恶心、呕吐、嗜睡等。少见：呼吸抑制、幻觉、耳鸣、惊厥、抑郁、皮疹、支气管痉挛和喉头水肿等。②连续应用3～5天即可产生耐受性，1周以上可成瘾。③忌用于不明原因的疼痛，以防掩盖症状，贻误诊治。④应用过量，可致急性中毒，主要表现为昏迷、针状瞳孔、呼吸浅弱、血压下降、发绀等。中毒解救可用吗啡拮抗剂纳洛酮。

【品种信息】国产药品：获批文的有42个，生产企业有西南药业（美菲康）、萌蒂（中国）制药（美施康定）、湖北科益药业（丽科吉）、宜昌人福药业（锐宁）、青海制药厂、马应龙药业等。进口药品：获批文的有8个，生产企业是英国 Napp Pharmaceuticals Limited。

【贮藏】遮光、密闭、在25℃以下保存。

【药品识记】扫码认药

## 哌替啶[典][基][医保(甲)]

## Pethidine

【别名】度冷丁

【药理作用与适应证】阿片受体激动剂。镇痛作用相当于吗啡的1/10～1/8，作用维持2～4小时。对胆道和支气管平滑肌张力的增强作用较弱，能使胆总管括约肌痉挛，对呼吸有抑制作用。镇静、镇咳作用较弱。

主要用于各种剧痛，如创伤、烧伤、烫伤、术后疼痛等；还可用于心源性哮喘、麻醉前给药；与阿托品合用治疗胆绞痛、肾绞痛；与氯丙嗪、异丙嗪等合用进行人工冬眠。

【剂型及规格】主要剂型有片剂、注射剂。①盐酸哌替啶片：25mg、50mg。②盐酸哌替啶注射液：1ml：50mg、2ml：100mg。

【药物评价】①副作用有头晕、头痛、出汗、口干、恶心、呕吐等。过量可致瞳孔散大、惊厥、心动过速、幻觉、血压下降、呼吸抑制、昏迷等。②皮下注射局部有刺激性，静脉注射后可出现外周血管扩张、血压下降。③适用于分娩止痛，但须监视其对新生儿的呼吸抑制作用。④纳洛酮可使哌替啶中毒出现的兴奋惊厥等症状加重，此时只能用地西泮或巴比妥类药物解除。

【品种信息】国产药品：获批文的有9个，生产企业有青海制药厂、宜昌人福药业、东北制药集团沈阳第一制药等。暂无进口药品。

【贮藏】片剂密封保存，注射液密闭保存。

【药品识记】扫码认药

## 芬太尼[典][基][医保(甲、乙)]

## Fentanyl

【商品名】多瑞吉

【药理作用与适应证】阿片受体激动剂，属强效麻醉性镇痛药。镇痛作用为吗啡的80倍，与吗啡和哌替啶相比，芬太尼作用快而短，对呼吸的抑制作用弱于吗啡。

主要用于各种疼痛及外科、妇科等手术后和手术过程中的疼痛；也用于防止或减轻手术后出现的谵妄；还可与麻醉药合用，作为麻醉辅助用药；可与氟哌利多配伍产生神经安定麻醉。

【剂型及规格】主要剂型有注射剂、贴剂。①枸橼酸芬太尼注射液：2ml：0.1mg、10ml：0.5mg。②芬太尼透皮贴剂：2.5mg/贴、5mg/贴、2.1mg/贴、4.2mg/贴、8.4mg/贴、2.062mg/3.75$cm^2$/贴、4.125mg/7.5$cm^2$/贴、8.250mg/15$cm^2$/贴、12.375mg/22.5$cm^2$/贴、16.5mg/30$cm^2$/贴。

【药物评价】①可能出现恶心、呕吐，约1小时后，自行缓解，还可引起视物模糊、发痒和欣快感。

②快速推注或大剂量易抑制呼吸。③贴片禁用于急性或术后疼痛、非阿片类镇痛剂有效者。

**【品种信息】** 国产品种：获批文的有39个，生产企业有国药集团廊坊分公司、江苏恩华药业、常州四药制药、河南羚锐制药等。进口药品：获批文的有6个，生产企业是比利时 Janssen Pharmaceutica N. V.。

**【贮藏】** 避光、密封保存。

**【药品识记】** 扫码认药

## 普瑞巴林[基][医保(乙)]

## Pregabalin

**【商品名】** 乐瑞卡

**【药理作用与适应证】** 本品是一种新型 $\gamma$-氨基丁酸（GABA）受体激动剂，与中枢神经系统中 $\alpha_2-\delta$ 位点（电压门控钙通道的一个辅助性亚基）有高度亲和力，能阻断电压依赖性钙通道，减少神经递质的释放。具有抗癫痫、镇痛和抗焦虑活性。

主要用于治疗外周神经痛以及辅助性治疗局限性部分癫痫发作。还可用于治疗带状疱疹后神经痛。

**【剂型及规格】** 主要剂型有胶囊剂、口服溶液。①普瑞巴林胶囊：25mg、75mg、100mg、150mg。②普瑞巴林口服溶液：2%（473ml：9460mg）。

**【药物评价】** ①最常见的不良反应是头晕、嗜睡、口干、水肿、视物模糊、体重增加及注意力不集中等，其他常见的不良反应包括腹痛、过敏、发热、胃肠炎、食欲增加、瘀斑、关节痛、肌痛、焦虑等，多数不良反应为轻、中度，且呈剂量相关性。②本品主要经肾脏排泄，肾功能减退的患者应调整剂量。③如出现血管性水肿或超敏反应宜立即停药。

**【品种信息】** 国产药品：获批文的有48个，生产企业有齐鲁制药（海南）、重庆赛维药业、宁波美诺华天康药业、华润双鹤药业、贝克诺顿（浙江）制药。进口药品：获批文的有6个，生产企业是 Pfizer Manufacturing Deutschland GmbH，Betriebsstatte Freiburg（乐瑞卡）。

**【贮藏】** 密封保存。

**【药品识记】** 扫码认药

## 二、解热镇痛抗炎药

### 案例分析

**案例描述**　68岁的张大爷晨练时突然晕倒，情况十分紧急。幸运的是，因抢救及时，张大爷最终脱离了危险，并没有留下明显后遗症。醒来后的张大爷心有余悸，说起自己的发病原因，张大爷后悔不已。原来，张大爷患有高血压和糖尿病，属于心脑血管疾病的高危人群，按照医生的指导，张大爷开始服用阿司匹林。服用一段时间后，张大爷发现自己的血压比较稳定，便擅自停止了阿司匹林的服用。停药后不久就发生了上面惊险的一幕。

**讨　　论**　1. 上述患者突然晕倒的原因是什么？

2. 服用阿司匹林应注意什么？

答案解析

### （一）概述

解热镇痛抗炎药是一类具有解热镇痛作用，大多数还具有抗炎、抗风湿作用的药物。这类药物的化学结构及作用机制与甾体抗炎药糖皮质激素不同，故又称为非甾体抗炎药类（NSAIDs）。本类药物的具体作用如下。

**1. 解热** 具有较好的解热作用，可使发热患者体温下降至正常，但不影响正常人体温。本类药物使下丘脑体温调节中枢前列腺素（PG）合成减少，散热增加，达到解热目的。解热药用量不可过大，对幼儿、年老体弱者应慎用，防止引起大汗虚脱。高热及持续不断的发热是严重疾病的信号，如连续3日使用该类药物不退热，应及时就医。

**2. 镇痛** 对头痛、牙痛、神经痛、关节痛、肌肉痛及月经痛等中等程度的钝痛效果较好，对轻度癌性疼痛也有较好的镇痛效果，对外伤性剧痛及内脏平滑肌绞痛无效。与中枢性镇痛药不同，其镇痛作用部位主要通过抑制外周PG合成，降低感受器兴奋性，同时抑制缓激肽合成。镇痛剂量下不抑制呼吸、无镇静催眠作用，不产生欣快感和依赖性。如服用5日仍不见疼痛症状缓解或消失，应向医生咨询。

**3. 抗炎、抗风湿** 除苯胺类外，均有较强的抗炎、抗风湿作用。其机制是抑制PG的合成，减弱PG对致炎物质的增敏作用。抗风湿作用主要是由于抗炎，同时也与解热镇痛作用有关。对于炎性疼痛，如吲哚美辛、双氯芬酸等效果较好，风湿则以阿司匹林、吲哚美辛、昔康类、昔布类药物为主，其中阿司匹林疗效确切、不良反应少，故为抗风湿首选药。解热镇痛抗炎药药物类别、特点及其代表药物见表5－2。

表5－2 解热镇痛抗炎药药物类别、特点及其代表药物

| 类别 | | 特点 | 代表药物名称 |
|---|---|---|---|
| 非选择性COX抑制剂 | 水杨酸类 | 对COX－1和COX－2的抑制无生物学和临床意义上的区别，此类药物均具有普遍的胃肠、肝、肾等不良反应，表现为胃肠道溃疡、出血、穿孔、肝肾功能障碍等 | 阿司匹林、二氟尼柳 |
| | 乙酸类 | | 双氯芬酸、吲哚美辛、舒林酸、依托芬那酯 |
| | 丙酸类 | | 布洛芬、酮洛芬、芬布芬、萘普生 |
| | 芬那酸类 | | 氯芬那酸、甲芬那酸 |
| | 吡唑酮类 | | 安乃近、氨基比林、保泰松 |
| | 苯胺类 | | 对乙酰氨基酚、非那西丁 |
| 选择性COX－2抑制剂 | 萘酰碱酮类 | 对COX－2的抑制强度是对COX－1的2～100倍，在一定剂量下对COX－1无影响，但在高剂量下，则出现有临床意义的与COX－1相关的副作用 | 萘丁美酮、尼美舒利 |
| | 昔康类 | | 吡罗昔康、美洛昔康、替诺昔康、氯诺昔康 |
| | 昔布类 | | 塞来昔布、帕瑞昔布 |

**知识链接**

**阿司匹林的历史**

阿司匹林为历史悠久的解热镇痛药，从使用至今已有100多年的历史，成为医药史上三大经典药物之一。早在1853年Gerhardt就用水杨酸和乙酸酐合成了乙酰水杨酸，却未引起重视；1898年德国化学家Hoffmann又进行了乙酰水杨酸的合成，并用其为父亲治疗风湿性关节炎，疗效很好；1899年德国拜耳公司Dreser将其介绍到临床。随着科学的发展，近些年来还发现它有许多新的药效药理作用。从最初的消炎镇痛，到预防心血管系统疾病，再到其在肿瘤及其他领域中最新的研究进展，阿司匹林展现出多种用途。

【启示】党的二十大报告提出："教育、科技、人才是全面建设社会主义现代化国家的基础性、战略性支撑，必须坚持科技是第一生产力、人才是第一资源、创新是第一动力"。在实现中华民族伟大复兴的征程上，一代又一代科学家心系祖国和人民，不畏艰险，不惧挑战，勇攀高峰，无私奉献。阿司匹林为人类的健康做出了巨大的贡献，它是在几代科学家的共同努力下才诞生并确立其治疗作用的，我们要学习科学家们的执着探索、攻坚克难的研究精神。

阿司匹林的故事【详情扫码】

### （二）常见药品识别

## 对乙酰氨基酚[典][基][医保(甲、乙)]

## Paracetamol 微课

【别名】扑热息痛

【商品名】泰诺林、必理通、百服咛、散列通、佳杏、倍乐信等

【药理作用与适应证】有解热、镇痛作用，类似阿司匹林，但抗炎作用较弱，对凝血无明显影响。

主要用于感冒发热、关节痛、神经痛及偏头痛、癌性痛及手术后疼痛。还可用于对阿司匹林过敏、不耐受或不适于应用阿司匹林的患者（水痘、血友病以及其他出血性疾病等）。

【剂型及规格】主要剂型有滴剂、颗粒剂、干混悬剂、片剂、栓剂、胶囊剂、糖浆剂、注射剂、口服溶液等。①对乙酰氨基酚滴剂：10%。②对乙酰氨基酚泡腾颗粒剂：2g（含对乙酰氨基酚 0.1g）、10g（含对乙酰氨基酚 0.5g）。③对乙酰氨基酚干混悬剂：1.01g：0.3g、6.5g：0.5g、4.22g：1.25g、12.65g：3.75g。④对乙酰氨基酚片：0.1g、0.12g、0.16g、0.3g、0.5g。⑤对乙酰氨基酚栓：0.125g、0.15g、0.3g、0.6g。⑥对乙酰氨基酚胶囊：0.3g。⑦对乙酰氨基酚糖浆：2.4%。⑧对乙酰氨基酚注射液：1ml：75mg、2ml：0.25g。⑨对乙酰氨基酚口服溶液：2.4%、3.2%、10ml/支、100ml/瓶。

【药物评价】①常规剂量不良反应少，偶有恶心、呕吐、出汗、腹痛、皮肤苍白等。少数病例出现过敏性皮炎、粒细胞缺乏、血小板减少、高铁血红蛋白血症、贫血、肝肾功能损害等，很少引起胃肠道出血。②本品不宜大量或长期服用，以免引起造血系统及肝肾损害。

【品种信息】国产药品：获批文的有 2722 个，生产企业有上海强生制药（泰诺林）、中美天津史克制药（必理通）、中美上海施贵宝制药（百服咛）、西南药业（散列通）、亚宝药业四川制药（佳杏）、成都恒瑞制药（倍乐信）、云南白药集团、东北制药集团沈阳第一制药等。暂无进口药品。

【贮藏】口服剂型密封保存；注射液遮光，密闭保存；栓剂密封，在阴凉处保存。

【药品识记】扫码认药

## 阿司匹林[典][基][医保(甲、乙)]

## Aspirin

【别名】乙酰水杨酸

【商品名】施泰乐、协美达、益欣雪、巴米尔、欣动、塞宁、拜阿司匹灵等

【药理作用与适应证】本品为非选择性的 COX 抑制剂，具有镇痛、解热作用，对轻、中度体表疼

痛，尤其是炎症性疼痛有明显疗效；具有抗炎、抗风湿作用，用药后减少急性风湿热的临床症状；小剂量对血小板功能有强烈和长时间的抑制作用，可起到抗血栓的作用。

主要用于发热、头痛、神经痛、肌肉痛、风湿热、急性风湿性关节炎及类风湿关节炎，为风湿热、风湿性关节炎及类风湿关节炎首选药。对急性风湿热伴有心肌炎者，可合用皮质激素。还可用于痛风、心肌梗死、动脉血栓、动脉粥样硬化等的治疗和预防。

**【剂型及规格】** 主要剂型有片剂、栓剂、散剂、胶囊剂。①阿司匹林片：0.3g、0.5g。②阿司匹林栓：0.1g、0.15g、0.3g、0.5g。③阿司匹林散：0.1g、0.5g。④阿司匹林肠溶片：25mg、40mg、50mg、75mg、300mg。⑤阿司匹林缓释片：50mg、75mg。⑥阿司匹林泡腾片：0.1g、0.3g、0.5g。⑦阿司匹林肠溶胶囊：0.1g、0.3g、0.5g。

**【药物评价】** ①一般用于解热镇痛的剂量很少引起不良反应，长期大量用药如治疗风湿热时，尤其当血药浓度大于200μg/ml时较易出现不良反应，如胃肠道反应、凝血障碍、中枢神经系统反应、过敏反应、肝肾功能损害。②本品仅缓解症状，如必要则需同时针对病因进行治疗。③年老体弱或体温在40℃以上者，解热时宜用小量，以免大量出汗而引起虚脱。④解热时应多喝水，以利排汗和降温，否则因出汗过多而造成水与电解质平衡失调或虚脱。⑤胃及十二指肠溃疡病患者应慎用或不用，如需用应与抗酸药同服或使用肠溶片，肠溶片应整片服用。

**【品种信息】** 国产药品：获批文的有954个，生产企业有浙江巨泰药业（施泰乐）、郑州市协和制药厂（协美达）、天津力生制药（益欣雪）、阿斯利康制药（巴米尔）、赤峰蒙欣药业（欣动）、哈尔滨格拉雷药业（塞宁）、北京曙光药业、上海上药信谊药厂、山东新华制药等。进口药品：获批文的有9个，生产企业有Bayer AG（拜阿司匹灵）等。

**【贮藏】** 密封、遮光、在阴凉干燥处保存。

**【药品识记】** 扫码认药

## 布洛芬[典][基][医保(甲、乙)]

## Ibuprofen

**【别名】** 异丁洛芬

**【商品名】** 美林、托恩、迪尔诺、保施泰、雅维、司百得等

**【药理作用与适应证】** 非选择性的COX抑制剂，有较强的解热镇痛、抗炎、抗风湿作用，其作用强度与阿司匹林、保泰松相似，比对乙酰氨基酚好。

主要治疗风湿及类风湿关节炎，也可用于解热镇痛。

**【剂型及规格】** 主要剂型有片剂、颗粒剂、胶囊剂、糖浆剂、凝胶剂、乳膏剂、混悬剂、注射剂、搽剂等。①布洛芬片：0.1g、0.2g；布洛芬缓释片：0.2g、0.3g。②布洛芬颗粒：0.1g、0.2g。③布洛芬胶囊：0.2g、0.15g；布洛芬缓释胶囊：0.3g、0.4g。④布洛芬糖浆：20ml：0.4g、60ml：1.2g、90ml：1.8g、10ml：0.2g。⑤布洛芬凝胶：15g：0.75g。⑥布洛芬乳膏：20g：1g。⑦布洛芬混悬液：2%。⑧布洛芬注射液：4ml：4g、8ml：8g。⑨布洛芬搽剂：50ml：2.5g。

**【药物评价】** ①不良反应与服用剂量正相关，主要包括消化不良、胃灼热感、胃痛、恶心等，出现于16%长期用药者，停药则上述症状消失，不停药者大多数亦可耐受。1%～3%的患者出现头痛、嗜睡、晕眩、耳鸣等神经系统症状，偶见下肢水肿、皮疹、白细胞减少等。②长期用药时应定期检查血象

及肝肾功能。

**【品种信息】** 国产药品：获批文的有 574 个，生产企业有上海强生制药（美林）、天大药业（托恩）、武汉人福药业（迪尔诺）、广州南新制药（保施泰）、惠氏制药（雅维）、海南赞邦制药（司百得）、哈药集团世一堂制药厂、上海信谊天平药业、修正药业、华北制药等。暂无进口药品。

**【贮藏】** 密封保存。

**【药品识记】** 扫码认药

## 双氯芬酸钠[典][基][医保(乙)]

## Diclofenac Sodium

**【别名】** 双氯灭痛

**【商品名】** 扶他林、迪克乐克、芬迪、迪扶欣、立舒、佳贝、戴芬等

**【药理作用与适应证】** 非选择性的 COX 抑制剂，有较强的镇痛、抗炎、解热作用。

主要用于类风湿关节炎、神经炎、红斑狼疮及癌症、手术后疼痛、各种原因引起的发热。

**【剂型及规格】** 主要剂型有栓剂、片剂、凝胶剂、胶囊剂、注射剂、气雾剂、贴剂。①双氯芬酸钠栓：12.5mg、50mg。②双氯芬酸钠片：25mg。③双氯芬酸钠凝胶：10g：0.1g、15g：0.15g、20：0.2g、30：0.3g、40g：0.4g。④双氯芬酸钠注射液：2ml：5mg。⑤双氯芬酸钠气雾剂：30g：0.375g、60g：0.75g。⑥双氯芬酸钠肠溶片：25mg。⑦双氯芬酸钠缓释胶囊：0.05g、0.1g。⑧双氯芬酸钠缓释片：0.05g、0.075g、0.1g。⑨双氯芬酸钠贴剂：50mg，$5\times10cm^2$/贴。

**【药物评价】** ①最常见胃肠道不良反应，主要为胃不适、腹痛、恶心、呕吐、胀气等，其中少数可出现溃疡、出血、穿孔。神经系统表现有头痛、眩晕、嗜睡、感觉障碍、记忆障碍、视觉障碍、听力损害等。偶见皮疹，罕见荨麻疹、疱疹、湿疹、剥脱性皮炎等。血液系统表现有血小板减少、白细胞减少、粒细胞缺乏、溶血性贫血、再生障碍性贫血。②作为抗炎镇痛的二线用药，只能在至少一种其他非甾体抗炎药治疗失败的情况下使用。最大单次剂量不超过 100mg，疗程不能超过 15 天。③用药期间应常规随访检查肝、肾功能。

**【品种信息】** 国产药品：获批文的有 696 个，生产企业有北京诺华制药（扶他林）、山德士（中国）制药（迪克乐克）、马应龙药业（芬迪）、沈阳绿洲制药（迪扶欣）、丽珠集团丽珠制药厂（立舒）、药大制药（佳贝）、山东京卫制药、石药集团欧意药业、华润双鹤药业、华润紫竹药业等。进口药品：获批文的有 1 个，生产企业有 Temmler Ireland Ltd.（戴芬）等。

**【贮藏】** 遮光、密闭、在干燥处保存。

**【药品识记】** 扫码认药

## 吲哚美辛[典][基][医保(甲、乙)]

## Indometacin

**【别名】** 消炎痛

**【商品名】** 意施丁、比诺、美达新、万特力

**【药理作用与适应证】** 通过抑制环氧酶，减少前列腺素合成，产生解热、镇痛、抗炎的作用。

主要用于急慢性风湿性关节炎、痛风性关节炎及癌性疼痛；滑囊炎、腱鞘炎及关节囊炎等；恶性肿瘤引起的发热或其他难以控制的发热；防止血栓形成；胆绞痛、输尿管结石症引起的绞痛、偏头痛、月经痛。

**【剂型及规格】** 主要剂型有片剂、栓剂、胶囊剂、软膏剂、搽剂、滴眼剂。①吲哚美辛片：25mg。②吲哚美辛栓：50mg、0.1g。③吲哚美辛胶囊：25mg。④吲哚美辛软膏：1%。⑤吲哚美辛肠溶片：25mg。⑥吲哚美辛缓释片：25mg、75mg。⑦吲哚美辛搽剂：20ml：200mg、50ml：500mg、1%、1.5%。⑧吲哚美辛滴眼剂：8ml：40mg。

**【药物评价】** ①药物不良反应主要有胃肠道反应，严重的可致胃溃疡及出血甚至穿孔；神经系统反应如头痛、眩晕；血液系统反应如白细胞减少，偶有再生障碍性贫血；过敏反应如各型皮疹、哮喘；肾脏毒性如出现血尿、水肿、肾功能不全，在老年人多见。②本品可干扰血小板凝集，应避免与抗凝血药同用。③本品与阿司匹林有交叉过敏反应，故对阿司匹林过敏者不宜使用。

**【品种信息】** 国产药品：获批文的有313个，生产企业有萌蒂（中国）制药（意施丁）、武汉爱民制药、上海信谊万象药业（美达新）、丽珠集团利民制药厂、四川科伦药业、石药集团欧意药业等。进口药品：获批文的有8个，生产企业有Kowa Company，Ltd.（万特力）等。

**【贮藏】** 遮光，密闭，阴凉处保存。

**【药品识记】** 扫码认药

## 来氟米特[典][基][医保(乙)]

## Leflunomide

**【商品名】** 爱若华、妥抒、优通、关平、赫派、奥克鲁

**【药理作用与适应证】** 本品为异唑类衍生物，具有抗风湿的活性，通过抑制嘧啶的全程生物合成，从而直接抑制淋巴细胞和B细胞的增殖。

主要用于成人风湿性关节炎的治疗。

**【剂型及规格】** 主要剂型有片剂、胶囊剂。①来氟米特片：5mg、10mg、20mg。②来氟米特胶囊：10mg。

**【药物评价】** ①主要不良反应包括瘙痒、剂量依赖性皮疹、可逆性脱发、氨基转移酶升高、胃肠道不良反应（最常见的有畏食、腹痛、腹泻、呕吐、胃炎及胃肠炎）。②妊娠期妇女及哺乳期妇女禁用。③其活性代谢产物半衰期长，服药后应仔细观察。

**【品种信息】** 国产药品：获批文的有18个，生产企业有苏州长征-欣凯制药（爱若华）、福建汇天生物药业（妥抒）、常州华生制药（优通）、河北万岁药业（关平）、美罗药业（赫派）、江苏联环药业（奥克鲁）、齐鲁制药、江苏亚邦爱普森药业等。暂无进口药品。

**【贮藏】** 遮光、密封于干燥处保存。

**【药品识记】** 扫码认药

### 其他解热镇痛抗炎药

其他解热镇痛抗炎药品种信息见表5-3。

表 5-3 其他解热镇痛抗炎药物品种信息

| 药物名称 | 其他名称 | 作用与适应证 | 品种信息 |
|---|---|---|---|
| 尼美舒利 [典][医保(甲)] | 美舒宁 | 选择性抑制 COX-2，具有很强的抗炎、镇痛、解热作用。用于类风湿关节炎和骨关节炎、痛经、手术后痛和发热等 | 【剂型及规格】片剂：50mg、100mg；颗粒剂：2g∶100mg、1g∶50mg；胶囊剂：0.1g、0.2g；凝胶剂：10g∶0.3g；口服混悬剂：50mg、1g∶0.1g；口腔崩解片：0.1g<br>【生产商】广州白云山医药集团、天津药物研究院药业等 |
| 美洛昔康 [典][医保(乙)] | 莫比可 | 选择性抑制 COX-2，具有抗炎、镇痛和解热作用。用于类风湿关节炎和骨关节炎的对症治疗 | 【剂型及规格】颗粒剂、胶囊剂、分散片：7.5mg；片剂：7.5mg、15mg；凝胶剂：10g∶50mg<br>【生产商】海南先声药业、扬子江药业、上海勃林格殷格翰药业（莫比可）等 |
| 塞来昔布 [医保(乙)] | 塞来考昔、西乐葆 | 通过抑制 COX-2 阻断花生四烯酸合成前列腺素而发挥抗炎镇痛作用。用于急、慢性骨关节炎和类风湿关节炎 | 【剂型及规格】胶囊剂：0.1g、0.2g<br>【生产商】齐鲁制药、江苏恒瑞医药、先声药业、辉瑞制药（西乐葆）等 |
| 依托考昔 [医保(乙)] | 安康信、依托昔布 | 通过抑制 COX-2，减少前列腺素和血栓素生成而发挥解热、镇痛和抗炎作用。用于急性痛风性关节炎、类风湿关节炎、骨关节炎、慢性腰背疼痛、强直性脊柱炎、原发性痛经和术后牙痛等 | 【剂型及规格】片剂：30mg、60mg、90mg、120mg<br>【生产商】齐鲁制药、成都苑东生物制药、北京泰德制药等 |
| 艾瑞昔布 [医保(乙)] | 恒扬 | 通过抑制 COX 发挥镇痛作用。用于缓解骨关节炎的疼痛症状 | 【剂型及规格】片剂：0.1g<br>【生产商】江苏恒瑞医药（恒扬） |
| 艾拉莫德 [医保(乙)] | 艾得辛 | 在体外可抑制炎性细胞因子，可抑制 COX-2 的活性，而发挥抗炎作用。用于治疗活动性类风湿关节炎 | 【剂型及规格】片剂：25mg<br>【生产商】海南先声药业（艾得辛） |
| 羟氯喹 [基][医保(乙)] | 纷乐、赛能 | 其作用机制尚不清楚，可能与其免疫抑制与抗炎作用有关。用于类风湿关节炎、青少年慢性关节炎、盘状和系统性红斑狼疮 | 【剂型及规格】片剂：0.1g、0.2g<br>【生产商】上海上药中西制药（纷乐）、赛诺菲（赛能） |
| 白芍总苷 [医保(乙)] | 帕夫林 | 为抗炎免疫调节药，对多种炎症性病理模型如大鼠佐性关节炎、角叉菜胶诱导的大鼠足爪肿胀和环磷酰胺诱导的细胞和体液免疫增高或降低模型等具有明显的抗炎和免疫调节作用。用于类风湿关节炎 | 【剂型及规格】胶囊剂：0.3g<br>【生产商】宁波立华制药（帕夫林） |

**【药品识记】扫码认药**

## 即学即练

答案解析

1. 下列属于阿片生物碱类镇痛药的是（ ）

A. 哌替啶　B. 芬太尼　C. 吗啡　D. 普瑞巴林

2. 下列属于丙酸类解热镇痛抗炎、抗风湿药的是（ ）

A. 阿司匹林　B. 对乙酰氨基酚　C. 布洛芬　D. 萘普生

# 任务二 抗痛风药

PPT

痛风是一种由体内嘌呤代谢紊乱所致的慢性疾病，具有间歇性发作的特点。它的主要特点是体内尿酸盐生成过多或肾脏排泄尿酸减少，从而引起血液中尿酸盐浓度升高，临床上称为高尿酸血症。由于尿酸在关节、肾脏及结缔组织中析出结晶，引起关节局部炎症反应，发作时患者拇趾、足背、足跟、踝、指、腕等小关节都可以见到红肿且剧痛，反复发作，严重者会造成关节活动障碍、畸形，临床上称为痛风性关节炎。其严重发作时发生的肾功能衰竭及尿毒症，是导致痛风病人死亡的主要原因之一。到目前为止，尚无根治的办法，其治疗的原则是饮食控制加有效的药物治疗。本任务主要介绍抗痛风药物类别及代表药品。

**案例分析**

**案例描述** 十多年前，老王刚发病时为足趾肿痛，曾医院就诊，经过消炎镇痛等治疗后缓解，但只要一饮酒、吃海鲜或火锅，就会引起关节红肿疼痛。肿痛部位从最初的足部关节逐渐发展至踝关节、膝关节、肘关节等，发作越来越频，由起初的一年1~2次，逐渐变为每月1次，最后升至每月数次，近一年来关节肿痛都没有完全缓解。此外，手、耳朵等处出现大小不等的结节，日常生活受到严重影响。这次因疼痛加重，住院治疗，查血尿酸780μmol/L（正常范围90~420μmol/L），血肌酐也高出正常值，双肾多发结石，双肾间质弥漫性回声增粗。医生诊断：痛风、痛风性慢性关节炎、痛风石、痛风性间质性肾病、慢性肾功能不全。

**讨　论** 1. 痛风的症状有哪些？

2. 痛风如何治疗？治疗药物有哪些？

答案解析

## 抗痛风药

### （一）概述

痛风急性发作的治疗可以应用抑制炎症反应的药物，如秋水仙碱、非甾体抗炎药、促肾上腺皮质激素或糖皮质激素，尽快终止急性关节炎发作，缓解急性症状；发作间歇期于急性期后，需使用促进尿酸排泄药和抑制尿酸合成药，以纠正高尿酸血症，使血尿酸维持在正常范围，防止尿酸盐沉积造成的关节破坏、肾脏损害及痛风石的形成，预防急性期的发作。抗痛风药药物类别及其代表药物见表5-4。

表5-4　抗痛风药药物类别及其代表药物

| 类　别 | 代表药物名称 |
| --- | --- |
| 抑制粒细胞浸润药 | 秋水仙碱 |
| 非甾体抗炎药 | 吲哚美辛、保泰松、双氯芬酸、萘普生、舒林酸、布洛芬 |
| 促肾上腺皮质激素或糖皮质激素类 | 促皮质素（ACTH）、泼尼松 |
| 促进尿酸排泄药 | 丙磺舒、磺吡酮、苯溴马隆 |
| 抑制尿酸生成药 | 别嘌醇、非布司他、奥昔嘌醇 |

## （二）常见药品识别

### 别嘌醇[典][基][医保(甲、乙)]

### Allopurinol

**【别名】**别嘌呤醇

**【商品名】**奥迈必利、易达通

**【药理作用与适应证】**本品及其代谢产物抑制体内黄嘌呤氧化酶，使次黄嘌呤和黄嘌呤不能转化为尿酸，尿酸合成减少，进而降低血中尿酸浓度，减少尿酸盐在骨、关节及肾脏沉着。

主要用于慢性原发性或继发性痛风、痛风性肾病。

**【剂型及规格】**主要剂型有片剂、胶囊剂。①别嘌醇片：0.1g。②别嘌醇缓释片：0.25g。③别嘌醇缓释胶囊：0.25g。

**【药物评价】**①患者对本品的耐受性较好，不良反应较少，个别病人可出现皮疹、腹泻、腹痛、低热、暂时性转氨酶升高或粒细胞减少。停药给予相应治疗一般可恢复。②服用本品初期促使尿酸结晶重新溶解时可再次诱发并加重关节炎急性期症状，故开始4～8周内可与小剂量秋水仙碱合用。③用药期间应多饮水，使尿液呈中性或碱性以利于尿酸排泄。④肾功能不良的病人可使别黄嘌呤在体内蓄积，使本药不良反应增多。

**【品种信息】**国产药品：获批文的有21个，生产企业有黑龙江澳利达奈德制药（奥迈必利）、海南普利制药（易达通）、广州白云山医药集团、上海信谊万象药业、广东彼迪药业等。暂无进口药品。

**【贮藏】**遮光，密闭保存。

**【药品识记】**扫码认药

### 秋水仙碱[典][基][医保(甲)]

### Colchicine

**【别名】**秋水仙素、阿马因

**【商品名】**舒风灵

**【药理作用与适应证】**和中性粒细胞微管蛋白的亚单位结合改变细胞膜功能，包括抑制中性粒细胞的趋化、黏附和吞噬作用；抑制磷脂酶 $A_2$，减少单核细胞和中性粒细胞释放前列腺素和白三烯；抑制局部细胞产生白介素-6等，从而达到控制关节局部的红肿热痛等炎症反应。

主要用于痛风性关节炎的急性发作，预防复发性痛风性关节炎的急性发作，家族性地中海热。

**【剂型及规格】**秋水仙碱片：0.5mg、1mg。

**【药物评价】**①不良反应较多，与剂量大小有明显相关性。如胃肠道反应，肌肉、周围神经病变，骨髓抑制、休克、脱发、皮疹、发热等。②尽量避免静脉注射和长期口服给药，禁止静脉和口服途径并用，不宜长期应用预防痛风性关节炎发作。

**【品种信息】**国产药品：获批文的有17个，生产企业有昆药集团（舒风灵）、广州柏赛罗药业、广东彼迪药业、北京嘉林药业等。暂无进口药品。

**【贮藏】**遮光，密闭保存。

**【药品识记】**扫码认药

## 苯溴马隆[典][基][医保(乙)]

## Benzbromarone

【别名】痛风利仙

【商品名】尤诺、尔同舒、立加利仙

【药理作用与适应证】为强力促尿酸排泄药。具有抑制肾小管对尿酸的重吸收作用，因而降低血中尿酸浓度。

主要用于原发性高尿酸血症、痛风性关节炎间歇期及痛风石患者。

【剂型及规格】主要剂型有片剂、胶囊剂。①苯溴马隆片：25mg、50mg。②苯溴马隆胶囊：50mg。

【药物评价】①可见胃肠道反应、肾绞痛及激发急性关节炎发作，少数患者可出现粒细胞减少，很少发生皮疹、发热。②服用本品时应保证每日约2000ml的饮水或碱化尿液。③服用本品的过程中，如有痛风性关节炎急性发作，可加用非甾体抗炎药。

【品种信息】国产药品：获批文的有10个，生产企业有常州康普药业（尤诺）、宜昌东阳光长江药业（尔同舒）、昆山龙灯瑞迪制药（立加利仙）等。进口药品：获批文的有2个，生产企业有德国Excella GmbH & Co. KG（立加利仙）等。

【贮藏】遮光、密封保存。

【药品识记】扫码认药

## 非布司他[医保(乙)]

## Febuxostat

【别名】非布坦索

【商品名】风定宁、优立通、瑞扬、菲布力

【药理作用与适应证】为新型非嘌呤类黄嘌呤氧化酶抑制剂，通过抑制尿酸合成降低血清尿酸浓度。

主要用于痛风患者高尿酸血症的长期治疗。

【剂型及规格】非布司他片：20mg、40mg、80mg。

【药物评价】①不良反应大多轻微，具有自限性。常见有恶心、皮疹、关节痛和肝功能异常。②与别嘌醇相比，本品可能增加心脏相关性死亡的风险，因此服药期间应监测心肌梗死和脑卒中的症状和体征。③服用本品初期可能会引起痛风发作，建议预防性服用非甾体抗炎药或秋水仙碱。

【品种信息】国产药品：获批文的有41个，生产企业有杭州朱养心药业（风定宁）、江苏万邦生化医药集团（优立通）、江苏恒瑞医药（瑞扬）等。进口药品：获批文的有6个，生产企业是日本Teijin Pharma Limited（菲布力）。

【贮藏】遮光、密闭、不超过25℃保存。

【药品识记】扫码认药

## 知识链接

**痛风急性关节炎发作期患者注意事项**

应忌食高嘌呤食物，如酵母、动物胰脏、浓缩肉汁、肉脯、沙丁鱼、凤尾鱼、动物心脏等。可吃橘子、葡萄、山楂、番茄、苹果、咖啡、茶、奶、蛋、海藻类等低嘌呤食物，切忌喝啤酒。

【详情扫码】

## 即学即练

答案解析

1. 下列属于促进尿酸排泄药的是（　　）

A. 秋水仙碱　　B. 别嘌醇　　C. 苯溴马隆　　D. 非布司他

2. 下列属于抑制粒细胞浸润药的是（　　）

A. 秋水仙碱　　B. 别嘌醇　　C. 苯溴马隆　　D. 非布司他

# 实践实训六

## 疼痛用药咨询与指导技能训练

### 【实训目的】

1. 通过对患者症状的询问，能够正确判断患者的疾病类型。

2. 熟悉目前常用的镇痛药、解热镇痛抗炎及抗风湿药、抗痛风药的品种及作用特点，明确各类药物的适应证。

3. 根据患者的病情和特征，能针对性地介绍相应的药品，并能根据药品说明书指导患者合理用药。

### 【实训准备】

1. 由柜台和货架构成的模拟药房。

2. 镇痛药、解热镇痛抗炎及抗风湿药、抗痛风药数十种药品盒或者卡片。

3. 抽签确定各小组训练的案例情景，训练前应完成情景对话脚本设计。

4. 组内成员，抽签决定扮演角色（营业员和患者）。

### 【实施步骤】

1. 教师分别展示不同疼痛类型的病例，要求各组学生查阅资料，归纳总结疼痛类型及治疗药物。

2. 各组学生代表抽签选定情景模拟的病情案例。

3. 小组协作，按照疾病问询、疾病评估、药品介绍、用药注意事项介绍、健康指导等步骤，初步完成用药咨询情景模拟对话设计脚本。

4. 组内交流、完善并确定最终训练脚本。

5. 组内成员按照脚本，两两合作，进行角色扮演，模拟药店疼痛用药咨询过程，并完成小组内个人评价。

6. 各小组推荐优秀代表进行班内分享，教师进行团队评价。

7. 教师总结点评。

【注意事项】

1. 训练过程中注意药学服务过程的规范性，要体现责任关怀、专业呵护、细心耐心的职业素养，沟通语言要通俗易懂、和蔼亲切。

2. 各组在提交情景设计脚本时，要标明组内成员的分工。

3. 教师团队考核过程，要结合脚本内容，如疾病诊断的正确性、选药的合理性、注意事项、健康指导等是否准确全面进行综合评定。

【扫码获取《不同疼痛类型病例》】

## 巩固提升

解热镇痛抗炎、抗痛风常用药各类别重点品种，扫码查看药物商品包装标签及简化版说明书。

药品详情

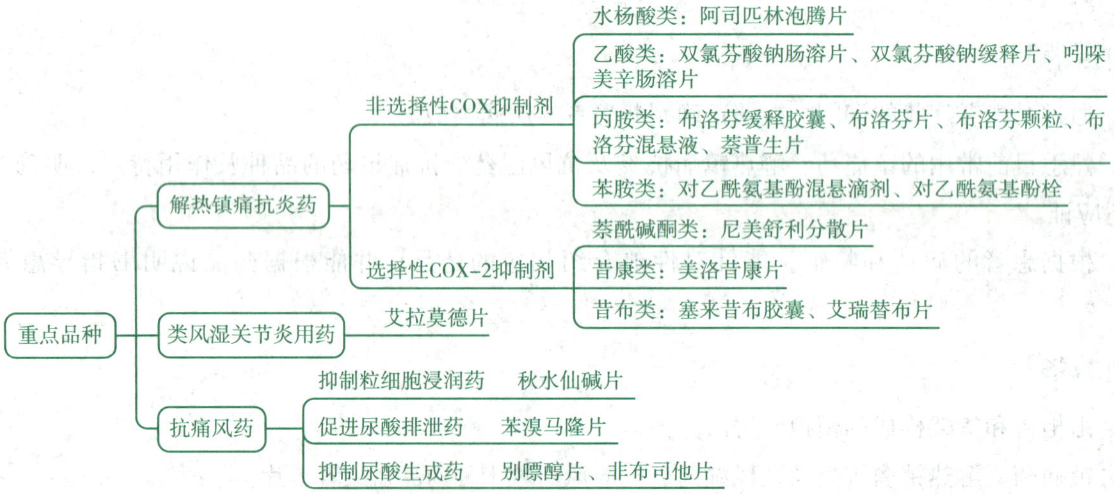


## 目标检测

答案解析

### 一、单项选择题

1. 解热镇痛抗炎药中几乎没有抗炎作用的是（　　）

A. 阿司匹林　　B. 布洛芬　　C. 对乙酰氨基酚　　D. 双氯芬酸

2. 阿司匹林的不良反应不包括（　　）
   A. 水杨酸反应　B. 凝血障碍　C. 瑞氏综合征　D. 水钠潴留
3. 属于选择性 COX－2 抑制剂的是（　　）
   A. 安乃近　B. 布洛芬　C. 塞来昔布　D. 萘普生
4. 以下属于人工合成镇痛药的是（　　）
   A. 吗啡　B. 芬太尼　C. 可待因　D. 普瑞巴林
5. 关于解热镇痛抗炎药，以下不正确的是（　　）
   A. 可降低任何人的体温　B. 具有较强的解热镇痛作用
   C. 大多数具有较强的抗炎作用　D. 对慢性中度钝痛效果好
6. 别嘌醇的临床应用是（　　）
   A. 感冒发热　B. 痛风　C. 心律失常　D. 高血压
7. 痛风慢性期促进尿酸排泄的药是（　　）
   A. 苯溴马隆　B. 阿司匹林　C. 秋水仙碱　D. 吲哚美辛
8. 麻醉性镇痛药其特点是（　　）
   A. 有镇痛、解热作用　B. 有强大的镇痛作用，反复应用容易成瘾
   C. 有镇痛、解热、抗炎作用　D. 有强大的镇痛作用，无成瘾性
9. 镇痛作用最强的药物是（　　）
   A. 吗啡　B. 喷他佐辛　C. 美沙酮　D. 芬太尼
10. 解热镇痛抗炎药的解热作用机制是（　　）
   A. 抑制缓激肽的生产　B. 抑制内热源的释放
   C. 作用于中枢，使 PG 合成减少　D. 作用于外周，使 PG 合成减少

## 二、多项选择题

1. 关于对乙酰氨基酚，说法正确的是（　　）
   A. 解热镇痛作用持久　B. 抗炎作用强　C. 抑制环氧酶
   D. 影响血栓形成　E. 抗过敏
2. 吗啡对中枢神经系统的药理作用包括（　　）
   A. 镇痛、镇静　B. 镇咳　C. 抑制呼吸
   D. 缩瞳　E. 恶心、呕吐
3. 以下药物可用于痛风急性发作期的是（　　）
   A. 秋水仙碱　B. 苯溴马隆　C. 吲哚美辛
   D. 丙磺舒　E. 非布司他

书网融合……

知识回顾　微课　习题

# 项目六　呼吸系统常用药和感冒制剂

## 学习引导

冬春交替季节，天气干燥，早晚气温变化幅度较大，很容易诱发感冒和各种呼吸系统疾病。如果出现呼吸系统疾病的相应症状，比如发热、咳嗽、咽痛、喘憋、打喷嚏甚至周身酸痛等情况时，首先应寻找自己出现上述不适的原因或者诱因，同时还应注意周围人群是不是有类似情况。其次，应该进行自我健康管理和观察，可以自行初步使用一些药物。那么，呼吸系统常用药和感冒制剂都有哪些种类呢？常见代表药品有哪些？市场现状如何呢？

本单元主要介绍呼吸系统常用药和感冒制剂药物分类及每类药物的代表药品，并结合当前国内医药市场介绍其药物商品的基本信息。

### 学习目标

1. 掌握　镇咳药、祛痰药、平喘药、感冒制剂的分类，每种类别代表药品的名称与适应证。
2. 熟悉　上述药物每种类别代表药品的作用特点、剂型与规格以及药物评价信息。
3. 了解　上述药物的概述、市场现状和发展趋势，代表药品的品种信息以及其他品种的相关商品信息。

## 任务一　镇咳、祛痰、平喘药

PPT

咳、痰、喘是呼吸系统疾病的常见症状，三者常同时存在并相互影响，如不加以控制，长期反复发作，有发展成肺气肿和肺源性心脏病的可能。因此，呼吸系统疾病的用药环节包括在应用抗微生物药、抗寄生虫药、抗肿瘤药及抗过敏药进行对因治疗的同时，还应及时采用镇咳、祛痰、平喘药对症治疗，以消除或缓解呼吸道症状，减轻患者痛苦。本任务主要介绍常见的镇咳、祛痰、平喘药。

### 一、镇咳药

#### （一）概述

咳嗽为呼吸系统受到刺激时所产生的一种保护性反射动作，咳嗽动作的产生，有利于痰液、呼吸道异物及其他病理性产物从气管、支气管中排出，使呼吸道清洁，呼吸顺畅。一般轻度咳嗽不需要使用镇咳药，但剧烈而频繁的咳嗽不仅影响睡眠和休息，而且还会引起多种并发症，此时，需要使用镇咳药使之缓解。镇咳药按照作用部位的不同可分为中枢性镇咳药和外周性镇咳药两大类。镇咳药药物类别、特点及其代表药物见表6-1。

表6-1　镇咳药药物类别、特点及其代表药物

| 类别 | | 特点 | 代表药物名称 |
| --- | --- | --- | --- |
| 中枢性镇咳药 | 成瘾性镇咳药 | 具有成瘾性和呼吸抑制作用 | 可待因、福尔可定 |
| 中枢性镇咳药 | 非成瘾性镇咳药 | 不具有成瘾性，在治疗剂量条件下对呼吸中枢的抑制作用不明显 | 右美沙芬、喷托维林、氯哌斯汀、普罗吗酯 |
| 外周性镇咳药 | | 抑制咳嗽反射弧中感受器、传入神经、传出神经以及效应器中任何一个环节而镇咳 | 苯佐那酯、苯丙哌林、那可丁 |

## 知识链接

### “止咳露”事件

20世纪90年代末，我国部分地区一些在校学生、青年人中，流行喝“止咳露”，声称可起到兴奋、消除疲劳等效果，饮用者中很多已达到上瘾程度，严重影响身体、学习和工作。

“止咳露”事件被曝光后，我国政府一直密切监测该类药品的滥用情况，2000年以来多次采取措施加强监管。

【启示】党的二十大报告提出：“要推进健康中国建设，把保障人民健康放在优先发展的战略位置，促进中医药传承创新发展，健全公共卫生体系。”全民健康是一个国家综合实力的体现，作为作为一名有良知的药学工作者，我们要遵守国家的相关法律法规，要对各种滥用药、不合理用药坚决说“不”，倡导公众合理用药，是我们需终身践行的责任。

【详情扫码】

### （二）常见药品识别

#### 可待因[典][基][医保(甲、乙)]

#### Codeine

**【别名】** 甲基吗啡

**【商品名】** 西可奇、尼柯康、斯力邦、路盖克、新泰洛其、可普芬等

**【药理作用与适应证】** 本品通过直接抑制延髓咳嗽中枢而起效，止咳作用强大且迅速，作用强度约为吗啡的1/4，耐受性及成瘾性较吗啡弱。也具有镇痛和镇静作用，其镇痛作用约为吗啡的1/12～1/7，但强于一般解热镇痛药。

主要用于各种原因引起的剧烈干咳和刺激性咳嗽，尤其适用于伴有胸痛的剧烈干咳，还可用于中度以上的疼痛。镇静作用可用于辅助全麻或局麻。

**【剂型及规格】** 主要剂型有糖浆剂、片剂、注射剂、缓释片、口服溶液。①磷酸可待因糖浆：100ml。②磷酸可待因片：15mg、30mg。③磷酸可待因缓释片：45mg。④磷酸可待因注射液：1ml∶15mg、1ml∶30mg。⑤复方可待因口服溶液：100ml∶100mg。⑥复方磷酸可待因口服溶液：1ml∶1mg。

【药物评价】①过量可引起兴奋、烦躁不安、瞳孔缩小、呼吸抑制、低血压、心率过缓。②长期应用可引起躯体依赖性。常用量引起便秘、呼吸抑制，依赖性的倾向均较其他吗啡类药物为轻。③小儿过量可发生惊厥，以纳洛酮对抗。④长期用药可产生耐受性、成瘾性。⑤妊娠期应用可透过胎盘使胎儿成瘾，分娩期应用可引起新生儿呼吸抑制。

【品种信息】国产药品：获批文的有43个，生产企业有西南药业（尼柯康）、上海信谊百路达药业（斯力邦）、青海制药厂（西司奇）、国药集团（可普芬）、威海路坦制药（路盖克）、珠海联邦制药（新泰洛其）等。进口药品：获批文的有11个，生产企业有澳美制药（佩夫人克露）等。

【贮藏】遮光、密封、置阴凉处保存。

## 喷托维林[典][基][医保(甲)]

## Pentoxyverine

【别名】咳必清

【药理作用与适应证】本品能选择性地抑制咳嗽中枢，对呼吸道黏膜有局部麻醉和阿托品样解痉作用，大剂量可直接松弛支气管平滑肌及抑制呼吸道感受器而兼有外周镇咳作用，镇咳强度为可待因的1/3，但无成瘾性。

主要用于干咳及上呼吸道感染引起的咳嗽。

【剂型及规格】主要剂型有糖浆剂、片剂、滴丸剂。①枸橼酸喷托维林糖浆：0.25%。②枸橼酸喷托维林片：25mg。③枸橼酸喷托维林滴丸：25mg。

【药物评价】①偶有便秘、轻度头痛、头晕、嗜睡、口干、恶心、腹胀、皮肤过敏等不良反应。②青光眼患者、心功能不全者慎用。③痰多者应与祛痰药合用。④服药期间不得驾驶机、车、船，从事高空作业，机械作业及操作精密仪器。

【品种信息】国产药品：获批文的有261个，生产企业有成都迪康药业、哈尔滨东方制药、西安利君制药、石药集团欧意药业、河南科伦药业等。暂无进口药品。

【贮藏】密封，在干燥处保存。

【药品识记】扫码认药

## 右美沙芬[典][医保(乙)]

## Dextromethorphan

【别名】美沙芬

【商品名】贝泰、可乐尔、倍克尔

【药理作用与适应证】本品为吗啡类左吗喃甲基醚的右旋异构体，通过抑制延髓咳嗽中枢而发挥中枢性镇咳作用。其镇咳强度与可待因相等或略强。无镇痛作用，长期应用未见耐受性和成瘾性。治疗剂量不抑制呼吸。

主要用于干咳，适用于感冒、急性或慢性支气管炎、支气管哮喘、咽喉炎、肺结核以及其他上呼吸道感染时的咳嗽。

【剂型及规格】主要剂型有注射剂、颗粒剂、胶囊剂、片剂、糖浆剂、口服溶液等。①注射用氢溴酸右美沙芬：5mg。②氢溴酸右美沙芬颗粒：7.5mg、15mg。③氢溴酸右美沙芬胶囊：15mg。④氢溴酸右美沙芬糖浆：1ml∶2mg、10ml∶15mg、100ml∶150mg。⑤氢溴酸右美沙芬片：15mg。⑥氢溴酸右美沙芬口服溶液：10ml∶15mg、120ml∶180mg。

**【药物评价】**①偶有嗜睡、头晕、便秘等不良反应。②对本品过敏者、正服用单胺氧化酶阻断剂的患者或停药不满两周的患者、妊娠3个月内的孕妇、哺乳期妇女禁用。③有精神病史者忌用；哮喘患者、痰多患者、肝肾功能不全患者慎用。④本品具有催眠作用，用药后应避免从事高空作业和驾驶类等危险操作。

**【品种信息】**国产药品：获批文的有120个，生产企业有石药集团欧意药业（可乐尔）、海南先声药业（贝泰）、杭州民生健康药业（倍克尔）、丽珠集团等。暂无进口药品。

**【贮藏】**遮光，密封保存。

**【药品识记】**扫码认药

### 复方甘草[典][基][医保(甲)]

### CompoundLicorice

**【商品名】**甘帝欣

**【药理作用与适应证】**本药为复方制剂，其主要成分中的甘草为保护性镇咳祛痰剂，其所含阿片粉或复方樟脑酊具有较强的镇咳作用；其中的樟脑、八角茴香油等能刺激支气管黏膜，反射性地增加腺体分泌，稀释痰液，使痰容易咳出。上述成分组成复方制剂，有镇咳、祛痰的协同作用。

主要用于镇咳、祛痰。

**【剂型及规格】**主要剂型有片剂、口服溶液。①复方甘草片：每片含甘草流浸膏粉112.5mg、阿片粉4mg、樟脑2mg、八角茴香油2mg、苯甲酸钠2mg。②复方甘草口服溶液：每1000ml中含甘草流浸膏120ml、复方樟脑酊180ml、甘油120ml、愈创木酚甘油醚5g、浓氨溶液适量。

**【药物评价】**①有微弱的恶心、呕吐反应。②甘草有弱皮质激素样作用，长期、大剂量应用有引起水钠潴留和低血钾的假性醛固酮增多、高血压和心脏损害的危险性。③服用本品时注意避免同时服用强力镇咳药。④孕妇、哺乳期妇女及胃溃疡患者慎用。

**【品种信息】**国产药品：获批文的有80个，生产企业有甘肃祁连山药业（甘帝欣）、国药集团中联药业、海南制药厂、神威药业、南京白敬宇制药等。暂无进口药品。

**【贮藏】**密封，在干燥处保存；溶液在避光、阴凉处保存。

**【药品识记】**扫码认药

## 二、祛痰药

### （一）概述

痰为呼吸道炎症等情况下的病理性分泌物，其潴留可刺激黏膜下感受器引起咳嗽、加重呼吸道的感染症状；大量痰液还可阻塞呼吸道引起气急，甚至窒息。因此，促进痰液的排出是呼吸系统对症治疗的关键。

祛痰药是一类能增加呼吸道分泌、使痰液稀释或能裂解痰中黏性成分，使其黏度降低而易于咳出的药物。根据作用机制的不同，分为恶心性祛痰药、刺激性祛痰药、黏痰溶解药和黏液稀释药。祛痰药药物类别、特点及其代表药物见表6－2。

表6－2 祛痰药药物类别、特点及其代表药物

| 类别 | 特点 | 代表药物名称 |
|---|---|---|
| 恶心性祛痰药 | 口服后刺激胃黏膜，引起轻微的恶心，反射性地促进呼吸道腺体分泌增加，使痰液稀释，易于咳出 | 氯化铵、碘化钾、愈创甘油醚 |
| 刺激性祛痰药 | 为挥发性物质，加入沸水中，其蒸气刺激呼吸道黏膜，增加腺体分泌，使痰液变稀，易于咳出 | 桉叶油、安息香酊 |
| 黏痰溶解药 | 分解痰液的黏性成分，使黏痰液化，黏滞性降低而易于咳出 | 氨溴索、乙酰半胱氨酸 |
| 黏液稀释药 | 作用于气管、支气管的黏液产生细胞，使其分泌黏滞性低的分泌物，使呼吸道分泌的流变性恢复正常，痰液由黏变稀，易于咳出 | 羧甲司坦、桉柠蒎 |

### （二）常见药品识别

#### 氨溴索[典][基][医保(甲、乙)]

Ambroxol

**【商品名】** 平坦、坦静、耐邦、沐舒坦

**【药理作用与适应证】** 为溴己新在体内的活性代谢产物，作用似溴己新但显著超过溴己新，且毒性小，耐受性好。能促进肺表面活性物质的分泌及气道液体分泌，使痰中的黏多糖蛋白纤维断裂，促进黏痰溶解，降低痰黏度，增强支气管黏膜纤毛运动，促进痰液排出。

主要用于急、慢性支气管炎及支气管哮喘、支气管扩张、肺气肿、肺结核、肺尘埃沉着病、手术后的咳痰困难等。

**【剂型及规格】** 主要剂型有颗粒剂、胶囊剂、糖浆剂、片剂、口服溶液、注射剂等。①盐酸氨溴索颗粒：15mg、30mg。②盐酸氨溴索胶囊：30mg、60mg。③盐酸氨溴索糖浆：60ml：0.36g、100ml：0.6g。④盐酸氨溴索缓释胶囊：25mg、75mg。⑤盐酸氨溴索片：30mg、60mg。⑥盐酸氨溴索缓释片：75mg。⑦盐酸氨溴索注射液：1ml：7.5mg、2ml：15mg、4ml：30mg。⑧盐酸氨溴索口服溶液：3mg/ml、6mg/ml。⑨注射用盐酸氨溴索：15mg、30mg。

**【药物评价】** ①不良反应较少，偶有胃部不适、胃痛、腹泻等。偶见皮疹等过敏反应。②妊娠头3个月慎用。③避免与中枢性镇咳药合用，以免稀化的痰液堵塞气道。④与抗生素（阿莫西林、头孢呋辛、红霉素、多西环素）协同治疗可升高抗生素在肺组织的浓度。

**【品种信息】** 国产药品：获批文的有293个，生产企业有北京大洋药业（平坦）、四川大冢制药（坦静）、扬子江药业集团江苏制药、山东罗欣药业、江苏恒瑞药业、江苏亚邦生缘药业（耐邦）、石药集团欧意药业等。进口药品：获批文的有8个，生产企业有澳美制药厂、德国勃林格殷格翰 Boehringer Ingelheim Pharma GmbH & Co. KG（沐舒坦）等。

**【贮藏】** 密封，在阴凉干燥处保存。

**【药品识记】** 扫码认药

#### 羧甲司坦[典][基][医保(甲、乙)]

Carbocysteine

**【别名】** 羧甲基半胱氨酸

【商品名】康普利

【药理作用与适应证】本品为黏痰稀释剂，主要在细胞水平影响支气管腺体的分泌，使低黏度的唾液黏蛋白分泌增加，而高黏度的岩藻糖黏蛋白产生减少，因而使痰液的黏滞性降低，易于咳出。

主要用于慢性支气管炎、支气管哮喘等疾病引起的痰液黏稠、咳痰困难和痰阻气管等。亦可用于防治手术后咳痰困难和肺炎合并症。用于小儿非化脓性中耳炎，有预防耳聋效果。

【剂型及规格】主要剂型有片剂、颗粒剂、口服溶液。①羧甲司坦片：0.1g、0.25g。②羧甲司坦含片：0.1g。③羧甲司坦颗粒：0.2g、0.5g。④羧甲司坦口服溶液：10ml∶0.2g、10ml∶0.5g。

【药物评价】①不良反应可见恶心、胃部不适、腹泻、轻度头痛以及皮疹等。②本品与强效镇咳药合用，会导致稀化的痰液堵塞气道。③消化道溃疡活动期患者禁用。

【品种信息】国产药品：获批文的有130个，生产企业有吉林敖东延边药业（康普利）、葵花药业集团（唐山）生物制药、广州白云山医药集团、北京曙光药业、丽珠集团利民制药厂等。暂无进口药品。

【贮藏】密封，在阴凉干燥处保存。

## 乙酰半胱氨酸[典][基][医保(乙)]

## Acetylcysteine

【别名】痰易净

【商品名】富露施、阿思欣泰、易维适

【药理作用与适应证】本品具有较强的黏痰溶解作用，能使双硫键断裂，降低痰的黏滞性，并使之液化。还能使脓性痰中的DNA纤维断裂，不仅能溶解白色黏痰而且也能溶解脓性痰。

主要用于手术后、急性和慢性支气管炎、支气管扩张、肺结核、肺炎、肺气肿等引起的痰液黏稠、咳痰困难、痰阻气管等。还可用于对乙酰氨基酚中毒的解毒。

【剂型及规格】主要剂型有片剂、颗粒剂、胶囊剂、注射剂、吸入用溶液剂。①乙酰半胱氨酸片：0.2g、0.6g。②乙酰半胱氨酸颗粒：0.1g、0.2g。③乙酰半胱氨酸胶囊：0.2g。④乙酰半胱氨酸注射液：3ml∶0.3g、20ml∶4g。

【药物评价】①因其特殊的蒜臭味，可引起恶心、呕吐，对呼吸道的刺激可能致咳呛甚至支气管痉挛等不良反应，与异丙肾上腺素合用或交替使用可减轻不良反应，并提高药效。②应用本品常直接滴入或注入呼吸道，但可迅速产生大量痰液，易堵塞气道，需用吸痰器吸引排痰。③本品能减弱青霉素、四环素、头孢菌素类的抗菌活性，故不宜与这些药物并用，必要时可间隔4小时交替使用。④吸入用溶液安瓿开启后应立即使用，开启安瓿的药液应放置在冰箱内，并在24小时内使用。不宜与金属、橡胶、氧化剂、氧气接触，故喷雾器须用玻璃或塑料制作。⑤注射液必须稀释使用。

【品种信息】国产药品：获批文的有31个，生产企业有海南赞邦制药（富露施）、杭州民生药业（阿思欣泰）、广东人人康药业（易维适）、广东百澳药业、瑞阳制药、浙江金华康恩贝生物制药等。进口药品：获批文的有5个，生产企业有Zambon Italia S. R. L. 等。

【贮藏】密封，在凉暗处保存。

【药品识记】扫码认药

### 其他祛痰药

其他祛痰药品种信息见表6－3。

**表6－3　其他祛痰药品种信息**

| 药物名称 | 其他名称 | 作用与适应证 | 品种信息 |
| --- | --- | --- | --- |
| 溴己新<br>[典][基][医保(甲、乙)] | 溴己铵 | 本品具有溶解黏痰作用，主要作用于气管、支气管黏膜的黏液产生细胞，抑制痰液中酸性黏多糖蛋白的合成，并可使痰中的黏蛋白纤维断裂，因此使气管、支气管分泌的流变学特性恢复正常，黏痰减少，痰液稀释易于咳出。用于慢性支气管炎、哮喘等痰液黏稠不易咳出的患者 | 【剂型及规格】片剂：8mg；注射液：2ml：4mg；注射剂：4mg<br>【生产商】上海美优制药、浙江莎普爱思药业等 |
| 福多司坦<br>[医保(乙)] | 中畅 | 本品为黏痰溶解剂，对气管中分泌黏痰液的杯状细胞的过度形成有抑制作用，对高黏度的岩藻黏蛋白的产生有抑制作用，使痰液的黏滞性降低，易于咳出。用于支气管哮喘、慢性喘息性支气管炎、支气管扩张、肺结核、肺尘埃沉着病、慢性阻塞性肺气肿、非典型分枝杆菌病、肺炎、弥漫性支气管炎等呼吸道疾病的祛痰治疗 | 【剂型及规格】片剂、胶囊剂：0.2g；颗粒剂：0.4g<br>【生产商】迪沙药业、四川科伦药业、正大青春宝药业等 |
| 桉柠蒎<br>[基][医保(乙)] | 切诺 | 本品为黏痰溶解性祛痰药，有改善气管黏膜纤毛运动，促进呼吸道腺体分泌的作用。还有抗炎作用，可减轻支气管黏膜肿胀，扩张支气管。用于急、慢性鼻窦炎，急、慢性支气管炎，肺炎，支气管扩张，肺脓肿，慢性阻塞性肺疾病，肺部真菌感染，肺结核和硅沉着病等呼吸道疾病。亦可用于支气管造影术后，促进造影剂的排出 | 【剂型及规格】肠溶软胶囊：0.12g、0.3g<br>【生产商】北京远大九和药业（切诺）等 |

**【药品识记】**扫码认药

## 三、平喘药

**案例分析**

**案例描述**　患者，男，42岁。家住济南，哮喘病史已10余年，每年8～10月发病，诊断为花粉过敏。后遵医嘱每年发病季节时去青岛（由于地理因素，青岛蒿属花粉较少）疗养，坚持5年，一次也未发病，自以为痊愈，第6年擅自留在济南，又致哮喘发作。

**讨　　论**　结合该患者出现的症状，提出治疗方案。

答案解析

### （一）概述

喘息是呼吸系统疾病的常见症状之一，尤多见于支气管哮喘和喘息性支气管炎，是支气管平滑肌痉挛和支气管黏膜炎症引起的分泌物增加和黏膜水肿所致的小气道阻塞的结果。

平喘药是指能作用于哮喘发病的不同环节，以缓解或预防哮喘发作的药物。现代医学认为哮喘的病理基础是气道慢性变应性炎症，并对外界刺激很敏感。在治疗支气管哮喘时，不应一味舒张支气管，而应同时重视抗炎和降低气道反应性的治疗。随着治疗新观点的出现，哮喘治疗的重点也有所变化。现在，已把应用激素及抗炎药物控制炎症作为主要的治疗手段，而以往常规应用的支气管解痉药的治疗方法，只用来缓解症状，同时也采用抗过敏平喘，预防哮喘发作。近年更多的是通过联合用药（吸入型制剂或复方制剂）以增强呼吸道局部疗效，减少全身用药的不良反应。平喘药药物类别、特点及其代表药物见表6－4。

**表 6－4　平喘药药物类别、特点及其代表药物**

| 类　别 | | 特　点 | 代表药物名称 |
|---|---|---|---|
| 支气管扩张药 | β 肾上腺素受体激动药 | 非选择性 β 受体激动药平喘作用强大，可引起严重的心脏不良反应。选择性 $β_2$ 受体激动药，常规剂量口服或吸入给药时很少产生心血管反应 | 沙丁胺醇、特布他林、沙美特罗、异丙肾上腺素 |
| | 茶碱类 | 安全范围较窄，不良反应多见。不良反应发生率与血药浓度密切相关，应用时常须进行血药浓度监测 | 氨茶碱、二羟丙茶碱 |
| | 抗胆碱药 | 扩张支气管的作用比 $β_2$ 受体激动药弱，起效也较缓慢，持续时间较长，不良反应少。与 $β_2$ 受体激动药合用有协同作用 | 异丙托溴铵、噻托溴铵 |
| 抗炎平喘药 | | 起效缓慢，一般在使用 4～5 天后哮喘症状可缓解，在哮喘急性发作时应与其他平喘药联合应用，缓解期可以单独长期应用，预防复发 | 氟替卡松、布地奈德 |
| 抗过敏平喘药 | | 平喘作用起效较慢，不宜用于哮喘急性发作期的治疗，临床上主要用于预防哮喘的发作 | 色甘酸钠、酮替芬 |
| 抗白三烯类药物 | | | 孟鲁司特钠 |

## （二）常见药品识别

### 沙丁胺醇[典][基][医保(甲、乙)]

### Salbutamol

**【别名】**舒喘灵

**【商品名】**沙博特、仁舒、利欣平、万托林

**【药理作用与适应证】**本品为选择性 $β_2$受体激动剂，有较强的支气管扩张作用，具有起效快（口服 15～30 分钟、吸入 1～5 分钟生效）、作用持久（6 小时以上）的特点。对心血管系统影响很小（仅为异丙肾上腺素的 1/10）。

主要用于缓解哮喘或慢性阻塞性肺疾病患者的支气管痉挛，预防运动诱发的哮喘，或其他过敏原诱发的支气管痉挛。

**【剂型及规格】**主要剂型有片剂、胶囊剂、气雾剂、吸入粉雾剂、吸入溶液剂等。①硫酸沙丁胺醇片：0.5mg、2mg。②硫酸沙丁胺醇缓释片：4mg、7.2mg、8mg。③硫酸沙丁胺醇胶囊：2mg。④硫酸沙丁胺醇缓释胶囊：4mg、8mg。⑤硫酸沙丁胺醇吸入气雾剂：100μg（沙丁胺醇）/揿，200 揿/瓶。⑥硫酸沙丁胺醇吸入粉雾剂：0.4mg。⑦吸入用硫酸沙丁胺醇溶液：2.5ml∶2.5mg、2.5ml∶5mg。

**【药物评价】**①有恶心、心悸、手指震颤、头痛、头晕、高血压、失眠等副作用。一般减量即可恢复。②长期应用易产生耐药性。③普萘洛尔等 β 受体阻滞剂能拮抗本品的支气管扩张作用，故不宜合用。

**【品种信息】**国产药品：获批文的有 152 个，生产企业有重庆科瑞制药（沙博特）、鲁南贝特制药（仁舒）、齐鲁制药、山东京卫制药（利欣平）、天津力生制药、丽珠集团丽珠制药厂等。进口药品：获批文的有 5 个，生产企业有 Glaxo Wellcome S. A.（万托林）、Orion Corporation 等。

**【贮藏】**遮光，密封保存。

**【药品识记】**扫码认药

## 特布他林[典][医保(甲、乙)]

## Terbutaline

【别名】间羟舒喘灵

【商品名】博利康尼、布瑞平、苏顺

【药理作用与适应证】本品为选择性 $\beta_2$受体激动剂，其支气管扩张作用与沙丁胺醇相近。

主要用于支气管哮喘、哮喘型支气管炎和慢性阻塞性肺疾病患者的支气管痉挛。静脉滴注可抑制自发性子宫收缩和催产素引起的子宫收缩，预防早产。

【剂型及规格】主要剂型有片剂、胶囊剂、颗粒剂、注射剂、吸入用溶液剂、吸入粉雾剂等。①硫酸特布他林片：2.5mg。②硫酸特布他林胶囊：1.25mg。③硫酸特布他林颗粒：1.25mg。④硫酸特布他林注射液：1ml：0.25g、2ml：0.5mg。⑤注射用硫酸特布他林：0.25mg、0.5mg。⑥硫酸特布他林雾化吸入用溶液：1ml：2.5mg、2ml：5mg。⑦硫酸特布他林吸入粉雾剂：0.5mg。

【药物评价】①少数病例可见手指震颤、头痛、头晕、失眠、心悸及胃肠障碍，偶见血糖及血乳酸升高。②应以吸入给药为主，只在重症哮喘发作时才考虑静脉应用。

【品种信息】国产药品：获批文的有 40 个，生产企业有阿斯利康制药（博利康尼）、北京四环科宝制药（布瑞平）、成都华宇制药（苏顺）、康芝药业等。进口药品：获批文的有 1 个，生产企业是 AstraZeneca AB（博利康尼）。

【贮藏】遮光，密闭保存。

【药品识记】扫码认药

## 沙美特罗[医保(乙)]

## Salmeterol

【别名】司多米

【商品名】祺泰、平特、舒利迭

【药理作用与适应证】本品为选择性长效 $\beta_2$受体激动剂，其支气管扩张作用高于沙丁胺醇。

主要用于哮喘（包括夜间哮喘和运动性哮喘）、喘息性支气管炎和可逆性气道阻塞。

【剂型及规格】主要剂型有气雾剂、吸入粉雾剂。①昔萘酸沙美特罗气雾剂：每瓶 3.23g，含沙美特罗 1.5mg，每揿含沙美特罗 25μg，每瓶 60 揿；每瓶 14g，内含沙美特罗 5mg，每揿含沙美特罗 25μg，每瓶 200 揿。②沙美特罗替卡松粉吸入剂：每泡 50μg/500μg、每泡 50μg/250μg、每泡 50μg/100μg、每泡 25μg/250μg。

【药物评价】①偶见恶心、呕吐、震颤、心悸、头痛及口咽部刺激症状。②吸入本品有时可产生异常的支气管痉挛，加重哮喘，此时应立即停用，并使用有效的短效 $\beta_2$受体激动剂。③本品不适用于急性哮喘发作患者，此时应先用短效 $\beta_2$受体激动剂。

【品种信息】国产药品：获批文的有 4 个，生产企业有鲁南贝特制药（平特）、上海上药信谊药厂（祺泰）等。进口药品：获批文的有 6 个，生产企业是 LaboratoireGlaxoSmithKline（舒利迭）。

【贮藏】遮光，密闭保存。

【药品识记】扫码认药

## 氨茶碱[典][基][医保(甲)]

Salmeterol

**【别名】** 茶碱二乙胺盐

**【商品名】** 星尤善

**【药理作用与适应证】** 本品为茶碱与乙二胺复盐，其药理作用主要来自茶碱，乙二胺使其水溶性增强。本品对呼吸道平滑肌有直接松弛作用；尚有微弱舒张冠状动脉、外周血管和胆管平滑肌作用；有轻微增加收缩力和轻微利尿作用。

主要用于支气管哮喘、喘息型支气管炎、阻塞性肺气肿等。也可用于急性心功能不全和心源性肺水肿引起的哮喘及胆绞痛。

**【剂型及规格】** 主要剂型有片剂、注射剂、口服溶液。①氨茶碱片：0.1g、0.2g。②氨茶碱缓释片：0.1g。③注射用氨茶碱：0.25g、0.5g。④氨茶碱注射液：2ml∶0.5mg、10ml∶0.25mg。⑤氨茶碱口服溶液：10ml∶2.1mg。

**【药物评价】** ①常见有恶心、呕吐、腹泻等胃肠刺激症状和中枢神经系统兴奋症状，如头晕、烦躁、失眠等。②不适用于哮喘持续状态或急性支气管痉挛发作的患者。③静滴过快或浓度过高可引起心律失常、惊厥和血压骤降，严重可致死。④本品有较强碱性，口服对胃刺激性大，应餐后服或服用肠溶片。注射可引起局部红肿疼痛，已极少用。

**【品种信息】** 国产药品：获批文的有332个，生产企业有海南全星制药（星尤善）、哈药集团制药、天津力生制药、西南药业、陕西健民制药等。暂无进口药品。

**【贮藏】** 遮光，密闭保存。

**【药品识记】** 扫码认药

## 异丙托溴铵[基][医保(甲)]

Ipratropium Bromide

**【别名】** 异丙阿托品

**【商品名】** 爱全乐

**【药理作用与适应证】** 本品是对支气管平滑肌有较高选择性的强效抗胆碱药，松弛支气管平滑肌作用较强，对呼吸道腺体和心血管系统的作用不明显。

主要用于需要多种支气管扩张剂联合应用的患者，用于治疗气道阻塞性疾病有关的可逆性支气管痉挛。

**【剂型及规格】** 主要剂型有气雾剂、吸入用溶液剂。①异丙托溴铵气雾剂：8.4mg。②异丙托溴铵吸入溶液：2ml∶0.25mg、2ml∶0.5mg。

**【药物评价】** ①常见口干、头痛、鼻黏膜干燥、咳嗽、震颤。偶见心悸、支气管痉挛、眼干、眼调节障碍、尿潴留。极少见过敏反应。②雾化吸入时避免药物进入眼内。

**【品种信息】** 国产药品：获批文的有35个，生产企业有华润双鹤药业、山东京卫制药、深圳太太药业、四川普锐特药业等。进口药品：获批文的有6个，生产企业有 Boehringer Ingelheim Pharma GmbH & Co. KG（爱全乐）等。

**【贮藏】** 密闭，在干燥处保存。

【药品识记】扫码认药

## 氟替卡松[典][基][医保(乙)]

### Fluticasone

【商品名】辅舒酮、辅舒良

【药理作用与适应证】本品为局部用强效肾上腺糖皮质激素药物。其脂溶性在目前已知吸入型糖皮质激素类药物中为最高，易于穿透细胞膜与细胞内糖皮质激素受体结合，与受体具有高度亲和力。本品在呼吸道内浓度和存留时间较长，故其局部抗炎活性更强。

雾化吸入用于慢性持续性哮喘的长期治疗，亦可治疗过敏性鼻炎。

【剂型及规格】主要剂型有乳膏剂、鼻喷雾剂、吸入气雾剂。①丙酸氟替卡松乳膏：0.05%。②丙酸氟替卡松鼻喷雾剂：50μg/喷。③丙酸氟替卡松吸入气雾剂：50μg/揿、125μg/揿。

【药物评价】①吸入后偶见咳嗽、声音嘶哑和口腔咽喉部位念珠菌感染；偶有过敏反应，表现为皮疹、荨麻疹、血管神经性水肿等；极少数患者喷鼻后，出现鼻黏膜溃疡和鼻中隔穿孔。②吸入气雾剂每次用药后漱口，不使药液残留于咽喉部，以减少念珠菌感染发生率。

【品种信息】国产药品：获批文的有 7 个，生产企业有浙江万晟药业、武汉诺安药业、湖北恒安芙林药业等。进口药品：获批文的有 11 个，生产企业有 GlaxoSmithKline（Ireland）等。

【贮藏】不超过 30℃贮存，避免受冻和阳光直射。

【药品识记】扫码认药

## 色甘酸钠[典][医保(乙)]

### Sodium Cromoglicate

【别名】色甘酸二钠

【药理作用与适应证】本品通过抑制免疫球蛋白 E 介导的肥大细胞释放介质和对抑制巨噬细胞、嗜酸性粒细胞、单核细胞等炎症细胞的活性发挥抗过敏作用和轻度的抗炎作用。其平喘作用起效较慢。

主要用于预防哮喘的发作。

【剂型及规格】主要剂型有气雾剂、滴眼液、滴鼻液、胶囊剂。①色甘酸钠气雾剂：每揿 3.5mg、每揿 5mg。②色甘酸钠滴眼液：8ml∶0.16g、8ml∶0.32g、10ml∶0.2g、15ml∶0.3g、6ml∶0.24g。③色甘酸钠滴鼻液：2%。

【药物评价】①少数患者因吸入的干粉刺激，出现口干、咽喉干痒、呛咳、胸部紧迫感，甚至诱发哮喘，预先吸入 β 受体激动剂可避免其发生。②不能突然停药，应逐步减量后再停。③一般应于接触抗原前 1 周给药，但运动性哮喘可在运动前 15 分钟给药。

【品种信息】国产药品：获批文的有 39 个，生产企业有西安康华药业、湖北潜江制药、天津市中央药业、黑龙江省福乐康药业、湖北远大天天明制药等。暂无进口药品。

【贮藏】避光，干燥处保存。

## 孟鲁司特钠[医保(乙)]

## Montelukast Sodium

**【别名】**蒙鲁司特

**【商品名】**顺尔宁、平奇

**【药理作用与适应证】**本品为高选择性半胱氨酰白三烯受体拮抗剂，通过抑制 $LTC_4$、$LTE_4$ 与受体结合，可缓解白三烯介导的支气管炎症和痉挛状态，减轻白三烯所致的激惹症状，改善肺功能。

主要用于儿童或者 15 岁及 15 岁以上成人哮喘的预防和长期治疗，包括预防白天和夜间的哮喘症状，治疗对阿司匹林敏感的哮喘患者以及预防运动诱发的支气管收缩。适用于减轻过敏性鼻炎引起的症状。

**【剂型及规格】**主要剂型有颗粒剂、片剂。①孟鲁司特颗粒：0.5g∶4mg。②孟鲁司特钠片：10mg。③孟鲁司特钠咀嚼片：4mg、5mg。

**【药物评价】**①有轻度头痛、头晕、嗜睡、兴奋、激惹、烦躁不安、失眠、感觉异常、触觉障碍及较罕见的癫痫发作、恶心、呕吐、腹痛、转氨酶升高等反应。②对哮喘急性发作无效。

**【品种信息】**国产药品：获批文的有 37 个，生产企业有长春海悦药业、鲁南贝特制药（平奇）、扬子江药业集团南京海陵药业等。进口药品：获批文的有 14 个，主要生产企业有默沙东 N. V. Organon（顺尔宁）等。

**【贮藏】**密封保存。

**【药品识记】**扫码认药

### 其他平喘药

其他平喘药品种信息见表 6－5。

**表 6－5　其他平喘药品种信息**

| 药物名称 | 其他名称 | 作用与适应证 | 品种信息 |
|---|---|---|---|
| 二羟丙茶碱 [典][医保(乙)] | 喘定 | 平喘作用于氨茶碱相似。用于支气管哮喘、喘息性支气管炎，尤适用于伴有心动过速的哮喘患者，亦可用于心源性肺水肿引起的喘息 | 【剂型及规格】片剂：0.1g、0.2g；注射剂：0.25g、0.5g、0.75g<br>【生产商】天津金耀药业、石药集团欧意药业等 |
| 噻托溴铵 [基][医保(乙)] | 思力华 | 可与支气管平滑肌上的 $M_3$ 受体结合产生支气管扩张作用，作用时间较异丙托溴铵长。用于慢性阻塞性肺疾病（COPD，包括慢性支气管炎和肺气肿）及相关呼吸困难的维持治疗 | 【剂型及规格】吸入粉雾剂：18μg<br>【生产商】正大天晴药业、Boehringer Ingelheim Pharma GmbH & Co. KG（思力华）等 |
| 布地奈德 [基][医保(乙)] | 普米克令舒 | 本品是局部应用的不含卤素的肾上腺糖皮质激素类药物。因与糖皮质激素受体的亲和力较强，故局部抗炎作用更强。用于肾上腺皮质激素依赖性或非依赖性支气管哮喘及喘息性支气管炎患者，可减少口服肾上腺皮质激素的用量，减轻肾上腺皮质激素的不良反应，也可用于慢性阻塞性肺疾病 | 【剂型及规格】气雾剂：0.1mg、0.2mg；粉雾剂：0.2mg；吸入用混悬液：2ml∶0.5mg、2ml∶1mg<br>【生产商】正大天晴药业、上海上药信谊、AstraZeneca Pty Ltd（普米克令舒）等 |
| 酮替芬 [医保(乙)] | 富马酸酮替芬 | 不仅能抑制抗原诱发的人肺和支气管组织肥大细胞释放组胺和白三烯等炎症介质，还可抑制抗原、血清或钙离子介导的人嗜碱性粒细胞及中性粒细胞释放组胺和白三烯。用于支气管哮喘，对过敏性、感染性和混合性哮喘均有预防发作效果 | 【剂型及规格】片剂：1mg；胶囊剂：1mg；滴鼻液：10ml∶15mg；滴眼液：5ml∶2.5mg、0.05%<br>【生产商】海南制药厂、山东京卫制药等 |

【药品识记】扫码认药

**即学即练**

答案解析

1. 下列属于中枢性镇咳药的是（　　）

A. 可待因　　B. 苯丙哌林　　C. 苯佐那酯　　D. 复方甘草

2. 下列不属于支气管扩张药的是（　　）

A. 异丙托溴铵　　B. 二羟丙茶碱　　C. 沙丁胺醇　　D. 孟鲁司特钠

# 任务二　感冒制剂

PPT

**案例分析**

**案例讨论**　患者，女，36岁，公务员。主诉头痛、发热、咽痛、流黄鼻涕、咳黄痰。患者发病前两天天气突然转冷，但未及时添加衣服，后感到浑身发冷，出现发热、流清鼻涕、鼻塞症状，自己服用了感冒药，但是这两天症状越发严重。

**讨　　论**　假设你是药店药师，请为患者制定用药方案，提出预防治疗的合理建议。

答案解析

感冒是由呼吸道病毒引起的上呼吸道（主要是鼻、咽部）感染性疾病。分为普通感冒（上感）和流行性感冒（流感）两种类型。普通感冒俗称上感，是一种常见的急性上呼吸道病毒性感染性疾病，发病率高，影响人群面广、量大，虽有自限性，但常常伴有并发症。大多散发，冬春季节多发，但不会出现大流行。流行性感冒，是由流感病毒引起的急性呼吸道传染病，发病有季节性，主要通过飞沫及接触传播，传染性强。微课1

由于感冒发病急促，症状复杂多样，因而至今没有一种药物能解决所有这些问题，因此，治疗感冒药多采用复方制剂。各种复方制剂常用的组方搭配如下。

**1. 解热镇痛药**　退热和缓解头痛、关节痛等症状，例如阿司匹林、对乙酰氨基酚、布洛芬等，其中尤以对乙酰氨基酚最为常用。

**2. 鼻黏膜血管收缩药**　减轻鼻窦、鼻腔黏膜血管充血，解除鼻塞症状，例如麻黄碱、伪麻黄碱。

**3. 组胺拮抗药**　使上呼吸道的分泌物干燥和变稠，减少打喷嚏和鼻溢液，同时具有轻微的镇静作用，例如氯苯那敏（扑尔敏）和苯海拉明等。

**4. 中枢兴奋药**　有些制剂中含有咖啡因，一是为了加强解热镇痛药的疗效，二是抵消抗组胺药所引起的嗜睡作用。

**5. 抗病毒药**　抑制病毒合成核酸和蛋白质，并抑制病毒从细胞中释放，如金刚烷胺。

另外，当感冒引起继发性细菌感染时，则需选用抗感染药物进行治疗，但不能随便滥用抗感染药物，以免损坏机体自身的免疫机能。

抗感冒药在使用中尤其要注意：①避免多品种合用，以免造成成分含量增加引起不良反应；②从事驾车和危险工作者不宜服用含有抗组胺类药。本任务主要介绍常用的抗感冒药复方制剂和中成药制剂。

## 一、抗感冒药复方制剂

常用的抗感冒药复方制剂品种信息见表6-6。

表6-6　常用抗感冒药复方制剂品种信息

| 药物名称 | 其他名称 | 作用与适应证 | 品种信息 |
|---|---|---|---|
| 复方盐酸伪麻黄碱 | 新康泰克 | 伪麻黄碱可减轻鼻黏膜充血，缓解鼻塞症状；氯苯那敏为抗组胺药，能减轻流涕、打喷嚏等症状。用于减轻由普通感冒及流行性感冒引起的上呼吸道症状和鼻窦炎、枯草热所致的各种症状，特别适用于缓解上述疾病的早期临床症状，如打喷嚏、流鼻涕、鼻塞等 | 【剂型及规格】缓释胶囊：盐酸伪麻黄碱90mg、氯苯那敏4mg<br>【生产商】中美天津史克制药 |
| 复方氨酚烷胺 | 快克、感康 | 对乙酰氨基酚能抑制前列腺素合成，有解热镇痛作用；金刚烷胺可以抑制病毒从细胞释放；人工牛黄有解热、镇惊作用；咖啡因可加强对乙酰氨基酚的疗效，也可抵消氯苯那敏引起的嗜睡；氯苯那敏为抗组胺药，能减轻流涕、打喷嚏等症状。用于缓解普通感冒或流行性感冒引起的发热、头痛、鼻塞、咽痛等症状，也可用于流行性感冒的预防和治疗 | 【剂型及规格】片剂、颗粒剂、胶囊剂：对乙酰氨基酚250mg、盐酸金刚烷胺100mg、咖啡因15mg、氯苯那敏2mg、人工牛黄10mg<br>【生产商】浙江亚峰药厂（快克）、吴太感康药业（感康）等 |
| 氨酚黄那敏 | 护彤、神苗 | 对乙酰氨基酚能抑制前列腺素合成，有解热镇痛作用；氯苯那敏为抗组胺药，能减轻流涕、鼻塞、打喷嚏等症状；人工牛黄有解热、镇惊作用。用于缓解儿童普通感冒及流行性感冒引起的发热、头痛、四肢酸痛、打喷嚏、流鼻涕、鼻塞、咽痛等症状 | 【剂型及规格】片剂、颗粒剂：对乙酰氨基酚0.125g、人工牛黄5mg、氯苯那敏0.5mg<br>【生产商】哈药集团制药六厂（护彤）、神威药业（神苗）等 |
| 酚麻美敏 | 泰诺 | 对乙酰氨基酚能抑制前列腺素合成，有解热镇痛作用；伪麻黄碱可减轻鼻黏膜充血，缓解鼻塞症状；右美沙芬可以镇咳；氯苯那敏为抗组胺药，能减轻流涕、打喷嚏等症状。用于缓解由感冒或流感引起的发热、头痛、咽痛、肌肉酸痛、鼻塞流涕、打喷嚏、咳嗽等症状 | 【剂型及规格】①片剂：对乙酰氨基酚325mg、伪麻黄碱30mg、右美沙芬15mg、氯苯那敏2mg。②胶囊剂：对乙酰氨基酚162.5mg、伪麻黄碱15mg、右美沙芬7.5mg、氯苯那敏1mg。③口服溶液剂：每瓶100ml，每毫升含对乙酰氨基酚32mg、伪麻黄碱3mg、右美沙芬1mg、氯苯那敏0.2mg<br>【生产商】上海强生制药（泰诺）等 |
| 美息伪麻 | 益爽 | 对乙酰氨基酚能抑制前列腺素合成，有解热镇痛作用；伪麻黄碱可减轻鼻黏膜充血，缓解鼻塞症状；右美沙芬可以镇咳。用于治疗和减轻感冒引起的发热、头痛、周身四肢酸痛、喷嚏、流涕、鼻塞、咳嗽等症状。日用片服用后不会引起嗜睡；夜用片含适量的苯海拉明，可有助于患者睡眠 | 【剂型及规格】软胶囊：对乙酰氨基酚325mg、伪麻黄碱30mg、右美沙芬15mg<br>【生产商】石药集团欧意药业（益爽） |
| 复方氨酚葡锌 | 康必得 | 对乙酰氨基酚能抑制前列腺素合成，具有解热镇痛作用；二氯丙嗪具有镇咳祛痰、平喘、抗组胺作用；葡萄糖酸锌能增强吞噬细胞的吞噬能力；板蓝根浸膏粉有抗病毒作用。四者组成复方具有解热、镇痛、抗病毒和平喘作用。用于由普通感冒或流行性感冒引起的鼻塞、流涕、发热、头痛、咳嗽、多痰等的对症治疗 | 【剂型及规格】片剂：对乙酰氨基30mg、葡萄糖酸锌21mg<br>【生产商】河北恒利集团制药（康必得）、哈尔滨泰华药业等 |
| 复方感冒灵颗粒 | 999 | 辛凉解表，清热解毒。用于风热感冒之发热，微恶风寒，头身痛，口干而渴，鼻塞涕浊，咽喉红肿疼痛，咳嗽，痰黄黏稠 | 【剂型及规格】颗粒剂：每包14g，复方<br>【生产商】华润三九（郴州）制药 |
| 维C银翘片[典][医保(乙)] | 百灵鸟 | 疏风解表，清热解毒。用于外感风热所致的流行性感冒，症见发热，头痛，咳嗽，口干，咽喉疼痛 | 【剂型及规格】片剂：维生素C 49.5mg、对乙酰氨基酚105mg、氯苯那敏1.05mg<br>【生产商】贵州百灵企业集团制药等 |

【药品识记】扫码认药

## 二、中成药制剂

常用的中成药感冒制剂品种信息见表6-7。

表6-7 常见中成药感冒制剂品种信息

| 药物名称 | 功能类别 | 作用与功能主治 | 品种信息 |
| --- | --- | --- | --- |
| 感冒清热颗粒 [典][基][医保(甲)] | 解表剂：辛温解表 | 疏风散寒，解表清热。用于风寒感冒，头痛发热，恶寒身痛，鼻流清涕，咳嗽咽干 | 【剂型及规格】颗粒剂：3g、6g、12g<br>【生产商】四川德元药业、神威药业等 |
| 荆防颗粒 [医保(乙)] | 解表剂：辛温解表 | 发汗解表，散风祛湿。用于风寒感冒，头痛身痛，恶寒无汗，鼻塞清涕，咳嗽白痰 | 【剂型及规格】颗粒剂：每袋15g<br>【生产商】山东新时代药业等 |
| 桑菊感冒片 [典] | 解表剂：辛凉解表 | 疏散风热，宣肺止咳。用于风热感冒初起，头痛，咳嗽，口干，咽痛 | 【剂型及规格】片剂：0.6g<br>【生产商】太极集团四川绵阳制药、内蒙古大唐药业等 |
| 板蓝根颗粒 [典][基][医保(甲)] | 清热剂：清热解毒 | 清热解毒，凉血利咽。用于肺胃热盛所致的咽喉肿痛、口咽干燥；急性扁桃体炎见上述证候者 | 【剂型及规格】颗粒剂：每袋装3g、5g、10g、15g<br>【生产商】广州白云山和记黄埔中药、华润三九（枣庄）药业等 |
| 连花清瘟胶囊 [典][基][医保(甲)] | 清热剂：清热理肺 | 清瘟解毒，宣肺泄热。用于治疗流行性感冒属热毒袭肺证，症见：发热或高热，恶寒，肌肉酸痛，鼻塞流涕，咳嗽，头痛，咽干咽痛，舌偏红，苔黄或黄腻等 | 【剂型及规格】胶囊剂：0.35g<br>【生产商】石家庄以岭药业 |
| 清开灵颗粒 [典][基][医保(甲)] | 清热剂：清热解毒 | 清热解毒，镇静安神。用于外感风热所致发热，烦躁不安，咽喉肿痛；上呼吸道感染、病毒性感冒、急性咽炎见上述证候者 | 【剂型及规格】颗粒剂：每袋3g<br>【生产商】广州白云山明兴制药等 |
| 瓜霜退热灵胶囊 [典][医保(乙)] | 开窍剂：清热开窍 | 清热解毒，开窍镇惊。用于热病热入心包、肝风内动证，症见高热、惊厥、抽搐、咽喉肿痛 | 【剂型及规格】胶囊剂：0.3g<br>【生产商】吉林敖东集团力源制药 |

【药品识记】扫码认药

### 知识链接

**患普通感冒后是否要服用抗生素？**

引起普通感冒的病原体主要是病毒，一般不需要服用抗生素，原因为：①多数抗生素没有杀灭病毒的作用；②滥用抗生素会出现不良反应以及细菌的耐药性。患感冒后，只要加强护理，适当休息，多喝开水，给予易消化的饮食，很快即可康复。但是，如果继发细菌感染，此时应服用抗生素以杀灭或抑制细菌生长，起到抗感染的作用。

【启示】滥用抗生素的最大危害是产生细菌耐药性，“超级细菌”的出现可能导致人类最后无药可救。抗生素是一把双刃剑！作为药学工作者，有责任引导公众正确使用抗生素，避免抗生素的滥用。

抗生素是“消炎药”吗？【详情扫码】

**即学即练**

答案解析

1. 抗感冒药复方制剂中的抗组胺成分针对（　　）

A. 打喷嚏　B. 发热　C. 咳嗽　D. 头痛

2. 以下属于解表剂的是（　　）

A. 连花清瘟胶囊　B. 苏合香丸　C. 板蓝根颗粒　D. 桑菊感冒片

## 实践实训七

### 抗感冒药用药咨询与指导技能训练 微课2

**【实训目的】**

1. 通过查询上感和流感的常见典型症状，学会正确判断患者的感冒类型。

2. 熟悉目前常用的抗感冒药的品种及特点，明确各类药物的适应证、用药原则等。

3. 根据患者的病情和特征，能针对性地介绍相应的药品，并能根据药品说明书指导患者合理用药。

**【实训准备】**

1. 由柜台和货架构成的模拟药房。

2. 相关药品盒或者卡片数十种，包括抗感冒药复方制剂和中成药制剂、解热镇痛药、抗病毒药等。

3. 抽签确定各组训练的案例情景，训练前组内协作完成情景对话脚本设计。

4. 组内成员，抽签决定扮演角色（营业员和患者）。

**【实施步骤】**

1. 教师分别展示不同感冒类型的病例，要求各组学生查阅资料，归纳总结不同感冒类型的临床症状以及常用的治疗药物。

2. 各组学生代表抽签选定情景模拟的病情案例。

3. 小组协作，按照疾病问询、疾病评估、药品介绍、用药注意事项介绍、健康指导等步骤，初步完成用药咨询情景模拟对话设计脚本。

4. 组内交流、完善并确定最终训练脚本。

5. 组内成员按照脚本，两两合作，进行角色扮演，模拟药店感冒用药咨询服务，并完成小组内个人评价。

6. 各小组推荐优秀代表进行班内分享，教师进行团队评价。

7. 教师总结点评。

**【注意事项】**

1. 训练过程中注意药学服务过程的规范性，要体现责任关怀、专业呵护、细心耐心的职业素养，沟通语言要通俗易懂、和蔼亲切。

2. 各组在提交情景设计脚本时，要标明组内成员的分工。

3. 教师团队考核过程，要结合脚本内容，如疾病诊断的正确性、选药的合理性、注意事项、健康指导等是否准确全面进行综合评定。

【扫码获取《不同感冒类型病例》】

## 巩固提升

呼吸系统常用药及感冒制剂各类别重点品种见如下思维导图，扫码查看药物商品包装标签及简化版说明书。

药品详情

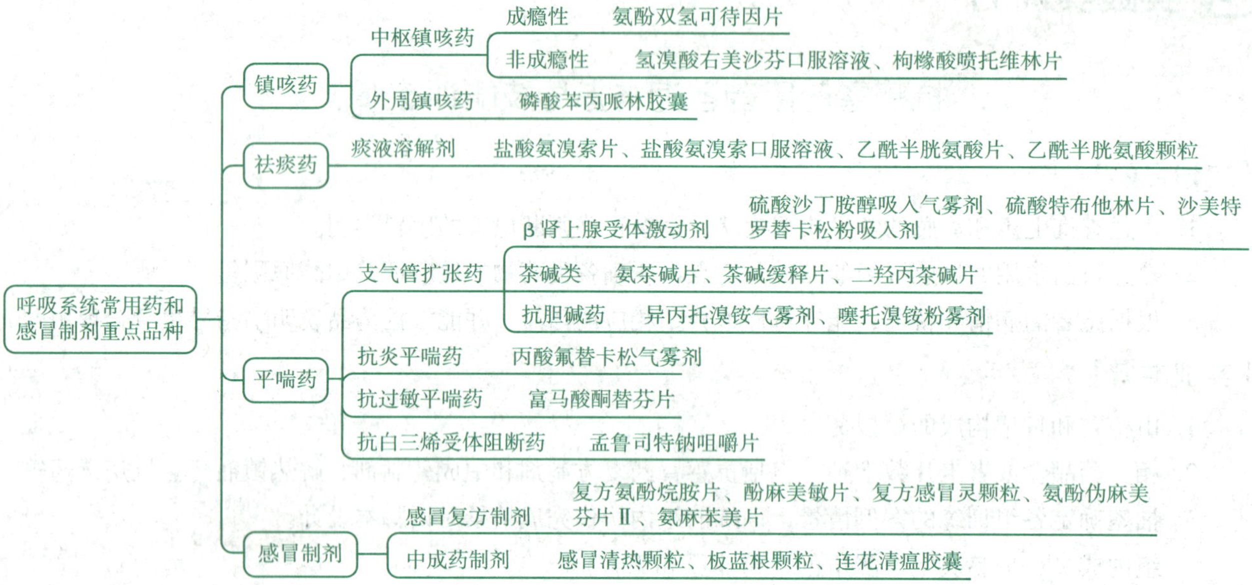


## 目标检测

答案解析

### 一、单项选择题

1. 以下镇咳药可引起成瘾性的是（　　）

A. 右美沙芬　　B. 普罗吗酯　　C. 苯丙哌林　　D. 福尔可定

2. 抗感冒药复方制剂中常用到的镇咳成分是（　　）

A. 右美沙芬　　B. 苯佐那酯　　C. 苯丙哌林　　D. 可待因

3. 以下属于恶心性祛痰药的是（　　）

A. 安息香酊　　B. 愈创甘油醚　　C. 氨溴索　　D. 桉柠蒎

4. 以下药物可分解痰液的黏性成分，使痰液液化的是（　　）

A. 安息香酊　　B. 氯化铵　　C. 氨溴索　　D. 桉柠蒎

5. 以下为溴己新在体内的活性代谢产物的是（　　）

A. 羧甲司坦　　B. 乙酰半胱氨酸　　C. 氯化铵　　D. 氨溴索

6. 以下药物在临床应用过程中常需进行血药浓度监测的是（　　）

A. 沙丁胺醇　　B. 氨茶碱　　C. 异丙托溴铵　　D. 布地奈德

7. 以下属于抗炎平喘药的是（　　）

A. 氟替卡松　　B. 色甘酸钠　　C. 酮替芬　　D. 孟鲁司特钠

8. 关于平喘药的说法，错误的是（　　）

A. 氨茶碱安全范围较窄，不良反应多见　　B. 沙丁胺醇属于选择性 $\beta_2$ 受体激动药

C. 异丙托溴铵的支气管扩张作用弱于沙丁胺醇　　D. 色甘酸钠可用于哮喘急性发作

9. 以下属于鼻黏膜收缩药的是（　　）

A. 对乙酰氨基酚　　B. 伪麻黄碱　　C. 马来酸氯苯那敏　　D. 右美沙芬

10. 抗感冒药复方制剂中伪麻黄碱的作用是缓解（　　）

A. 流鼻涕　　B. 打喷嚏　　C. 鼻塞　　D. 发热

## 二、多项选择题

1. 不属于外周性镇咳药的是（　　）

A. 右美沙芬　　B. 苯丙哌林　　C. 可待因

D. 喷托维林　　E. 苯佐那酯

2. 以下药物有成瘾性的是（　　）

A. 可待因　　B. 右美沙芬　　C. 苯丙哌林

D. 福尔可定　　E. 喷托维林

3. 患者，男。两天前受凉后出现下述症状，与感冒相符的是（　　）

A. 咳嗽　　B. 咳黄痰　　C. 发热

D. 肌肉痛　　E. 鼻塞

4. 患者，男。两天前受凉后出现打喷嚏、流鼻涕、鼻塞症状，可选择有（　　）的感冒药

A. 对乙酰氨基酚　　B. 伪麻黄碱　　C. 马来酸氯苯那敏

D. 右美沙芬　　E. 咖啡因

**书网融合……**

知识回顾　　微课 1　　微课 2　　习题

# 项目七 消化系统常用药

**学习引导**

消化系统疾病是临床中发病率较高的疾病，受日常生活中摄取脂肪过多、情绪变化、进食刺激性食物、长期服用药物、饮食不规律、工作压力大等诸多因素的影响，其发病率呈逐年递增趋势。消化不良、慢性胃炎、消化性溃疡等消化系统疾病已严重威胁健康，越来越受到人们的关注，消化系统药物市场也呈上升趋势。

本单元主要围绕消化系统常见病介绍抗消化性溃疡药、治疗胃食管反流药、助消化药与微生态制剂、泻药与止泻药、肝胆辅助用药等消化系统常用药物，并结合当前国内医药市场介绍其药物商品的基本信息。

**学习目标**

1. **掌握** 消化系统常用药的分类，每种类别代表药品的名称、适应证。

2. **熟悉** 消化系统常用药每种类别代表药品的药理作用特点、剂型规格以及药物评价信息。

3. **了解** 消化系统常用药的概述、市场现状和发展趋势；代表药品的品种信息以及其他品种的相关商品信息。

消化系统由消化道和消化腺两大部分组成。包括食管、胃、小肠、大肠、肝、胆、脾、胰等重要脏器。消化系统的基本生理功能是摄取、转运、消化食物及吸收营养、排泄废物，从而有利于整个胃肠道协调的生理活动。消化系统用药是指主要用于缓解和消除消化系统疾病的症状的药物。

消化系统常用药物主要包括抗酸与抗溃疡药、助消化药与微生态制剂、胃肠解痉药与胃肠动力药、泻药与止泻药、肝胆辅助治疗药以及治疗炎性肠病药等。

## 任务一 治疗消化性溃疡和胃食管反流药物

PPT

消化性溃疡是消化道的多发常见病，是指各种致病因素作用下胃肠黏膜发生的炎性与坏死性病变，病变穿透整个黏膜层或达更深层次，主要包括胃溃疡和十二指肠溃疡。

胃食管反流是指食物反流至食管引起的不适症状和（或）组织学改变，是胃内容物反流至食管引起的黏膜损伤。胃食管反流最重要的发病机制之一是抗反流屏障作用减弱，尤其是食管下括约肌（LES）压力降低，导致胃酸反流入食管，从而损伤食管黏膜。

知识链接

消化性溃疡的特点和治疗原则

消化性溃疡发病具有长期性、周期性、节律性的特点。发病时出现右上腹持续疼痛，严重影响患者生活。胃溃疡通常餐后疼痛，随后缓解，多见于中老年人；而十二指肠溃疡表现为空腹疼痛，进食后缓解，多见于青壮年；溃疡主要由于损害因素与防御因素间平衡失调所致，发病率高达30%，且南方多于北方，城市多于农村，男性多于女性。

治疗原则为：一是消除病因、控制症状、促进愈合。二是预防复发。往往采用改善生活饮食习惯等非药物治疗和药物治疗相结合的方式。

【提示】锻炼身体和营养保健的方法很多，而每个人的身体情况不尽相同，体质各异，发病病因不同，要找到最适合自己的方式方法，选择正确的药物才会取得事半功倍的效果。

【详情扫码】

## 一、抗酸药

### （一）概述

抗酸药，又称胃酸中和药，是一类弱碱性物质，口服后能中和过多的胃酸而降低胃内容物酸度和胃蛋白酶的活性，从而解除胃酸对胃、十二指肠黏膜的侵蚀和对溃疡面的刺激，发挥缓解疼痛和促进愈合的作用。

### （二）常见药品识别

#### 氢氧化铝[典][基][医保(甲)]

Dried Aluminium Hydroxide

**【别名】**胃舒平

**【药理作用与适应证】**具有中和胃酸、吸附、局部止血、保护溃疡面等作用，效力较弱，缓慢而持久。

本品能缓解胃酸过多而合并的反酸等症状。主要用于治疗胃酸过多、胃及十二指肠溃疡、胃食管反流病及上消化道出血，尿毒症患者大剂量口服氢氧化铝可减少肠道磷酸盐的吸收，减轻酸血症。

**【剂型及规格】**主要剂型有片剂、胶囊剂、凝胶剂。①氢氧化铝片：0.3g。②复方氢氧化铝片（胃舒平）：本品为复方制剂，每片含氢氧化铝0.245g、三硅酸镁0.105g、颠茄流浸膏0.0026ml。③氢氧化铝凝胶：100ml∶4g。④维U颠茄铝胶囊：本品为复方制剂，每粒含氢氧化铝140mg、维生素U50mg、颠茄浸膏10mg。

**【药物评价】**①主要用于缓解胃酸过多引起的胃痛、胃灼热感、反酸，也可用于慢性胃炎，但其抗酸作用缓慢而持久，有收敛作用，可与胃液混合形成凝胶，覆盖于溃疡表面而具有黏膜保护作用。②不良反应主要有恶心、呕吐、便秘等症状。长期大剂量服用，可致严重便秘，引起肠梗阻，与三硅酸镁或氧化镁交替服用可避免；老年人与肾功能不全患者不宜长期大剂量使用，可致骨质疏松；铝盐吸收后沉积于脑，可引起老年性痴呆。③治疗胃出血时宜用凝胶剂。④服用该药品1～2小时内应避免摄入其他药物，因可能与氢氧化铝结合而降低吸收率，影响疗效。

**【品种信息】** 国产药品：获批文的有283个，生产企业有石家庄五岳制药厂、一力制药、亚宝药业、上海青平药业等。暂无进口药品。

**【贮藏】** 密封保存。氢氧化铝凝胶还需要防冻保存。

### 铝碳酸镁[典][基][医保(乙)]

### Hydrotalcite

**【别名】** 胃达喜、碱式碳酸铝镁

**【商品名】** 达喜、威地美、泰德

**【药理作用与适应证】** 抗酸药，具有中和胃酸的作用，有利于溃疡面的修复。兼有胃黏膜保护作用，对胆酸也有一定的吸附作用。

可用于胃及十二指肠溃疡、急慢性胃炎、反流性食管炎，与胃酸有关的胃部不适症状，如胃痛、胃灼热感、反酸、嗳气、饱胀、恶心、呕吐等。

**【剂型及规格】** 主要剂型有颗粒剂、片剂、咀嚼片、混悬液。①铝碳酸镁颗粒：2g：0.5g。②铝碳酸镁片：1g。③铝碳酸镁咀嚼片：0.5g。④铝碳酸镁混悬液：200ml：20g。

**【药物评价】** ①本品有明显抗酸作用，能中和胃酸，并兼有胃黏膜保护作用，对胆酸也有一定吸附作用，抗酸作用迅速、温和、持久，是目前治疗反流性胃炎的首选药。②不良反应少而轻微，仅少数患者有胃肠道不适、消化不良、呕吐、大便次数增多或糊状大便，个别有腹泻。③不宜与四环素类抗生素配伍。

**【品种信息】** 国产药品：获批文的有57个，生产企业有拜耳医药保健（达喜）、重庆华森制药（威地美）等。进口药品：获批文的有2个，生产企业是Bayer Bitterfeld GmbH（达喜）。

**【贮藏】** 遮光，密封保存，混悬液在阴凉处保存。

**【药品识记】** 扫码认药

## 二、抑酸药

### （一）概述

抑酸药又称胃酸分泌抑制剂，是一类能通过各种机制抑制胃酸分泌的药物。可用于治疗胃及十二指肠溃疡、反流性食管炎、应激性溃疡等消化系统疾病。抑酸药作用时间长、副作用小，胃酸降低明显，疗效好，为消化系统疾病治疗的主要用药，也是治疗消化性溃疡的首选药。

人类胃壁细胞生成并分泌 $H^+$。在胃壁细胞膜上存在3种促胃酸分泌的受体。即组胺-2（$H_2$）受体、乙酰胆碱受体和促胃泌素受体。拮抗其中任何一个受体都可抑制胃酸分泌。

### （二）常见药品识别

### 雷尼替丁[典][基][医保(甲)]

### Ranitidine Hydrochloride

**【商品名】** 善得康、津卫和、依真慷、德特利尔

**【其他名称】** 呋喃硝胺、甲硝呋胍、胃安太定

【药理作用与适应证】是一种强效组胺 $H_2$受体拮抗剂。作用比西咪替丁强 5～8 倍，且作用时间更持久。能有效地抑制基础胃酸分泌及由五肽胃泌素、组胺和食物刺激所引起的胃酸分泌。还能抑制胃蛋白酶分泌，其作用机制为选择性阻断组胺和壁细胞上的 $H_2$受体，从而抑制胃酸分泌。

主要用于治疗消化性溃疡、反流性食管炎、卓－艾综合征、上消化道出血，缓解胃酸过多所致的胃痛、胃灼热感、反酸。也可用于复发性口腔溃疡。

【剂型及规格】主要剂型有片剂、胶囊剂、泡腾片、咀嚼片、注射剂、糖浆剂、颗粒剂。①盐酸雷尼替丁片：0.15g。②盐酸雷尼替丁胶囊：0.15g。③盐酸雷尼替丁泡腾片：0.15g。④盐酸雷尼替丁咀嚼片：25mg。⑤盐酸雷尼替丁泡腾颗粒：1.5g（含雷尼替丁 0.15g）。⑥盐酸雷尼替丁糖浆：100ml∶1.5g。⑦注射用盐酸雷尼替丁（注射用无菌粉末）：50mg、100mg。⑧盐酸雷尼替丁注射液：2ml∶50mg、5ml∶50mg。

【药物评价】①国内胶囊制剂发展较快，在国内胃溃疡治疗用药量中独占鳌头；由于雷尼替丁吸湿性强、有异味，受光影响后稳定性差，片剂的应用受到限制。②与西咪替丁相比，损害肾功能、性腺功能和中枢神经的不良作用较轻。③近几年，国产雷尼替丁的疗效与进口药已无差别，但价格上占据了绝对优势，已是国内抗消化性溃疡的基础用药之一。

【品种信息】国产药品：获批文的有 460 个，生产企业有浙江康恩贝制药（善德康）、华润赛科药业（津卫和）、山西普德药业（依真慷）、珠海同源药业（德特利尔）等。暂无进口药品。

【贮藏】遮光，密封，在干燥处保存。泡腾片在凉暗干燥处保存。

【药品识记】扫码认药

## 法莫替丁[典][基][医保(甲)]

### Famotidine

【商品名】信法丁、捷可达、滨欣、朵颐

【药理作用与适应证】可有效地抑制基础胃酸、夜间胃酸和食物刺激引起的胃酸分泌，防止或减轻非甾体抗炎药等对胃黏膜的刺激，还可抑制胃蛋白酶的分泌，保护胃黏膜细胞、增强胃黏膜血流量作用。

用于胃及十二指肠溃疡、吻合口溃疡、反流性食管炎、上消化道出血（消化性溃疡、急性应激性溃疡、出血性胃炎所致）、卓－艾综合征。

【剂型及规格】主要剂型有片剂、分散片、咀嚼片、胶囊剂、散剂、颗粒剂、注射液等。①法莫替丁片：20mg。②法莫替丁分散片：20mg。③法莫替丁咀嚼片：20mg。④法莫替丁胶囊：20mg。⑤法莫替丁散：1g（含法莫替丁 20mg）。⑥注射用法莫替丁：20mg。

【药物评价】①为高效、长效的 $H_2$受体阻滞药，具有对 $H_2$受体亲和力高的特点，亦可抑制组胺和五肽胃泌素等刺激引起的胃酸分泌。其抑制 $H_2$受体的强度比西咪替丁强 20 倍，比雷尼替丁强 7.5 倍。②不良反应常见有头痛、头晕、乏力、幻觉等神经系统反应；少数患者可出现皮疹、荨麻疹、口干、恶心、呕吐、便秘和腹泻等；偶有白细胞减少等。③肝肾功能不全者、婴幼儿以及有药物过敏史者慎用或禁用，如需静脉注射，每次给药剂量不超过 20mg。

【品种信息】国产药品：获批文的有 125 个，生产企业有上海信谊金朱药业（信法丁）、回音必集团江西东亚制药（捷可达）、武汉滨湖双鹤药业（滨欣）、山东新华制药等（朵颐）。暂无进口药品。

【贮藏】遮光，密封保存。

【药品识记】扫码认药

## 奥美拉唑[典][基][医保(甲、乙)]

Omeprazole

【商品名】利韦廷、耐信、洛赛克

【其他名称】亚砜咪唑、安胃哌唑、甲氧磺唑、奥咪拉唑、渥米哌唑

【药理作用与适应证】为质子泵抑制剂，脂溶性弱碱性药物。特异性地作用于胃壁细胞质子泵（$H^+,K^+$－ATP 酶），抑制 $H^+,K^+$－ATP 酶的活性，阻断胃酸分泌的最后步骤，对基础胃酸和刺激引起的胃酸分泌都有很强的抑制作用。

适用于胃溃疡、十二指肠溃疡、应激性溃疡、反流性食管炎和卓－艾综合征（胃泌素瘤）。

【剂型及规格】主要剂型有注射剂、肠溶片、肠溶胶囊、微丸。①注射用奥美拉唑钠：40mg、60mg。②奥美拉唑肠溶片：10mg、20mg。③奥美拉唑肠溶胶囊：10mg、20mg、40mg。④奥美拉唑微丸：85mg。

【药物评价】①口服后抑制酶的活性，从而导致胃酸分泌的抑制。本品起效快、作用持久、每日服用一次即能可逆地控制胃酸分泌。②不良反应可有口干、轻度恶心、呕吐、腹胀、便秘、腹泻、腹痛等；有感觉异常、头晕、头痛、嗜睡、失眠、外周神经炎等神经系统症状。③长期使用本品会造成萎缩性胃炎、高胃泌素血症，也可导致维生素 $B_{12}$ 缺乏；严重肝功能不全者慎用，必要时剂量减半。④肠溶制剂，不可嚼碎或压碎服用。

【品种信息】国产药品：获批文的有 384 个，生产企业有江苏中化药品（利韦廷）、阿斯利康制药（耐信）等。进口药品：获批文的有 18 个，生产企业有香港正美药品、AstraZeneca AB（洛赛克）等。

【贮藏】肠溶片：在阴凉（不超过 20℃）干燥处保存；肠溶胶囊，在干燥处（10～30℃）保存；注射剂：密闭、凉暗（避光且温度不超过 20℃）处保存；微丸：遮光，密封，在干燥处保存。

【药品识记】扫码认药

## 雷贝拉唑[医保(乙)]

Rabeprazole

【商品名】波利特、安斯菲、瑞波特、信卫安、济诺、雨田青

【药理作用与适应证】该药为新一代质子泵抑制剂。对基础胃酸和由刺激引起的胃酸分泌均有抑制作用。对幽门螺杆菌具有明显的体外抗菌活性，与抗生素同时配合使用时，可有效地消除幽门螺杆菌感染。

适用于胃溃疡、十二指肠溃疡、吻合口溃疡、反流性食管炎、卓－艾综合征。辅助用于胃溃疡或十二指肠溃疡患者根除幽门螺杆菌。

【剂型及规格】主要剂型有肠溶片、肠溶胶囊、注射剂。①雷贝拉唑钠肠溶片：10mg、20mg。②雷贝拉唑钠肠溶胶囊：10mg、20mg。③注射用雷贝拉唑钠：20mg。

【药物评价】①本品是第三代质子泵抑制剂，对胃酸分泌抑制作用更快速、更强大，口服吸收较迅

速，1小时内可发挥药效，作用时间长达48小时，对于胃黏膜的修复，起效快、安全性高。②可见腹泻、恶心、腹痛、胀气、口干等不良反应，也可见头痛、眩晕、困倦、乏力、感觉迟钝等神经系统症状，停药后可消失。可引起红细胞、淋巴细胞减少，白细胞减少或增多，嗜酸性粒细胞及中性粒细胞增多，如出现上述情况，应立即停药并采取适当措施。③肠溶制剂，应饭前1小时给药，服用后主要用于抑制胃酸的分泌。

**【品种信息】** 国产药品：获批文的有27个，生产企业有卫材（中国）药业（波利特）、成都迪康药业（安斯菲）、江苏豪森药业（瑞波特）、上海上药信谊药厂（信卫安）、济川药业（济诺）、珠海润都制药（雨田青）等。暂无进口药品。

**【贮藏】** 密封，在阴凉干燥处（不超过20℃）保存。

**【药品识记】** 扫码认药

### 其他抑酸药

其他抑酸药品种见表7－1。

**表7－1　其他抑酸药物品种信息**

| 药物名称 | 其他名称 | 作用与适应证 | 品种信息 |
| --- | --- | --- | --- |
| 西咪替丁 [典][医保(甲)] | 甲氰咪胍、甲氰咪胺、泰胃美 | 为第一代选择性 $H_2$ 受体拮抗剂，直接抑制基础和夜间胃酸分泌。用于治疗十二指肠、胃溃疡、上消化道出血等 | 【剂型及规格】胶囊剂：20mg、40mg；片剂：0.2g；注射液：2ml∶0.2g、5ml∶0.6g；西咪替丁氯化钠注射液：100ml∶0.2g<br>【生产商】云鹏医药、山西同达药业、浙江前进药业等 |
| 艾司奥美拉唑镁 [典][医保(乙)] | 埃索美拉唑镁、左旋奥美拉唑镁、埃索他拉唑、耐信 | 为质子泵抑制剂，作用机制同奥美拉唑，用于反流性食管炎的治疗和症状的控制。本品联合适当的抗菌疗法，用于根除幽门螺杆菌，促进消化性溃疡愈合，并防止其复发。整片吞服，不可嚼碎 | 【剂型及规格】肠溶片：20mg、40mg；胶囊剂：20mg、40mg<br>【生产商】阿斯利康制药（耐信）、重庆莱美药业等 微课1 |
| 兰索拉唑 [典][医保(乙)] | 达克普隆 | 为质子泵抑制剂，其作用和作用机制同奥美拉唑，在体内无蓄积作用。用于胃溃疡、十二指肠溃疡、吻合口溃疡及反流性食管炎、卓－艾综合征等 | 【剂型及规格】片剂：15mg、30mg；胶囊剂：15mg、30mg；注射剂：30mg<br>【生产商】天津武田药品（达克普隆）、扬子江药业、山东罗欣药业等 |
| 泮托拉唑 [典][医保(乙)] | 泮托拉唑钠、潘妥洛克、泰美尼克 | 为苯并咪唑类质子泵抑制剂，其作用和作用机制同奥美拉唑。但与质子泵的结合选择性更高，而且更为稳定。主要用于胃及十二指肠溃疡、胃－食管反流性疾病、卓－艾综合征等 | 【剂型及规格】片剂：20mg、40mg；胶囊剂：20mg、40mg；注射剂：40mg、60mg、80mg<br>【生产商】辽宁诺维诺制药（泰美尼克）、Takeda GmbH Production site Oranienburg（潘妥洛克）等 |

**【药品识记】** 扫码认药

## 三、胃黏膜保护剂

### （一）概述

胃黏膜保护剂是指有预防和治疗胃黏膜损伤，保护胃黏膜，促进组织修复和溃疡愈合作用的药物，部分胃黏膜保护剂还兼有一定的抗酸作用和杀灭幽门螺杆菌的作用。

### （二）常见药品识别

## 枸橼酸铋钾[典][基][医保(甲)]
## Bismuth Potassium Citrate

**【商品名】** 丽珠得乐

**【其他名称】** 胶体次枸橼酸铋

**【药理作用与适应证】** 主要成分是三钾二枸橼酸铋。在胃酸环境中形成弥散性的保护层覆盖于溃疡面上，阻止胃酸、酶及食物对溃疡的侵袭。本品还可降低胃蛋白酶活性，增加黏蛋白分泌，促进黏膜释放前列腺素，从而保护胃黏膜。另外，本品对幽门螺杆菌（Hp）具有杀灭作用，因而可促进胃炎的愈合。

用于慢性胃炎及缓解胃酸过多引起的胃痛、胃灼热感和反酸。

**【剂型及规格】** 主要剂型有片剂、胶囊剂、颗粒剂、口服溶液剂。①枸橼酸铋钾片、枸橼酸铋钾咀嚼片：0.3g（含铋剂 0.11g）。②枸橼酸铋钾胶囊：0.3g（含铋剂 0.11g）。③枸橼酸铋钾颗粒：1g、1.2g（含铋剂 0.11g）。④枸橼酸铋钾口服溶液（含铋剂 0.11g）等。

**【药物评价】** ①服药期间口内可能带有氨味，并可使舌苔及大便呈灰黑色，停药后即自行消失；偶见恶心、便秘等不良反应。②不宜与牛奶等高蛋白饮品同服。③使用本品期间不宜同时使用其他抗酸药。

**【品种信息】** 国产药品：获批文的有 96 个，生产企业有丽珠集团制药厂（丽珠得乐）、吉林敖东延边药业、悦康药业等。暂无进口药品。

**【贮藏】** 遮光，密封保存。片剂、口服溶液剂：在阴凉处（不超过 20℃）保存；颗粒剂：在干燥处（不超过 30℃）保存。

**【药品识记】** 扫码认药

## 其他胃黏膜保护剂

其他胃黏膜保护剂品种见表 7-2。

**表 7-2 其他胃黏膜保护剂品种信息**

| 药物名称 | 其他名称 | 作用与适应证 | 品种信息 |
|---|---|---|---|
| 胶体果胶铋 [典][基][医保(甲,乙)] | 碱式果胶酸铋钾、唯迪亚 | 用于胃及十二指肠溃疡，也可用于慢性浅表性胃炎、慢性萎缩性胃炎和消化道出血的治疗 | 【剂型及规格】胶囊剂：40mg、50mg；干混悬剂：150mg；颗粒剂：150mg<br>【生产商】山西新宝源制药（唯迪亚）、广东彼迪药业、江西药都仁和制药等 |
| 硫糖铝 [典][医保(乙)] | 迪先、胃溃宁、泰得 | 用于胃及十二指肠溃疡，也用于慢性胃炎 | 【剂型及规格】片剂：250mg；颗粒剂：1g；胶囊剂：250mg；凝胶剂：5ml：1g、20g；混悬液：5ml：1g、10ml：1g、120ml：24g、200ml：20g、200ml：40g<br>【生产商】广东华南药业（迪先）、昆明积大制药等 |
| 瑞巴派特 [医保(乙)] | 瑞巴匹特、膜固思达 | 主要用于胃溃疡，但不宜单独用于 Hp 感染。也用于改善急性胃炎及慢性胃炎急性加重期的胃黏膜病变（如糜烂、出血、充血、水肿等） | 【剂型及规格】片剂：0.1g；胶囊剂：0.1g<br>【生产商】浙江大冢制药（膜固思达）等 |

【药品识记】扫码认药

## 四、胃肠解痉药和胃肠动力药

### （一）胃肠解痉药

胃肠道平滑肌强直性收缩，引起患者疼痛称为胃肠痉挛。胃肠解痉药又称抑制胃肠动力药，胃肠解痉药主要是一些抗胆碱药。这类药物通过阻断胆碱神经介质与受体的结合，解除胃肠痉挛，松弛胃肠平滑肌，缓解疼痛，抑制多种腺体（如汗腺、唾液腺、胃液等）分泌，从而达到止痛的目的。

#### 阿托品[典][基][医保(甲)]

#### Atropine

**【别名】** 硫酸阿托品、颠茄碱、消旋莨菪碱

**【商品名】** 迪善

**【药理作用与适应证】** 抗胆碱药。能抑制受体节后胆碱能神经支配的平滑肌与腺体活动，并根据剂量大小，有刺激或抑制中枢神经系统作用；还能增加气管、支气管系黏液腺与唾液腺的分泌；具有一定的剂量依赖性；对心脏、肠和支气管平滑肌作用比其他颠茄生物碱更强而持久。

主要用来解除平滑肌痉挛、缓解内脏绞痛，如胃肠绞痛及膀胱刺激症状。还可用于休克抢救、心律失常、解救有机磷农药中毒等症。

**【剂型及规格】** 主要剂型有片剂、眼膏剂、眼用凝胶、注射剂。①硫酸阿托品片：0.3mg。②硫酸阿托品眼膏：1%。③硫酸阿托品眼用凝胶：5g∶50mg。④硫酸阿托品注射液：1ml∶0.5g、2ml∶1mg。

**【药物评价】** 阿托品作用广泛，但其选择性差，因此不良反应较多。

**【品种信息】** 国产药品：获批文的有306个，生产企业有杭州民生药业、苏州弘森药业、石药集团欧意药业、沈阳兴齐眼药股份有限公司（迪善）等。暂无进口药品。

**【贮藏】** 片剂、注射剂密封保存；眼膏剂（凝胶）置阴凉（不超过20℃）、干燥处保存。

【药品识记】扫码认药

#### 其他胃肠解痉药

其他胃肠解痉剂品种见表7－3。

表7－3　其他胃肠解痉药品种信息表

| 药物名称 | 其他名称 | 作用与适应证 | 品种信息 |
|---|---|---|---|
| 颠茄[典][基][医保(甲)] | 颠茄草 | 用于缓解胃肠道痉挛性疼痛 | 【剂型及规格】片剂：含颠茄浸膏10mg；胶囊剂：维U颠茄铝胶囊（复方）<br>【生产商】修正药业集团、江西本真药业等 |
| 山莨菪碱[典][基][医保(甲)] | 654、654－1、654－2 | 用于解除平滑肌痉挛，胃肠绞痛、胆道痉挛以及急性微循环障碍及有机磷中毒等 | 【剂型及规格】注射剂：1ml∶10mg；片剂：5mg<br>【生产商】河南同源制药、河南雪樱花制药等 |
| 溴丙胺太林[典] | 普鲁苯辛、溴丙胺肽林 | 对胃肠道平滑肌有选择性，作用较强、持久。用于胃及十二指肠溃疡的辅助治疗 | 【剂型及规格】片剂：7.5mg、15mg、30mg<br>【生产商】上海福达制药、广州白云山光华制药等 |

续表

| 药物名称 | 其他名称 | 作用与适应证 | 品种信息 |
| --- | --- | --- | --- |
| 曲美布汀 [典][医保(乙)] | 马来酸曲美布汀、三甲氧苯丁氨酯、瑞健、诺为、舒丽启能 | 用于慢性胃炎引起的胃肠道症状，如腹部胀满感、腹痛和嗳气等；也用于肠道易激综合征。国外试用于术后肠道功能的恢复和钡剂灌肠检查，可加速检查进程 | 【剂型及规格】胶囊剂：0.1g；片剂：0.1g、0.2g、0.3g；干悬混剂：4g：0.1g<br>【生产商】山西振东安欣生物制药（瑞健）、海南普利制药（诺为）、天津田边制药（舒丽启能）等 |
| 匹维溴铵 [基][医保(甲)] | 得舒特 | 用于治疗与肠易激综合征有关的腹痛、排便紊乱、肠道不适，以及与肠道功能性疾患有关的疼痛和钡灌肠前准备等。由于无明显的抗胆碱能不良反应，故可用于合并前列腺增生、尿潴留和青光眼的肠易激综合征患者 | 【剂型及规格】片剂：含匹维溴铵 50mg<br>【生产商】法国 Mylan Laboratories SAS（得舒特）、北京福元医药等 |

**【药品识记】** 扫码认药

### （二）胃肠动力药

胃肠动力药物在临床上主要包括增强胃肠动力的药物和减弱胃肠动力的药物，需要根据患者的具体病情来选择药物。增强胃肠动力的药物主要有甲氧氯普胺、多潘立酮等，主要用于治疗胃食管反流病、功能性消化不良以及一些疾病造成的胃部不适的症状。这些药物能够促进胃的排空，减少上腹部饱胀、不适或疼痛症状的出现。而减弱胃肠道运动的药物，临床上常用的有匹维溴铵等。

#### 多潘立酮[典][基][医保(甲)]

#### Domperidone

**【别名】** 丙哌双苯醚酮、丙哌双酮、胃得灵

**【商品名】** 吗丁啉、优玛琳、恒邦、邦能、益动

**【药理作用与适应证】** 促胃动力药，强效的外周多巴胺受体阻滞剂，直接作用于胃肠壁，可防止胃食管反流，增强胃蠕动，促进胃排空，协调胃与十二指肠运动，抑制恶心、呕吐，并能有效防止胆汁反流，不影响胃液分泌。

适用于消化不良、腹胀、嗳气、恶心、呕吐，以及由于反流引起的口腔和胃烧灼感。

**【剂型及规格】** 主要剂型有片剂、胶囊剂、混悬液。①马来酸多潘立酮片：含多潘立酮 10mg。②多潘立酮胶囊：10mg。③多潘立酮混悬液：1ml：1mg。

**【药物评价】** ①治疗功能性消化不良的临床有效性高，直接作用于胃肠壁，可增加胃肠道的蠕动和张力，增加胃窦和十二指肠运动，增强食管的蠕动和食管下端括约肌的张力，抑制恶心、呕吐。②不良反应偶见口干、头痛、失眠、神经过敏、腹泻、反流、恶心、瘙痒等；有时导致血清泌乳素水平升高、溢乳、男子乳房女性化、女性月经不调等，但停药后即可恢复。③对于心血管疾病患者，需控制每日给药剂量，警惕心律失常甚至心源性猝死的风险。④不宜与胃黏膜保护剂、胃肠解痉药、$H_2$受体拮抗剂、助消化药、唑类抗真菌药、大环内酯类抗生素合用。

**【品种信息】** 国产药品：获批文的有 31 个，生产企业有西安杨森制药（吗丁啉）、南京长澳制药（优玛琳）、江苏豪森药业（恒邦）、江西汇仁药业（邦能）。进口药品：获批文的有 2 个，生产企业有 Hanmi Pharm. Co.，Ltd.（益动）等。

【贮藏】密封、避光、室温保存。

【药品识记】扫码认药

## 其他胃肠动力药

其他胃肠动力药品种见表7－4。

表7－4 其他胃肠动力药品种信息

| 药物名称 | 其他名称 | 作用与适应证 | 品种信息 |
| --- | --- | --- | --- |
| 甲氧氯普胺 [典][基][医保(甲)] | 灭吐灵、胃复安 | 用于胃肠气性消化不良、食欲缺乏、嗳气、恶心、呕吐；海空作业引起的呕吐及晕车；可减轻偏头痛引起的恶心等 | 【剂型及规格】注射剂：2ml：10mg、1ml：10mg；片剂：4mg、5mg、10mg<br>【生产商】开封制药、山西汾河制药等 |
| 莫沙必利 [基][医保(甲)] | 贝络钠、新络纳、瑞琪、快力 | 用于治疗慢性胃炎和功能性消化不良引起的消化道症状，如上腹部胀满感、腹胀、上腹部疼痛，嗳气、恶心、呕吐，胃烧灼感等 | 【剂型及规格】胶囊剂：5mg；片剂：5mg；口服溶液：10ml：5mg<br>【生产商】成都康弘药业（新络纳）、江苏豪森药业（瑞琪）、鲁南贝特制药（快力）等 |
| 昂丹司琼 [典][医保(甲)(乙)] | 盐酸昂丹司琼、奥丹西龙、枢丹、欧贝 | 用于治疗由化疗和放疗引起的恶心、呕吐，也可用于预防和治疗手术后引起的恶心呕吐 | 【剂型及规格】注射剂：4ml：8mg、2ml：4mg；胶囊剂：8mg；片剂：4mg、8mg<br>【生产商】齐鲁制药（欧贝）、福安药业集团宁波天衡制药（枢丹）、北大医药等 |

【药品识记】扫码认药

### 知识链接

根除幽门螺杆菌常用治疗方案（三联、四联疗法）

幽门螺杆菌（HP）是感染性消化性溃疡的罪魁祸首，临床根除Hp常用三联、四联疗法。

1. 质子泵抑制剂＋克拉霉素(0.5g)＋阿莫西林(1g)
2. 质子泵抑制剂＋克拉霉素(0.5g)＋甲硝唑(0.4g)
3. 质子泵抑制剂＋阿莫西林(1g)＋甲硝唑(0.4g)
4. 铋制剂＋阿莫西林(1g)＋甲硝唑(0.4g)
5. 铋制剂＋四环素(0.75g或1g)＋甲硝唑(0.4g)
6. 质子泵抑制剂＋铋制剂＋甲硝唑(0.4g)＋四环素(1g)

【详情扫码】

共餐是感染幽门螺杆菌的重要途径之一，倡导分餐制、使用公筷是有效降低和减少幽门螺杆菌的一个非常重要的方法，为了家人健康，应采取分餐制，让幽门螺杆菌传播止于公筷。

治疗慢性胃炎、消化性溃疡（中成药）品种信息见表7－5。

**表 7-5　治疗慢性胃炎、消化性溃疡（中成药）品种信息表**

| 药物名称 | 功能类别 | 作用与功能主治 | 品种信息 |
|---|---|---|---|
| 复方胃痛胶囊 [医保(乙)] | 温里剂<br>温中散寒剂 | 行气活血、散寒止痛。用于寒凝气滞血瘀所致的胃脘刺痛，嗳气吞酸，食欲不振，浅表性胃炎以及胃、十二指肠溃疡 | 【剂型及规格】胶囊剂：0.28g<br>【生产商】贵州万胜药业等 |
| 小建中颗粒 [典][医保(乙)] | 温里剂<br>温中散寒剂 | 温中补虚，缓急止痛。用于脾胃虚寒，脘腹疼痛，喜温喜按，嘈杂吞酸，食少心悸及腹泻与便秘交替症状的慢性结肠炎，胃及十二指肠溃疡 | 【剂型及规格】颗粒剂：15g<br>【生产商】达嘉维康生物制药等 |
| 温胃舒片（胶囊、颗粒）[典][医保(乙)] | 温里剂<br>温中散寒剂 | 扶正固本，温胃养胃，行气止痛，助阳暖中。用于慢性萎缩性胃炎、慢性胃炎所引起的胃脘冷痛，腹胀，嗳气，纳差，畏寒，无力等症 | 【剂型及规格】片剂：0.4g；颗粒剂：5g、10g；胶囊剂：0.4g<br>【生产商】江西川奇药业等 |
| 三九胃泰颗粒（胶囊）[典][基][医保(甲)] | 理气剂<br>疏肝和胃剂 | 清热燥湿，行气活血，柔肝止痛。用于湿热内蕴、气滞血瘀所致的胃痛，症见脘腹隐痛、饱胀反酸、恶心呕吐、嘈杂纳减；浅表性胃炎、萎缩性胃炎，糜烂性胃炎见上述证候者 | 【剂型及规格】颗粒剂：2.5g、10g、20g；胶囊：0.5g<br>【生产商】华润三九医药股份有限公司等 |
| 胃康灵丸 [典][医保(乙)] | 理气剂<br>疏肝和胃剂 | 柔肝和胃，散瘀止血，缓急止痛，去腐生新。用于急慢性胃炎、胃溃疡、糜烂性胃炎、十二指肠溃疡及胃出血等症 | 【剂型及规格】丸剂：每100丸重20g。<br>【生产商】药都制药等 |
| 气滞胃痛颗粒（片、胶囊）[典][基][医保(甲)] | 理气剂<br>疏肝和胃剂 | 具有疏肝理气，和胃止痛的功效。用于肝郁气滞，胸痞胀满，胃脘疼痛 | 【剂型及规格】颗粒剂：2.5g、5g；片剂：糖衣片0.25g，薄膜衣0.5g；胶囊剂：0.4g、0.5g<br>【生产商】辽宁华润本溪三药等 |
| 胃苏颗粒 [典][基][医保(甲)] | 理气剂<br>疏肝和胃剂 | 理气消胀，和胃止痛。用于气滞型胃脘痛，症见胃脘胀痛，窜及两胁，得嗳气或矢气则舒，情绪郁怒则加重，胸闷食少，排便不畅及慢性胃炎见上述证候者 | 【剂型及规格】颗粒剂：15g<br>【生产商】扬子江药业集团江苏制药等 |
| 虎地肠溶胶囊 [医保(乙)] | 清脏腑热剂<br>清利肠胃湿热剂 | 清热，利湿，凉血。用于非特异性溃疡性结肠炎、慢性细菌性痢疾湿热蕴结证，症见腹痛、下痢脓血、里急后重 | 【剂型及规格】胶囊剂：0.4g<br>【生产商】安徽九方制药等 |

【药品识记】扫码认药

**即学即练**

答案解析

下列可以用于中和胃酸，有利于溃疡面愈合的药物是（　　）

A. 多潘立酮　　B. 枸橼酸铋钾

C. 氢氧化铝　　D. 雷贝拉唑

# 任务二　助消化药及微生态制剂

PPT

**案例分析**

**案例描述**　患者，18岁。前一天晚上与朋友们一起吃烧烤至深夜，今天早上起床后腹部有早饱感、无食欲、上腹痛并伴有胃灼热、恶心，呕吐了两次，无反酸。

**讨　　论**　1. 患者胃部不适的原因是什么？

2. 出现了上述症状，我们在生活中应注意什么？

答案解析

## 一、助消化药

### （一）概述

助消化药是促进胃肠道消化过程的药物。当消化功能减弱，消化液分泌不足时，会引起消化过程的紊乱，此时选用助消化药。助消化药一般是消化液中的主要成分，能补充消化液不足，充分发挥代替疗法的作用，用于消化不良的辅助治疗，从而促进正常消化功能的恢复。助消化药具有作用迅速，起效快的特点。

### （二）常见药品识别

#### 乳酶生[典][基][医保(甲)]

**【别名】**表飞鸣、表飞明

**【药理作用与适应证】**本品为活肠球菌的干燥制剂，在肠内分解糖类生成乳酸，使肠内酸度增高，从而抑制腐败菌的生长繁殖，并防止肠内发酵，减少产气，因而有促进消化和止泻作用。

主要用于治疗消化不良、腹胀及小儿饮食失调所引起的腹泻、绿便等。此外，乳酶生片剂治疗猪腹泻效果显著。

**【剂型及规格】**乳酶生片：0.1g、0.15g、0.3g。

**【药物评价】**①用药时不可与抗生素或磺胺类药物合用，以防抑制有益菌生长繁殖，削弱作用，当需要结合抗生素时，应间隔3~4小时分开使用。②本品不能与活性炭、次硝酸铋、鞣酸蛋白及酊剂一起使用，以避免抑制、吸附或杀死乳酶生的活性成分。③不宜与制酸药、抗生素如红霉素、氯霉素、土霉素、磺胺类等药物合用。④餐前给药，使用凉开水或温开水整片吞服。

**【品种信息】**国产药品：获批文的有49个，生产企业有桂林南药、三门峡赛诺维制药、山东京御堂制药等。暂无进口药品。

**【贮藏】**密封、遮光、在凉暗处（不超过20℃）保存。

#### 其他助消化药

其他助消化药常见品种见表7－6。

**表7－6　其他助消化药品种信息**

| 药物名称 | 其他名称 | 作用与适应证 | 品种信息 |
|---|---|---|---|
| 复方消化酶 | 千红怡美 | 用于食欲缺乏、消化不良，包括腹部不适、嗳气、早饱、餐后腹胀、恶心、排气过多、脂肪便，也可用于胆囊炎和胆结石以及胆囊切除患者的消化不良 | 【剂型及规格】胶囊剂：每粒含胃蛋白酶不少于144U、胰蛋白酶不少于480U、胰淀粉酶不少于5700U、胰脂肪酶不少于3000U<br>【生产商】常州千红生化制药（千红怡美）等 |

续表

| 药物名称 | 其他名称 | 作用与适应证 | 品种信息 |
|---|---|---|---|
| 复方阿嗪米特［医保(乙)］ | 泌特 | 改善碳水化合物、脂肪、蛋白质的消化与吸收；改善胀气和肠道中菌群紊乱而引起的酶失调 | 【剂型及规格】片剂（肠溶）：复方<br>【生产商】扬州一洋制药（泌特） |
| 干酵母［医保(乙)］ | 食母生 | 用于营养不良、消化不良、食欲缺乏、腹泻和胃肠胀气 | 【剂型及规格】片剂：0.2g、0.3g、0.5g<br>【生产商】广东五洲药业、国药集团新疆制药等 |
| 乳酸菌素片 | | 用于肠内异常发酵、消化不良、肠炎和小儿腹泻 | 【剂型及规格】片剂：0.2g、0.4g、1.2g<br>【生产商】江中药业股份、黑龙江百泰药业等 |
| 多酶片 | | 用于消化不良、食欲缺乏 | 【剂型及规格】片剂：胰酶 300mg，胃蛋白酶 13mg<br>【生产商】四川依科制药、四川菲德力制药等 |
| 胃蛋白酶［典］ | | 用于因食蛋白性食物过多所致消化不良、病后恢复期消化功能减退以及慢性萎缩性胃炎、胃癌、恶性贫血所致的胃蛋白酶缺乏 | 【剂型及规格】口服溶液剂：每 1ml 含胃蛋白酶活力不得少于 14U；颗粒剂：胃蛋白酶 10U，0.5mg 维生素 $B_1$<br>【生产商】上海中华药业、浙江国光生物、重庆申高生化制药 |
| 胰酶［典］［医保(乙)］ | 慷彼申、得每通 | 用于各种原因引起的胰腺外分泌功能不足的替代治疗，以缓解消化不良或食欲减退等症状 | 【剂型及规格】片剂：每片含米曲菌霉提取物 24mg、胰酶 220mg；肠溶片：0.3g、0.5g；胶囊剂（肠溶胶囊）：0.15g<br>【生产商】NORDMARK Pharma Gmbh（慷彼申）、Abbott Laboratories GmbH（得每通）等 |

【药品识记】扫码认药

## 二、微生态制剂

### （一）概述

微生态制剂，也叫活菌制剂，是利用正常微生物或促进微生物生长的物质制成的活的微生物制剂且能抑制致病菌生长繁殖，快速构建肠道微生态平衡。微生态制剂已被广泛应用于饲料、农业、医药保健和食品等各领域中。

### （二）常见药品识别

#### 地衣芽孢杆菌活菌［基］［医保(甲)］

#### Live Bacillus Licheniformis

**【商品名】** 整肠生、京常乐

**【药理作用与适应证】** 我国首次分离的地衣芽孢杆菌，可制成活菌制剂应用，能调整肠道菌群，拮抗致病菌的作用，口服后该菌进入肠道，对葡萄球菌及酵母菌均有抗菌作用，而对双歧杆菌、乳酸杆菌、拟杆菌、粪链球菌的生长，则有促进作用，起效快、疗效高。

适用于细菌与真菌引起的急慢性肠炎、腹泻及各种原因所致的肠道菌群失调的防治。

**【剂型及规格】** 主要剂型有颗粒剂、胶囊剂。①地衣芽孢杆菌活菌颗粒：每包 0.5g、每袋 0.25g。②地衣芽孢杆菌活菌胶囊：0.25g（2.5 亿活菌）、0.5g（5 亿活菌）。

**【药物评价】** ①起效快、疗效高。②不良反应轻微，偶见大便干结、腹胀，大剂量可发生便秘。③抗菌药与本品合用时可减低其疗效，故不应同服，必要时可间隔 3 小时服用；铋剂、鞣酸、药用炭等能抑制、吸附活菌，不能合用。

**【品种信息】** 国产药品：获批文的有 5 个，生产企业有东北制药集团沈阳第一制药（整肠生）、浙江京新药业（京常乐）等。暂无进口药品。

**【贮藏】** 于室温、避光干燥处保存和运输。

**【药品识记】** 扫码认药

## 双歧杆菌活菌[基][医保(乙)]

## Live Bifidobacterium Power

**【商品名】** 丽珠肠乐、金双歧

**【药理作用与适应证】** ①屏障作用：可与肠道黏膜上皮细胞特异性结合，并与其他厌氧菌结合共同占据肠黏膜表面，形成生物膜屏障，阻止致病菌定植及入侵。同时，本药在代谢过程中可产生大量的乳酸和醋酸，降低肠道 pH 来抑制致病菌生长，以维持肠道菌群平衡。②营养作用：可合成多种维生素如维生素 $B_1$、维生素 $B_2$、维生素 $B_{12}$、烟酸及叶酸等，补充人体营养。③免疫作用：可激活机体吞噬细胞的吞噬功能，增强机体抗感染能力和非特异免疫反应。④解毒作用：有控制内毒素血症的作用。

适用于肠菌群失调引起的肠功能紊乱，如急、慢性腹泻，便秘等。

**【剂型及规格】** 主要剂型有散剂、胶囊剂、片剂。①双歧杆菌活菌散：1.0g（含青春型双歧杆菌活菌 1.0 亿）。②双歧杆菌活菌胶囊：0.35g（含 0.5 亿活菌）。③双歧杆菌乳杆菌三联活菌片：每片 0.5g（每片含长双歧杆菌活菌应不低于 $0.5\times10^7$ CFU、保加利亚乳杆菌和嗜热链球菌活菌均应不低于 $0.5\times10^6$ CFU）。

**【药物评价】** ①本品治疗腹泻、便秘，以菌制菌，维护肠道菌群平衡，具有治肠、养肠的双向调节功效、副作用小。②能够合成各种维生素和微量元素，促进营养吸收。③为活菌制剂，切勿将本品置于高温处，避免与抗菌药同服。

**【品种信息】** 国产药品：获批文的有 4 个，生产企业有丽珠集团制药厂（丽珠肠乐）、内蒙古双奇药业（金双歧）等。暂无进口药品。

**【贮藏】** 散剂：密封；片剂、胶囊剂：于 2 ~ 8℃避光保存和运输。

**【药品识记】** 扫码认药

## 枯草杆菌活菌[基][医保(乙)]

## Live Bacillus Subtilis

**【商品名】** 妈咪爱、美常安

**【药理作用与适应证】** 本品所含的枯草杆菌、肠球菌两种活菌是健康人肠道正常菌群成员。服用本品可直接补充正常生理活菌，抑制肠道致病菌生长，改善肠道微生态环境的作用。

适用于急性腹泻，某些肠道致病菌感染引起的轻、中度腹泻，以及肠道菌群失调所致的腹泻。

**【剂型及规格】** 主要剂型有胶囊剂、颗粒剂。①枯草杆菌活菌胶囊：0.25g（含活菌数不低于 $2.5\times10^7$ CFU）。②枯草杆菌二联活菌颗粒：每袋 1g。③枯草杆菌二联活菌肠溶胶囊：250mg。

**【药物评价】** ①为保持本品疗效，应按要求连续服用。②儿童极罕见有服用本品腹泻次数增加的现象，停药后可恢复。③对微生态制剂有过敏史者慎用。④勿用热开水冲服。

**【品种信息】** 国产药品：获批文的有1个，生产企业是华润紫竹药业。暂无进口药品。

**【贮藏】** 密封。

**【药品识记】** 扫码认药

## 酪酸梭菌活菌

## Live Clostridium Butyricum

**【商品名】** 常立宁、宝乐安、阿泰宁、米桑、米雅

**【药理作用与适应证】** 酪酸梭菌活菌（芽孢）能耐受胃酸进入肠道，分泌肠黏膜再生和修复的重要营养物质酪酸（丁酸），修复受损伤的肠黏膜，消除炎症，营养肠道。并能促进双歧杆菌等肠道有益菌生长，抑制痢疾志贺菌等肠道有害菌生长，有效治疗溃疡性结肠炎，同时还可促进营养物质的消化。

适用于因肠道菌群紊乱引起的各种消化道症状及相关的急、慢性腹泻和消化不良等。

**【剂型及规格】** 主要剂型有片剂、散剂、胶囊剂。①酪酸梭菌活菌片（国产）：350mg，含活菌数不低于$1.5\times10^{7}$CFU/g。②酪酸梭菌活菌片（进口）：活菌数应为每片$3.5\times10^{5}\sim3.5\times10^{8}$CFU。③酪酸梭菌活菌散（国产）：500mg，含活菌数不低于$1.5\times10^{7}$CFU/g。④酪酸梭菌活菌散（进口）：活菌数应为$1.0\times10^{6}\sim1.0\times10^{9}$CFU/g。⑤酪酸梭菌活菌胶囊（国产）：420mg，含活菌数不低于$1.5\times10^{7}$CFU/g。

**【药物评价】** ①本品对氨苄西林、头孢唑林、头孢呋辛、四环素、氯霉素、呋喃唑酮、复方磺胺甲噁唑和诺氟沙星等敏感，与此类抗菌药同时服用可减弱其疗效，应分开服用（间隔2~3小时）。②活菌制剂，切勿置于高温处，不宜用热水送服。

**【品种信息】** 国产药品：获批文的有4个，生产企业有青岛东海药业（常立宁、宝乐安、阿泰宁）、远大生命（重庆）有限公司等。进口药品：获批文的有3个，生产企业是Miyarisan Pharmaceutical Co.，Ltd.（米雅）。

**【贮藏】** 片剂：在室温干燥处保存；胶囊剂：25℃以下干燥处避光处保存；散剂：密封，在干燥处保存。

**【药品识记】** 扫码认药

### 知识链接

#### 微生态制剂知多少

微生态制剂是人工培养繁殖的有益活菌或/和死菌及其代谢组分制成的微生物制剂，包括益生菌、益生元、合生元，目前临床应用较多的是益生菌。可以改善肠道微环境，恢复机体正常菌群，下调免疫反应。

对由细菌或病毒引起的感染性腹泻，早期应用微生态制剂无效。因为此时补充的益生菌还不足以对抗致病菌。正确用药时机是在使用抗感染药后期，辅助给予，以恢复菌群平衡。

活菌制剂不耐热，不宜用热水送服，宜用低于40℃的温开水。培菲康、丽珠肠乐、乳酶生等不耐胃酸，宜饭后服用。美常安、聚克等肠溶制剂应整粒吞服，不可嚼碎服用。微课2

【启示】牢固树立求真务实的观念，保持严谨细致的工作作风，医药卫生工作岗位，必须认真对

待，细致做好，不能有丝毫马虎。科学因纯净而美丽，因严谨而进步。

其他助消化药（中成药）品种信息见表7－7。

表7－7　其他助消化药（中成药）品种信息

| 药物名称 | 其他名称 | 作用与功能主治 | 品种信息 |
| --- | --- | --- | --- |
| 香砂养胃<br>[典][基][医保(甲)] | 温里剂<br>温中除湿剂 | 健胃消食，行气止痛。用于胃肠衰弱、消化不良、胸膈满闷、腹痛呕吐、肠鸣泄泻 | 【剂型及规格】丸剂（浓缩丸）：每8丸相当于饮片3g；丸剂（水丸）：每20丸重1g；片剂：0.6g；软胶囊：0.45g；胶囊剂：0.3g；乳剂：10ml；颗粒剂：5g、4g<br>【生产商】云南白药集团、仲景宛西制药、山东宏济堂制药 |
| 达立通颗粒<br>[典][医保(乙)] | 清脏腑热剂<br>清利肠胃湿热剂 | 清热解郁，和胃降逆，通利消滞。用于肝胃郁热所致痞满证，症见胃脘胀满、嗳气、纳差、胃中灼热、嘈杂泛酸、脘腹疼痛、口干口苦；运动障碍型功能性消化不良见上述症状者 | 【剂型及规格】颗粒剂：6g<br>【生产商】南昌弘益药业 |
| 小儿七星茶<br>[典][医保(乙)] | 消导剂<br>健脾消食 | 开胃消滞，清热定惊。用于小儿积滞化热，消化不良，不思饮食，烦躁易惊，夜寐不安，大便不畅，小便短赤 | 【剂型及规格】颗粒剂：7g；糖浆剂：10ml；合剂：10ml<br>【生产商】中山市恒生药业、广州王老吉药业等 |
| 健胃消食<br>[医保(乙)] | 消导剂<br>健脾消食 | 健胃消食。用于脾胃虚弱所致的食积，症见不思饮食、嗳腐酸臭、脘腹胀满；消化不良见上述证候者 | 【剂型及规格】片剂：0.5g、0.8g；颗粒剂：3g；合剂：10ml<br>【生产商】修正药业、江中药业 |
| 槟榔四消丸<br>[典][医保(乙)] | 消导剂<br>消食导滞 | 消食导滞，行气泻水。用于食积痰饮，消化不良，脘腹胀满，嗳气吞酸，大便秘结 | 【剂型及规格】丸剂：6g、7g、9g、12g等<br>【生产商】颈复康药业等 |
| 化积颗粒<br>[医保(乙)] | 消导剂<br>消食导滞 | 消积治疳。用于小儿疳气型疳积，腹胀腹痛，面黄肌瘦，消化不良 | 【剂型及规格】颗粒剂：2g<br>【生产商】江西药都仁和制药 |
| 越鞠保和丸<br>[典][医保(乙)] | 消导剂<br>消食导滞 | 舒肝解郁，开胃消食。用于气食郁滞所致的胃痛，症见脘腹胀痛、倒饱嘈杂、纳呆食少、大便不调；消化不良见上述证候者 | 【剂型及规格】丸剂：6g、9g<br>【生产商】神威药业、河北万邦复临药业等 |
| 胃肠安丸<br>[典][医保(乙)] | 理气剂<br>疏肝和胃剂 | 芳香化浊，理气止痛，健胃导滞。用于湿浊中阻、食滞不化所致的腹泻、纳差、恶心、呕吐、腹胀、腹痛；消化不良、肠炎、痢疾见上述证候者 | 【剂型及规格】丸剂：小丸每20丸重0.08g，大丸每4丸重0.08g<br>【生产商】津药达仁堂集团股份有限公司乐仁堂制药厂 |

**【药品识记】**扫码认药

**即学即练**

答案解析

助消化药不包括（　　）

A. 多潘立酮　　B. 乳酶生　　C. 复方消化酶　　D. 多酶片

# 任务三　泻药与止泻药

PPT

## 案例分析

**案例描述**　35岁的郑先生是一家建材公司的老总，应酬多、压力大、睡觉晚、抽烟喝酒多，从而导致习惯性的便秘。便秘两三年了每天花很长时间上厕所，口臭也越来越严重，臭屁不停，不仅仅影响自己的生活，也没法和客户正常交流了，损失了上亿元的生意。

**讨　　论**　1. 患者便秘的原因是什么？

2. 出现了上述症状，我们在生活中应注意什么？

答案解析

## 一、泻药

### （一）概述

泻药是指能增加肠内水分，促进蠕动，软化粪便或润滑肠道促进排便的药物。临床主要用于功能性便秘，根据药物作用的特点分为容积性泻药（如聚乙二醇）、刺激性泻药（如比沙可啶）、润滑性泻药（如开塞露、液体石蜡、葡甘聚糖）、渗透性泻药（如硫酸镁、乳果糖）等。微课3

### （二）常见药品识别

#### 开塞露[基][医保(甲)]

#### Enema

**【药理作用与适应证】**为治疗便秘的直肠用润滑溶液。能润滑并刺激肠壁，软化大便，使易于排出。

用于小儿及年老体弱者便秘的治疗。

**【剂型及规格】**主要剂型有溶液剂、溶液剂（含甘油）、溶液剂（含山梨醇）、灌肠剂。①开塞露：10ml、20ml。②开塞露（含甘油）：10ml、20ml。③溶液剂（含山梨醇）：10ml、20ml、45%。④灌肠剂：10ml、20ml、55%。

**【药物评价】**①本品系将含山梨醇、硫酸镁或甘油的溶液装入特制塑料容器内制得。用时将容器顶端刺破，外面涂油脂少许，徐徐插入肛门，然后将药液挤入直肠内，引起排便。②外用无不良反应。③刺破或剪开后的注药导管的开口应光滑，以免擦伤肛门或直肠。

**【品种信息】**国产药品：获批文的有102个，生产企业有福元药业、无锡正达药业等。暂无进口药品。

**【贮藏】**遮光，严封保存。

#### 乳果糖[典][基][医保(乙)]

#### Lactulose

**【商品名】**杜密克、利动

【药理作用与适应证】是一种合成的双糖，为渗透性泻药。在结肠中被消化道菌群转化成低分子量有机酸，导致肠道内 pH 值下降，并通过渗透作用增加结肠内容量。上述作用刺激结肠蠕动，保持大便通畅，缓解便秘，同时恢复结肠的生理节律。口服后 48 小时内起效。

适用于慢性便秘；用于肝性脑病（PSE）；用于治疗和预防肝昏迷或昏迷前状态。

【剂型及规格】乳果糖口服溶液：10ml∶5g、15ml∶10g、60ml∶40.02g、100ml∶50g、100ml∶66.7g、200ml∶133.4g、250ml∶166.8g、50%。

【药物评价】①口服后几乎不被吸收，以原形到达结肠，继而被肠道菌群分解代谢。在 25～50g（40～75ml）剂量下，可完全代谢；超过该剂量时，则部分以原形排出。②治疗初始几天可能会有腹胀，通常继续治疗即可消失，当剂量高于推荐治疗剂量时，可能会出现腹痛和腹泻，此时应减少使用剂量。如果长期大剂量服用，患者可能会因腹泻出现电解质紊乱。③在便秘治疗剂量下，不会对糖尿病患者带来任何问题。用于治疗肝昏迷或昏迷前期的剂量较高，糖尿病患者应慎用。半乳糖血症、肠梗阻、急腹痛患者禁用。

【品种信息】国产药品：获批文的有 16 个，生产企业有北京韩美药品（利动）、大连美罗中药厂、湖南科伦制药等。进口药品：获批文的有 5 个，生产企业有 Abbott Biologicals B. V.（杜密克）等。

【贮藏】避光，10～25℃保存。

【药品识记】扫码认药

## 其他常见泻药

其他常见泻药品种信息见表 7－8。

表 7－8　其他常见泻药品种信息

| 药物名称 | 其他名称 | 作用与适应证 | 品种信息 |
| --- | --- | --- | --- |
| 比沙可啶 [典] | 解泰、便塞停 | 用于急、慢性便秘。也可用于腹部 X 线检查、内镜检查和术前肠道清洁 | 【剂型及规格】片剂：5mg；栓剂：10mg<br>【生产商】烟台荣昌制药（解泰）、药大制药（便塞停）等 |
| 聚乙二醇 [典][基][医保(甲)] | 聚氧乙烯二醇、聚乙烯二醇、舒泰清、恒康正清、长松、润可隆、优赛乐、福松 | 用于成人便秘的对症治疗和肠道手术前以及肠镜、钡灌肠和其他检查前的肠道清洁准备 | 【剂型及规格】注射剂：每支 180μg（66 万 U）/0.5ml（西林瓶）、每支 180μg（66 万 U）/0.5ml（预充式）等；散剂：10g、68.56g、137.15g；口服溶液剂：500ml<br>【生产商】舒泰神（北京）生物制药（舒泰清）、江西恒康药业（恒康正清）、重庆赛诺生物药业（优赛乐）、湖南华纳大药厂（润可隆）、Beaufour Ipsen Industrie（福松）等 |
| 硫酸镁 [典][医保(甲)] | 硫苦、泻盐 | 用于导泻，肠内异常发酵，亦可与驱虫剂并用，与药用炭合用，可治疗食物或药物中毒 | 【剂型及规格】散剂：50g<br>【生产商】河北武罗药业等 |

【药品识记】扫码认药

## 二、止泻药

### （一）概述

止泻药是指控制腹泻的药物。通过减少肠道蠕动或保护肠道免受刺激而达到止泻作用。适用于剧烈腹泻或长期慢性腹泻，以防止机体过度脱水、水盐代谢失调、消化及营养障碍。微课 4

止泻药包括阿片制剂（如复方樟脑酊）、收敛保护药（如鞣酸蛋白、次碳酸铋）、吸附剂（如蒙脱石、药用炭）、收敛及减少肠蠕动药（如地芬诺酯、洛哌丁胺）等。

### （二）常见药品识别

#### 蒙脱石[典][基][医保(甲、乙)]

#### Smectite

**【别名】** 双八面体蒙脱石

**【商品名】** 思密达、畅言停、必奇

**【药理作用与适应证】** 主要成分为双八面体蒙脱石，对大肠埃希菌、金黄色葡萄球菌和霍乱毒素也有固定作用，同时减少肠细胞运动失调，恢复肠蠕动的正常节律，维护肠道的输送和吸收功能。

用于急、慢性腹泻，尤以对儿童急性腹泻疗效为佳，必要时应同时治疗脱水。也用于食管炎及胃、十二指肠、结肠疾病有关的疼痛的对症治疗。

**【剂型及规格】** 主要剂型有散剂、颗粒剂、分散片、混悬液等。①蒙脱石散：含蒙脱石 3g。②蒙脱石颗粒：含蒙脱石 3g。③蒙脱石分散片：1g。④蒙脱石混悬液：90ml∶9g。

**【药物评价】** ①口服本品后，药物可均匀地覆盖在整个肠腔表面，并维持 6 小时之久。可吸附多种病原体，将其固定在肠腔表面，而后随肠蠕动排出体外，从而避免肠细胞被病原体损伤。②少数人可能产生轻度便秘，大便干结，如出现便秘，可减少剂量继续服用。

**【品种信息】** 国产药品：获批文的有 53 个，生产企业有博福 - 益普生（天津）制药（思密达）、华润三九（唐山）药业（畅言停）、海南先声药业（必奇）等。进口药品：获批文的有 2 个，生产企业是 PHARMATIS。

**【贮藏】** 密封，在干燥处保存。

**【药品识记】** 扫码认药

### 知识链接

#### 认识蒙脱石散

蒙脱石散是取天然提取物的蒙脱石，加适量的矫味剂加工制成的散剂，用于成人及儿童急、慢性腹泻。蒙脱石属于吸附剂，这类药物本身不会被肠道吸收，空腹给药，药物才会附着在肠壁，对消化道内的病毒、病菌及其毒素有固定抑制作用，同时提高肠道黏膜的防御功能。服用药物时温水搅拌调节稠度适宜即可送服，服用药物后需要大量饮水，把药物冲到胃肠道，以便充分发挥药物的疗效。如有其他药物要服用，要间隔 1～2 个小时以上。

#### 其他止泻药

其他常见止泻药品种信息见表 7－9。

表 7－9　其他常见止泻药品种信息

| 药物名称 | 其他名称 | 作用与适应证 | 品种信息 |
| --- | --- | --- | --- |
| 洛哌丁胺<br>[典][基][医保(甲、乙)] | 盐酸洛哌丁胺、氯苯哌酰胺、苯丁哌胺、雅邦、腹泻啶、易蒙停 | 用于急性腹泻以及各种病因引起的慢性腹泻。对胃、肠部分切除术后和甲亢引起的腹泻也有效。尤其适用于临床上应用其他止泻药效果不显著的慢性功能性腹泻 | 【剂型及规格】颗粒剂：1g：1mg；胶囊剂：2mg<br>【生产商】沈阳东星医药（雅邦）、上海衡山药业（腹泻啶）、西安杨森制药（易蒙停）等 |
| 药用炭<br>[典][医保(甲)] | 爱西特 | 吸附药，用于食物及生物碱引起的中毒及腹泻、胃肠胀气等 | 【剂型及规格】片剂：0.15g、0.2g、0.3g；胶囊剂：0.3g<br>【生产商】河北长天药业（爱西特）等 |

【药品识记】扫码认药

## 知识链接

**国家药监局关于注销酚酞片和酚酞含片药品注册证书的公告**

**（2021 年第 6 号）**

根据《中华人民共和国药品管理法》第八十三条规定，国家药品监督管理局组织对泻药酚酞片和酚酞含片进行了上市后评价，评价认为酚酞片和酚酞含片存在严重不良反应，在我国使用风险大于获益，决定自即日起停止酚酞片和酚酞含片在我国的生产、销售和使用，注销药品注册证书（药品批准文号）。已上市销售的酚酞片和酚酞含片由生产企业负责召回，召回产品由企业所在地药品监督管理部门监督销毁。

泻药及止泻药常见中成药品种信息见表 7－10。

表 7－10　泻药及止泻药常见中成药品种信息

| 药物名称 | 功能类别 | 作用与功能主治 | 品种信息 |
| --- | --- | --- | --- |
| 大黄通便<br>[医保(乙)] | 泻下剂<br>泻火通便剂 | 清热通便。用于实热食滞，便秘以及湿热型食欲不振 | 【剂型及规格】片剂：0.5g；颗粒剂：5g、12g；胶囊剂：0.45g（相当于大黄流浸膏 1mg）<br>【生产商】江西德上制药、甘肃扶正药业、四川迪菲特药业等 |
| 复方芦荟片<br>[医保(乙)] | 泻下剂<br>泻火通便剂 | 清肝泻热，润肠通便，宁心安神。用于心肝火盛、大便秘结、腹胀腹痛、烦躁失眠 | 【剂型及规格】片剂：0.29g<br>【生产商】四川奇力制药 |
| 麻仁润肠<br>[典][基][医保(甲)] | 泻下剂<br>润肠通便剂 | 润肠通便。用于肠胃积热，胸腹胀满，大便秘结 | 【剂型及规格】丸剂：6g（每 30 丸重 6g）、每 10 粒重 1.6g；胶囊剂（软胶囊）：0.5g<br>【生产商】江西青春康源制药、北京同仁堂股份有限公司同仁堂制药厂、河南华峰制药等 |
| 蓖麻油<br>[典][医保(乙)] | 泻下剂<br>润肠通便剂 | 滑肠，润肤。用于肠内积滞、腹胀、便秘、疥癣癣疮、烫伤 | 【剂型及规格】油剂：每瓶 500ml<br>【生产商】湖北科田药业、湖南尔康制药 |
| 便通片（胶囊）<br>[典][医保(乙)] | 泻下剂<br>润肠通便剂 | 健脾益肾，润肠通便。用于脾肾不足，肠腑气滞所致的便秘 | 【剂型及规格】片剂：0.46g；胶囊剂：0.35g<br>【生产商】泰华天然生物制药等 |
| 养阴通秘胶囊<br>[医保(乙)] | 泻下剂<br>润肠通便剂 | 养阴润燥、行气通便，用于各种虚性便秘 | 【剂型及规格】胶囊剂：0.4g<br>【生产商】吉林康乃尔药业 |
| 消渴康颗粒<br>[医保(乙)] | 滋阴剂<br>养阴清热、和胃剂 | 清热养阴，生津止渴。用于 2 型糖尿病阴虚热盛型。症见：口渴喜饮，消谷易饥，小便频数，急躁易怒，怕热心烦，大便干结等 | 【剂型及规格】颗粒剂：9g<br>【生产商】河北万邦复临药业 |

续表

| 药物名称 | 功能类别 | 作用与功能主治 | 品种信息 |
| --- | --- | --- | --- |
| 附子理中<br>[典][基][医保(甲)] | 温里剂<br>温中散寒剂 | 温中健脾。用于脾胃虚寒，脘腹冷痛，呕吐泄泻，手足不温 | 【剂型及规格】片剂：0.26g；丸剂：9g<br>【生产商】天津中新药业集团股份有限公司达仁堂制药厂、北京同仁堂等 |
| 固本益肠<br>[典][医保(乙)] | 固涩剂<br>固涩止泻剂 | 健脾温肾、涩肠止泻。用于脾肾阳虚所致的泄泻，症见腹痛绵绵、大便清稀或有黏液及黏液血便、食少腹胀、腰酸乏力、形寒肢冷，舌淡苔白。脉虚慢性肠炎见上述证候者 | 【剂型及规格】片剂：0.32g、0.6g、0.62g；胶囊剂：0.5g<br>【生产商】沈阳绿洲制药 |
| 小儿泻速停颗粒<br>[典][基][医保(甲)] | 清脏腑热剂<br>清利肠胃湿热剂 | 清热利湿，健脾止泻，缓急止痛。用于小儿湿热壅遏大肠所致的泄泻，症见大便稀薄如水样，腹痛，纳差；小儿秋季腹泻及迁延性、慢性腹泻见上述证候者 | 【剂型及规格】颗粒剂：3g、5g、10g<br>【生产商】哈尔滨儿童制药厂、河南省百泉制药 |
| 克痢痧胶囊<br>[典][基][医保(甲)] | 清脏腑热剂<br>清利肠胃湿热剂 | 解毒辟秽，理气止泻。本品用于泄泻，痢疾和痧气（中暑） | 【剂型及规格】胶囊剂：0.28g<br>【生产商】浙江苏可安药业有限公司 |
| 肠炎宁片<br>[典][医保(乙)] | 清脏腑热剂<br>清利肠胃湿热剂 | 清热利湿，行气。用于大肠湿热所致的泄泻，症见大便泄泻、腹痛腹胀；急慢性胃肠炎、腹泻、小儿消化不良见上述证候者 | 【剂型及规格】片剂：0.42g、片心重0.28g、0.58g（薄膜衣片）<br>【生产商】江西康恩贝中药 |
| 儿泻停颗粒<br>[医保(乙)] | 清脏腑热剂<br>清利肠胃湿热剂 | 清热燥湿，固肠止泻。用于湿热内蕴型小儿腹泻，症见：大便呈水样或蛋花汤样，或伴有发热，腹痛，恶心，呕吐等 | 【剂型及规格】颗粒剂：0.5g、1g<br>【生产商】合肥华润神鹿药 |
| 小儿肠胃康颗粒<br>[医保(乙)] | 清脏腑热剂<br>清利肠胃湿热剂 | 清热平肝，调理脾胃。用于小儿营养紊乱所引起的食欲不振，面色无华，精神烦忧，夜寝哭啼，腹泻腹胀 | 【剂型及规格】颗粒剂：5g<br>【生产商】温州海鹤药业、江西品信药业 |

**【药品识记】**扫码认药

### 即学即练

下列药物具有止泻作用的是（　　）

A. 蒙脱石散　　B. 乳果糖　　C. 开塞露　　D. 乳酶生

答案解析

## 任务四　肝胆辅助治疗药和其他消化用药

PPT

### 案例分析

**案例描述**　患者，男，45岁。近期反复出现乏力、头晕、食欲减退，进食后腹胀、恶心、呕吐，没有饥饿感，厌吃油腻食物，尿黄，活动后易感疲倦，面色黝黑、唇色暗紫、皮肤干燥粗糙、睡眠欠佳、消瘦。有时出现肝区隐痛、肝区肿大等症状。

**讨　　论**　1. 根据上述患者症状的描述，可能出现了什么疾病？

2. 使用注射用甘草酸二铵应注意什么？

答案解析

## 一、肝病辅助治疗药

### （一）概述

肝炎是指由多种致病因素致肝脏细胞受到破坏，肝脏的功能受到损害，引起身体一系列不适症状，是临床上一种常见的疾病。治疗肝炎的药物有很多，按其药理作用可分为抗肝炎病毒药、免疫调节药、抗肝细胞坏死药、促肝细胞修复药等。肝病辅助治疗药目前采用综合种类，多数药物仅具有辅助治疗的作用，以改善肝脏功能，促进肝细胞再生，从而增强肝脏的解毒能力。

### （二）常见药品识别

#### 甘草酸二铵[基][医保(乙)]

#### Diammonium Glycyrrhizinate

**【商品名】** 甘利欣、天晴甘平、艾扶必、甘贝利

**【药理作用与适应证】** 系从甘草中分离、筛选出来的 α 体甘草酸二铵盐。与 β 体相比，由于位阻效应，α 体的亲脂性大于后者，在体内容易与受体蛋白结合，且二铵盐的水溶液溶解度更大，在体内易扩散分布，故本品的抗毒、抗炎作用大于其 β 体以及单铵盐。

用于治疗伴有丙氨酸转氨酶（ALT）升高的急、慢性肝炎。

**【剂型及规格】** 主要剂型有注射剂、胶囊剂、片剂。①甘草酸二铵注射液：10ml：150mg、10ml：50mg、20ml：150mg。②甘草酸二铵胶囊：50mg。③甘草酸二铵肠溶片：50mg。

**【药物评价】** ①具有较强的抗炎、保护肝细胞及改善肝功能的作用。②不良反应主要有恶心、呕吐、腹胀，以及皮肤瘙痒、荨麻疹、口干和浮肿，心脑血管系统有头痛、头晕、胸闷、心悸及血压升高，以上症状一般较轻，不必停药。③注射剂未经稀释不得进行滴注，停药后可能出现反跳反应，治疗期间应定期监测血压和血清钾、钠浓度。

**【品种信息】** 国产药品：获批文的有 108 个，生产企业有正大天晴药业（甘利欣、天晴甘平）、晋城海斯制药（艾扶必）、重庆华森制药（甘贝利）等。暂无进口药品。

**【贮藏】** 密封，干燥处保存。

**【药品识记】** 扫码认药

#### 其他肝病辅助治疗药

其他肝病辅助治疗药常见品种见表 7 - 11。

表 7 - 11 其他肝病辅助治疗药品种信息

| 药物名称 | 其他名称 | 作用与适应证 | 品种信息 |
|---|---|---|---|
| 精氨酸[典][基] | 盐酸精氨酸、左旋精氨酸、司百得、太林 | 用于肝性脑病。适用于禁钠患者，也适用于其他原因引起的血氨过高所致的精神症状 | 【剂型及规格】片剂：0.25g、0.5g；注射剂：200ml：20g、20ml：5g 等；胶囊剂；凝胶剂等<br>【生产商】海南赞邦制药、太极集团四川太极制药等 |
| 谷氨酸[典] | 麸氨酸、左旋谷氨酸、未美、卫甲 | 用于肝性脑病治疗的辅助用药；某些精神神经系统疾病（如精神分裂症和癫痫小发作）治疗的辅助用药 | 【剂型及规格】片剂：0.3g、0.5g；注射剂：20ml：6.3g、20ml：5.75g 等<br>【生产商】沈阳光大制药（卫甲）、辽宁药联制药（未美）等 |

续表

| 药物名称 | 其他名称 | 作用与适应证 | 品种信息 |
| --- | --- | --- | --- |
| 葡醛内酯[医保(乙)] | 肝太乐、克劳酸 | 用于急慢性肝炎的辅助治疗 | 【剂型及规格】片剂：50mg、100mg<br>【生产商】天津力生制药、华中药业等 |
| 联苯双酯[典][基][医保(甲)] | 扶健、合三 | 用于慢性迁延性肝炎伴丙氨酸转氨酶（ALT）升高，及化学毒物、药物引起的ALT升高。对肝炎主要症状如肝区痛、乏力、腹胀等改善有一定疗效，但对肝脾大的改变无影响 | 【剂型及规格】片剂：25mg、联苯双酯15.4mg、肌苷9.6mg；颗粒剂：10g/袋、联苯双酯1.5mg、肌苷10mg、维生素C 5mg；滴丸剂：1.5mg<br>【生产商】北京协和药厂、万邦德制药、广州白云山星群药业等 |
| 水飞蓟宾[基][医保(乙)] | 益肝灵 | 改善肝功能、保护肝细胞膜。用于急、慢性肝炎 | 【剂型及规格】胶囊剂：35mg、140mg等；片剂：50mg、38.5mg、77mg等；滴丸剂：33mg、45mg、55mg<br>【生产商】天津天士力圣特制药、江苏中兴药业等 |

【药品识记】扫码认药

## 二、利胆药

### （一）概述

利胆药是通过刺激肝脏增加胆汁分泌的药物。利胆药不但具有利胆的作用，还具有改善肝功能的作用。临床上常用的利胆药按作用方式主要分为以下两类。

**1. 促进胆汁分泌药** 如去氢胆酸、熊去氧胆酸、鹅去氧胆酸、利胆素、苯丙醇、胆维他等。

**2. 促进胆汁排空药** 如硫酸镁等。

### （二）常见药品识别

#### 苯丙醇[典]

Phenylpropanol

**【别名】**利胆醇

**【药理作用与适应证】**有促进胆汁分泌作用。服用后可减轻腹胀、腹痛、恶心、厌油腻等症状。并有促进消化、增加食欲、排出结石、降低血胆固醇等作用。

用于胆囊炎、胆道感染、胆石症、胆道手术后综合征和高胆固醇血症等。

**【剂型及规格】**苯丙醇软胶囊：0.1g、0.2g。

**【药物评价】**本品不良反应较少，偶有胃部不适，减量或停药后消失。

**【品种信息】**国产药品：获批文的有10个，生产企业有宜昌人福药业、广州白云山星群（药业）、上海信谊延安药业等。暂无进口药品。

**【贮藏】**密闭、遮光，存放阴凉处。

#### 熊去氧胆酸[典][基][医保(甲)]

Ursodeoxycholic Acid

**【商品名】**优思弗、滔罗特

**【其他名称】**护肝素、脱氧熊胆酸、乌索脱氧胆酸、熊脱氧胆酸

**【药理作用与适应证】** 为胆固醇衍生而来的天然亲水性胆汁酸，在人体总胆汁酸中含量较低，口服熊去氧胆酸后，可通过抑制胆固醇在肠道内的重吸收和降低胆固醇向胆汁的分泌，从而降低胆汁中胆固醇的饱和度，进而使胆固醇结石逐渐溶解。

用于胆囊收缩功能正常且X射线能穿透的胆囊胆固醇性结石、胆汁淤积性肝病、胆汁反流性胃炎、胆汁缺乏性脂肪泻、回肠切除术后脂肪泻和预防药物性结石。

**【剂型及规格】** 主要剂型有片剂、胶囊剂。①熊去氧胆酸片：50mg、150mg、250mg。②熊去氧胆酸胶囊：250mg。

**【药物评价】** ①口服熊去氧胆酸后，可剂量依赖性地增加总胆汁酸中熊去氧胆酸的含量，使其成为主要的胆汁酸成分。②本品的毒性和副作用比鹅去氧胆酸小，一般不引起腹泻，偶见便秘、过敏、头痛、头晕、胰腺炎和心动过速等。③胆道完全梗阻和严重肝功能减退者禁用。④考来烯胺（消胆胺）、考来替泊（降胆宁）和含铝制酸剂都能与之结合，减少其吸收，不宜同用。

**【品种信息】** 国产药品：获批文的有46个，生产企业有宜昌人福药业、广州白云山星群药业等。进口药品：获批文的有4个，生产企业有Losan Pharma GmbH（优思弗）、Doppel Farmaceutici S. r. L.（滔罗特）等。

**【贮藏】** 遮光、密封保存。

**【药品识记】** 扫码认药

### 知识链接

**肝胆疾病的预防**

近年来，我国肝胆疾病的患病率急速上升，其发病正趋向低龄化。经临床研究，糖尿病患者、肥胖人群、风湿病患者、心血管病患者更容易导致各项肝胆疾病，平时要多注意休息，避免剧烈活动劳累，避免经常喝酒熬夜劳累，建议饮食清淡规律，加强营养，补充维生素微量元素，多吃新鲜蔬菜和水果，注意膳食平衡，避免辛辣刺激高脂肪油腻食物。可以考虑适当运动锻炼，增强体质，必要时可以去当地正规综合性医院就诊和检查。

要学会自我调整心理，保持心情舒畅，适度舒缓压力，保持乐观、豁达的生活态度，保证足够的睡眠，睡前不吃夜宵、不宜剧烈活动，有助于疏肝理气。

## 三、其他消化用药

其他消化系统常用药品种见表7-12。

**表7-12　其他消化系统常用药（化学制剂）品种信息**

| 药物名称 | 其他名称 | 作用与适应证 | 品种信息 |
|---|---|---|---|
| 柳氮磺吡啶 [典][医保(甲)] | 柳氮磺胺吡啶、柳酸偶氮磺胺吡啶、水杨酸偶氮磺胺吡啶 | 主要用于炎症性肠病，如溃疡性结肠炎、非特异性慢性结肠炎等 | 【剂型及规格】栓剂：0.5g；片剂：0.25g；胶囊剂：0.25g<br>【生产商】上海中西三维药业、广东强基药业、上海信谊天平药业等 |

续表

| 药物名称 | 其他名称 | 作用与适应证 | 品种信息 |
| --- | --- | --- | --- |
| 二甲硅油 [典][医保(乙)] | 味禾 | 用于因胃肠道内的气体而引起的腹部症状的改善，进行胃内镜检查时，除去胃内有泡性黏液，进行X光检查腹部时，驱除肠内的气体 | 【剂型及规格】片剂：20mg、25mg<br>【生产商】黄石李时珍药业集团武汉李时珍药业（味禾）、四川同人泰药业等 |
| 美沙拉秦 [医保(乙)] | 5-氨基水杨酸、安洁莎、莎尔福、颇得斯安 | 用于治疗溃疡性结肠炎、克罗恩病 | 【剂型及规格】栓剂：0.25g、0.5g、1g；片剂：0.25g、0.4g、0.5g、0.8g；颗粒剂/缓释片：0.5g；灌肠剂：60g：4g<br>【生产商】恒诚制药集团淮南（安洁莎）、Tillotts Pharma AG等 |

【药品识记】扫码认药

肝胆辅助治疗药常用中成药品种信息见表7－13。

表7－13　肝胆辅助治疗药常用中成药品种信息

| 药物名称 | 功能类别 | 作用与功能主治 | 品种信息 |
| --- | --- | --- | --- |
| 护肝片 [典][基] | 清脏腑热剂<br>清肝解毒剂 | 疏肝理气，健脾消食。具有降低转氨酶作用。用于慢性肝炎及早期肝硬化 | 【剂型及规格】片剂：0.35g、0.36g<br>【生产商】葵花药业（伊春）、黑龙江葵花药业等 |
| 龙胆泻肝丸 [典][医保(甲)] | 清脏腑热剂<br>清肝胆湿热剂 | 清肝胆，利湿热。用于肝胆湿热，头晕目赤，耳鸣耳聋，胁痛口苦，尿赤，湿热带下 | 【剂型及规格】丸剂：6g/袋、12g/袋、30g/瓶等<br>【生产商】北京同仁堂制药、葵花药业集团（佳木斯）等 |
| 茵栀黄颗粒 [典][医保(甲)] | 清脏腑热剂<br>清肝胆湿热剂 | 清热解毒，利湿退黄。用于肝胆湿热所致的黄疸，症见面目悉黄、胸胁胀痛、恶心呕吐、小便黄赤；急、慢性肝炎见上述证候者 | 【剂型及规格】颗粒剂：3g<br>【生产商】鲁南厚普制药 |
| 加味逍遥丸 [典][医保(乙)] | 理气剂<br>疏肝解郁剂 | 舒肝清热、健脾养血。用于肝郁血虚、肝脾不和、两胁胀痛、头晕目眩、倦怠食少、月经不调、脐腹胀痛 | 【剂型及规格】丸剂：6g<br>【生产商】北京同仁堂等 |

【药品识记】扫码认药

**即学即练**

下列药不是保肝利胆药的是（　　）

A. 熊去氧胆酸　　B. 苯丙醇

C. 甘草酸二胺　　D. 阿托品

答案解析

## 巩固提升

消化系统常用药各类别重点品种见如下思维导图，扫码查看药物商品包装标签及简化版说明书，巩固学习。

药品详情

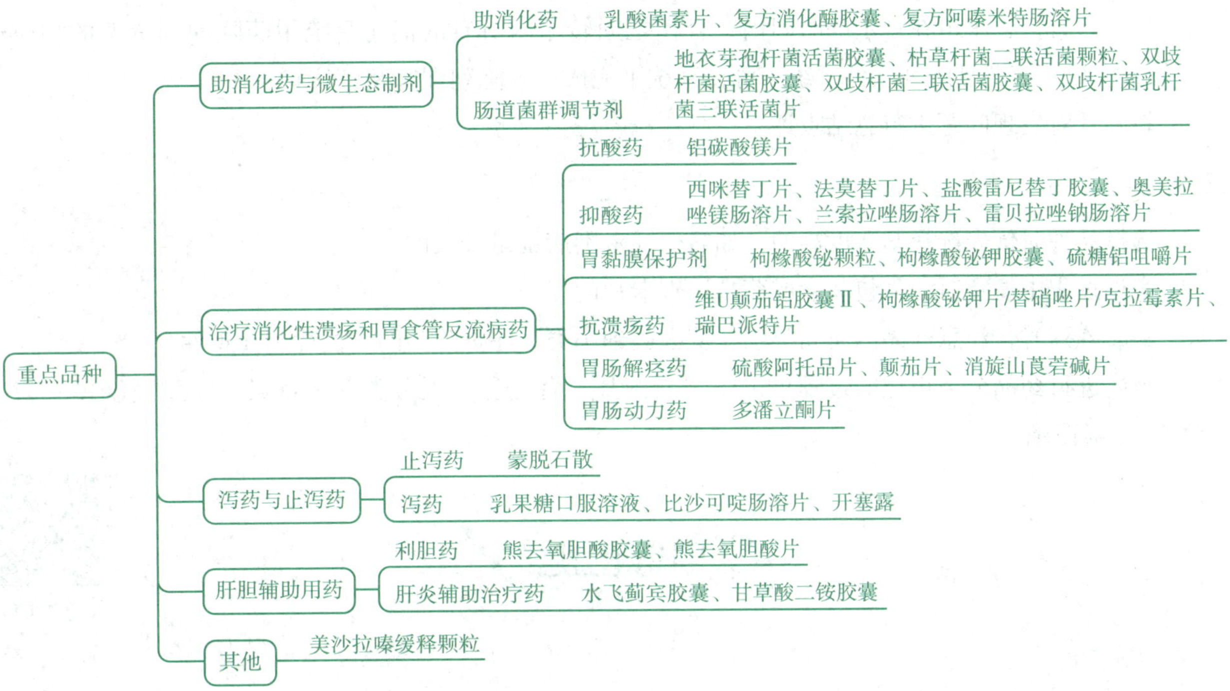


## 实践实训八

### 消化系统常用药分类识记及药品陈列训练

**【实训目的】**

以2018版《国家基本药物目录》药物品种为依据，通过本次实训，能够熟练掌握消化系统用药的常见分类及代表药品，准确说出药品名称及适应证，并完成消化系统常用药上架陈列。在训练过程中，培养学生独立思考、主动探究的学习能力以及团队协作式学习能力，并养成严谨扎实、认真细心的工作习惯。

**【材料准备】**

1. 全班分成8个组，6～7人/组，人数少的班级5～6人/组。
2. 消化系统常用药品的药品包装盒或者药品识别卡片。
3. 《消化系统常用药各类别重点品种列表》。
4. 模拟药店、模拟货架、周转箱或者模拟药店药品陈列软件系统。

## 【实施步骤】

1. 教师介绍实训目的以及实训要求。

2. 教师给各小组提供、发放实训材料。

3. 小组协作分工，根据教师提供的消化系统药品包装盒或者卡片，对照消化系统常用药各类别重点品种列表和药物商品包装标签及简化版说明书（巩固提升模块）进行药品的分类识记。

5. 教师计时，各小组在规定的时间内，合作把周转箱内所有的消化系统用药陈列到货架的相应位置。（如有模拟药店药品陈列软件系统，可在系统中完成个人陈列训练及考核）

6. 教师针对发现问题进行总结点评。

## 【注意事项】

1. 选择品种时优先选择知名度高的，如名企或者网店销量较大的。

2. 实训过程中注意对药品包装盒或药品识别卡片的保护。

3. 药品陈列时，注意药品的所属类别，从大类到小类，注重陈列的规范性和美观性。

4. 组内进行药品分类识记的过程可采用“看图片－背名称－说分类－讲特点”小组竞赛模式，以赛促学、以赛促练。

答案解析

# 目标检测

### 一、单项选择题

1. 奥美拉唑属于（　　）

A. 助消化药　　B. $H_2$受体阻断药

C. $H^+,K^+$－ATP酶抑制剂　　D. $H_1$受体阻断药

2. 下述药物中，不属于促动力药的是（　　）

A. 甲氧氯普胺　　B. 多潘立酮　　C. 氢氧化铝　　D. 莫沙必利

3. 西咪替丁抑制胃酸分泌的机制是（　　）

A. 阻断$H_1$受体　　B. 阻断M受体　　C. 保护胃黏膜　　D. 阻断$H_2$受体

4. 患者，男，19岁。主诉上腹胀痛、反酸、嗳气、消化不良等症，诊断为胃消化性溃疡。给予奥美拉唑进行治疗，与其抗溃疡作用无关的是（　　）

A. 抑制$H^+,K^+$－ATP酶活性，抑制胃酸分泌　　B. 抑制胃蛋白酶分泌

C. 刺激胃黏液分泌　　D. 抑制幽门螺杆菌

5. 下列药物中不宜与抗生素同时服用的是（　　）

A. 奥美拉唑胶囊　　B. 枸橼酸铋钾颗粒

C. 地衣芽孢杆菌活菌颗粒　　D. 胶体果胶铋胶囊

### 二、多项选择题

1. 抗酸药的抗消化性溃疡的作用主要表现在（　　）

A. 促进胃、十二指肠黏液分泌

B. 抑制$H^+,K^+$－ATP酶活性

C. 中和过多的胃酸

D. 解除胃酸对胃、十二指肠黏膜的侵蚀

E. 降低胃蛋白酶活性

2. 下列关于氢氧化铝的叙述，正确的是（　　）

A. 抗酸作用较强，缓慢而持久

B. 不影响四环素、地高辛、异烟肼的吸收

C. 与三硅酸镁联合使用作用增强

D. 久用可引起便秘

E. 口服后生成的 $AlCl_3$ 具有收敛作用

3. 下列药物中属于抗酸药的是（　　）

A. 硫酸镁　　B. 三硅酸镁　　C. 氢氧化镁

D. 氢氧化铝　　E. 铝碳酸镁

4. 关于奥美拉唑，下列叙述正确的是（　　）

A. 代谢产物极易透过细胞壁

B. 抑制基础胃酸以及由组胺、胃泌素和食物刺激引起的胃酸分泌

C. 作用机制是抑制质子泵的功能，从而起到抑制胃酸分泌的作用

D. 能够抑制幽门螺杆菌的生长

E. 产生活性中间产物亚磺酰胺

5. 关于枸橼酸铋钾的叙述，正确的是（　　）

A. 与抗菌药物合用，可提高幽门螺杆菌的根除率，并且使复发率降低

B. 保护溃疡面，抵御胃酸、胃蛋白酶等的刺激

C. 促进合成前列腺素，增强胃黏膜的屏障功能

D. 可以与抗酸药合用，增强胃黏膜保护作用

E. 可抑制胃蛋白酶活性

书网融合……

知识回顾　微课 1　微课 2　微课 3　微课 4　习题

# 项目八　心血管和血液系统常用药

## 学习引导

近年来，我国老龄化程度不断提高。随着年龄的增加，自身抵抗力逐渐减弱，患病几率也会相应的提高。心血管系统疾病是老年人患病率较高的一类慢性疾病。面对老龄化，二十大报告已明确“实施积极应对人口老龄化国家战略，发展养老事业和养老产业。坚持预防为主，加强重大慢性病健康管理，提高基层防病治病和健康管理能力。”其中像心血管系统疾病这样的慢性疾病的治疗和用药是重要任务之一，心血管系统药物在防控心血管系统疾病中起着至关重要的作用。常见的心血管系统药物主要包括哪些？在医药市场中我们应该如何指导消费者合理选用呢？

本单元主要介绍心血管系统常用药和血液系统常用药的分类及每类药物的代表药品，并结合当前国内医药市场介绍这些药物商品的基本信息。

## 学习目标

1. **掌握**　心血管和血液系统常用药分类，每种类别代表药品的名称及适应证。

2. **熟悉**　心血管和血液系统常用药的相关概念，每种类别代表药品的药理作用特点、剂型规格以及药物评价信息。

3. **了解**　心血管和血液系统常用药的概述、市场现状和发展趋势；代表药品的品种信息以及其他品种的相关商品信息。

常见的心血管疾病主要有高血压、血脂异常、冠状动脉粥样硬化性心脏病、心律失常、心力衰竭等。心血管系统药物是指能够通过舌下含服、口服、静脉滴注等给药方式治疗心血管系统疾病的药物，按其功能分类主要包括抗心绞痛药、抗心律失常药、抗高血压药、调脂及抗动脉粥样硬化药、抗休克药、抗心力衰竭药等以及祛瘀剂和调脂剂等中成药。血液系统常用药主要包括抗贫血药、抗血小板药、促凝血药、抗凝血药及溶栓药等以及养血剂、止血剂等中成药。

## 任务一　心血管系统用药

PPT

### 案例分析

**案例描述**　患者，男，58 岁。既往无高血压、冠心病病史，2 天前在做农活时出现心前区压榨性疼痛，伴有压迫紧缩感，并放射至左肩左臂，每次持续 2～3 分钟，每天发作 1～2 次，卧床休息后得到缓解。查体：体温 36.5℃，脉搏 80 次/分，呼吸 18 次/分，心率 80 次/分，血压 140mmHg/90mmHg。

讨 论 1. 上述患者可能患有什么疾病？

2. 应该采取什么措施缓解？使用什么药物？

答案解析

## 一、抗心绞痛药

### （一）概述 微课 1

心绞痛是冠状动脉粥样硬化性心脏病（冠心病）的临床典型症状，是由冠状动脉供血不足，心肌急剧、短暂的缺血和缺氧所引起的临床综合征，发作时胸骨后及心前区出现阵发性、压榨性绞痛，并可放射至左上肢。冠状动脉粥样硬化，可使血管腔变狭窄，严重者可导致心肌梗死。

抗心绞痛药可通过降低心肌耗氧量、增加心肌供血及供氧量，恢复心肌血氧的供需平衡，从而发挥作用。根据作用机制不同，主要包括硝酸酯及亚硝酸酯类药、β 受体阻断药、钙通道阻滞药等。

### （二）硝酸酯及亚硝酸酯类常见药品识别

#### 硝酸甘油[典][基][医保(甲、乙)]

Nitroglycerin

**【别名】**三硝酸甘油酯

**【商品名】**若必循、耐较咛

**【药理作用与适应证】**可直接松弛血管平滑肌，特别是小血管平滑肌，扩张全身小动脉、小静脉，降低心脏的前、后负荷，降低心肌耗氧量；对冠状动脉也有明显的扩张作用，能增加心肌缺血区的血流量，改善心肌缺血区的血氧供应；还具有抗血小板聚集和粘附的作用，可使梗塞面积减少。

用于冠心病心绞痛的治疗和预防。

**【剂型及规格】**主要剂型有片剂、气雾剂、注射剂、贴片剂、软膏剂。①硝酸甘油片：0.5mg。②硝酸甘油气雾剂：100 撳（每撳 0.5mg）、200 撳（每撳 0.5mg）。③硝酸甘油注射液：100ml：20mg。④硝酸甘油贴片：25mg。⑤硝酸甘油软膏：0.2%。⑥硝酸甘油舌下片：0.6mg。

**【药物评价】**①口服易受首关效应影响，应舌下含服，2～3 分钟内起效，长期使用容易产生耐受性。②不良反应：直立性低血压；眩晕、头晕、头痛、恶心、呕吐、心跳加快；皮疹、视物模糊；过量时易出现口唇发绀、眩晕、气短、乏力，甚至抽搐。③初次用药，剂量减半，以减轻不良反应。④不可突然停药，防止反跳现象。⑤低血压、青光眼、梗阻性心肌病患者禁用。

**【品种信息】**国产药品：获批文的有 45 个，生产企业有山东威高药业（若必循）、上海上药信谊药厂、广东众生药业等。进口药品：获批文的有 2 个，生产企业是 G. Pohl - Boskamp GmbH & Co. KG、Pfizer Pharmaceuticals LLC（耐较咛）。

**【贮藏】**遮光，密封、阴凉处保存。

**【药品识记】**扫码认药

## 单硝酸异山梨酯[典][基][医保(甲、乙)]

## Isosorbide Mononitrate

**【商品名】** 依姆多、欣康、异乐定、山苏

**【药理作用与适应证】** 具有直接松弛血管平滑肌的作用，扩张体内的动脉、静脉，降低心脏的前后负荷；扩张冠状动脉，降低血压和心肌耗氧量。

适用于冠心病的长期治疗和预防心绞痛发作，也用于心肌梗死后的治疗。

**【剂型及规格】** 主要剂型有片剂、胶囊剂、注射剂、喷雾剂、丸剂。①单硝酸异山梨酯片：10mg、20mg；单硝酸异山梨酯缓释片：30mg、40mg、50mg、60mg。②单硝酸异山梨酯胶囊：10mg、20mg；单硝酸异山梨酯缓释胶囊：20mg、25mg、40mg、50mg、60mg。③单硝酸异山梨酯注射液：2ml：25mg、5ml：20mg。④单硝酸异山梨酯喷雾剂：5ml：9mg（每喷2.5mg）、10ml：180mg（每喷2.5mg）。⑤单硝酸异山梨酯胶丸：10mg。⑥单硝酸异山梨酯滴丸：5mg。

**【药物评价】** ①作用与硝酸甘油相似但较弱；无肝脏首过效应；口服后吸收迅速且良好，作用持续时间较长。肝、肾功能低下者无需减量。②扩张血管会引发头晕、头痛、面部潮红、恶心、眩晕等反应；偶发生皮疹、剥脱性皮炎。③服用药物时应从小剂量开始，逐渐加量；青光眼患者禁用；长期应用可发生耐受性；与其他硝酸酯类有交叉耐药性。

**【品种信息】** 国产药品：获批文的有171个，生产企业有阿斯利康制药（依姆多）、鲁南贝特制药（欣康）、优时比（珠海）制药（异乐定）、扬子江药业集团（山苏）等。暂无进口药品。

**【贮藏】** 遮光，密封、阴凉处保存。

**【药品识记】** 扫码认药

## 硝酸异山梨酯[典][基][医保(甲、乙)]

## Isosorbide Dinitrate

**【别名】** 硝酸脱水山梨醇、消心痛

**【商品名】** 异舒吉

**【药理作用与适应证】** 同单硝酸异山梨酯。

**【剂型及规格】** 主要剂型有片剂、胶囊剂、注射剂、膏剂。①硝酸异山梨酯片：5mg、10mg；硝酸异山梨酯缓释片：20mg。②硝酸异山梨酯缓释胶囊：20mg、40mg。③硝酸异山梨酯注射液：5ml：5mg、10ml：10mg。④注射用硝酸异山梨酯（粉针剂）：2.5mg、5mg、10mg、20mg、25mg。⑤硝酸异山梨酯乳膏：10g：1.5g。

**【药物评价】** 同单硝酸异山梨酯。

**【品种信息】** 国产药品：获批文的有108个，生产企业有优时比（珠海）制药（异舒吉）、山东京卫制药、齐鲁制药等。进口药品：获批文的有5个，生产企业有Ever Pharma Jena GmbH、Colep Laupheim GmbH & Co. KG等。

**【贮藏】** 遮光，密封、阴凉处保存。

**【药品识记】** 扫码认药

### （三）β 受体阻断药常见药品识别

β 受体阻断药是一类能与肾上腺素递质竞争 β 受体，从而拮抗 β 拟肾上腺素作用的药物。β 受体主要存在于心脏、血管、支气管等部位，阻断 β 受体以后能够产生心脏抑制、骨骼肌和冠脉血管收缩、支气管平滑肌收缩等作用，主要用于治疗心律失常、高血压、心绞痛等心血管系统疾病。

#### 普萘洛尔[典][基][医保(甲、乙)]

Propranolol

**【别名】** 心得安

**【商品名】** 百尔洛、迪尔康欣、普乐欣、杭达来

**【药理作用与适应证】** 为非选择性的 β 受体拮抗药。拮抗心肌 $\beta_1$受体，减慢心率，抑制心肌收缩力与房室传导，循环血流量减少，心肌耗氧量降低。抑制肾素释放，使血浆肾素的浓度下降；拮抗 $\beta_2$受体，可以收缩骨骼肌和冠状动脉血管、收缩支气管平滑肌而增加呼吸道的阻力，故支气管哮喘患者禁用。

用于治疗多种原因所致的心律失常，如房性及室性期前收缩（效果较好）、窦性及室上性心动过速、心房颤动等，但室性心动过速应慎用；也可用于心绞痛、高血压、嗜铬细胞瘤（手术前准备）等。

**【剂型及规格】** 主要剂型有片剂、胶囊剂、注射剂。①普萘洛尔片：10mg。②普萘洛尔缓释胶囊：40mg。③盐酸普萘洛尔注射液：5ml：5mg。

**【药物评价】** ①口服吸收较完全，口服存在肝脏首过效应。②可见乏力、嗜睡、头晕、恶心、腹胀、皮疹、低血压、心动过缓、充血性心力衰竭、血糖升高、血脂升高等。③存在反跳现象，不可突然停药；充血性心力衰竭患者（继发于心动过速者除外）须等心衰控制后方可用本品；可掩盖糖尿病患者的低血糖反应，糖尿病患者禁用。

**【品种信息】** 国产药品：获批文的有 82 个，生产企业有上海上药信谊药厂（百尔洛）、河北天成药业（迪尔康欣）、烟台鲁银药业（普乐欣）、杭州民生药业（杭达来）等。暂无进口药品。

**【贮藏】** 密封保存。

**【药品识记】** 扫码认药

#### 美托洛尔[典][基][医保(甲、乙)]

Metoprolol

**【商品名】** 倍他乐克、均青、蒙得康

**【药理作用与适应证】** 为选择性的 $\beta_1$受体拮抗药，对心脏有较大的选择性作用，但较大剂量时对血管及支气管平滑肌也有作用。可减慢心率，减少排心血量，降低收缩压；立位及卧位均可降低血压。

用于治疗各型高血压（可与利尿药和血管扩张剂合用）、心绞痛、心律失常、心肌梗死和心力衰竭、肥厚型心肌病。静脉注射对心律失常、特别是室上性心律失常有效。

**【剂型及规格】** 主要剂型有片剂、胶囊剂、注射剂。①酒石酸美托洛尔片：25mg、50mg、100mg、150mg。②酒石酸美托洛尔缓释片：25mg、50mg、100mg、150mg。③酒石酸美托洛尔缓释胶囊：50mg。④酒石酸美托洛尔注射液：2ml：2mg、5ml：5mg。⑤琥珀酸美托洛尔缓释片：47. 5mg、95mg。

**【药物评价】** ①口服吸收迅速完全，有首关效应。②可见恶心、头痛、疲倦、失眠、心动过缓、哮喘等不良反应。③Ⅰ、Ⅱ度房室传导阻滞、严重窦性心动过缓患者禁用；严重支气管痉挛患者，肝、肾功能不全者，糖尿病及甲状腺功能亢进患者慎用。

【品种信息】国产药品：获批文的有108个，生产企业有阿斯利康制药（倍他乐克）、西南药业、海口奇力制药（均青）等。进口药品：获批文的有8个，生产企业是瑞典阿斯利康 AstraZeneca AB（倍他乐克）。

【贮藏】遮光，密封保存。

【药品识记】扫码认药

### （四）钙通道阻滞药常见药品识别

钙通道阻滞药又称钙离子拮抗剂，主要是通过阻断心肌和血管平滑肌细胞膜上的钙离子通道，抑制细胞外钙离子内流，使细胞内钙离子水平降低而引起心血管等组织器官功能改变的药物。主要用于心绞痛、高血压、冠心病和心律失常的治疗。

#### 硝苯地平[典][基][医保(甲)]

#### Nifedipine

【商品名】伲福达、纳欣同、欣然、得高宁、源孚、拜新同

【药理作用与适应证】抑制 $Ca^{2+}$ 内流，松弛血管平滑肌，扩张冠状动脉，增加冠脉血流量，提高心肌对缺血的耐受性，同时能扩张周围小动脉，降低外周血管阻力，从而使血压下降。小剂量扩张冠状动脉时并不影响血压，为较好的抗心绞痛药。

用于治疗变异型心绞痛和慢性稳定型心绞痛；还可用于高血压（单独或与其他降压药合用）的治疗。

【剂型及规格】主要剂型有片剂、胶囊剂、注射剂、滴丸剂。①硝苯地平片：5mg、10mg；硝苯地平缓释片：10mg、20mg；硝苯地平控释片：30mg。②硝苯地平胶囊：10mg、20mg；硝苯地平缓释胶囊：20mg；硝苯地平软胶囊：5mg、10mg。③硝苯地平注射液：5ml：2.5mg。④硝苯地平滴丸：5mg。

【药物评价】①本品不同剂型、不同规格的用法用量可能存在差异，请阅读具体药物说明书使用，或遵医嘱。②用药后会出现面部潮红、心悸、窦性心动过速、头晕、头痛、恶心、食欲不振等不良反应以及脚踝部水肿。③心源性休克、对该药过敏者禁用；严重肝肾功能不全患者应减少剂量。

【品种信息】国产药品：获批文的有308个，生产企业有青岛黄海制药（伲福达）、浙江泰利森药业（纳欣同）、上海现代制药（欣然）、德州德药制药（得高宁）、武汉滨湖双鹤药业（源孚）等。进口药品：获批文的有2个，生产企业是德国拜尔 Bayer AG（拜新同）。

【贮藏】遮光，密封保存。

【药品识记】扫码认药

#### 氨氯地平[典][基][医保(甲)]

#### Amlodipine

【别名】安洛地平、苯磺酸安洛地平、阿洛地平

【商品名】络活喜、压氏达、兰迪

【药理作用与适应证】为二氢吡啶类钙通道阻滞药，作用与硝苯地平相似，但对血管的选择性更强，可舒张冠状血管和全身血管，增加冠脉血流量，降低血压，作用缓慢且持久。

用于治疗高血压，单独应用或与其他抗高血压药合用均可；用于慢性稳定型心绞痛和血管痉挛性心

绞痛患者。

**【剂型及规格】** 主要剂型有片剂、胶囊剂、滴丸剂。①苯磺酸氨氯地平片：2.5mg、5mg、10mg。②苯磺酸氨氯地平胶囊：2.5mg、5mg。③苯磺酸氨氯地平滴丸：5mg。

**【药物评价】** ①药物口服后吸收迅速，生物利用度64%～90%。半衰期较长，每日口服一次即可。②不良反应出现面部潮红、心悸、头晕、头痛、恶心、食欲不振等，发生率较硝苯地平低。③心源性休克患者、对该药过敏者禁用；严重肝肾功能不全者应减少剂量。

**【品种信息】** 国产药品：获批文的有183个，生产企业有辉瑞制药（络活喜）、华润赛科药业（压氏达）、扬子江药业集团上海海尼药业（兰迪）等。进口药品：获批文的有21个，生产企业有Lek Pharmaceuticals d. d等。

**【贮藏】** 遮光，密封保存。

**【药品识记】** 扫码认药

### （五）其他抗心绞痛类药物

其他抗心绞痛类药物品种信息见表8－1。

**表8－1　其他抗心绞痛类药物品种信息**

| 药物名称 | 类别 | 作用与适应证 | 品种信息 |
| --- | --- | --- | --- |
| 尼可地尔（喜格迈）[基][医保(甲)] | 类硝酸酯类药物 | 扩张冠状动脉，增加冠脉血流量，抑制细胞内钙离子外流，缓解冠状动脉痉挛，使冠状动脉血管阻力显著降低。用于缓解冠心病、心绞痛 | 【剂型及规格】片剂：5mg；注射剂：12mg、48mg<br>【生产商】葵花药业等 |
| 地尔硫卓（合贝爽、合心爽）[典][基][医保(甲、乙)] | 钙通道阻滞药 | 直接减慢心率的作用较强。可扩张冠状动脉及外周血管，使冠脉流量增加、血压下降。可减轻心脏工作负荷及减少心肌耗氧量，解除冠脉痉挛。用于室上性心律失常、心绞痛、轻中度高血压等 | 【剂型及规格】片剂：30mg；胶囊剂：90mg、0.12g、0.18g、0.24g；注射剂：2ml：10mg、1ml：10mg、10ml：10mg、10ml：50mg；注射用粉针剂：10mg |
| 维拉帕米（异搏定）[典][基][医保(甲、乙)] | 钙通道阻滞药 | 对外周血管有扩张作用，使血压下降，但较弱。血压下降会引发反射性心率加快。舒张冠状动脉，增加冠脉流量，改善心肌供氧，此外，它尚有抑制血小板聚集作用。用于抗心律失常及抗心绞痛 | 【剂型及规格】片剂：40mg；胶囊剂：0.12g、0.18g、0.24g；注射液：2ml：5mg<br>【生产商】上海上药信谊药厂（异搏定）等 |
| 左氨氯地平（施慧达）[基][医保(乙)] | 钙通道阻滞药 | 为氨氯地平左旋光学异构体。可舒张冠状血管和全身血管，增加冠脉血流量，降低血压，作用缓慢且持久。用于治疗高血压和心绞痛 | 【剂型及规格】片剂：2.5mg<br>【生产商】华北制药、施慧达药业（施慧达） |
| 阿替洛尔（氨酰心安）[典][基][医保(甲)] | 选择性β受体阻断药 | 为选择性的$\beta_1$受体拮抗药，但不抑制异丙肾上腺素的支气管扩张作用。其对心脏有较大的选择性作用，而对血管及支气管的影响较小。用于治疗高血压、心绞痛、心肌梗死，也可用于心律失常、甲状腺功能亢进、嗜铬细胞瘤 | 【剂型及规格】片剂：6.5mg、12.5mg、25mg、50mg、100mg；注射剂：10ml：5mg<br>【生产商】华润双鹤等 |
| 比索洛尔（富马酸比索洛尔）[典][基][医保(甲)] | 选择性β受体阻断药 | 作用类似阿替洛尔。用于高血压、心绞痛、慢性稳定性心力衰竭 | 【剂型及规格】片剂：2.5mg、5mg；胶囊剂：2.5mg、5mg、10mg<br>【生产商】扬子江药业集团江苏制药、北京金城泰尔制药等 |

续表

| 药物名称 | 类别 | 作用与适应证 | 品种信息 |
| --- | --- | --- | --- |
| 拉贝洛尔（盐酸拉贝洛尔）[基][医保(乙)] | $\alpha_1$受体和β受体阻断药 | 兼有α受体和β受体拮抗作用。对β受体的作用比α受体强，无心肌的抑制作用。用于轻、中度高血压和心绞痛，静脉注射能治疗高血压危象 | 【剂型及规格】片剂：50mg、0.1g；注射剂：5ml：50mg、10ml：50mg；注射用粉针剂：25mg、50mg<br>【生产商】北京万辉双鹤、江苏迪赛诺等 |
| 艾司洛尔[典][基][医保(乙)] | 选择性$\beta_1$受体阻断药 | 为短效的选择性$\beta_1$受体拮抗药，作用迅速而短暂。大剂量对气管和血管平滑肌的$\beta_2$受体也有拮抗作用。用于室上性快速型心律失常 | 【剂型及规格】注射剂：2ml：0.2g、1ml：0.1g<br>【生产商】北京泰德制药、齐鲁制药（海南）、山东鲁抗医药集团等 |

【药品识记】扫码认药

**知识链接**

**正确选用抗心绞痛药物**

市场上销售的抗心绞痛药物种类繁多，不同类型的心绞痛其治疗药物也是有所差别的，需要我们对心绞痛的临床分型有一个明确的认识。目前心绞痛可分为两大类。

1. 稳定型心绞痛，又称劳力型心绞痛，是指具有明确诱因，心绞痛的发作频度、程度、性质在数周内无变化。

2. 不稳定型心绞痛，又称变异型心绞痛，是指除典型的稳定型劳力性心绞痛以外的缺血性胸痛。

稳定型心绞痛急性发作期可以使用硝酸甘油急救，在其缓解期可用β受体阻断药和钙通道阻滞药进行治疗，但需要注意的是对于变异型心绞痛不可以使用β受体阻断药进行治疗，此时应将钙通道阻滞药作为首选治疗药物。

## 二、抗心律失常药

### （一）概述

心律失常是由于窦房结激动异常或激动产生于窦房结以外，激动的传导缓慢、阻滞或经异常通道传导，即心脏活动的起源和（或）传导障碍导致心脏搏动的频率和（或）节律异常。它可单独发病，亦可伴随其他心血管病而发生，临床主要分为缓慢型和快速型心律失常两大类。抗心律失常药主要分为以下四类。

**1. 钠通道阻滞药** 如奎尼丁、普鲁卡因胺、美西律、普罗帕酮等。

**2. β受体阻断药** 如普萘洛尔、美托洛尔等。（参见任务一抗心绞痛药）

**3. 延长动作电位时程药** 如胺碘酮、伊布利特等。

**4. 钙通道阻滞药** 如维拉帕米、地尔硫卓等。（参见任务一抗心绞痛药）

此处主要介绍钠通道阻滞药和延长动作电位时程的抗心律失常药。

### （二）常见药品识别

**美西律[典][基][医保(甲)]**

**Mexiletine**

**【别名】**盐酸美西律、慢心律、脉律定

【商品名】寿堂

【药理作用与适应证】IB类抗心律失常药，具有抗心律失常、抗惊厥以及局部麻醉作用。对心肌的抑制作用较小。

用于室性期前收缩及室性心动过速、心室纤颤及急性心肌梗死或洋地黄所致心律失常，可长期口服。

【剂型及规格】主要剂型有片剂、胶囊剂、注射剂。①盐酸美西律片：0.1g、50mg。②盐酸美西律胶囊：50mg、100mg。③盐酸美西律注射液：2ml∶100mg。

【药物评价】①口服后在胃肠道吸收良好。②恶心、呕吐等反应最常见；此外还会出现头晕、震颤、共济失调、视物模糊等反应；大剂量可引发低血压、心动过缓、传导阻滞等反应。③心源性休克者禁用；妊娠期及哺乳期的患者慎用。

【品种信息】国产药品：获批文的有36个，生产企业有华润紫竹药业、石药欧意药业有限公司（寿堂）等。暂无进口药品。

【贮藏】密封，在干燥处保存。

## 普罗帕酮[典][基][医保(甲)]

## Propafenone

【别名】丙胺苯丙酮

【商品名】悦复隆

【药理作用与适应证】IC类抗心律失常药，能减少心肌的自发兴奋性，延长心房及房室结的有效不应期；能松弛冠状动脉及支气管平滑肌；具有与普鲁卡因相似的局部麻醉作用。

用于预防和治疗室性、室上性心动过速，电转复律后室颤发作。

【剂型及规格】主要剂型有片剂、胶囊剂、注射剂。①盐酸普罗帕酮片：0.15g。②盐酸普罗帕酮胶囊：0.1g、0.15g。③盐酸普罗帕酮注射液：10ml∶35mg。

【药物评价】①口服后在胃肠道吸收良好，服后2~3小时抗心律失常作用达峰效。②用药早期会出现头痛、头晕等不良反应，其后会出现胃肠道障碍，如恶心、呕吐、便秘等；其他抗心律失常药，如维拉帕米、胺碘酮及奎尼丁等，能增加本品不良反应。③窦房结功能障碍、肝或肾功能障碍患者禁用；心源性休克患者禁用；心肌严重损害者慎用。

【品种信息】国产药品：获批文的有118个，生产企业有葵花药业（佳木斯）鹿灵制药等。进口药品：获批文的有3个，生产企业是Famar Lyon（悦复隆）。

【贮藏】遮光，密闭保存（10~30℃）。

【药品识记】扫码认药

## 胺碘酮[典][基][医保(甲)]

## Amiodarone

【别名】乙胺碘呋酮

【商品名】可达龙

【药理作用与适应证】能延长房室结、心房和心室肌纤维的动作电位时程和有效不应期，并减慢传导。减低窦房结自律性。

用于室性和室上性心动过速、期前收缩、阵发性心房扑动和颤动、预激综合征等。

【剂型及规格】主要剂型有片剂、胶囊剂、注射剂。①盐酸胺碘酮片：0.2g。②盐酸胺碘酮胶囊：0.1g、0.2g。③盐酸胺碘酮注射液：2ml：150mg、3ml：150mg。

【药物评价】①口服吸收迟缓且不规则。通常用于治疗其他药物治疗无效的顽固性心律失常。②有恶心、呕吐、腹胀、便秘、食欲不振等不良反应；长期大剂量使用可引起窦性心动过缓、房室传导阻滞；长期用药可造成甲状腺功能紊乱；角膜色素沉着、皮肤色素沉着等反应，停药后可自行消失。③房室传导阻滞、窦性心动过缓以及对碘过敏患者禁用。

【品种信息】国产药品：获批文的有49个，生产企业有赛诺菲（杭州）制药（可达龙）、华北制药、山东信谊制药等。进口药品：获批文的有5个，生产企业是Sanofi Winthrop Industrie。

【贮藏】遮光、密封保存。

【药品识记】扫码认药

## 三、抗高血压药

### （一）概述

高血压是指以体循环动脉血压（收缩压和/或舒张压）增高为主要特征（未服用抗高血压药的情况下，收缩压≥140mmHg和（或）舒张压≥90mmHg），可伴有心、脑、肾等器官的功能或器质性损害的临床综合征。临床上将高血压分为原发性高血压（90%）和继发性高血压。在治疗过程中，大多通过降低外周血管阻力、抑制心肌收缩力和减慢心率、减少血容量等机制产生降压作用。常见的抗高血压药包括血管紧张素转化酶抑制药（ACEI）、血管紧张素Ⅱ受体阻断剂（ARB）、利尿剂、β受体阻断剂、α受体阻断剂、钙通道阻滞剂（CCB）、血管扩张药及其他抗高血压药物。

### （二）血管紧张素转化酶抑制药常见药品识别 微课2

#### 卡托普利[典][基][医保(甲)]

#### Captopril

【别名】巯甲丙脯酸

【商品名】开富林、邦德美

【药理作用与适应证】为第一代ACEI，对多种类型高血压均有明显降压作用。作用机制为抑制血管紧张素转换酶（ACE）活性，阻碍了血管紧张素Ⅰ向Ⅱ的转化，舒张小动脉，降低外周血管的阻力；还可通过抑制醛固酮的分泌，减少水钠潴留；抑制缓激肽的降解，扩张外周血管。

用于高血压，可单独应用或与其他降压药合用；用于心力衰竭，可单独应用或与强心利尿药合用。

【剂型及规格】主要剂型有注射剂、胶囊剂、片剂。①注射用卡托普利：12.5mg、2ml：50mg。②卡托普利胶囊：25mg。③卡托普利片：12.5mg、25mg。

【药物评价】①口服起效迅速。增加剂量可延长作用时间，但不增加降压效应。②不良反应常见刺激性干咳、皮肤瘙痒、味觉障碍等，停药后症状消失；用药剂量过大会引发低血压；伴有肾功能不全的患者与保钾利尿剂合用时容易出现高血钾。③肾功能不全者，哺乳期妇女谨慎使用；若出现血管神经性水肿应立即停药并迅速皮下注射肾上腺素抢救。

【品种信息】国产药品：获批文的有296个，生产企业有常州制药厂（开富林）、吉林津升制药

(邦德美)等。暂无进口药品。

**【贮藏】** 遮光，密封保存。

**【药品识记】** 扫码认药

## 依那普利[典][基][医保(甲)]

## Enalapril

**【别名】** 苯丁酯脯酸

**【商品名】** 依苏、怡那林、依双、勤可息

**【药理作用与适应证】** 在体内抑制 ACE 的作用较卡托普利强 8.5 倍，口服吸收良好。

用于高血压以及充血性心力衰竭的治疗。

**【剂型及规格】** 主要剂型有胶囊剂、片剂、注射剂。①马来酸依那普利片：5mg、10mg。②依那普利拉注射液：1ml∶1.25mg。③马来酸依那普利胶囊：5mg、10mg。

**【药物评价】** ①依那普利为前药，在体内代谢为依那普利拉而发挥药理作用，但后者口服不吸收。②少数患者可出现干咳、头痛、头晕、乏力、腹泻、皮疹、味觉消失、蛋白尿、白细胞减少、血管神经性水肿等不良反应。③严重双侧肾动脉狭窄患者及妊娠期妇女禁用。

**【品种信息】** 国产药品：获批文的有 45 个，生产企业有扬子江药业集团（依苏）、常州制药厂（怡那林）、国药集团德众药业（依双）、石药集团欧意药业（勤可息）等。进口药品：获批文的有 4 个，生产企业有 Merck Sharp & Dohme Limited 等。

**【贮存】** 遮光、密封，置阴凉干燥处保存。

**【药品识记】** 扫码认药

## 其他血管紧张素转化酶抑制剂

其他血管紧张素转化酶抑制剂常见品种信息见表 8－2。

**表 8－2　其他血管紧张素转化酶抑制剂常见品种信息**

| 药物名称 | 其他名称 | 作用与适应证 | 品种信息 |
|---|---|---|---|
| 赖诺普利 [典][基][医保(乙)] | 帝益洛<br>益迈欧 | 在体内抑制 ACE 的作用较卡托普利强 8.5 倍，口服吸收良好。用于高血压以及充血性心力衰竭 | 【剂型及规格】片剂：10mg；胶囊剂：10mg、5mg<br>【生产商】江苏天士力帝益（帝益洛）、威海诺达（益迈欧）等 |
| 贝那普利 [医保(乙)] | 洛汀新 | 为不含巯基的强效、长效血管紧张素转换酶抑制剂，在体内水解成活性代谢物贝那普利拉而起作用。用于各型高血压和充血性心力衰竭患者 | 【剂型及规格】片剂、胶囊剂：5mg、10mg<br>【生产商】北京诺华（洛汀新）、苏州东瑞等 |
| 培哚普利 [医保(乙)] | 雅施达 | 前体药，为强效、长效血管紧张素转化酶抑制剂，在体内代谢为培哚普利拉而起作用。用于高血压和充血性心力衰竭 | 【剂型及规格】片剂：4mg、2mg<br>【生产商】施维雅（天津）制药（雅施达）、宁波美诺华天康制药等 |

**【药品识记】** 扫码认药

## （三）血管紧张素Ⅱ受体阻断剂常见药品识别

### 缬沙坦[典][基][医保(甲)]

### Valsartan

**【商品名】** 代文、缬克

**【药理作用与适应证】** 本品对Ⅱ型受体（$AT_1$）有高度选择性，可竞争性拮抗而无任何激动作用。还可抑制 $AT_1$ 受体所介导的肾上腺球状带细胞释放醛固酮。具有良好的降压作用，对心肌收缩功能及心率无明显影响，对正常血压无影响。

用于治疗轻、中度原发性高血压。

**【剂型及规格】** 主要剂型有片剂、胶囊剂。①缬沙坦片：40mg、80mg、160mg。②缬沙坦胶囊：80mg、160mg。

**【药物评价】** ①口服后吸收迅速，可与氢氯噻嗪合用，增强降压作用。②可引起头痛、头晕、咳嗽、腹泻、乏力等；也可发生中性粒细胞减少症；极少有荨麻疹及血管神经性水肿的发生；血钾升高。③肾动脉狭窄，肝、肾功能不全者，哺乳期妇女慎用。

**【品种信息】** 国产药品：获批文的有 91 个，生产企业有北京诺华制药（代文）、常州四药制药（缬克）、鲁南贝特制药、山东达因海洋生物制药等。进口药品：获批文的有 8 个，生产企业有 Novartis Pharma Schweiz AG 等。

**【贮藏】** 遮光，密封，在 30℃以下保存。

**【药品识记】** 扫码认药

### 氯沙坦[典][医保(乙)]

### Losartan

**【别名】** 氯沙坦钾

**【商品名】** 科素亚

**【药理作用与适应证】** 为新型的非肽类血管紧张素Ⅱ受体 $AT_1$ 的拮抗药。具有松弛血管平滑肌、对抗醛固酮分泌、减少水钠潴留的作用，降压作用强大而持久，此外还能逆转心肌肥厚。

用于高血压和充血性心力衰竭。

**【剂型及规格】** 主要剂型有片剂、胶囊剂。①氯沙坦钾片：50mg、100mg。②氯沙坦钾胶囊：50mg、100mg。

**【药物评价】** ①口服起效迅速。②干咳发生率低于 ACEI，偶见直立低血压、皮疹、腹泻；血钾升高。③避免与保钾利尿剂合用；肾动脉狭窄及妊娠期妇女慎用。

**【品种信息】** 国产药品：获批文的有 40 个，生产企业有扬子江药业集团四川海蓉药业、华润双鹤药业等。进口药品：获批文的有 15 个，生产企业有 Merck Sharp & Dohme Limited（科素亚）、Lek Pharmaceuticals d. d. 等。

**【贮藏】** 遮光，密封保存。

**【药品识记】** 扫码认药

### 其他血管紧张素Ⅱ受体阻断剂

其他血管紧张素Ⅱ受体阻断剂常见品种信息见表 8－3。

表 8-3　其他血管紧张素Ⅱ受体阻断剂常见品种信息

| 药物名称 | 其他名称 | 作用与适应证 | 品种信息 |
|---|---|---|---|
| 缬沙坦氨氯地平 [基][医保(乙)] | 倍博特 | 缬沙坦和氨氯地平两种成分在控制血压方面作用机制互补。用于原发性高血压 | 【剂型及规格】片剂：缬沙坦 80mg、氨氯地平 5mg<br>【生产商】江苏恒瑞医药等 |
| 厄贝沙坦 [典][医保(乙)] | 伊贝沙坦<br>安博维 | 对 $AT_1$ 受体产生不可逆的或非竞争性的抑制，因而减轻血管紧张素Ⅱ的缩血管和促增生作用，降压时对心率影响很小。用于治疗原发性高血压 | 【剂型及规格】片剂、胶囊剂：0.15g、75mg<br>【生产商】Sanofi Winthrop Industries（伊贝沙坦）、赛诺菲（杭州）制药（安博维）等 |
| 替米沙坦 [典][医保(乙)] | 邦坦 | 选择性 $AT_1$ 受体拮抗剂，阻断血管紧张素的收缩血管和分泌醛固酮的作用，但不影响小血管系统调节中的其他受体。用于原发性高血压 | 【剂型及规格】片剂、胶囊剂：80mg、40mg<br>【生产商】北京巨能制药、江苏万邦生化医药（邦坦）等 |
| 坎地沙坦酯 [典][医保(乙)] | 达迈、苏纳<br>伲利安 | 口服后吸收过程中分解为有活性的坎地沙坦。为长效 $AT_1$ 拮抗剂，具有强效、选择性高的特点，长期应用还可逆转左室肥厚，对肾脏也有保护功能。用于高血压 | 【剂型及规格】片剂、胶囊剂：4mg、8mg<br>【生产商】江苏苏中药业（苏纳）、天津药物研究院（达迈）、青岛黄海制药（伲利安）等 |
| 奥美沙坦酯 [医保(乙)] | 傲坦、兰沙 | 在体内代谢成奥美沙坦，是 $AT_1$ 拮抗剂，选择性与 $AT_1$ 结合后阻断血管紧张素Ⅱ的收缩血管作用。不影响缓激肽的作用。用于高血压 | 【剂型及规格】片剂、胶囊剂：20mg<br>【生产商】第一三共制药（上海）（傲坦）、北京福元医药（兰沙）等 |
| 阿利沙坦酯 [典] | 信立坦 | 为 $AT_1$ 的拮抗剂，阻断其他途径来源或合成的血管紧张素Ⅱ的生理作用，不抑制激肽酶Ⅱ的作用，因此，不会产生缓激肽增强的效应。用于轻、中度原发性高血压 | 【剂型及规格】片剂：80mg、240mg<br>【生产商】惠州信立泰、深圳信立泰（信立坦） |

**【药品识记】**扫码认药

### （四）β 受体阻断剂常见药品识别

参见任务一　抗心绞痛药。

### （五）其他抗高血压药常见药品识别

## 吲达帕胺[典][基][医保(甲、乙)]

## Indapamide

**【别名】**寿比山、吲达胺、吲满胺

**【商品名】**纳催离、百普乐、希尔达、平至、悦南珊

**【药理作用与适应证】**磺胺类利尿剂，通过抑制肾远曲小管近段对钠的重吸收而发挥作用。可增加尿钠和氯的排出，增加尿量。即使是产生利尿作用的微弱剂量也具有明显的抗高血压作用。对功能性高血压患者也有持久的抗高血压作用。不影响血脂及糖类的代谢。

用于高血压，老年人糖尿病及肾功能不全的高血压患者均适用。

**【剂型及规格】**主要剂型有片剂、胶囊剂、缓释片。①吲达帕胺片：2.5mg。②吲达帕胺胶囊：1.5mg。③吲达帕胺缓释片：1.5mg。

**【药物评价】**①口服吸收迅速，生物利用度较高。②可出现过敏反应，偶见恶心、便秘、眩晕，在治疗 4~6 周后部分患者出现低钾血症。直立性低血压，血尿酸、血糖和血钙升高较罕见。③磺胺类药物过敏者、严重肝肾功能不全者、肝性脑病、低钾血症者禁用。

**【品种信息】**国产药品：获批文的有 58 个，生产企业有施维雅（天津）制药（纳催离、百普乐）、

青岛黄海制药（希尔达）、济南高华制药（平至）、天津太平洋制药（悦南珊）等。进口药品：获批文的有 2 个，生产企业是 Les Laboratoires Servier。

【贮藏】密封。

【药品识记】扫码认药

## 其他抗高血压药

其他抗高血压药常见品种信息见表 8－4。

表 8－4 其他抗高血压药常见品种信息

| 药物名称 | 类别 | 作用与适应证 | 品种信息 |
|---|---|---|---|
| 硝普钠（亚硝基铁氰化钠）[典][基][医保(甲)] | 血管扩张药 | 为强有力的血管扩张剂，扩张周围血管血压下降，作用迅速，给药后几乎立即见效，本品只做静脉滴注使用。用于其他抗高血压药无效的高血压危象 | 【剂型及规格】注射剂：25mg、50mg<br>【生产商】华润双鹤药业、开封康诺药业等 |
| 尼群地平（舒麦特）[典][基][医保(甲)] | 钙通道阻滞药 | 能抑制血管平滑肌和心肌的钙离子内流，但以血管作用为主，可扩张冠状动脉、肾小动脉等全身血管，产生降压作用。用于高血压 | 【剂型及规格】片剂：10mg、20mg；胶囊剂：10mg；贴剂：50mg<br>【生产商】北京长城制药（舒麦特）、哈药集团等 |
| 非洛地平（波依定）[典][基][医保(甲、乙)] | 钙通道阻滞药 | 作用与硝苯地平相似，对冠脉及外周血管均有扩张作用。用于治疗高血压 | 【剂型及规格】片剂：2.5mg、5mg、10mg；胶囊剂：2.5mg<br>【生产商】江苏联环药业（联环笑定）、山西康宝生物制品（康宝得维）等 |
| 拉西地平（司乐平）[典][医保(乙)] | 钙通道阻滞药 | 对于血管平滑肌具有高度选择性，可以扩张外周小动脉，减少外周血管阻力和降低血压。用于高血压治疗，可单独使用或与其他抗高血压药物（利尿药、AECI）合用 | 【剂型及规格】片剂：4mg、6mg<br>【生产商】哈药集团三精明水药业（司乐平）、浙江贝得药业等 |
| 哌唑嗪（哌嗪宁）[典][基][医保(甲)] | α 受体阻断剂 | 为选择性突触后 $\alpha_1$ 受体拮抗剂，能松弛血管平滑肌，产生降压效应。它不影响 $\alpha_2$ 受体，不会引起明显的反射性心动过速，也不增加肾素的分泌。用于治疗轻、中度高血压，常与 β 受体拮抗剂或利尿剂合用，降压效果更好 | 【剂型及规格】片剂：2mg、1mg、0.5mg<br>【生产商】长春白求恩制药、葵花药业等 |
| 利血平（血安平）[典][医保(甲)] | 干扰肾上腺素能神经药物 | 兼有降血压作用及安定作用，能降低血压、减慢心率，对精神病性躁狂症有安定之效。用于轻中度高血压。单用本品因副作用大，基本不单用，常与肼屈嗪、氢氯噻嗪合用 | 【剂型及规格】片剂：0.1mg、0.25mg；注射剂：1ml：2.5mg、1ml：1mg<br>【生产商】上海复旦复华药业、石药集团欧意药业等 |
| 酚妥拉明（酚胺唑啉、赫立可）[典][基][医保(甲)] | 竞争性、非选择性 $\alpha_1$ 和 $\alpha_2$ 受体阻滞药 | 有血管扩张和血压降低的作用，使体循环和肺循环阻力下降，动脉压降低；通过阻滞 $\alpha_2$ 受体，引起心肌收缩力增强和心动过速。用于急性心肌梗死、高血压合并心衰，肺源性心脏病合并心衰以及高血压危象的治疗 | 【剂型及规格】颗粒剂：60mg；胶囊剂：40mg；片剂：40mg、50mg；注射剂：1ml：5mg、1ml：10mg<br>【生产商】陕西步长制药（赫立可）、上海复旦复华药业等 |
| 波生坦（全可利）[基][医保(乙)] | 双重内皮素受体拮抗剂 | 对内皮素 A 和内皮素 B 受体具有高度选择性竞争性。通过与双重内皮素结合起到拮抗 ET－1 的作用，从而降低血管压力，阻止心脏和血管增生，减轻肺纤维化和炎症。用于肺动脉高压 | 【剂型及规格】片剂：32mg、62.5mg、125mg<br>【生产商】Datheon Inc |

【药品识记】扫码认药

## 四、降脂及抗动脉粥样硬化药

### （一）概述

血脂异常是指血清中总胆固醇（TC）、低密度脂蛋白（LDL）、三酰甘油（TG）升高，高密度脂蛋白（HDL）降低的现象。血脂异常是动脉粥样硬化和心脑血管疾病发生的高危因素。临床上降脂药物主要包括以降 TC 为主的药物和以降 TG 为主的药物两大类。

### （二）主降 TC 药物常见药品识别 微课 3

#### 辛伐他汀[典][基][医保(甲)]

Simvastatin

【别名】新伐他汀

【商品名】忆辛、幸露、舒降之

【药理作用与适应证】为羟甲基戊二酰辅酶 A（HMG－CoA）还原酶抑制剂类（以下简称他汀类）药物，可降低正常的和升高的低密度脂蛋白胆固醇（LDL－C）水平。低密度脂蛋白（LDL）由极低密度脂蛋白（VLDL）生成，主要通过与 LDL 受体结合代谢。本品降低 LDL 的作用机制是降低 VLDL 胆固醇浓度和 LDL 受体的诱导作用，从而导致 LDL－C 的产生减少和（或）分解代谢增加。

用于原发性高胆固醇血症。也用于合并有高胆固醇血症和高甘油三酯血症，而以高胆固醇为主的患者。

【剂型及规格】主要剂型有片剂、胶囊剂、混悬剂、滴丸。①辛伐他汀片：5mg、10mg、20mg、40mg、80mg。②辛伐他汀胶囊：5mg、10mg、20mg、40mg。③辛伐他汀干混悬剂：10mg。④滴丸：5mg、10mg。

【药物评价】①口服对肝脏有高度的选择性，主要在肝脏发挥作用。经肝脏 CYP3A4 酶代谢，在肝中被代谢成有效代谢物 β－羧基丁酸发挥作用。②常见不良反应有头痛、倦怠、腹胀、恶心、皮疹，偶有白细胞、血小板减少、肝功能异常等；用药期间应注意监测肝肾功能及血肌酸磷酸激酶（CK）水平。③对本品过敏者及持续肝功能异常者禁用；本品不与氯贝丁酸类、烟酸、大环内酯类、酮康唑及环孢素合用，避免发生横纹肌溶解；服药期间不宜饮酒。

【品种信息】国产药品：获批文的有 168 个，生产企业有北京福元医药（忆辛）、山东鲁抗医药（幸露）、上海信谊万象药业等。进口药品：获批文的有 11 个，生产企业有 Merck Sharp & Dohme Limited（舒降之）。

【贮藏】遮光，密封保存。

【药品识记】扫码认药

#### 阿托伐他汀[典][基][医保(乙)]

Atorvastatin

【商品名】阿乐、立普妥、尤佳

【药理作用与适应证】药理作用同辛伐他汀。

用于原发性高胆固醇血症、混合型高脂血症或饮食控制无效杂合子家族型高胆固醇血症患者。

【剂型及规格】主要剂型有片剂、胶囊剂。①阿托伐他汀钙片：40mg、20mg、10mg。②阿托伐他汀胶囊：10mg、20mg。

【药物评价】同辛伐他汀。

【品种信息】国产药品：获批文的有70个，生产企业有北京嘉林药业（阿乐）、天方药业（尤佳）等。进口药品：获批文的有15个，生产企业有Lek Pharmaceuticals d. d. 等。

【贮藏】密封，25℃以下干燥处保存。

【药品识记】扫码认药

## 瑞舒伐他汀[基][医保(乙)]

## Rosuvastatin

【商品名】可定、瑞旨

【药理作用与适应证】为氨基嘧啶衍生物类HMG－CoA还原酶抑制剂，其抑制胆固醇合成的作用，明显强于其他他汀类药物，抑制强度是阿托伐他汀的7倍。可降低LDL－C，升高HDL－C。

适用于经饮食控制和其他非药物治疗（如运动、减重）仍不能适当控制血脂异常的原发性高胆固醇血症（$Ⅱ_a$型，包括杂合子家族性高胆固醇血症）或混合型血脂异常症（$Ⅱ_b$型）。

【剂型及规格】主要剂型有片剂、胶囊剂。①瑞舒伐他汀钙片：5mg、10mg。②舒瑞伐他汀钙胶囊：5mg、10mg。

【药物评价】①口服给药，与食物同服时吸收速率会降低。②不良反应常见腹胀、便秘、腹痛、头痛、倦怠、皮疹等，偶有白细胞、血小板减少，肝功能异常等；为避免严重不良反应，治疗时药物剂量应从低到高逐渐调整。③对本品过敏者及持续肝功能异常者禁用，避免与烟酸、环孢素类药物合用而发生横纹肌溶解；服药期间不宜饮酒。

【品种信息】国产药品：获批文的有58个，生产企业有鲁南贝特制药（瑞旨）、阿斯利康（中国）等。进口药品：获批文的有15个，生产企业有Lek Pharmaceuticals d. d. 、英国阿斯利康Astrazeneca UK limited（可定）。

【贮藏】遮光，密封保存。

【药品识记】扫码认药

### （三）主降TG药物常见药品识别

## 非诺贝特[典][基][医保(乙)]

## Fenofibrate

【商品名】利必非、力平之

【药理作用与适应证】为贝丁酸类降血脂药，其药效较强，具有显著降胆固醇及甘油三酯的作用，且不良反应较小。

用于高胆固醇血症、高甘油三酯血症及混合型高脂血症。

**【剂型及规格】** 主要剂型有片剂、颗粒剂、胶囊剂。①非诺贝特片：0.1g、0.2g。②非诺贝特颗粒：67mg、200mg。③非诺贝特胶囊：0.1g、0.2g。④非诺贝特缓释胶囊：0.25g。

**【药物评价】** ①口服后迅速吸收。②服药后偶有口干、食欲减退、大便次数增多、湿疹、失眠、乏力等症状，停药后可消失。个别病例可见一过性转氨酶及尿毒氮或肌酐升高，一般停药后可恢复到正常值。③严重肝肾功能不全者、孕妇、对本品过敏者禁用。④避免与他汀类合用。

**【品种信息】** 国产药品：获批文的有93个，生产企业有上海爱的发制药（利必非）、江苏恩华药业、哈药集团三精千鹤望奎制药等。进口药品：获批文的有4个，生产企业有 Recipharm Fontaine（力平之）等。

**【贮藏】** 遮光，密封保存。

**【药品识记】** 扫码认药

## 其他常见降脂及抗动脉粥样硬化药

其他常见降脂及抗动脉粥样硬化药品种信息见表8-5。

**表8-5　其他常见降脂及抗动脉粥样硬化药品种信息**

| 药物名称 | 类别 | 作用与适应证 | 品种信息 |
|---|---|---|---|
| 普伐他汀（浦惠旨、福他宁）[典][医保(乙)] | 他汀类 | 同辛伐他汀 | 【剂型及规格】片剂：10mg、20mg、40mg；胶囊剂：5mg、10mg<br>【生产商】上海现代制药（浦惠旨）、华北制药（福他宁）等 |
| 洛伐他汀（罗华宁、雪庆）[典][医保(乙)] | 他汀类 | 为第一个新型的调节血脂药。在体内被水解成β羟基酸代谢物而发挥作用，可抑制HMG-CoA还原酶。用于高胆固醇血症和混合型高脂血症 | 【剂型及规格】片剂：10mg、20mg；胶囊剂：20mg<br>【生产商】华北制药（罗华宁）、北大医药（雪庆）等 |
| 氟伐他汀（来适可）[医保(乙)] | 他汀类 | 作用同洛伐他汀。用于饮食治疗未能完全控制的原发性高胆固醇血症和原发性混合型血脂异常 | 【剂型及规格】胶囊剂：40mg；片剂：80mg<br>【生产商】北京诺华制药（来适可）、瀚晖制药等 |
| 匹伐他汀（冠爽、力清之）[医保(乙)] | 他汀类 | 体内竞争性抑制HMG-CoA，从而减少内源性胆固醇的合成。用于高胆固醇血症，家族性高胆固醇血症 | 【剂型及规格】片剂：4mg、2mg、1mg<br>【生产商】日本 Kowa Company，Ltd.（力清之）、华润双鹤药业（冠爽）等 |
| 普罗布考（之乐、畅泰）[典][医保(乙)] |  | 为血脂调节药并具有抗动脉粥样硬化作用。其降脂作用是通过降低胆固醇合成，促进胆固醇分解使血胆固醇和低密度脂蛋白降低，还可改变高密度脂蛋白亚型的性质和功能，使血高密度脂蛋白胆固醇减低。用于高胆固醇血症 | 【剂型及规格】片剂：0.25mg、0.125mg<br>【生产商】齐鲁制药（之乐）、颈复康药业集团（畅泰）等 |
| 氯贝丁酯[典] | 贝丁酸类 | 能抑制胆固醇和甘油三酯的合成，增加固醇类的排泄。降甘油三酯作用更明显，对Ⅲ、Ⅳ、Ⅴ型血脂蛋白过高症较有效。此外，尚能降低血浆纤维蛋白原含量和血小板的黏附性，可减少血栓的形成。用于动脉粥样硬化及其继发症，如冠状动脉病、脑血管疾病等 | 【剂型和规格】原料药<br>【生产商】广州白云山明兴制药、陕西西岳制药等 |
| 阿昔莫司（司里蒙、益平、乐知苹）[典][医保(乙)] | 烟酸类 | 抑制脂肪组织的分解，减少游离脂肪酸的释出，减少三酰甘油的合成、VLDL和LDL的生成；抑制肝脂肪酶活性，减少HDL胆固醇异化；激活脂肪组织的脂蛋白脂肪酶，加速LDL分解，有利HDL胆固醇增高。用于各型高脂蛋白血症 | 【剂型及规格】片剂：0.25mg；胶囊剂：0.25g<br>【生产商】地奥集团（司里蒙）、鲁南贝特制药（益平）、Pfizer Italia s.r.l（乐知苹）等 |

【药品识记】扫码认药

## 五、抗休克药

### （一）概述

休克是机体遭受强烈的致病因素侵袭后，体内有效循环血量减少，组织血流灌注严重不足，全身微循环功能不良，导致细胞损伤、重要器官代谢紊乱的全身性病理过程，属于危重综合征，应及时抢救。临床治疗药物主要包括血管收缩药和血管扩张药两大类。

### （二）血管收缩药常见药品识别

#### 肾上腺素[典][基][医保(甲)]

#### Adrenaline

**【别名】** AD、Adr、副肾素

**【商品名】** 必兰、斯康杜尼

**【药理作用与适应证】** 本品直接兴奋α和β受体，增强心肌收缩力，加快心率，使心排出量增加，收缩压增加。大剂量时，收缩压和舒张压均升高。

用于因支气管痉挛所致严重呼吸困难，可迅速缓解药物等引起的过敏性休克，亦可用于延长浸润麻醉用药的作用时间等。

**【剂型及规格】** 剂型有注射剂。①盐酸肾上腺素注射液：1ml∶1mg。②肾上腺素注射液：1ml∶1mg。

**【药物评价】** ①过敏性休克的首选用药。口服不产生吸收作用。皮下注射因局部血管收缩，吸收缓慢，维持时间较长。②常见不良反应有心悸、头痛、血压升高；少见震颤、无力、眩晕、呕吐、心律失常、肺水肿等；罕见用药局部有水肿、充血和炎症等。③氯丙嗪、酚妥拉明所致低血压，以及氯仿、环丙烷麻醉时均忌用；肾上腺素可减弱口服降糖药以及胰岛素的作用；使用时必须严格控制药物剂量，静注应稀释后缓慢给药。

**【品种信息】** 国产药品：获批文的有95个，生产企业有华润双鹤药业、山东新华制药、广州白云山明兴制药等。进口药品：获批文的有3个，生产企业有Novocol Pharmaceutical of Canada Inc。

**【贮藏】** 遮光，密封保存。溶液变成棕色或发生沉淀不可再用。

#### 去甲肾上腺素[典][基][医保(甲)]

#### Noradrenaline

**【别名】** 正肾上腺素

**【药理作用与适应证】** 主要激动α受体，对β受体激动作用很弱，具有很强的血管收缩作用，使全身小动脉与小静脉都收缩（但冠状血管扩张），外周阻力增高，血压上升。兴奋心脏及抑制平滑肌的作用都比肾上腺素弱。

用于治疗急性心肌梗死、体外循环等引起的低血压；对血容量不足所致的休克、低血压或嗜铬细胞瘤切除术后的低血压；也可用于椎管内阻滞时的低血压及心搏骤停复苏后血压维持。

**【剂型及规格】** 重酒石酸去甲肾上腺素注射液：1ml∶2mg、2ml∶10mg。

**【药物评价】** ①药液外漏可引起局部组织坏死。强烈的血管收缩可使重要脏器器官血流减少，尿量减少，导致组织缺氧和酸中毒；持久或大量使用，可使回心血流量减少，外周血管阻力升高，心排血量减少，后果严重。②静脉输注时沿静脉径路皮肤发白，注射局部皮肤破溃、皮肤发绀、发红、严重眩晕，上述反应虽少见，但后果严重。③缺氧、高血压、动脉硬化、甲状腺功能亢进症、糖尿病、闭塞性血管炎、血栓病患者慎用。用药过程中须监测动脉压、中心静脉压、尿量、心电图。禁止与含卤素的麻醉剂和其他儿茶酚胺类药合并使用，可卡因中毒及心动过速患者禁用。

**【品种信息】** 国产药品：获批文的有 14 个，生产企业有山东新华制药、西安利君制药、华润双鹤药业、远大医药（中国）等。暂无进口药品。

**【贮藏】** 遮光，密封保存。

### （三）血管扩张药常见药品识别

## 多巴酚丁胺[典][基][医保(甲)]

## Dobutamine

**【别名】** 杜丁胺、强心胺

**【商品名】** 丰海芬、奥万源、康利托

**【药理作用与适应证】** 为选择性 β 肾上腺素受体激动药，增强心肌收缩力，增加心排出量，降低外周血管阻力，降低心室充盈压，促进房室结传导。对心率影响较小不易引起心动过速。

临床用于心肌梗死后或心脏外科手术时心排血量低的休克。

**【剂型及规格】** 盐酸多巴酚丁胺注射液：2ml：20mg。

**【药物评价】** ①可有心悸、恶心、胸痛、气短等，如出现收缩压增加，心率增快者，应减量或暂停用药。②梗阻性肥厚型心肌病不宜使用；高血压、心房颤动、心室率加速、室性心律失常慎用。③不得与碳酸氢钠等碱性药物混合使用。

**【品种信息】** 国产药品：获批文的有 37 个，生产企业有江苏正大丰海制药（丰海芬）、江苏联环药业（奥万源）、四川科伦药业（康利托）等。暂无进口药品。

**【贮藏】** 遮光，密封保存。

## 其他抗休克药

其他抗休克药品种信息见表 8－6。

**表 8－6 其他抗休克药品种信息**

| 药物名称 | 类别 | 作用与适应证 | 品种信息 |
| --- | --- | --- | --- |
| 去氧肾上腺素（新福林）[典][医保(乙)] | 血管收缩药－α受体激动药 | 有明显的血管收缩作用。作用与去甲肾上腺素相似，但较弱而持久，毒性较小。用于感染中毒性及过敏性休克。用于麻醉时维持血压 | 【剂型及规格】注射剂：1ml：10mg<br>【生产商】上海禾丰制药、深圳沃兰德药业等 |
| 间羟胺（阿拉明）[典][基][医保(甲)] | 血管收缩药－α受体激动药 | 升压效果较去甲肾上腺素弱而持久。用于防治椎管内阻滞麻醉时发生的急性低血压；也可用于心源性休克或败血症所致的低血压 | 【剂型及规格】注射剂：1ml：10mg<br>【生产商】北京双鹭药业、北京永康药业等 |
| 多巴胺（儿茶酚乙胺）[典][基][医保(甲)] | 血管收缩/扩张药－α、β及多巴胺受体激动药 | 可使皮肤黏膜血管收缩，血压升高；对内脏血管呈现扩张作用，外周阻力下降；增加肾脏血流量，使尿量增加，肾功能得以改善。用于治疗各种休克，如感染中毒性休克、心源性休克、充血性休克 | 【剂型及规格】注射剂：2ml：20mg<br>【生产商】华润双鹤药业、桂林南药等 |
| 异丙肾上腺素（异丙肾、舒喘定）[典][基][医保(甲)] | 血管扩张药－β受体激动剂 | 激动 $β_2$ 受体，舒张骨骼肌血管，舒张支气管平滑肌；增加糖原分解，增加组织耗氧量。用于各种原因引起的休克，尤其是感染中毒性休克；心脏骤停；哮喘急性发作 | 【剂型及规格】片剂：10mg；气雾剂：35mg；注射剂：2ml：1mg<br>【生产商】上海禾丰制药、华润双鹤药业等 |

## 六、抗心力衰竭药

### （一）概述

心力衰竭是指由于各种原因导致的心肌损伤，使得心肌的结构和功能异常，心肌收缩力减弱，从而引起心脏循环障碍的症候群。抗心力衰竭的药物主要包括以下几类：

**1. 利尿药** 改善心衰患者的体液潴留，是不可缺少的基础药物，如氢氯噻嗪、螺内酯等。

**2. RAAS 抑制剂** 能逆转心肌重构，改善心肌功能，是心衰的首选药，包括：ACEI 类，如卡托普利等；ARB 类，如氯沙坦、缬沙坦、替米沙坦等；醛固酮拮抗药，如螺内酯。

**3. β 受体阻断药** 曾被禁用于心衰，后来的临床试验证明，长期应用能延缓心室的重构或逆转，改善左心功能，如美托洛尔等。

**4. 强心苷类** 是最早使用的正性肌力药，可加强心肌收缩力，缓解和消除症状，改善左心室功能，不增加患者的死亡率。如地高辛、去乙酰毛花苷、毒毛花苷 K、洋地黄毒苷等。

**5. 其他治疗药物** 血管扩张剂，如肼屈嗪、硝普钠；非强心苷类正性肌力药，如米力农、氨力农等。

### （二）代表药品识别

#### 地高辛[典][基][医保(甲)]

Digoxin

**【别名】**异羟基洋地黄毒苷

**【商品名】**可力

**【药理作用与适应证】**有正性肌力作用，增强心肌收缩力、改善泵血功能、减慢心率、抑制心肌传导系统，使心输出量增加，改善肺循环及体循环，使扩大的心脏缩小，但不能改善心肌舒张功能。

用于高血压、瓣膜性心脏病、先天性心脏病等急性和慢性心功能不全，尤其适用于伴有快速心室率的心房颤动。

**【剂型及规格】**主要剂型有片剂、口服溶液剂、注射剂。①地高辛片：0. 25mg。②地高辛注射液：2ml：0. 5mg。③地高辛口服溶液：10ml：0. 5mg、50ml：2. 5mg、100ml：5mg。

**【药物评价】**①最早使用的正性肌力药，口服吸收不完全，不宜口服的患者可采取静推的给药方式；治疗窗窄，应严格监测药物的血药浓度。②有恶心、呕吐、腹泻等早期中毒症状；黄视、绿视、视物模糊，是强心苷中毒的前兆，停药指征之一；快速型心律失常、窦性心动过缓、房室传导阻滞等症状也是中毒的先兆，停药指征之一。③低血钾症、高血钙症、甲状腺功能低下、肾功能损害患者慎用。

**【品种信息】**国产药品：获批文的有 20 个，生产企业有赛诺菲（杭州）制药（可力）、上海上药信谊药厂、西南药业等。暂无进口药品。

**【贮藏】**密封保存。

**【药品识记】**扫码认药

### 伊伐布雷定[基][医保(乙)]

### Ivabradine

**【商品名】** 可兰特

**【药理作用与适应证】** 是一种单纯降低心率的药物。只特异性地对窦房结起作用，对心房、房室或者心室传导时间未见明显影响，对心肌的收缩性或者心室复极化未见明显影响。

用于伴有心脏收缩功能障碍的慢性心力衰竭患者，或者用于禁忌或不能耐受 β 受体阻滞剂治疗时。

**【剂型及规格】** 盐酸伊伐布雷定片：5mg、7.5mg。

**【药物评价】** 最常见的不良反应为闪光现象（光幻视）和心动过缓，为剂量依赖性，与伊伐布雷定的药理学作用有关。

**【品种信息】** 国产药品：获的批文的有 5 个，生产企业是山东新时代药业、北京百奥药业等。进口药品：获批文的有 10 个，生产企业是法国施维雅药厂（可兰特）。

## 七、心血管系统常见中成药

心血管系统药物的发展较为成熟，其中化学制剂仍然占据主导地位，中成药也呈现出快速增长的趋势。尤其是随着我国中药国际化的推进，一批临床疗效确切、安全性高的中成药进入国际注册。常见心血管系统中成药品种信息见表 8－7。

**表 8－7　常见心血管系统中成药品种信息**

| 药物名称 | 功能类别 | 作用与功能主治 | 品种信息 |
| --- | --- | --- | --- |
| 银杏叶提取物 [典][医保(乙)] | 祛瘀剂<br>活血祛瘀 | 用于脑部、周边血液循环障碍。包括急慢性脑功能不全及其后遗症，耳部血流及神经障碍，眼部血流及神经障碍，周围循环障碍 | 【剂型及规格】片剂：40mg；胶囊剂：0.12g、0.15g、0.168g；颗粒剂：2g、4g；滴剂：30ml∶1.2g；注射液：5ml∶17.5mg<br>【生产商】德国 Dr. Willmar Schwabe GmbH & Co. KG（金纳多）等 |
| 血塞通 [典][基][医保(甲、乙)] | 祛瘀剂<br>活血祛瘀 | 具有活血祛瘀，通脉活络，抑制血小板聚集和增加脑血流量之功效。用于脑路瘀阻，中风偏瘫，心脉瘀阻，胸痹心痛；脑血管后遗症、冠心病心绞痛属上述证候者 | 【剂型及规格】片剂：25mg、50mg、100mg；胶囊剂：50mg、100mg；注射剂：2ml∶0.1g、2ml∶200mg、5ml∶0.25g、5ml∶50mg<br>【生产商】昆药集团血塞通药业、云南白药等 |
| 速效救心丸 [典][基][医保(甲)] | 祛瘀剂<br>理气活血 | 主要成分为川芎、冰片。具有行气活血，祛瘀止痛，增加冠脉血流量，缓解心绞痛的功效。用于气滞血瘀型冠心病，心绞痛 | 【剂型及规格】丸剂：每丸 40mg<br>【生产商】津药达仁堂集团股份有限公司 |
| 麝香保心丸 [典][基][医保(甲)] | 祛瘀剂<br>益气活血 | 芳香温通，益气强心。用于气滞血瘀所致的胸痹，症见心前区疼痛，固定不移；心肌缺血所致的心绞痛、心肌梗死 | 【剂型与规格】丸剂：每丸 22.5mg<br>【生产商】上海和黄药业 |
| 复方丹参 [典][基][医保(甲)] | 祛瘀剂<br>理气活血 | 活血化瘀，理气止痛。用于气滞血瘀所致的胸痹，症见胸闷、心前区刺痛；冠心病心绞痛见上述证候者 | 【剂型及规格】滴丸剂：每丸 27mg；片剂：0.26g、0.32g<br>【生产商】天士力医药集团、广州白云山明兴制药等 |
| 参松养心胶囊 [典][基][医保(甲)] | 祛瘀剂<br>益气活血 | 益气养阴，活血通络，清心安神。用于气阴两虚、心络瘀阻型心悸，即冠状粥样硬化性心脏病、室性早搏 | 【剂型及规格】胶囊剂：0.4g<br>【生产商】北京以岭药业 |

续表

| 药物名称 | 功能类别 | 作用与功能主治 | 品种信息 |
|---|---|---|---|
| 通心络[典][基][医保(甲)] | 祛瘀剂<br>化瘀通脉 | 具有益气活血，通络止痛的功效。用于冠心病心绞痛属心气虚乏、血瘀络阻证，症见胸部憋闷，刺痛、绞痛，固定不移，心悸自汗，气短乏力，舌质紫黯或有瘀斑，脉细涩或结代。亦用于气虚血瘀阻络型中风，症见半身不遂或偏身麻木，口舌歪斜，言语不利 | 【剂型及规格】片剂：0.45g；胶囊剂：0.26g<br>【生产商】石家庄以岭药业 |
| 地奥心血康[典][基][医保(甲)] | 祛瘀剂<br>化瘀通脉 | 由甾体总皂苷组成。具有活血化瘀，行气止痛，扩张冠脉血管，改善心肌缺血的功效。用于预防和治疗冠心病、心绞痛以及瘀血内阻之胸痹、眩晕、气短、心悸、胸闷或痛症 | 【剂型及规格】片剂、胶囊剂：100mg；软胶囊：0.35g<br>【生产商】四川源基制药等 |

【药品识记】扫码认药

**即学即练**

答案解析

下列不属于钙通道阻滞药的是（　　）

A. 硝苯地平　B. 尼莫地平　C. 维拉帕米　D. 非诺贝特

# 任务二　血液系统用药

PPT

造血系统包括血液、骨髓、脾、淋巴结和分散在全身各处的淋巴和单核－巨噬细胞组织。血液病即造血系统疾病，反映在周围血细胞成分、功能变化和出凝血机制的障碍。常见的血液系统用药主要包括：抗贫血药、抗血小板药、促凝血药、抗凝血药及溶栓药、血容量扩充剂、升白细胞药等。

**案例分析**

**案例描述**　患者，女，25岁。无既往高血压、冠心病病史，2天前出现头晕，视物模糊，心悸，疲倦无力的症状，处于生理期，出血量较大。查体：体温36.5℃，脉搏80次/分，呼吸18次/分，心率80次/分，血压140/90mmHg。

**讨　　论**　1. 患者可能患有什么疾病？

2. 应该采取什么措施缓解？使用什么药物？

答案解析

## 一、抗贫血药

### （一）概述

血液中红细胞数和血红蛋白量低于正常值称为贫血。根据病因及发病机制的不同可分为：由铁缺乏所致的缺铁性贫血；由叶酸或维生素 $B_{12}$ 缺乏所致的巨幼细胞贫血（恶性贫血）；骨髓造血功能低下所致的再生障碍性贫血等。治疗贫血的药物为抗贫血药，根据病因可分为抗缺铁性贫血药物、抗巨幼细胞贫血药物和造血细胞生长因子等。

### （二）常见药品识别

## 硫酸亚铁[典][基][医保(甲)]
## Ferrous Sulfate

【别名】硫酸低铁

【商品名】益源生

【药理作用与适应证】铁盐以 $Fe^{2+}$ 形式吸收，进入血液循环后，$Fe^{2+}$ 被氧化为 $Fe^{3+}$，再与转铁蛋白结合成血红蛋白，供细胞使用。

用于慢性失血、营养不良、妇女妊娠期、儿童发育期等引起的缺铁性贫血。

【剂型及规格】主要剂型有片剂、糖浆剂。①硫酸亚铁片：0.3g。②硫酸亚铁糖浆：100ml∶4g。③硫酸亚铁缓释片：0.45g。④硫酸亚铁含片：15mg。

【药物评价】①本品可减少肠蠕动，引起便秘，并排黑便。②不良反应常见恶心、腹痛、便秘、黑便等。③严重肝肾功能损害者、非缺铁性贫血（如地中海贫血）患者禁用。④由于恢复体内正常贮铁量需较长时间，故对重度贫血者需连续用药数月。⑤饭后或饭时服用，以减轻胃部刺激。与稀盐酸、维生素 C 合用，有助于铁吸收。不可与磷酸盐类、四环素类及鞣酸等同服，可妨碍铁的吸收。本品可减少左旋多巴、卡比多巴、甲基多巴及喹诺酮类药物的吸收。

【品种信息】国产药品：获批文的有 43 个，生产企业有吉林省西点药业（益源生）、江西制药、上海黄海制药等。暂无进口药品。

【贮藏】遮光，密封、干燥处保存。

【药品识记】扫码认药

## 维生素 $B_{12}$[典][基][医保(甲)]
## Vitamin $B_{12}$

【别名】氰钴胺、钴胺素

【商品名】威可达

【药理作用与适应证】维生素 $B_{12}$ 是细胞合成的重要辅酶，参与体内叶酸代谢的过程。缺乏时，导致 DNA 合成障碍，影响红细胞的成熟。本品还促使甲基丙二酸转变为琥珀酸，参与三羧酸循环。此作用关系到神经髓鞘脂类的合成及维持有髓神经纤维功能完整，维生素 $B_{12}$ 缺乏症的神经损害可能与此有关。

片剂与注射剂用于因内因子缺乏所致的巨幼细胞贫血，注射剂也可用于亚急性联合变性神经系统病变，如神经炎的辅助治疗；滴眼液适用于眼疲劳等眼部不适症状。

【剂型及规格】主要剂型有溶液剂、片剂、眼用制剂、注射剂。①维生素 $B_{12}$ 溶液：5ml。②维生素 $B_{12}$ 片：50μg、25μg。③维生素 $B_{12}$ 滴眼液：5ml∶1mg、10ml∶2mg。④维生素 $B_{12}$ 注射液：1ml∶0.05mg、1ml∶0.1mg、1ml∶0.5mg、1ml∶1mg。

【药物评价】①本品疗效确切，恶性贫血患者口服无效。②可致过敏反应，甚至过敏性休克，不宜滥用；偶可引起皮疹、瘙痒、腹泻及哮喘等。③痛风患者使用本品，可发生高尿酸血症；老人、素食且不吃蛋和奶制品的人、妊娠期及哺乳期妇女应补充维生素 $B_{12}$。

【品种信息】国产药品：获批文的有 539 个，生产企业有华北制药（威可达）、华润紫竹药业等。进口药品：获批文的有 3 个，生产企业有 Santen Pharmaceutical Co.，Ltd. Noto Plant、BASF A/S 等。

【贮藏】遮光，密封保存。

【药品识记】扫码认药

## 叶酸[典][基][医保(甲、乙)]

## Folic Acid

【别名】维生素 M

【商品名】同奥、欧力、福能

【药理作用与适应证】叶酸可以将体内的二氢叶酸还原为四氢叶酸。后者与多种一碳单位结合成四氢叶酸类辅酶，传递一碳单位，参与体内核酸和氨基酸的合成，并与维生素 $B_{12}$ 共同促进红细胞的增殖和成熟。

用于各种叶酸缺乏所致的巨幼细胞贫血；预防胎儿神经管发育缺陷。

【剂型及规格】主要剂型有片剂、注射液。①叶酸片：0.4mg、5mg。②复方叶酸注射液：1ml。

【药物评价】①口服吸收迅速。贫血患者吸收速度较正常人快。②不良反应较少，罕见过敏反应，长期服用可出现胃肠道反应。③维生素 $B_{12}$ 缺乏所致的贫血，应以维生素 $B_{12}$ 为主，叶酸为辅；甲氨蝶呤、乙胺嘧啶会阻止叶酸转化，可用四氢叶酸钙治疗。

【品种信息】国产药品：获批文的有 173 个，生产企业有江苏恒瑞医药（同奥）、浙江万晟药业（欧力）、广东岭南制药（福能）等。暂无进口药品。

【贮藏】遮光，密封保存。

【药品识记】扫码认药

## 其他血液系统药

其他血液系统药物品种信息见表 8－8。

表 8－8 其他血液系统药物品种信息

| 药物名称 | 其他名称 | 作用与适应证 | 品种信息 |
|---|---|---|---|
| 右旋糖酐铁 [典][基][医保(甲、乙)] | 牲血素 | 是右旋糖酐和铁的络合物，为可溶性铁。用于不耐受口服铁剂的缺铁性贫血者或需要迅速纠正缺铁者 | 【剂型及规格】片剂：25mg、50mg；颗粒剂：25mg；注射液：2ml：50mg、2ml：100mg；口服溶液剂：5ml：25mg、10ml：50mg<br>【生产商】浙江天瑞药业、山东达因海洋生物制药等 |
| 琥珀酸亚铁 [基][医保(甲、乙)] | 速力菲 | 补充铁剂。用于缺铁性贫血 | 【剂型及规格】片剂：0.1g；颗粒剂：30mg、0.1g；缓释片：0.2g<br>【生产商】金陵药业（速力菲）、成都奥邦药业等 |
| 多糖铁复合物 [医保(乙)] | 力蜚能 | 作为铁补充剂，可迅速提高血铁和血红蛋白水平。本药对胃肠黏膜无刺激和腐蚀作用，避免了消化道的不良反应。用于慢性失血所致的缺铁性贫血，如月经过多、痔出血等 | 【剂型及规格】胶囊剂：0.15g<br>【生产商】上海医药集团青岛国风药业、美国 Schwarz Pharma Manufacturing，Inc.（力蜚能）等 |
| 腺苷钴胺 [典][基][医保(甲、乙)] | 5－脱氧腺苷钴胺 | 药理作用同维生素 $B_{12}$。用于巨幼细胞贫血、营养不良性贫血、妊娠期贫血等 | 【剂型及规格】片剂：0.25mg；注射剂：1.5mg、1.0mg、0.5mg<br>【生产商】华北制药、石药集团欧意药业、国药集团容生制药等 |

续表

| 药物名称 | 其他名称 | 作用与适应证 | 品种信息 |
| --- | --- | --- | --- |
| 甲钴胺 [典][基][医保(乙)] | 弥可保、弥诺 | 可促进核酸、蛋白合成；促进受损神经组织恢复；促进正红血母细胞的成熟、分裂，增加红细胞的产生，改善贫血状态。用于缺乏维生素 $B_{12}$ 引起的巨幼细胞性贫血，也用于周围神经病 | 【剂型及规格】片剂：0.5mg；注射剂：1ml：0.5mg；胶囊剂：0.5mg<br>【生产商】卫材中国药业（弥可保）、四川德峰药业（弥诺）等 |
| 重组人促红素 [基][医保(乙)] | 环尔博、依倍 | 为人工合成制品，可增加红系造血祖细胞的集落生成率。并对慢性肾功能衰竭性贫血有明显的治疗作用。用于肾功能不全所致的贫血 | 【剂型及规格】注射剂：2000IU、3000IU、4000IU、6000IU<br>【生产商】北京四环生物制药（环尔博）、成都地奥九泓制药厂（依倍）等 |

【药品识记】扫码认药

## 二、抗血小板药

### （一）概述

抗血小板药是用来抑制血小板的环氧化酶生长的药物，防止血小板聚集黏附，从而达到抗凝及防治血栓作用的一类药物。常见的抗血小板药物有二磷酸腺苷（ADP）受体拮抗剂（如氯吡格雷、普拉格雷、替格瑞洛等）、血栓素 $A_2$（$TXA_2$）抑制剂（如阿司匹林）、糖蛋白Ⅱb/Ⅲa 受体抑制剂（如阿西单抗、替罗非班等）、磷酸二酯酶抑制剂（如双嘧达莫、西洛他唑等）。

**知识链接**

**“传奇药物”阿司匹林**

阿司匹林作为非甾体抗炎药，主要用于解热镇痛和消炎。在它出现 100 多年后，Majerus 的科研团队发现小剂量阿司匹林通过不可逆地乙酰化血小板环氧化酶而抑制血栓素 $A_2$（$TXA_2$）的合成，从而发挥抗血小板活化和聚集作用。从此阿司匹林就广泛用在心脑血管病的二级预防和高危患者的一级预防上。到现在，更被发现有抗肿瘤的作用。

【启示】二十大报告中提到“推进健康中国建设，把保障人民健康放在优先发展的战略位置”。作为药学从业人员，我们要不断提升自己的科研创新能力，可通过研究现有药物的新适应症或新剂型推出更多惠及患者的创新药物，满足患者对生命健康的需求，做好人民群众的健康守护者。

### （二）常见药品识别

#### 氯吡格雷[典][基][医保(乙)]

Clopidogrel

**【别名】**硫氢酸氯吡格雷

**【商品名】**波立维

**【药理作用与适应证】**血小板聚集抑制剂。选择性地抑制二磷酸腺苷（ADP）与血小板受体的结合及抑制 ADP 介导的糖蛋白复合物的活化，而抑制血小板聚集。

用于预防和治疗因血小板高聚集引起的心、脑及其他动脉循环障碍疾病。

**【剂型及规格】**硫酸氢氯吡格雷片：25mg、75mg、300mg。

**【药物评价】**①口服后吸收迅速。②常出现消化道出血、中性粒细胞减少、腹痛、食欲减退、胃炎、便秘、皮疹等不良反应，偶见血小板减少性紫癜。③对本品过敏者禁用、溃疡病患者及颅内出血患者禁用；肝肾功能损害者慎用。

**【品种信息】** 国产药品：获批文的有35个，生产企业有赛诺菲（杭州）制药（波立维）、深圳信立泰药业、南京正大天晴制药等。进口药品：获批文的有12个，生产企业有Sanofi Winthrop Industrie、Sandoz Private Limited、Actavis Ltd等。

**【贮藏】** 遮光，密封保存。

**【药品识记】** 扫码认药

## 其他抗血小板用药

其他抗血小板用药品种信息见表8-9。

**表8-9　其他抗血小板用药品种信息**

| 药物名称 | 其他名称 | 作用与适应证 | 品种信息 |
| --- | --- | --- | --- |
| 阿司匹林<br>[典][基][医保(甲、乙)] | 乙酰水杨酸 | 其抗血小板作用机制在于使血小板的环氧酶乙酰化，从而抑制环内过氧化物的形成，减少$TXA_2$的生成。在体内能延长出血时间，减少血栓形成。可用于预防心、脑血管疾病的发作及人工心脏瓣膜或其他手术后的血栓形成 | 【剂型及规格】片剂：0.3g、0.5g；胶囊剂：0.075g、0.1g、0.3g、0.5g；栓剂：0.1g、0.3g、0.5g；肠溶片：25mg、0.3g<br>【生产商】上海上药信谊、重庆和平制药、哈药集团等 |
| 替格瑞洛<br>[基][医保(乙)] | 替卡格雷 | 是一种选择性二磷酸腺苷（ADP）受体拮抗剂，以抑制ADP介导的血小板活化和聚集，与氯吡格雷的作用机制相似。用于急性冠脉综合征患者，降低血栓性心血管事件的发生率 | 【剂型及规格】片剂：60mg、90mg<br>【生产商】南京正大天晴、山东罗欣、石药集团欧意药业等 |
| 双嘧达莫<br>[典][医保(甲)] | 潘生丁、升达 | 具有抗血栓形成及扩张冠状动脉作用。用于血栓栓塞性疾病和缺血性心脏病 | 【剂型及规格】片剂：25mg；注射剂：2ml：10mg、20mg、5mg<br>【生产商】上海信谊九福药业、北京巨能制药（升达）等 |
| 曲克芦丁<br>[典][医保(乙)] | 羟乙基芦丁 | 能抑制血小板凝集，有防止血栓形成作用；降低毛细血管通透性，可防止血管通透性升高引起的水肿。用于脑血栓形成和脑栓塞所致的偏瘫、失语以及心肌梗死前综合征、动脉硬化、血管通透性升高引起的水肿 | 【剂型及规格】片剂：60mg；口服溶液：10ml：0.18g、10ml：0.3g；注射剂：0.1g、0.3g<br>【生产商】晋城海斯制药、上海黄海制药、内蒙古黄河制药等 |
| 奥扎格雷<br>[典][医保(乙)] | 奥扎格雷钠 | 具有抗血小板聚集和释放及舒张血管作用，故可防止血栓形成。用于治疗某些心血管疾病（如心肺分流术）时作为抗血小板药以防止高凝状态；也用于严重外周血管性疾病（如雷诺病）、原发性肺动脉高压和血小板消耗性疾病等 | 【剂型及规格】注射剂：20mg、40mg、80mg<br>【生产商】北京泰德制药、葵花药业集团（冀州）、海南倍特等 |
| 替罗非班<br>[医保(乙)] | 替洛非巴<br>欣维宁 | 是一种高效可逆性非肽类血小板表面糖蛋白受体拮抗剂，具有抗血小板聚集作用，可使其延迟或抑制血栓形成。用于冠脉缺血综合征患者进行冠脉血管成形术或冠脉内斑块切除术；预防心脏缺血事件的发生 | 【剂型及规格】注射剂：5mg、50ml：12.5mg<br>【生产商】远大医药（中国）（欣维宁）、山东新时代等 |
| 吲哚布芬<br>[基][医保(乙)] | 2-[4-（1-氧代-2-异吲哚啉基）苯基]丁酸 | 通过抑制血小板激活因子（如ADP、血小板因子4）而起抗血小板聚集的作用。用于动脉硬化所致血栓栓塞性疾病；也可用于体外循环手术时防止血栓形成 | 【剂型及规格】片剂：0.1g、0.2g<br>【生产商】杭州中美华东制药、华东医药（西安）博华等 |
| 西洛他唑<br>[典][医保(乙)] | 斯特里普、培达 | 具有血管扩张作用及抗血小板功能的作用。用于治疗由动脉粥样硬化、大动脉炎、闭塞性血栓性脉管炎、糖尿病所致的慢性动脉闭塞症 | 【剂型及规格】片剂：50mg；胶囊剂：50mg<br>【生产商】浙江大冢制药（培达）、浙江为康制药（斯特里普）等 |

【药品识记】扫码认药

## 三、促凝血药

### （一）概述

促凝血药又称止血药，是指通过收缩小动脉及毛细血管，或增强血小板功能，或加速、加强血液凝固过程，或抑制血块溶解过程而产生止血作用的药物。其种类很多，按其作用机制可分为：①作用于血管的药物，如酚磺乙胺、垂体后叶素；②抗纤维蛋白溶解药，如氨甲苯酸、氨甲环酸；③促进凝血因子活化的药物，如维生素 $K_1$。

### （二）常见药品识别

#### 维生素 $K_1$[典][基][医保(甲、乙)]

#### Vitamin $K_1$

【别名】叶绿醌

【商品名】凯乃金

【药理作用与适应证】维生素 $K_1$ 为肝脏合成凝血酶原（因子Ⅱ）的必需物质，还参与因子Ⅶ、Ⅸ、Ⅹ的合成，维持血液的正常凝固。

用于维生素 K 缺乏所导致的凝血障碍性疾病，如新生儿出血及水杨酸过量导致的出血。

【剂型及规格】主要剂型有片剂、注射剂。①维生素 $K_1$ 片：5mg、10mg。②维生素 $K_1$ 注射液：1ml：10mg。

【药物评价】①口服可对抗华法林引起凝血酶原过低所引发的出血。②可出现面部潮红、出汗、胸闷等不良反应；新生儿应用维生素 $K_1$ 后可能出现高胆红素血症。③维生素 $K_1$ 为脂溶性，胆汁缺乏时口服吸收不良。

【品种信息】国产药品：获批文的有 29 个，生产企业有成都倍特药业（凯乃金）、江苏华阳制药、国药集团容生制药等。暂无进口药品。

【贮藏】遮光，密闭保存。

【药品识记】扫码认药

#### 凝血酶[典][基][医保(甲)]

#### Thrombin

【别名】纤维蛋白酶

【商品名】康舒宁

【药理作用与适应证】凝血酶是凝血机制中的关键酶，能直接作用于血液凝固过程的最后一步，促使血浆中的可溶性纤维蛋白原转变成不溶的纤维蛋白，而起到止血的作用。

用于小血管或毛细血管渗血的局部止血、用于各种手术中的小血管出血。

【剂型及规格】凝血酶冻干粉：200U、500U、1000U、2000U。

【药物评价】①偶见过敏反应，应立即停药，并进行抗过敏治疗。②凝血酶遇酸、碱、重金属物质可发生反应而降低药效，故应避免与这类药品混合使用。

【品种信息】国产药品：获批文的有120个，生产企业有华兰生物工程（康舒宁）、上海上药第一生化药业、北京第一生物化学药业等。暂无进口药品。

【贮藏】密封，冷藏2～10℃贮存。

### 其他抗凝血药

其他抗凝血药品种信息见表8－10。

表8－10　其他抗凝血药品种信息

| 药物名称 | 其他名称 | 作用与适应证 | 品种信息 |
| --- | --- | --- | --- |
| 氨甲苯酸<br>[基][医保(甲、乙)] | 奥瑞艾 | 能抑制纤维蛋白溶酶原的激活因子，从而抑制纤维蛋白的溶解，产生止血作用。用于纤维蛋白溶解过程亢进所致的出血，如肺、肝、胰、前列腺、甲状腺、肾上腺等手术时的异常出血 | 【剂型及规格】片剂：0.25g、0.125g；注射剂：5ml：50mg、10ml：100mg<br>【生产商】北京四环科宝制药（奥瑞艾）、扬州中宝药业等 |
| 氨甲环酸<br>[典][基][医保(甲、乙)] | 力达非、荷莫塞、贝瑞宁 | 作用机制与氨甲苯酸相似，但作用较强<br>主要用于纤溶亢进所致的外科手术出血和妇产科手术出血。能透过血脑屏障，故适用于中枢神经系统出血 | 【剂型及规格】片剂：0.25g、0.125g；胶囊剂：0.25g；注射液：100ml：1.0g、100ml：0.5g等<br>【生产商】瑞阳制药（力达非）、浙江金华康恩贝生物制药（荷莫塞）、重庆莱美药业（贝瑞宁）等 |
| 酚磺乙胺<br>[典][医保(乙)] | 卡乐、天亦舒 | 降低毛细血管通透性，使血管收缩，出血时间缩短；还能增强血小板的聚集性和黏附性，促进血小板释放凝血活性物质，缩短凝血时间。用于预防和治疗外科手术出血过多，血小板减少性紫癜或过敏性紫癜 | 【剂型及规格】片剂：0.25g；注射剂：2ml：0.25g、5ml：1g、2ml：0.5g<br>【生产商】西南药业（卡乐）、吉林津升制药（天亦舒）等 |
| 鱼精蛋白<br>[典][基][医保(甲)] | 硫酸鱼精蛋白 | 是一种碱性蛋白，在体内可与强酸性的肝素结合，使肝素失去抗凝活性<br>用于注射肝素过量而引起的出血 | 【剂型及规格】注射剂：5ml：50mg、10ml：100mg<br>【生产商】上海上药第一生化药业、悦康药业集团等 |

【药品识记】扫码认药

## 四、抗凝血药及溶栓药

### （一）概述

血栓性疾病严重威胁人类的身体健康，研究显示，近年来血栓性疾病的发病率呈现逐渐上升的趋势，但其病因复杂，发病机制尚不明确。目前常用的抗凝及溶栓药物主要有抗凝药（如肝素、华法林）和促纤溶药（如链激酶、尿激酶）等。

### （二）常见药品识别

### 肝素[典][基][医保(甲、乙)]

Heparin

【别名】肝素钠

【商品名】齐征、苏可诺、海普林

【药理作用与适应证】本品具有抑制凝血酶原激酶的作用，并能抑制已经形成的凝血酶原激酶的作用；干扰凝血酶原，抑制凝血酶原转变为凝血酶；干扰凝血酶对凝血因子的激活作用；抑制血小板的粘附和聚集。

用于防治血栓形成和栓塞，治疗各种原因引起的弥散性血管内凝血（DIC），以及其他体内外抗凝血治疗。

**【剂型及规格】** 主要剂型有乳膏剂、注射剂、凝胶剂、片剂。①肝素钠乳膏：20g：5000U、20g：7000U。②依诺肝素钠注射液：1ml：100mg、0.6ml：6000AXaIU、0.4ml：40mg。③肝素钠注射液：2ml：12500U、0.2ml：5000IU、0.2ml：2500IU。④低分子量肝素钙注射液：0.2ml：2050AxaIU、0.4ml：4100AXaIU、0.5ml：2500IU、0.6ml：6000IU。⑤低分子量肝素钠凝胶：10g：3500IU。⑥肝素钠含片：2400AXaIU。

**【药物评价】** ①出血倾向低，但用药后仍有出血的危险，本品偶可发生过敏反应（如皮疹、荨麻疹）；罕见中度血小板减少症和注射部位轻度血肿、坏死。②使用本品过量容易引起自发性出血。③严重凝血功能障碍患者禁用；有肝素诱发血小板减少史的患者、有出血倾向者禁用。

**【品种信息】** 国产药品：获批文的有194个，生产企业有齐鲁制药（齐征）、江苏万邦生化医药（苏可诺）、山东博士伦福瑞达制药（海普林）等。进口药品：获批文的有30个，生产企业有ASPEN Notre Dame de Bondeville、Sanofi Winthrop Industrie等。

**【贮藏】** 阴凉、干燥、避光。

**【药品识记】** 扫码认药

## 华法林[典][基][医保(甲)]

## Warfarin

**【别名】** 苄丙酮香豆素钠、华法林钠、华福灵

**【药理作用与适应证】** 具有竞争性地拮抗维生素K的作用。导致凝血因子Ⅱ、Ⅶ、Ⅸ、Ⅹ失活，发生抗凝作用，还有抗血小板凝集作用。

用于防治血栓栓塞性疾病，防止血栓形成与发展；还可作心肌梗死治疗的辅助用药。

**【剂型及规格】** 华法林钠片：5mg、2.5mg。

**【药物评价】** ①口服易吸收，生物利用度高。②常见的不良反应是出血，偶见恶心、呕吐、腹泻、白细胞减少等反应。③手术后3天内、妊娠期、有出血倾向患者（如血友病、血小板减少性紫癜）、严重的肝肾疾病、活动性消化性溃疡患者禁用。

**【品种信息】** 国产药品：获批文的有10个，生产企业有齐鲁制药、上海上药信谊药厂、上海福达制药等。进口药品：获批文的有1个，生产企业是Orion Corporation Orion Pharma。

**【贮藏】** 通风、干燥、低温。

**【药品识记】** 扫码认药

## 尿激酶[典][基][医保(甲)]

## Urokinase

**【别名】** 人纤溶酶、人纤维蛋白溶酶

**【商品名】** 洛欣

**【药理作用与适应证】** 第一代溶栓剂，可直接使纤维蛋白溶酶原转变为纤维蛋白溶酶，因而可溶解血栓。它对新鲜血栓效果较好。

用于血栓栓塞性疾病的溶栓治疗；也可用于眼部炎症、外伤性组织水肿等。

**【剂型及规格】** 注射用尿激酶：1 万 U、10 万 U、25 万 U、50 万 U、100 万 U、150 万 U。

**【药物评价】** ①价格较低，特异性稍差。②可引起出血；可见头痛、食欲缺乏、疲倦、丙氨酸转氨酶（ALT）升高等；可见皮疹、支气管痉挛等过敏反应。③出血性疾病或有出血倾向、严重的肝肾功能障碍及进展性疾病患者禁用；尿激酶在酸性药液中易分解降效，不得用酸性输液稀释；使用过程中需测定凝血情况，如有出血倾向应立即停药，并给予抗纤维蛋白溶酶药。

**【品种信息】** 国产药品：获批文的有 130 个，生产企业有广东天普生化医药（洛欣）、山东北大高科华泰制药、黑龙江迪龙制药等。暂无进口药品。

**【贮藏】** 遮光，密封，在 2～10℃以下保存。

### 其他抗凝血及溶栓药

其他抗凝血及溶栓药品种信息见表 8－11。

表 8－11　其他抗凝血及溶栓药品种信息

| 药物名称 | 其他名称 | 作用与适应证 | 品种信息 |
|---|---|---|---|
| 低分子肝素<br>[医保(乙)] | 速避凝、赛博利 | 是通过离子交换法从肝素（SH）中制备的，药理作用与 SH 相似。主要用于血栓栓塞性疾病的防治，尤其适合需快速抗凝的病症 | 【剂型及规格】注射剂：1.0ml：5000AXaIU、0.5ml：5000AXaIU<br>【生产商】深圳赛保尔生物药业（赛博利）等 |
| 达比加群酯<br>[基][医保(乙)] | 泰毕全 | 是一种小分子前体药物，体内代谢为活性分子达比加群，为强效的、竞争性的、可逆性的凝血酶直接抑制剂<br>用于全身性栓塞和非瓣膜性房颤患者的卒中 | 【剂型及规格】胶囊剂：75mg、110mg、150mg、<br>【生产商】正大天晴药业、江苏豪森药业、Boehringer Ingelheim Pharma GmbH & Co. KG（泰毕全）等 |
| 阿替普酶<br>[医保(乙)] | 爱通立 | 选择性地激活纤溶酶原，因而不产生应用链激酶时常见的出血并发症。用于急性心肌梗死和肺栓塞的溶栓治疗 | 【剂型及规格】注射剂：每支 20mg、每支 50mg<br>【生产商】Boehringer Ingelheim Pharma GmbH & Co. KG（爱通立）等 |
| 利伐沙班<br>[基][医保(乙)] | 拜瑞妥 | 通过抑制因子 Xa 可以中断凝血瀑布的内源性和外源性途径，抑制凝血酶的产生和血栓形成。用于接受关节置换术的患者，以防发生静脉血栓 | 【剂型及规格】片剂：10mg、20mg<br>【生产商】扬子江药业集团广州海瑞药业、德国 Bayer AG（拜瑞妥）等 |
| 重组人组织型纤溶酶原激酶衍生物<br>[基] | 瑞通立 | 重组人组织型纤溶酶原激活剂是一种血栓溶解药，主要成分是糖蛋白<br>用于急性心肌梗死和肺栓塞 | 【剂型及规格】注射剂：18mg/10ml/支<br>【生产商】华润昂德生物药业（瑞通立） |

**【药品识记】** 扫码认药

## 五、血容量扩充药（血浆代用品）

血容量扩充药是分子量接近血浆清蛋白的胶体溶液，输入血管后通过其渗透压作用达到扩充血容量目的的一类药物。常用的有右旋糖酐、羟乙基淀粉等。

## 羟乙基淀粉[基][医保(乙)]

## Hydroxyethyl Starch

**【别名】**羟乙基淀粉醚

**【商品名】**盈源、霍姆、万汶

**【药理作用与适应证】**本品能提高血浆渗透压，迅速增加血容量，稀释血液，抑制血管内红细胞聚集，使已聚集的细胞解聚，降低全身血黏度，改善微循环。

用于各种手术、外伤及烧伤性的失血，中毒性休克等的补液。

**【剂型及规格】**主要剂型有注射剂。①羟乙基淀粉130/0.4氯化钠注射液：500ml：羟乙基淀粉130/0.430g与氯化钠4.5g。②羟乙基淀粉200/0.5氯化钠注射液：500ml：羟乙基淀粉200/0.530g与氯化钠4.5g。③羟乙基淀粉130/0.4电解质注射液：250ml、500ml。

**【药物评价】**①本品采用静脉滴注的给药方式。②偶见眼睑水肿、荨麻疹及哮喘等过敏反应；亦可出现发热、寒战及流感样症状。③心功能不全或肾功能损害者慎用；有出血性疾患或接受预防颅内出血的神经外科手术患者慎用；妊娠期妇女慎用。

**【品种信息】**国产药品：获批文的有97个，生产企业有华润双鹤药业（盈源）、上海长征富民金山制药（霍姆）、山东威高药业等。暂无进口药品。

**【贮藏】**室温保存。

**【药品识记】**扫码认药

## 右旋糖酐40[典]

## Dextran 40

**【别名】**低分子右旋糖酐

**【商品名】**福他乐、绅水清

**【药理作用与适应证】**能提高血浆胶体渗透压，吸收血管外的水分而补充血容量，维持血压；减低血小板黏附性并抑制红细胞凝聚，改善微循环，防止休克后期的血管内凝血。

可用于失血、创伤、烧伤及中毒性休克，还可早期预防因休克引起的弥散性血管内凝血。

**【剂型及规格】**主要剂型是注射剂。①右旋糖酐40葡萄糖注射液：500ml：30g右旋糖酐40与25g葡萄糖。②右旋糖酐40氯化钠注射液：250ml：15g右旋糖酐40与2.25g氯化钠。

**【药物评价】**①采用静脉滴注的给药方式，消除速度较快。②偶见发热反应；少数患者用药后可出现皮肤瘙痒、荨麻疹等皮肤过敏反应，也可引起哮喘发作；可引起凝血障碍，出血时间延长，常与剂量有关；充血性心力衰竭及其他血容量过多的患者禁用。

**【品种信息】**国产药品：获批文的有232个，生产企业有西安万隆制药（福他乐）、青岛首和金海制药（绅水清）等。暂无进口药品。

**【贮藏】**在25℃以下保存。

**知识链接**

**“稻米造血”——人血白蛋白**

人血白蛋白，英文名为“Human Albumin”，该药一直有“生命制品”“救命药”之称。一般是从人血液中提取制得，而我国科学家杨代常另辟蹊径研究植物源重组人血白蛋白，在稻米中种出“血”，并获准进入人体研究。研究之初，他遭到了许多人的反对，而他却坚定信念攻克技术难题最终获得成功。

【启示】我们要有理想和坚定的信念。只有在理想的引导下有坚定的信念并为之付诸行动，才能源源不断地涌现出更多的科学成果，我们也在这个过程中实现了人生的价值。

有信念，有理想，有奋斗，有奉献的人生，才是有意义的人生。

【详情扫码】

## 六、促进白细胞增生药

促白细胞增生药是指能提升体内白细胞数、有效治疗白细胞减少症的药物。常见药物品种信息见表8-12。

**表8-12　促进白细胞增生药品种信息**

| 药物名称 | 其他名称 | 作用与适应证 | 品种信息 |
|---|---|---|---|
| 重组人粒细胞集落刺激因子 | 非格司亭、艾多、惠尔血 | 主要刺激粒细胞系造血，促进髓系造血祖细胞的增殖、分化和成熟；外周的中性粒细胞数量增多，提高其功能、吞噬活性及针对肿瘤细胞的抗体依赖细胞介导的细胞毒作用（ADCC）等。用于各种原因所致的中性粒细胞减少症 | 【剂型及规格】注射液：75μg/0.3ml/支、150μg/0.6ml/支、300μg/0.7ml/支；硫培非格司亭注射液：0.6ml∶6mg<br>【生产商】日本Kirin Brewery Company Limited（惠尔血）、江苏恒瑞医药（艾多） |
| 重组人粒细胞巨噬细胞刺激因子 | 特尔立 | 作用于造血干细胞，促进成熟细胞向外周血释放，并能促进巨噬细胞及嗜酸性粒细胞的多种功能。用于各种原因引起的白细胞或粒细胞减少症 | 【剂型及规格】注射剂：50μg/支、75μg/支、150μg/支、300μg/支<br>【生产商】厦门特宝生物工程（特尔立）等 |
| 利可君［医保（乙）］ | 利血生 | 能分解为半胱氨酸和醛，具有促进骨髓内粒细胞生长和成熟，促进白细胞增生。用于预防和治疗肿瘤放、化疗引起的白细胞减少症和再生障碍性贫血 | 【剂型及规格】片剂：10mg、20mg<br>【生产商】北京京丰制药（山东）有限公司、广州白云山光华制药等 |

【药品识记】扫码认药

**即学即练**

可用于治疗肝素过量所致的出血的药物是（　　）

A. 硫酸鱼精蛋白　B. 华法林　C. 维生素K　D. 右旋糖酐40

答案解析

# 实践实训九

## 血液系统常见中成药品种商品信息查询训练

**【实训目的】**

以《国家基本药物目录》和《药品目录》药品分类为依据，小组协作设计《血液系统中成药商品信息表》，利用 NMPA 官网、中国医药信息查询平台以及医药电商网等网站，查询、搜集、整理代表药品的商品信息，完善《血液系统中成药商品信息表》，培养学生信息意识和主动探究协作学习能力、计算机应用能力以及药物商品信息的检索、归类整理能力。

**【材料准备】**

1. 全班分成 8 个组，6 ~ 7 人/组，人数少的班级可 5 ~ 6 人/组。
2. 计算机、网络。
3. 电子版《基药目录》和《药品目录》。

**【实训步骤】**

1. 组内查看电子版《基药目录》和《药品目录》，讨论要查询的药物类别，确定出血液系统中成药的常见分类及代表药物名称。
2. 小组协作设计出《血液系统中成药商品信息表》。
3. 组内分工协作，按照设计好的《血液系统中成药商品信息表》内容，利用互联网开展药物商品信息查询检索（国家药品监督管理局官网、中国医药信息查询网及平台官网及医药电商网，如健客网、1 药网、好药师、康爱多等），搜集并整理相应的信息，完成信息表。
4. 各组上交作业成果，进行班内屏幕分享。
5. 教师总结点评。

**【注意事项】**

1. 选择品种时优先选择知名度高的，如名企或者网店销量较大的。
2. 商品信息表中的项目内容要结合之前所学的品种知识，包含基本项目，言简意赅、清晰明了，填写商品信息时要注意格式规范。
3. 检索信息过程同时搜集好药物商品的包装图片，强化品种知识记忆。
4. 搜集的图片命名格式为“类别 + 通用名称 + 厂家简称”，同一类别归属一个文件夹，从大类到小类依次建档。
5. 课后班内开展商品图片识记竞赛—“看图片 - 背名称 - 说分类 - 讲特点”，强化学习成效。

### 巩固提升

心血管和血液系统常用药各类别重点品种见如下思维导图，扫码查看药物商品包装标签及简化版说明书。

药品详情

- 心血管和血液系统常用药重点品种
  - 心血管用药
    - 抗心绞痛药：硝酸甘油片、单硝酸异山梨酯片、酒石酸美托洛尔片、琥珀酸美托洛尔缓释片、硝苯地平缓释片Ⅱ/控释片
    - 抗心律失常药：盐酸胺碘酮片、盐酸普罗帕酮片
    - 抗高血压药
      - β受体阻断剂：富马酸比索洛尔片
      - CCB类：苯磺酸氨氯地平片
      - ACEI类：卡托普利片、盐酸贝那普利片、马来酸依那普利片
      - ARB类：缬沙坦胶囊、替米沙坦片
    - 调脂及抗动脉粥样硬化药：阿托伐他汀钙片、瑞舒伐他汀钙片、非诺贝特胶囊
    - 抗心力衰竭药：地高辛片
  - 血液系统用药
    - 抗贫血药：复方硫酸亚铁颗粒
    - 抗血小板药：阿司匹林肠溶片、硫酸氢氯吡格雷片
    - 抗凝及溶栓药：华法林钠片

# 目标检测

答案解析

## 一、单项选择题

1. 硝酸甘油的常用给药方式是（　　）

A. 注射给药　B. 舌下含服　C. 皮肤贴敷　D. 口服

2. 心绞痛急性发作时应立即给予（　　）

A. 硝苯地平舌下含服　B. 硝酸异山梨酯口服

C. 硝酸甘油舌下含服　D. 地高辛口服

3. 下列药物属于IB类抗心律失常的是（　　）

A. 奎尼丁　B. 普鲁卡因胺　C. 美西律　D. 普萘洛尔

4. 胺碘酮抗心律失常的药物作用机制是（　　）

A. 提高窦房结的自律性　B. 延长动作电位时程及有效不应期

C. 抑制 $Ca^{2+}$ 内流　D. 阻断β受体

5. 依那普利的降压作用机制是（　　）

A. 抑制血管紧张素转化酶　B. 抑制去甲肾上腺素的释放

C. 阻断多巴胺受体　D. 阻断α、β受体

6. 需要在体内经水解才能显效的调血脂药物是（　　）

A. 盐酸哌唑嗪　B. 辛伐他汀　C. 硝酸异山梨酯　D. 硝苯地平

7. 地高辛药物中毒的早期症状是（　　）

A. 恶心　B. 腹泻　C. 呕吐　D. 黄视、绿视

8. 华法林过量引起的出血可选用（　　）

A. 肝素　B. 维生素K　C. 尿激酶　D. 枸橼酸钠

9. 肝素过量引起的出血可选用（　　）

A. 维生素K　B. 垂体后叶素　C. 枸橼酸钠　D. 鱼精蛋白

10. 维生素 K 属于（ ）

A. 抗凝血药 B. 促凝血药 C. 抗高血压药 D. 纤维蛋白溶解

## 二、多项选择题

1. 属于钙通道阻滞药的是（ ）

A. 硝苯地平 B. 维拉帕米 C. 尼莫地平 D. 普萘洛尔

2. 属于羟甲戊二酰辅酶 A 还原酶抑制剂的药物是（ ）

A. 辛伐他汀 B. 非诺贝特 C. 瑞舒伐他汀 D. 阿托伐他汀

书网融合……

知识回顾 微课 1 微课 2 微课 3 习题

# 项目九　激素、影响内分泌及代谢疾病常用药

## 学习引导

内分泌系统是机体的重要调节系统，它与神经系统相辅相成，共同调节机体的生长发育和各种代谢，维持内环境的稳定，并影响行为和控制生殖等。内分泌系统疾病主要包括下丘脑垂体疾病、甲状腺疾病、肾上腺疾病、性腺疾病以及其他内分泌疾病，并且与营养及代谢疾病结合在一起，成为一个大类，其中糖尿病、甲亢、肥胖三种疾病较为常见。近年来，内分泌类药物市场份额呈逐年上升趋势，尤其糖尿病治疗药物占据半壁江山，在国家相关慢性病政策不断完善和人们生活水平不断提高的背景下，内分泌类治疗药物将有广阔的发展空间。

本单元主要介绍类固醇激素类药物中的肾上腺皮质激素和性激素类药物，糖尿病和甲状腺疾病以及影响骨代谢疾病的常见治疗药物，并结合当前国内医药市场介绍其药物商品的基本信息。

## 学习目标

1. **掌握**　激素、影响内分泌及骨代谢病常见药物的分类，每种类别代表药品的名称及其适应证。

2. **熟悉**　每种类别代表药品的药理作用特点、剂型规格以及药物评价信息。

3. **了解**　激素、影响内分泌及骨代谢病常用药的概述、市场现状和发展趋势，代表药品的品种信息以及其他品种的相关商品信息。

## 任务一　肾上腺皮质激素类药和性激素类药

PPT

### 案例分析

**案例描述**　某位年轻女士，平日里有频繁敷面膜的习惯，经常从微商途径购买各种面膜，刚开始时皮肤确实很光嫩，近阶段发现皮肤变薄，发红，且经常瘙痒，遂前来就医。

**讨　　论**　1. 分析上述患者出现这种现象的原因。

2. 针对该患者的症状有何建议？

答案解析

类固醇激素（又称甾体激素）是一类脂溶性激素，按照药理作用主要分为肾上腺皮质激素和性激素两大类，在维持生命、调节性功能及机体发展、免疫调节、皮肤疾病治疗、生育控制方面有明确的作用。同时类固醇激素作为一类典型的环境内分泌干扰物，具有很强的内分泌干扰作用，对生态和环境危害极大，其主要来源包括人类在内的脊椎动物的排放，已在环境中被不断检出。2019 年 12 月 27 日，中华人民共和国农业农村部发出公告，类固醇激素被列入食品动物中禁止使用的药品及其他化合物清单。

## 一、肾上腺皮质激素类药

### （一）概述

肾上腺皮质激素，是肾上腺皮质受脑垂体前叶分泌的促肾上腺皮质激素刺激所产生的一类激素，对维持生命有重大意义。按生理作用特点分为盐皮质激素和糖皮质激素，前者主要调节机体水盐代谢和维持电解质平衡，后者主要与机体糖、脂肪、蛋白质三大物质代谢和生长发育等有关。肾上腺皮质激素类药物与抗生素、维生素类药物等一样，是品种繁多的一大门类，具有抗炎、抗过敏、抑制免疫、增强应激反应、抗毒素和抗休克等药理作用，广泛应用于临床，有些品种已成为国际临床不可缺少的首选药物和不可替代的药品。临床常用药物主要剂型包括注射剂、口服制剂和外用制剂，主要药物有氢化可的松、泼尼松、甲泼尼龙、地塞米松、倍氯米松、莫米松、曲安奈德、布地奈德等。

### （二）常见药品识别

#### 氢化可的松[典][基][医保(甲、乙)]

#### Hydrocortisone

**【别名】**醋酸氢化可的松、可的索、皮质醇

**【商品名】**尤卓尔、邦力

**【药理作用与适应证】**为短效天然糖皮质激素，现已人工合成。抗炎作用为可的松的 1.25 倍，具有抗炎、免疫抑制、抗毒和抗休克等作用。此外，也有一定程度的盐皮质激素活性，具有潴水、潴钠及排钾作用。

用于治疗结缔组织病、系统性红斑狼疮、严重的支气管哮喘、皮肌炎、血管炎、痛风、过敏性疾病等，并可用于严重感染和抗休克治疗等。

**【剂型及规格】**主要剂型有注射剂、片剂、乳膏剂、眼膏剂、滴眼液。①氢化可的松注射液：2ml∶10mg、5ml∶25mg、10ml∶50mg、20ml∶100mg。②醋酸氢化可的松注射液：5ml∶125mg。③注射用氢化可的松琥珀酸钠：50mg、100mg。④氢化可的松片：10mg、20mg。⑤醋酸氢化可的松片：20mg。⑥氢化可的松乳膏：1%、0.25%。⑦丁酸氢化可的松乳膏：0.1%。⑧醋酸氢化可的松乳膏：1%。⑨醋酸氢化可的松眼膏：0.5%。⑩醋酸氢化可的松滴眼液：3ml∶15mg、5ml∶25mg。

**【药物评价】**①不良反应较多，大剂量或长期应用可引起医源性肾上腺皮质功能亢进，如向心性肥胖、水肿、骨质疏松等，可致消化性溃疡甚至出血穿孔等。②有中枢抑制症状或肝功不全患者慎用，大剂量更应注意。③对本品及其他甾体激素过敏者禁用，高血压、糖尿病、消化性溃疡、骨质疏松、青光眼等患者慎用。④非甾体消炎镇痛药可加强其致溃疡作用。本品可增强对乙酰氨基酚的肝毒性，与两性霉素 B 或碳酸酐酶抑制剂合用，可加重低钾血症，长期与碳酸酐酶抑制剂合用，易发生低血钙和骨质疏松。

**【品种信息】**国产药品：获批文的有 215 个，片剂和注射液的生产企业有哈药集团三精制药、葵花药业集团等，外用制剂的生产企业有天津金耀药业（尤卓尔）、重庆华邦制药（邦力）等。暂无进口

药品。

【贮藏】原料药、片剂、注射液与滴眼液遮光，密封保存；软膏密闭，在凉暗处保存；眼膏密闭，在阴凉干燥处保存。

【药品识记】扫码认药

## 泼尼松[典][基][医保(甲)]

## Prednisone

【别名】醋酸泼尼松、强的松、去氢可的松

【药理作用与适应证】糖皮质激素类药物，具有抗炎及抗过敏作用，其水钠潴留及排钾作用比可的松小，抗炎及抗过敏作用较强。

用于各种急性严重细菌感染、严重的过敏性疾病、胶原性疾病（红斑狼疮、结节性动脉周围炎等）、风湿病、肾病综合征、严重的支气管哮喘、血小板减少性紫癜、粒细胞减少症、各种肾上腺皮质功能不足症、剥脱性皮炎等。

【剂型及规格】主要剂型有片剂、乳膏剂、眼膏剂。①泼尼松片、醋酸泼尼松片：5mg。②醋酸泼尼松乳膏：0.1%、0.5%、1%。③醋酸泼尼松眼膏：0.5%。

【药物评价】①较大剂量易引起糖尿病、消化性溃疡和类库欣综合征，水盐代谢、并发感染为主要的不良反应。②长期用药患者，在手术时及术后3~4天内常需酌增用量，以防皮质功能不足。③一般外科患者应尽量不用，以免影响伤口愈合。④本品及可的松均需经肝脏代谢活化为氢化泼尼松或氢化可的松才有效，故肝功能不良者不宜应用。⑤盐皮质激素活性很弱，故不适用于原发性肾上腺皮质功能不全症。

【品种信息】国产药品：获批文的有217个，生产企业有河南利华制药、浙江仙琚制药、天津天药药业、华中药业等。进口药品：获批文的有2个，生产企业有 Allergan Pharmaceuticals Ireland 等。

【贮藏】密闭，在干燥阴凉处保存。

【药品识记】扫码认药

## 甲泼尼龙[基][医保(甲、乙)]

## Methylprednisolone

【别名】甲基强的松龙、甲强龙

【商品名】尤金、美卓乐

【药理作用与适应证】为全身用糖皮质激素类药物，抗炎作用较强，对钠潴留作用微弱，作用同泼尼松。

糖皮质激素只能作为对症治疗，只有在某些内分泌失调的情况下，才能作为替代药品。主要用于过敏性与自身免疫性炎症性疾病适应证。

【剂型及规格】主要剂型有片剂、注射剂。①甲泼尼龙片：4mg、16mg。②注射用甲泼尼龙琥珀酸：20mg、40mg、125mg、250mg、500mg。

【药物评价】①注射液在紫外线和荧光下易分解破坏，故应避光。②本品对全身性真菌感染患者、对本品或任何辅料成分过敏者禁用。③禁止鞘内注射途径给药，禁止对正在接受皮质类固醇免疫抑制剂量治疗的患者使用活疫苗或减毒活疫苗。

**【品种信息】** 国产药品：获批文的有29个，生产企业有天津天药药业（尤金）、常州四药制药、国药集团容生制药、浙江仙琚制药等。进口药品：获批文的有7个，生产企业有辉瑞 Pfizer Italia S. r. l（美卓乐）等。

**【贮藏】** 密闭，在干燥阴凉处保存。

**【药品识记】** 扫码认药

## 曲安奈德[典][医保(乙)]

## Triamcinolone Acetonide

**【别名】** 醋酸曲安奈德、曲安缩松、去炎舒松、去炎松A、康宁克通A

**【商品名】** 毕诺、星瑞克、派瑞松、安隆、珍德、扶严宁、吉佰芙

**【药理作用与适应证】** 为糖皮质激素类药，具有强而持久的抗炎、抗过敏作用。肌内注射后在数小时内生效，经1～2日达最大效应，作用可维持2～3周。

用于治疗各种皮肤病（如神经性皮炎、湿疹、银屑病等）、支气管哮喘、过敏性鼻炎、关节痛、肩周围炎、腱鞘炎、急性扭伤、慢性腰腿痛及眼科炎症等。鼻喷雾剂用于治疗常年性过敏性鼻炎或季节性过敏性鼻炎。

**【剂型及规格】** 主要剂型有注射剂、乳膏剂、软膏剂、鼻喷雾剂。①曲安奈德注射液：1ml：5mg、1ml：10mg、1ml：40mg、2ml：80mg、5ml：50mg。②醋酸曲安奈德乳膏：4g：4mg、10g：2.5mg、10g：5mg。③曲安奈德鼻喷雾剂：6ml：6.6mg－120揿（曲安奈德每揿55μg）、9ml：9.9mg－180喷（曲安奈德每喷55μg）、12ml：13.2mg－240揿（曲安奈德每揿55μg）、15ml：16.5mg－300喷（曲安奈德每喷55μg）。④曲安奈德口腔软膏：0.1%。

**【药物评价】** ①长期使用可引起类固醇类药物的副作用。②有全身荨麻疹、支气管痉挛、月经紊乱、视力障碍出现。③关节腔内注射可能引起关节损害。④病毒性、结核性或急性化脓性眼病忌用。⑤孕妇不宜长期使用。

**【品种信息】** 国产药品：获批文的有191个，生产企业有昆明源瑞制药（毕诺）、南京星银药业（星瑞克）、西安杨森制药（派瑞松）、广东恒诚制药（安隆）、江西珍视明药业（珍德）、扬子江药业（扶严宁）、江苏恒瑞医药（吉佰芙）等。进口药品：获批文的有2个，生产企业有 Laboratorio Italiano Biochimico Farmaceutico Lisapharma S. P. A、香港澳美制药等。

**【贮藏】** 密封，在凉暗处保存。

**【药品识记】** 扫码认药

## 地塞米松[典][基][医保(甲、乙)]

## Dexamethasone

**【别名】** 氟美松、德沙美松

**【商品名】** 富伊松、息洛安、戈达利

**【药理作用与适应证】** 人工合成的长效糖皮质激素，抗炎作用及抗过敏的作用比泼尼松更显著，而

对水钠潴留及促进排钾作用较轻微，对垂体肾上腺皮质的抑制作用较强。

用于过敏性与自身免疫性炎症性疾病。多用于结缔组织病、活动性风湿病、类风湿关节炎、红斑狼疮、严重支气管哮喘、严重皮炎、溃疡性结肠炎、急性白血病等，也用于某些严重感染及中毒、恶性淋巴瘤的综合治疗。

**【剂型及规格】** 主要剂型有片剂、注射剂、软膏剂、乳膏剂、凝胶剂、滴眼液等。①地塞米松片、醋酸地塞米松片：0.75mg。②醋酸地塞米松注射液：0.5ml：2.5mg、1ml：5mg、5ml：25mg。③复方地塞米松软膏：0.02%。④注射用地塞米松磷酸钠：1mg、2mg、5mg、10mg、20mg。⑤复方醋酸地塞米松凝胶：20g：0.75mg。⑥醋酸地塞米松乳膏：4g：2mg、5g：2.5mg、10g：5mg。⑦地塞米松磷酸钠滴眼液：5ml：1.25mg。

**【药物评价】** ①水盐潴留、并发感染是其主要不良反应，较大剂量易引起糖尿病及类库欣综合征。②因本品潴钠作用微弱，不宜用作肾上腺皮质功能不全的替代治疗。③长期服用，较易引起精神症状及精神病，有癔病史及精神病史者最好不用。

**【品种信息】** 国产药品：获批文的有548个。生产企业有上海中华药业（富伊松）、重庆莱美药业（息洛安）、成都天台山制药（戈达利）、华润三九药业、广州白云山制药等。进口药品：获批文的有5个。生产企业有比利时 s. a. ALON - COUVEUR n. v. 等。

**【贮藏】** 原料与片剂遮光，密封保存；软膏密闭，在凉处保存；眼膏密闭，在阴凉干燥处保存；注射液遮光，密闭保存；滴眼液密闭，在凉暗处保存。

**【药品识记】** 扫码认药

## 其他肾上腺皮质激素类药物

其他肾上腺皮质激素类药物常见品种信息见表9－1。

**表9－1 其他肾上腺皮质激素类药物常见品种信息**

| 药物名称 | 其他名称 | 作用与适应证 | 品种信息 |
|---|---|---|---|
| 泼尼松龙 [典][医保(乙)] | 氢化泼尼松、强的松龙 | 疗效与泼尼松相当，抗炎作用较强、水盐代谢作用很弱。但其盐皮质激素活性很弱，不适用于原发性肾上腺皮质功能不全症。主要用于过敏性与自身免疫性炎症性疾病，胶原性疾病，如风湿病、类风湿关节炎、红斑狼疮、严重支气管哮喘、肾病综合征 | 【剂型及规格】片剂：5mg；注射剂：1ml：25mg、2ml：50mg、5ml：125mg<br>【生产商】浙江仙琚制药、山东新华制药等 |
| 布地奈德 [基][医保(乙)] | 吉舒、雷诺考特、普米克令舒、信必可都保 | 具有高效局部抗炎作用的糖皮质激素，能增强内皮细胞、平滑肌细胞和溶酶体膜的稳定性，抑制免疫反应和降低抗体合成，从而使组胺等过敏活性介质的释放减少和活性降低，并能减轻抗原抗体结合时激发的酶促过程，抑制支气管收缩物质的合成和释放而减轻平滑肌的收缩反应。临床上用于糖皮质激素依赖性或非依赖性的支气管哮喘和哮喘性慢性支气管炎患者 | 【剂型及规格】吸入气雾剂：200撳/瓶（布地奈德每撳0.1mg）、100撳/瓶（布地奈德每撳200μg）；粉雾剂：0.2mg；吸入混悬剂：2ml：1mg、2ml：0.5mg；鼻喷雾剂：每喷32μg、每喷64μg等<br>【生产商】鲁南贝特制药（吉舒）、AstraZeneca Pty Ltd（普米克令舒）、AstraZeneca AB（信必可都保）、McNeil Sweden AB（雷诺考特）等 |
| 倍他米松 [典][医保(乙)] | 迪安松、贝施利、得宝松 | 为长效糖皮质激素类药。外用治疗过敏性皮炎、湿疹、神经性皮炎、脂溢性皮炎及瘙痒症等。注射液多用于活动性风湿病、类风湿关节炎、红斑狼疮、严重支气管哮喘、严重皮炎、急性白血病等，也用于某些感染的综合治疗 | 【剂型及规格】乳膏剂：0.05%、0.1%；片剂：0.5mg；注射液：1ml：2.63mg、1ml：5.26mg、2mg、4mg<br>【生产商】重庆华邦制药（迪安松）、成都天台山制药（贝施利）、比利时 Schering - Plough Labo N. V.（得宝松）等 |

续表

| 药物名称 | 其他名称 | 作用与适应证 | 品种信息 |
|---|---|---|---|
| 莫米松 [基][医保(乙)] | 艾洛松、内舒拿 | 具有抗炎、抗过敏等作用，其特点表现在作用强度增加而副作用不成比例地增加，且每天仅使用一次。用于湿疹、神经性皮炎、异位性皮炎及皮肤瘙痒症 | 【剂型及规格】鼻喷雾剂：每揿 50μg（0.05%）；凝胶剂：0.1%；乳膏剂：0.1%<br>【生产商】上海新亚药业（艾洛松）、比利时 Schering - Plough Labo N. V.（内舒拿）等 |
| 哈西奈德 [典][医保(乙)] | 氯氟轻松、哈西缩松、哈乐特 | 为人工合成的强效糖皮质激素，有抗炎、止痒和血管收缩作用。抗炎作用强，局部应用不易引起全身性不良反应。对银屑病和湿疹性皮炎疗效突出 | 【剂型及规格】软膏剂：10g∶10mg；乳膏剂：0.05%、0.1%；溶液剂（外用）：0.1%、0.025%；涂膜剂：10g∶10mg<br>【生产商】天津金耀药业（哈乐特）等 |
| 氟轻松 [典] | 乙酸肤轻松、醋酸肤轻松、肤轻松、仙乃乐 | 治疗皮肤过敏而引起瘙痒、黏膜炎症、神经性皮炎、接触皮炎、日光性皮炎、牛皮癣等，特别适合用于婴儿湿疹且疗效显著，副作用少，奏效快，止痒效果好 | 【剂型及规格】软膏剂、乳膏剂：10g∶2.5mg、20g∶5mg；搽剂：20ml∶5mg；酊剂：0.04%<br>【生产商】哈药集团制药总厂等 |

**【药品识记】**扫码认药

## 二、性激素类药

### （一）概述

性激素类药物包括天然性激素（雌激素、雄激素和孕激素）和具有类似性激素生物活性的化合物。后者与前者相比，具有长效、强效等特点。本类药物能促进和维持第二性征的发育和成熟，维持正常生殖系统功能，也参与体内下丘脑 - 垂体 - 性腺轴的反馈调节。性激素类药物多为天然激素的人工合成品及其衍生物，包括雄激素及蛋白同化激素、雌激素、孕激素及促性腺激素。

天然的雄激素主要是由睾丸间质细胞分泌的睾丸素，肾上腺皮质、卵巢也有少量分泌。除具有雄激素活性外，也有一定蛋白同化作用。目前，睾丸素已能人工合成，常用的雄激素类药物有甲睾酮、丙酸睾酮和苯乙酸睾酮等。

雌激素主要由卵巢的卵泡细胞等分泌，睾丸、胎盘和肾上腺也可分泌少量雌激素，主要为雌二醇。目前常用的雌激素类药物有雌二醇、雌三醇、己烯雌酚、炔雌醇、炔雌醚等。

孕激素主要是由卵巢的黄体细胞分泌，以黄体酮为主。人工合成的孕激素主要包括黄体酮、异炔诺酮、甲炔诺酮、己酸孕酮等。

### （二）常见药品识别

#### 丙酸睾酮[典][基][医保(甲)]

Testosterone Propionate

**【别名】**丙酸睾丸素

**【药理作用与适应证】**为雄激素类药，睾酮的丙酸酯，作用与睾酮、甲睾酮相同，但肌注作用时间较持久。能促进男性性器官及副性征的发育、成熟。大剂量时有对抗雌激素作用，抑制子宫内膜生长及卵巢、垂体功能。还有促进蛋白质合成及骨质形成等作用。雄激素作用与蛋白同化作用之比为1∶1。

本品主要用于原发性或继发性男性性腺功能减退，男性青春期发育迟缓，以及绝经期后女性晚期乳腺癌的姑息治疗等。

【剂型及规格】丙酸睾酮注射液：1ml：10mg、1ml：25mg、1ml：50mg、1ml：100mg。

【药物评价】①用于乳腺癌治疗时，治疗3个月内应有效果，若病情仍发展，应立即停药。②男性应定期检查前列腺。③注射液应做深部肌内注射，不能静注。

【品种信息】国产药品：获批文的有14个，生产企业有河南科伦药业有限公司、广州白云山明兴制药等。暂无进口药品。

【贮藏】遮光，密封保存。注射液如有结晶析出，可加温溶解后注射。

## 己烯雌酚[典][基][医保(甲)]

## Diethylstilbestrol

【别名】乙底酚、人造求偶素

【药理作用与适应证】人工合成的非甾体雌激素，口服作用为雌二醇的2~3倍。主要用于补充体内雌激素不足，如萎缩性阴道炎、女性性腺发育不良、绝经期综合征、老年性阴道炎等；不能进行手术治疗的乳腺癌、绝经后及男性晚期乳腺癌、前列腺癌；预防产后泌乳、退乳。

【剂型及规格】主要剂型有片剂、注射剂。①己烯雌酚片：0.5mg、1mg、2mg。②己烯雌酚注射液：1ml：0.5mg、1ml：1mg、1ml：2mg、1ml：3mg。

【药物评价】①应按指定方法服药，中途停药可导致子宫出血。②孕妇禁用，哺乳期妇女禁用，有血栓性静脉炎和肺栓塞性病史患者禁用，与雌激素有关的肿瘤患者及未确证的阴道不规则流血患者、高血压患者禁用。③长期使用应定期检查血压、肝功能、阴道脱落细胞，每年一次宫颈防癌刮片。

【品种信息】国产药品：获批文的有27个，生产企业有北京益民药业有限公司，辰欣药业股份有限公司等。暂无进口药品。

【贮藏】原料遮光，密封保存；注射液遮光，密闭保存。

【药品识记】扫码认药

## 黄体酮[典][基][医保(甲、乙)]

## Progesterone

【别名】孕酮、助孕素

【商品名】益玛欣、琪宁、来婷、安琪坦

【药理作用与适应证】孕激素类药，为维持妊娠所必需。主要用于先兆流产和习惯性流产、经前期紧张综合征、子宫内膜异位症；对功能性子宫出血或闭经等患者进行撤退出血；早产的保胎治疗；与雌激素联合使用治疗更年期综合征等。

【剂型及规格】主要剂型有栓剂、注射剂、胶囊剂、凝胶剂。①黄体酮栓：25mg。②黄体酮胶囊（软胶囊）：50mg、100mg。③黄体酮注射液：1ml：5mg、1ml：10mg、1ml：20mg、2ml：50mg。④黄体酮阴道缓释凝胶：8%（90mg）。

【药物评价】①肝病患者不能口服。②一日用量过高可能引起嗜睡，减量可避免。③对黄体酮或本品中其他成分过敏者，阴道不明原因出血者，血栓性静脉炎、血管栓塞、脑中风或有既往病史者，乳腺肿瘤或生殖器肿瘤患者禁用。

【品种信息】国产药品：获批文的有41个，生产企业有浙江仙琚制药（益玛欣）、浙江爱生药业（琪宁）、广州白云山明兴制药等。进口药品：获批文的有3个，生产企业有比利时 Cyndea Pharma，S. L（安琪坦）、DENDRON BRANDS LIMITED。

【贮藏】密闭，在阴凉处（不超过20℃）保存。

【药品识记】扫码认药

## 甲羟孕酮[典][基][医保(甲、乙)]

## Medroxyprogesterone

【别名】醋酸甲羟孕酮、甲孕酮、安宫黄体酮

【商品名】法禄达、迪波盖斯通、倍恩、曼普斯同

【药理作用与适应证】为孕激素类药，有孕激素样作用及抗雌激素和抗促性腺激素作用。口服和注射均有效。主要用于月经不调、功能性子宫出血、子宫内膜异位症等，还可用于晚期乳腺癌、子宫内膜癌、前列腺癌及肾癌等激素依赖性肿瘤。

【剂型及规格】主要剂型有片剂、胶囊剂、注射剂。①醋酸甲羟孕酮片：2mg、4mg、10mg、100mg、250mg、500mg。②醋酸甲羟孕酮分散片：0. 1g、0. 25g。③醋酸甲羟孕酮胶囊剂：0. 1g。④醋酸甲羟孕酮注射液：3ml：0. 15g。

【药物评价】①心脏病、糖尿病、哮喘、癫痫、偏头痛、抑郁症、儿童慎用。②本品为产热物质，高剂量治疗时会出现肾上腺皮质激素效应。③长期使用需注意检查肝功能、不宜吸烟。④不同适应证下剂量相差百倍（2mg 剂量的治疗妇科病，250mg 剂量的用于肿瘤治疗），审方药师应予注意。

【品种信息】国产药品：获批文的有 25 个，生产企业有北京斯利安药业、南京臣功制药（倍恩）等。进口药品：获批文的有 2 个，生产企业是 Pfizer Italia s. r. l. （法禄达）、PT. Triyasa Nagamas Farma（迪波盖斯通）。

【贮藏】片剂和胶囊剂遮光，密封保存；注射剂在 15 ~30℃密闭保存。

【药品识记】扫码认药

## 左炔诺孕酮[典]

## Levonorgestrel

【别名】左旋 18 – 甲基炔诺酮，曼月乐

【商品名】毓婷、安婷、卡丽瑞

【药理作用与适应证】为避孕药。为消旋炔诺孕酮的光学活性部分，其活性比炔诺孕酮强 1 倍，故使用剂量可减少一半。

口服制剂主要用于女性紧急避孕，即在无防护措施或其他避孕方法失误时使用；与炔雌醇组成复方制剂作为短效口服避孕药；通过剂型改变，还可作成多种长效避孕药，如宫内节育器（曼月乐）、硅胶棒等。宫内节育器还可治疗特发性月经过多即非器质性病变引起的月经过多。

【剂型及规格】主要剂型有片剂、胶囊剂、丸剂、埋植剂、宫内节育系统等。①左炔诺孕酮片（肠溶片）：0. 75mg、1. 5mg。②左炔诺孕酮分散片：1. 5mg。③左炔诺孕酮胶囊：0. 75mg。④左炔诺孕酮滴丸：0. 75mg。⑤左炔诺孕酮肠溶胶囊：1. 5mg。⑥左炔诺孕酮硅胶棒：36mg、75mg。⑦左炔诺孕酮宫内节育系统：含左炔诺孕酮 52mg。

【药物评价】①紧急避孕药是避孕失误的紧急补救避孕药，不是引产药，越早服用越好，不宜作为常规避孕药使用。②本品可能使下次月经提前或延迟，如逾期一周仍未来潮，应检查以排除妊娠。③硅

胶棒应用于要求长期避孕的育龄妇女，既往月经不调、经常有闭经史者、产后或流产后尚未恢复正常月经者、哺乳期或45岁以上妇女不宜使用。

**【品种信息】** 国产药品：获批文的有38个。生产企业有华润紫竹药业（毓婷）、东北制药集团沈阳第一制药（安婷）、四川川大华西药业（卡丽瑞）等。进口药品：获批文的有5个，生产企业有拜耳 Bayer Oy 等。

**【贮藏】** 口服制剂、硅胶棒：遮光，密封贮存。宫内节育系统：15~30℃，避免阳光直射和潮湿。

**【药品识记】** 扫码认药

## 屈螺酮炔雌醇

## Levonorgestrel

**【商品名】** 优思明

**【药理作用与适应证】** 本品为屈螺酮和炔雌醇的复方口服制剂，用于女性避孕。

**【剂型及规格】** 片剂：每片含炔雌醇0.03mg和屈螺酮3mg。

**【药物评价】** ①可能出现子宫不规则出血、恶心、情绪波动等不良反应。②循环系统疾病，偏头痛病史伴有局灶性神经症状，累及血管的糖尿病、胰腺炎或其病史并伴有重度高三酰甘油血症，存在或曾有严重的肝脏疾病史，只要肝功能指标未恢复正常，应禁服或立即停止服用本品。

**【品种信息】** 国产药品：获批文的有1个，生产企业是浙江仙琚制药股份有限公司。进口药品：获批文的有5个，生产企业有 Bayer Weimar GmbH & Co. KG（优思明）等。

**【贮藏】** 30℃以下保存。

**【药品识记】** 扫码认药

## 其他性激素类药物

其他性激素类药物常见品种信息见表9-2。

**表9-2 其他性激素类药物常见品种信息**

| 药物名称 | 其他名称 | 作用与适应证 | 品种信息 |
|---|---|---|---|
| 甲睾酮 [典] | 甲基睾丸素、甲基睾酮 | 为雄激素药。用于原发性或继发性男性性功能减低，也用于绝经期后女性晚期乳腺癌的姑息性治疗 | 【剂型及规格】片剂：5mg；胶囊剂：0.625mg<br>【生产商】上海信谊天平药业、辰欣药业、威海人生药业等 |
| 十一酸睾酮 [典][基][医保(乙)] | 诺仕、思特珑 | 为雄激素药。用于治疗原发性或继发性睾丸功能减退；男孩体质性青春期延迟；乳腺癌转移的姑息性治疗；再生障碍性贫血的辅助治疗；中老年部分性雄激素缺乏综合征 | 【剂型及规格】胶囊剂：40mg；注射剂：2ml∶0.25g<br>【生产商】浙江仙琚制药（思特珑）等 |
| 苯丙酸诺龙 [典] | 苯丙酸去甲睾酮、多乐宝灵 | 为蛋白同化制剂激素药。用于女性晚期乳腺癌姑息性治疗和伴有蛋白分解的消耗性疾病的治疗 | 【剂型及规格】注射剂：1ml∶10mg、1ml∶25mg<br>【生产商】浙江仙琚制药等 |
| 司坦唑醇 [典][医保(乙)] | 康力龙 | 为蛋白同化制剂激素药。用于遗传性血管神经性水肿的预防和治疗，严重创伤、慢性感染、营养不良等消耗性疾病 | 【剂型及规格】片剂：2mg<br>【生产商】江西新赣江药业、广州白云山医药集团等 |
| 达那唑 [典][医保(乙)] | 炔睾醇、安宫唑、宫福伊康 | 为促性腺激素抑制药。用于子宫内膜异位症、纤维囊性乳腺病、自发性血小板减少性紫癜、遗传性血管性水肿、系统性红斑狼疮、男性乳房发育、青春期性早熟等 | 【剂型及规格】栓剂：50mg；胶囊剂：0.1g、0.2g、10mg（软胶囊）<br>【生产商】江苏联环药业、真奥金银花药业（宫福伊康）等 |

续表

| 药物名称 | 其他名称 | 作用与适应证 | 品种信息 |
|---|---|---|---|
| 雌二醇 [典][医保(乙)] | 求偶二醇、贴贴舒、伊尔、意泰丽 | 为雌激素药。用于各种原因引起的雌激素缺乏所致的下述症状：潮热、出汗、睡眠障碍、头晕、生殖器萎缩、萎缩性阴道炎、阴道干涩等 | 【剂型及规格】复方片剂：雌二醇1mg；贴剂：雌二醇10mg；缓释贴片：2.5mg；凝胶剂：40g∶24mg；软膏剂：1.5g∶1.35mg；注射剂：1ml∶1mg、1ml∶2mg、1ml∶5mg等<br>【生产商】浙江亚太药业（贴贴舒、伊尔）、北京麦迪海药业（意泰丽）等 |
| 尼尔雌醇 [典][基][医保(乙)] | 戊炔雌二醇、澳依兰 | 为雌激素药。用于雌激素缺乏引起的绝经期或更年期综合征，如潮热、出汗、头痛、目眩、疲劳、烦躁易怒、神经过敏、外阴干燥、老年性阴道炎等 | 【剂型及规格】片剂：1mg、2mg、5mg<br>【生产商】廊坊高博京邦制药（澳依兰）等 |

【药品识记】扫码认药

## 知识链接

**氢化可的松乳膏婴幼儿能经常使用吗？**

氢化可的松乳膏属于弱效激素，弱效激素软膏还包括布地奈德乳膏等，弱效激素乳膏虽适用于婴幼儿皮肤或者皮肤比较薄嫩的部位，副作用相对更小，但长期应用会引起皮肤萎缩、毛细血管扩张等不良反应，应避免长期使用。

【详情扫码】

**即学即练**

毓婷为（　　）的商品名

A. 屈螺酮炔雌醇　　B. 尼尔雌醇　　C. 黄体酮　　D. 左炔诺孕酮

答案解析

# 任务二　胰岛素及口服降糖药

PPT

## 案例分析

**案例描述**　患者，男，58岁。患有1型糖尿病8年，一直注射胰岛素。近日自我感觉血糖控制不佳，私自口服了朋友的二甲双胍片，注射胰岛素半小时后出现心慌、头晕等不适。

**讨　　论**　1. 产生上述现象的原因是什么？

2. 针对该患者的症状有何建议？

答案解析

糖尿病属于内分泌系统疾病，是由于人体内胰岛素绝对或相对缺乏所致，以高血糖为主要特征，是一种高发慢性终身疾病。糖尿病发生后，引起糖、蛋白质、脂肪、水和电解质等一系列代谢紊乱，葡萄糖从尿中排出，并出现多饮、多尿、多食、消瘦、头晕乏力等症状。血糖过高，会引起酮症酸中毒等急性并发症，也可导致眼、肾、神经、皮肤、血管和心脏等组织、器官的慢性并发症，以致最终导致失明、下肢坏疽、尿毒症、脑卒中或心肌梗死，严重威胁身体健康，已成为继心血管疾病和肿瘤之后的第三位“健康杀手”。

糖尿病主要分为三类，即身体不能产生胰岛素的患者为1型糖尿病，不能产生足够胰岛素或对胰岛素抵抗的患者为2型糖尿病，因妊娠引起的短期阶段性糖尿病为妊娠型糖尿病。1型和2型糖尿病的区别见表9-3。

表9-3 1型和2型糖尿病的区别

| 分型 | 1型糖尿病 | 2型糖尿病 |
|---|---|---|
| | 胰岛素依赖型 | 非胰岛素依赖型 |
| 致病机制 | 一种自体免疫疾病，由于胰岛β细胞被破坏，导致胰岛素分泌绝对缺乏 | 胰岛素抵抗或胰岛素分泌不足，或两者合并存在 |
| 占比 | 10%以下 | 90%左右 |
| 药物治疗方案 | 终身注射外源性胰岛素 | 口服降糖药、注射胰岛素 |

糖尿病作为一种高发慢性病，具有病情不可逆、后期并发症多的特点，在糖尿病的防控当中，健康的生活方式很关键，而对于饮食和运动不能控制的糖尿病患者，则应给予药物治疗，且需终身服药。治疗药物主要包括注射用胰岛素类和口服降糖药。

近年来，国内糖尿病患病率呈逐渐攀升趋势，2019年中国糖尿病患病人数约为1.16亿人，中国已成为全球糖尿病患病人数最多的国家。未来10年，随着我国糖尿病患者规模的继续增加、居民医疗消费的提升、药物品种迭代升级和医保政策导向的影响，我国糖尿病药物市场规模前景十分广阔，增势强劲。

## 一、胰岛素

### （一）概述 微课1

人体胰岛素是由胰脏内的胰岛β细胞受内源性或外源性物质（如葡萄糖、乳糖、核糖、精氨酸、胰高血糖素等）的刺激而分泌的一种蛋白质激素，是机体内唯一降低血糖的激素，同时促进糖原、脂肪、蛋白质的合成。药用胰岛素，又称外源性胰岛素，早期由猪、牛、羊的胰腺提取，现主要通过基因重组技术生产，亦可通过转化，由猪胰岛素转化为人胰岛素。

**知识链接**

药用胰岛素的分类

1. 根据来源，可分为动物胰岛素、人胰岛素。

2. 根据制备工艺，可分为经动物胰腺提取或纯化的猪/牛胰岛素、半合成人胰岛素、生物合成人胰岛素、胰岛素类似物。

3. 根据起效快慢、作用持续时间长短，可分为超短效（速效）、短效、中效、长效、超长效、预混胰岛素。

4. 根据制剂性状，可分为溶液型和混合型胰岛素。

【详情扫码】

## （二）常见药品识别

### 胰岛素[典][基][医保(甲)]

### Insulin

**【别名】** 正规胰岛素、常规胰岛素、普通胰岛素

**【药理作用与适应证】** 本品可增加葡萄糖的利用，并能促进葡萄糖转变为脂肪，抑制糖原分解和糖异生，因而能使血糖降低。此外本品能促进脂肪的合成，抑制脂肪分解，使酮体生成减少，纠正酮症酸血症的各种症状；能促进蛋白质的合成，抑制蛋白质分解。本品和葡萄糖同用时，可促使钾从细胞外液进入组织细胞内。

主要用于糖尿病，特别是胰岛素依赖型糖尿病。①重型、消瘦营养不良者。②轻、中型经饮食和口服降血糖药治疗无效者。③合并严重代谢紊乱（如酮症酸中毒、高渗性昏迷或乳酸性酸中毒）、重度感染、消耗性疾病（如肺结核、肝硬化）和进行性视网膜、肾、神经等病变以及急性心肌梗死、脑血管意外者。④合并妊娠、分娩及大手术者。⑤也可用于纠正细胞内缺钾。

**【剂型及规格】** 胰岛素注射液：10ml∶400U、3ml∶300U、10ml∶800U 等。

**【药物评价】** ①过敏反应：多数为使用牛胰岛素所致，一般反应轻微而短暂，偶可引起过敏性休克。可用与人胰岛素较为接近的猪胰岛素代替。②低血糖症：为胰岛素过量迅速降低血糖所致，长效胰岛素降血糖作用较慢，不出现上述症状，而以头痛和精神情绪、运动障碍为主要表现。③胰岛素耐受性。④需经常更换注射部位以减少注射部位局部反应。⑤低血糖、肝硬化、溶性黄疸、胰腺炎、肾炎等患者忌用。⑥静注宜用注射用胰岛素，因注射液中多含有防腐剂，一般不宜用于静注，只在急症时（如糖尿病性昏迷）才用。

**【品种信息】** 国产药品：获批文的有 135 个，生产企业有江苏万邦生化医药集团、上海上药第一生化药业、国药集团容生制药、南京新百药业等。进口药品：获批文的有 94 个，生产企业有丹麦诺和诺德 Novo Nordisk A/S 等。胰岛素类药物品种信息见表 9－4。

**【贮藏】** 密闭，在冷处（2～10℃）保存，避免冰冻。

表 9－4　胰岛素类药物品种信息表

| 药物名称 | 类别 | 作用与适应证 | 品种信息 |
| --- | --- | --- | --- |
| 甘精胰岛素/重组甘精胰岛素（长秀霖、来得时）[典][基][医保(乙)] | 长效胰岛素类似物 | 临床应用主要是作为基础胰岛素水平的一个补充。多用于 1 型糖尿病的长效胰岛素治疗，或是用于 2 型糖尿病晨起血糖控制不佳，基础胰岛素水平偏低的患者，可将甘精胰岛素作为一种补充治疗 | 【剂型及规格】注射液：3ml∶300U、10ml∶1000U、1.5ml∶450U<br>【生产商】甘李药业（长秀霖）、Sanofi－AventisDeutschland GmbH（来得时）等 |

续表

| 药物名称 | 类别 | 作用与适应证 | 品种信息 |
|---|---|---|---|
| 门冬胰岛素<br>（诺和锐、诺和锐 30、诺和锐 50）<br>［医保（乙）］ | 速效胰岛素类似物 | 用于控制餐后血糖，也可与中效胰岛素合用，控制晚间或晨起高血糖 | 【剂型及规格】注射液、30 注射液、50 注射液：3ml：300U<br>【生产商】丹麦诺和诺德公司（诺和锐）、甘李药业等 |
| 精蛋白锌胰岛素<br>（精锌胰岛素、鱼精蛋白锌胰岛素）<br>［典］［医保（甲）］ | 长效胰岛素 | 用于轻型和中型糖尿病 | 【剂型及规格】注射液、注射液（30R）：3ml：300U、10ml：400U<br>【生产商】上海上药第一生化药业、江苏万邦生化医药等 |
| 低精蛋白锌胰岛素<br>（中性精蛋白锌胰岛素、万苏林）<br>［典］［医保（甲）］ | 中效动物胰岛素 | 用于一般轻中度糖尿病，治疗重度糖尿病与正规胰岛素合用，作用出现快且维持时间长。也可与长效类胰岛素制剂合用以延长作用时间 | 【剂型及规格】注射液：10ml：400U、3ml：300U<br>【生产商】江苏万邦生化医药集团（万苏林） |
| 重组人胰岛素<br>（甘舒霖 R、优思灵 USLIN R、优泌林、重和林 R、诺和灵 R）<br>［典］［医保（甲）］ | 短效胰岛素 | 适用于需要采用胰岛素来维持正常血糖水平的糖尿病患者，也适用于早期糖尿病患者的早期治疗以及妊娠期间糖尿病患者的治疗 | 【剂型及规格】注射液：10ml：400U、3ml：300U、10ml：1000IU<br>【生产商】通化东宝药业等 |
| 精蛋白重组（生物合成）人胰岛素（万邦林、甘舒霖 N、重和林 N、诺和灵 N）<br>［典］［医保（甲）］ | 长效胰岛素 | 用于 1 型或 2 型糖尿病 | 【剂型及规格】注射液：10ml：400U、3ml：300U、10ml：1000IU<br>【生产商】通化东宝药业（甘舒霖 N）、BIOTON S. A.（重和林 N）等 |
| 精蛋白重组（生物合成）人胰岛素混合注射液（优思灵 USLIN 30R/50R、甘舒霖 40R、诺和灵 30R/50R）<br>［典］［医保（甲）］ | 预混胰岛素 | 用于 1 型或 2 型糖尿病 | 【剂型及规格】注射液（30R）：3ml：300IU、10ml：400IU；注射液（50R）：3ml：300IU；注射液（40R）：3ml：300IU<br>【生产商】通化东宝药业（甘舒霖）等 |
| 赖脯胰岛素<br>（优泌乐）<br>［典］［医保（乙）］ | 速效胰岛素类似物 | 适用于经常发生低血糖的 1 型糖尿病者，使用赖脯胰岛素可减少低血糖的发生率。生活不规律、外出活动较多的用胰岛素治疗的糖尿病患者，赖脯胰岛素快速、短效的特点有助于及时调整胰岛素的用量 | 【剂型及规格】注射液：3ml：300U<br>【生产商】Lilly France（优泌乐） |
| 地特胰岛素<br>（诺和平）<br>［医保（乙）］ | 长效胰岛素 | 主要用于胰岛素依赖型糖尿病 | 【剂型及规格】注射液：3ml：300U<br>【生产商】丹麦诺和诺德（诺和平） |

【药品识记】扫码认药

## 二、口服降糖药

### （一）概述 微课 2

目前，我国 2 型糖尿病患者占 90% 以上，因此 2 型糖尿病治疗药物几乎占领整个糖尿病用药市场，其中以口服降糖药为主要治疗药物，分为传统降糖药和新型降糖药。

传统的口服降血糖药包括以下四类。

**1. 促进胰岛 β 细胞分泌胰岛素的药物**　磺酰脲类，如甲苯磺丁脲、格列本脲；非磺脲类促泌剂（餐时血糖调节剂），如瑞格列奈、那格列奈。

**2. 促进外周组织增加葡萄糖利用的药物**　双胍类，如二甲双胍。

**3. 抑制肠道葡萄糖吸收的药物**　α－糖苷酶抑制剂类，如阿卡波糖、伏格列波糖。

**4. 胰岛素增敏剂**　噻唑烷二酮类，如吡格列酮、罗格列酮。

随着对糖尿病研究的不断深入，新型药物已逐渐进入并占领市场，主要包括以下三类。

**1. 二肽基肽酶 IV（DPP－IV）抑制剂**　如西格列汀、沙格列汀。

**2. 胰高血糖素样肽 1（GLP－1）受体激动药**　如艾塞那肽、利拉鲁肽。

**3. 钠－葡萄糖协同转运蛋白 2（SGLT－2）抑制剂**　如达格列净、卡格列净。

### （二）常见药品识别

#### 格列本脲[典][基][医保(甲)]

#### Glibenclamide

**【别名】** 优降糖、达安疗

**【药理作用与适应证】** 第二代磺脲类口服降糖药。降血糖作用较第一代甲苯磺丁脲强 200～250 倍。口服后 30 分钟出现作用，半衰期为 10 小时，持续 16～24 小时，蛋白结合率达 95%。主要用于饮食不能控制的轻、中度 2 型糖尿病。

**【剂型及规格】** 主要剂型为片剂、胶囊剂。①格列本脲片：2.5mg。②格列本脲胶囊：1.75mg。

**【药物评价】** ①不良反应有腹泻、恶心、呕吐、头痛、胃痛或不适，较少见的有皮疹，少见而严重的有黄疸、肝功能损害、骨髓抑制、粒细胞减少、血小板减少症等。②用药期间应定期测血糖、尿糖、尿酮体、尿蛋白和肝、肾功能，并进行眼科检查等。③1 型糖尿病患者、2 型糖尿病患者伴有酮症酸中毒、昏迷、严重烧伤、感染、外伤和重大手术等，肝、肾功能不全者，对磺胺药过敏者，白细胞减少的病人应禁用。

**【品种信息】** 国产药品：获批文的有 135 个，生产企业有江西南昌济生制药、天津柏海药业、河南羚锐制药、常州市阳光药业等。暂无进口药品。

**【贮藏】** 常温密闭保存。

**【药品识记】** 扫码认药

#### 瑞格列奈[典][基][医保(乙)]

#### Repaglinide

**【商品名】** 诺和龙、孚来迪

**【药理作用与适应证】** 为新型的非磺酰脲类短效口服促胰岛素分泌降糖药。通过促进胰腺释放胰岛素来降低血糖水平，此作用依赖于胰岛中有功能的 β 细胞。本品促胰岛素分泌作用较磺酰脲类快，降餐后血糖亦较快。

主要用于饮食控制、降低体重与运动不能有效控制高血糖的 2 型糖尿病，与二甲双胍合用对控制血糖有协同作用。

【剂型及规格】主要剂型有片剂、分散片。①瑞格列奈片：0.5mg、1mg、2mg。②瑞格列奈分散片：0.5mg。

【药物评价】①常见不良反应有低血糖、视觉异常、胃肠道反应及过敏反应等。②1 型糖尿病患者，伴随或不伴随昏迷的糖尿病酮症酸中毒患者，妊娠或哺乳期妇女，12 岁以下儿童，严重肾功能或肝功能不全的患者禁用。③对衰弱与营养不良者应注意调整剂量，注意不要影响驾车和操作机器的能力。④与二甲双胍合用，会增加发生低血糖的危险。

【品种信息】国产药品：获批文的有 24 个，生产企业有江苏豪森药业（孚来迪）、天津医药集团津康制药等。进口药品：获批文的有 2 个，生产企业有丹麦诺和诺德（诺和龙）等。

【贮藏】常温、密闭保存。

【药品识记】扫码认药

## 二甲双胍[典][基][医保(甲、乙)]

## Metformin

【别名】盐酸二甲双胍

【商品名】格华止、迪化唐锭、都乐宁、弘飞康、圣邦杰、仁欣

【药理作用与适应证】为双胍类口服降血糖药，作用较苯乙双胍弱。可降低 2 型糖尿病患者空腹及餐后高血糖，糖化血红蛋白可下降 1% ~2%。降糖作用可持续 8 小时。

本品首选用于单纯饮食控制及体育锻炼治疗无效的 2 型糖尿病，特别是肥胖的 2 型糖尿病。与胰岛素合用，可减少胰岛素用量，防止低血糖发生。可与磺酰脲类降血糖药合用，具有协同作用。

【剂型及规格】主要剂型有片剂、缓释片、胶囊剂、肠溶片。①盐酸二甲双胍片（肠溶片）：0.25g、0.5g、0.85g。②盐酸二甲双胍缓释片：0.25g、0.5g。③盐酸二甲双胍肠溶胶囊：0.25g、0.5g。

【药物评价】①口服本品期间，应定期检查肾功能，以减少乳酸性酸中毒的发生，尤其是老年患者更应定期检查肾功能。接受外科手术和碘剂 X 线摄影检查前患者应暂停口服。②应激状态：在发热、昏迷、感染和外科手术时，服用易发生血糖暂时控制不良，此时必须暂时停用，改用胰岛素。待应激状态缓解后恢复使用。③常见不良反应为恶心、呕吐、腹泻、口中有金属味等。

【品种信息】国产药品：获批文的有 341 个，生产企业有重庆康刻尔制药（都乐宁）、南昌市飞弘药业（弘飞康）、山东司邦得制药（圣邦杰）、江苏苏中药业（仁欣）等。进口药品：获批文的有 32 个，生产企业有 Merck Healthcare KgaA（格华止）、Alphapharm Pty Limited（迪化唐锭）等。

【贮藏】密封保存。

【药品识记】扫码认药

## 阿卡波糖[基][典][医保(甲)]

## Acarbose

【商品名】拜糖平、卡博平、贝希

【药理作用与适应证】在肠道内竞争性抑制葡萄糖苷酶，可降低多糖及蔗糖分解生成葡萄糖，减少并延缓吸收，因此具有降低餐后高血糖和血浆胰岛素浓度的作用。本品主要用于 2 型糖尿病，以及降低

糖耐量低减者的患者。

**【剂型及规格】** 主要剂型有片剂、咀嚼片、胶囊剂。①阿卡波糖片：50mg、100mg。②阿卡波糖胶囊：50mg。③阿卡波糖咀嚼片：50mg。

**【药物评价】** ①常有胃肠胀气和肠鸣音，偶有腹泻和腹胀，极少出现腹痛。②对本品过敏者、有明显消化和吸收障碍的慢性胃肠功能紊乱患者、患有由于肠胀气而可能恶化的疾病（严重的疝气、肠梗阻和肠溃疡）的患者以及严重肾功能损害患者禁用。③应在开始服药6～12个月内定期检查肝功能，并避免大剂量用药。④本品抑制双糖水解，饮蔗糖水和进食效果差。如出现低血糖反应，应使用葡萄糖。

**【品种信息】** 国产药品：获批文的有27个，生产企业有拜耳医药（拜糖平）、杭州中美华东制药（卡博平）、四川绿叶制药（贝希）等。进口药品：获批文的有4个，生产企业有德国 Bayer AG 等。

**【贮藏】** 常温、密闭保存。

**【药品识记】** 扫码认药

## 利拉鲁肽[基][医保(乙)]

## Liraglutide

**【商品名】** 诺和力

**【药理作用与适应证】** GLP－1类似物，与天然GLP－1有95%同源，其降糖机制同艾塞那肽。在临床研究中发现其抗体产生率较低，但对疗效的影响有待评价。半衰期12～14小时，每天1次皮下给药就能起到良好的降糖作用。

用于成人2型糖尿病，适用于单用二甲双胍或磺脲类药物最大可耐受剂量治疗后血糖仍控制不佳的患者；与二甲双胍或磺脲类药物联合应用。

**【剂型及规格】** 利拉鲁肽注射液：3ml：18mg。

**【药物评价】** ①与磺脲类联用时，为降低低血糖风险可考虑减少磺脲类用药剂量。②警惕持续性呕吐、严重腹痛等急性胰腺炎症状，及时停用本品。③注意是否有过敏性反应，少部分患者可产生抗体，应密切观察降糖效果。④急性胰腺炎、肾病终末期、透析或严重肾功能损伤患者慎用。⑤可显著降低2型糖尿病患者的主要小血管不良事件风险，是GLP－1类药物中首个被证明具有心血管保护作用的药物。

**【品种信息】** 目前只有进口药品：获批文的有3个，生产企业是丹麦 Novo Nordisk A/S（诺和力）。

**【贮藏】** 使用前于2～8℃冷藏。首次使用后可于25℃以下避光保存30天。不可冷冻。

**【药品识记】** 扫码认药

## 其他口服降糖药

其他口服降糖药品种信息见表9－5和表9－6。

**表9－5　其他口服降糖药（化学制剂）品种信息**

| 药物名称 | 其他名称 | 作用与适应证 | 品种信息 |
|---|---|---|---|
| 格列齐特 [典][基][医保(甲、乙)] | 甲磺吡脲、达美康、弘旭阳 | 适用于2型糖尿病及糖尿病伴有肥胖症或伴有血管病患者。能降低血小板的聚集和粘附力，有助于防治糖尿病微血管病变 | 【剂型及规格】片剂：80mg；胶囊剂（缓释胶囊）：40mg；缓释片：30mg、60mg；分散片：40mg<br>【生产商】施维雅（天津）制药（达美康）、南昌弘益药业（弘旭阳）等 |

续表

| 药物名称 | 其他名称 | 作用与适应证 | 品种信息 |
| --- | --- | --- | --- |
| 格列吡嗪<br>[典][基][医保(甲、乙)] | 美吡达、迪沙片、依必达 | 适用于单凭饮食控制疗效不满意的轻中度2型糖尿病患者，但患者胰岛B细胞需有一定的分泌胰岛素的功能且无严重的并发症 | 【剂型及规格】片剂：5mg；胶囊剂：5mg<br>【生产商】湖南康寿制药、哈药集团、海南赞邦制药（美吡达）、国药控股星鲨制药（依必达）、迪沙药业集团（迪沙片）等 |
| 格列美脲<br>[典][基][医保(甲)] | 普仁平、唐弗、亚莫利 | 主要用于节食、体育锻炼均不能满意控制血糖的2型糖尿病的治疗 | 【剂型及规格】片剂：1mg、2mg；胶囊剂：2mg；滴丸：1mg；分散片：2mg<br>【生产商】四川普渡药业（普仁平）、广西百琪药业（唐弗）、Sanofi S. p. A.（亚莫利）等 |
| 格列喹酮<br>[典][基][医保(甲)] | 糖适平 | 主要用于2型糖尿病合并轻中度肾功能减退的患者 | 【剂型及规格】分散片：30mg；胶囊：30mg；片剂：30mg<br>【生产商】深圳市中联、北京万辉双鹤药业（糖适平）等 |
| 罗格列酮<br>[医保(乙)] | 维戈洛、爱能奥洛华 | 用于其他降糖药无法达到血糖控制目标的2型糖尿病患者 | 【剂型及规格】薄膜衣片：2mg、4mg；胶囊：4mg；片剂：1mg、2mg、4mg<br>【生产商】上海上药中西制药（维戈洛）、成都恒瑞制药（爱能）、江苏黄河药业（奥洛华）等 |
| 吡格列酮<br>[基][医保(乙)] | 艾可拓、瑞彤、卡司平、万苏敏 | 为胰岛素增敏剂，适用于2型糖尿病患者 | 【剂型及规格】片剂：15mg、30mg；胶囊剂：15mg、30mg；分散片：15mg<br>【生产商】杭州中美华东制药（卡司平）、江苏万邦生化（万苏敏）、Takeda Pharmaceutical Company Limited，Hikari Plant（艾可拓）等 |
| 达格列净<br>[基][医保(乙)] | 安达唐 | 为钠－葡萄糖协同转运蛋白2（SGLT2）抑制剂，在饮食和运动基础上，本品可作为单药治疗用于2型糖尿病成人患者改善血糖控制 | 【剂型及规格】片剂：10mg<br>【生产商】AstraZeneca Pharmaceuticals LP（安达唐） |
| 西格列汀<br>[基][医保(乙)] | 捷诺维 | 为二肽基肽酶4（DPP－4）抑制剂，在2型糖尿病患者中可通过增加活性肠促胰岛激素的水平而改善血糖控制。配合饮食控制和运动，用于改善2型糖尿病患者的血糖控制 | 【剂型及规格】片剂：25mg、50mg<br>【生产商】广东东阳光药业、正大天晴药业、默沙东 Merck Sharp & Dohme Ltd.（捷诺维）等 |
| 利格列汀<br>[基][医保(乙)] | 欧唐宁 | 用于成年2型糖尿病患者的血糖控制 | 【剂型及规格】片剂：5mg<br>【生产商】广东东阳光药业、勃林格殷格翰 West－Ward Columbus Inc.（欧唐宁）等 |

表9－6　其他口服降糖药（中成药）品种信息

| 药物名称 | 作用与功能主治 | 品种信息 |
| --- | --- | --- |
| 降糖甲<br>[典] | 补中益气，养阴生津。用于气阴两虚型消渴（非胰岛素依赖型糖尿病） | 【剂型及规格】片剂：0.31g、0.3g<br>【生产商】广东万方制药、金华市康寿制药等 |
| 玉泉丸<br>[医保(甲)] | 养阴生津，止渴除烦，益气和中。用于因胰岛功能减退而引起的物质代谢、碳水化合物代谢紊乱，血糖升高之糖尿病（亦称消渴），肺胃肾阴亏损，热病后期 | 【剂型及规格】丸剂（浓缩丸）：每10丸重1.5g<br>【生产商】成都九芝堂金鼎药业 |
| 渴乐宁胶囊<br>[典] | 益气养阴，生津止渴。用于气阴两虚所致的消渴，症见口渴多饮、五心烦热、乏力多汗、心慌气短；2型糖尿病见上述证候者 | 【剂型及规格】胶囊剂：0.45g<br>【生产商】威海华洋药业 |
| 消渴丸<br>[典][基][医保(甲)] | 滋肾养阴，益气生津。用于气阴两虚所致的消渴，症见多饮、多尿、多食、消瘦、体倦乏力、眠差、腰痛；2型糖尿病见上述证候者 | 【剂型及规格】丸剂（浓缩水丸）：每10丸重2.5g<br>【生产商】广州白云山中一药业 |

续表

| 药物名称 | 作用与功能主治 | 品种信息 |
| --- | --- | --- |
| 参芪降糖颗粒<br>[基][医保(甲)] | 具有益气养阴，滋脾补肾的功效。用于消渴症，用于2型糖尿病 | 【剂型及规格】颗粒剂：每袋装3g<br>【生产商】鲁南厚普制药 |
| 天芪降糖胶囊<br>[基][医保(乙)] | 益气养阴，清热生津。用于2型糖尿病气阴两虚证，症见：倦怠乏力，口渴喜饮，五心烦热，自汗、盗汗，气短懒言，心悸失眠 | 【剂型及规格】胶囊剂：每粒装0.32g<br>【生产商】黑龙江未名天人制药 |
| 津力达颗粒<br>[典][基][医保(乙)] | 益气养阴，健脾运津。用于2型糖尿病气阴两虚证，症见：口渴多饮，消谷易饥，尿多，形体渐瘦，倦怠乏力，自汗盗汗，五心烦热，便秘 | 【剂型及规格】颗粒剂：每袋装9g<br>【生产商】石家庄以岭药业 |

【药品识记】扫码认药

### 知识链接

**消渴症**

消渴症是中国传统医学的病名，始见于《黄帝内经·奇病论》，名为消渴。是指以多饮、多尿、多食及消瘦、疲乏、尿甜为主要特征的综合症状。若做化验检查，其主要特征为高血糖及尿糖。主要在肺、胃、肾，基本病机为阴津亏耗，燥热偏盛。消渴日久，病情失控，则阴损及阳，热灼津亏血瘀，而致气阴两伤，阴阳俱虚，络脉瘀阻，经脉失养，气血逆乱，脏腑器官受损而出现疖、痈、眩晕、胸痹、耳聋、目盲、肢体麻疼、下肢坏疽、肾衰水肿、中风昏迷等兼症。

### 即学即练

答案解析

1型糖尿病的治疗选用（　　）

A. 胰岛素　　B. 氯磺丙脲　　C. 格列齐特　　D. 苯乙双胍

## 任务三　甲状腺激素及抗甲状腺药

PPT

### 案例分析

**案例描述**　患者，女，60岁。近日出现心慌、食欲亢进、消瘦、体重下降，甲状腺肿大等一系列症状，遂前去医院就医，初步诊断为甲状腺功能亢进症。

**讨　论**　1. 产生上述现象的原因有哪些？

2. 针对该患者的症状有何建议？

答案解析

甲状腺疾病主要分为外科治疗的甲状腺疾病和内科治疗的甲状腺疾病两大类。外科治疗的甲状腺疾病包括甲状腺肿和甲状腺肿瘤；内科治疗的甲状腺疾病主要包括甲状腺功能亢进症（简称甲亢）、甲状腺功能减退症（简称甲减）和甲状腺炎症（包括急性、亚急性和慢性甲状腺炎症）等。其中，内科治疗甲状腺疾病常用的药物有甲状腺激素类药和抗甲状腺药。

## 一、甲状腺激素类药

### （一）概述

甲状腺激素是甲状腺所分泌的激素，作用于人体几乎全部细胞，有促进新陈代谢、维持生长发育、增加产热、提高神经系统兴奋性的作用。

甲状腺激素为碘化酪氨酸的衍化物，包括甲状腺素（四碘甲状腺原氨酸 $T_4$）和三碘甲状腺原氨酸（$T_3$）。可由牛、羊、猪等的甲状腺中提取或由人工合成。

### （二）常见药品识别

#### 甲状腺片[典][基][医保(甲)]

#### Thyroid Tablets

**【别名】** 干甲状腺

**【药理作用与适应证】** 用于各类甲状腺功能减退的替代治疗；作为良性甲状腺肿、甲状腺结节或甲状腺癌的抑制性治疗参见左甲状腺素。临床上主要用于甲状腺功能减退症的治疗，包括甲减引起的呆小病及黏液性水肿等。

**【剂型及规格】** 甲状腺片：10mg、40mg、60mg。

**【药物评价】** ①使用过量则引起类似甲状腺功能亢进症的症状，减量或停药可使症状消失。②对有冠状动脉病变的患者可加重症状，诱发心绞痛、心肌梗死甚至猝死。

**【品种信息】** 国产药品：获批文的有 37 个，生产企业有上海中华药业、湖北绿金子药业、山东省惠诺药业、北京赛而生物药业、江苏苏中药业等。暂无进口药品。

**【贮藏】** 避光，密封保存。

**【药品识记】** 扫码认药

#### 左甲状腺素[典][基][医保(甲)]

#### Levothyroxine

**【商品名】** 优甲乐、加衡、雷替斯

**【药理作用与适应证】** 为人工合成的四碘甲状腺原氨酸（$T_4$），常用其钠盐。本品中所含有的合成左甲状腺素与甲状腺自然分泌的甲状腺素相同。它与内源性激素一样，在外周器官中被转化为 $T_3$，然后通过与 $T_3$ 受体结合发挥其特定作用。

适用于：①治疗非毒性的甲状腺肿（甲状腺功能正常）；②甲状腺肿切除术后，预防甲状腺肿复发；③甲状腺功能减退的替代治疗；④抗甲状腺药物治疗功能亢进症的辅助治疗；⑤甲状腺癌术后的抑制治疗；⑥甲状腺抑制试验。

**【剂型及规格】** 左甲状腺素钠片：25μg、50μg、100μg。

**【药物评价】** ①长期过量服用可引起甲亢的临床表现。②老年人，有心血管疾病患者，有心肌缺血或糖尿病患者慎用。③有垂体功能减低或肾上腺皮质功能减退者，如需补充甲状腺制剂，在给左甲状腺素钠以前数日应先用肾上腺皮质激素。④本品口服吸收约 80%，起效缓慢、平稳，半衰期为 6~7 天，体内贮量大，近似于生理激素。

【品种信息】国产药品：获批文的有 7 个，生产企业有扬子江药业集团四川海蓉药业、深圳市中联制药（加衡）等。进口药品：获批文的有 4 个，生产企业有德国 Merck KGaA（优甲乐）、Berlin - Chemie AG（雷替斯）等。

【贮藏】室温、避光、密闭保存。

【药品识记】扫码认药

## 二、抗甲状腺药

### （一）概述

抗甲状腺药物（ATD）是指能消除（暂时或长期）甲状腺功能亢进（甲亢）症状的药物。临床上常用的抗甲状腺药有硫脲类、碘及碘化物、放射性碘和 β 受体阻断药。其中硫脲类药物是最常用的抗甲状腺药，在 1940 年引入临床，分为硫氧嘧啶类和咪唑类，硫氧嘧啶类包括甲硫氧嘧啶和丙硫氧嘧啶；咪唑类包括甲巯咪唑、卡比马唑。

### （二）常见药品识别

#### 丙硫氧嘧啶[典][基][医保(甲)]
#### Propylthiouracil

【别名】丙基硫氧嘧啶

【药理作用与适应证】能抑制过氧化酶系统，使被摄入到甲状腺细胞内的碘化物不能氧化成活性碘，从而酪氨酸不能碘化；同时，一碘酪氨酸和二碘酪氨酸的缩合过程受阻，以致不能生成甲状腺激素。

主要用于①甲亢的内科治疗：适用于轻症和不适宜手术或放射性碘治疗者，如儿童、青少年及手术后复发而不适于放射性碘治疗者；也可作为放射性碘治疗时的辅助治疗。②甲状腺危象的治疗：除应用大剂量碘剂和采取其他综合措施外，大剂量本品可作为辅助治疗以阻断甲状腺素的合成。③术前准备：为了减少麻醉和术后并发症，防止术后发生甲状腺危象。

【剂型及规格】丙硫氧嘧啶片：50mg、100mg。

【药物评价】①本品不能直接对抗甲状腺激素，因此作用较慢。②用药剂量应个体化。③老年人，尤其肾功能减退者，应减少用量，并应加用甲状腺片，防止甲状腺功能减退。④孕妇使用时宜采用最小有效剂量，哺乳期不宜使用。

【品种信息】国产药品：获批文的有 26 个，生产企业有上海朝晖药业、精华制药、国药集团致君（苏州制药）、广东华南药业等。进口药品：获批文的有 1 个，生产企业是德国 Lomapharm GmbH。

【贮藏】常温遮光密闭保存。

【药品识记】扫码认药

#### 甲巯咪唑[典][基][医保(甲)]
#### Thiamazole

【别名】他巴唑

【商品名】赛治、佳琪亚

【药理作用与适应证】作用较丙硫氧嘧啶强，且奏效快而代谢慢，维持时间较长。适应证同丙硫氧嘧啶。

【剂型及规格】主要剂型有片剂、乳膏剂。①甲巯咪唑片：5mg、10mg、20mg。②甲巯咪唑乳膏：10g：0.5g。

【药物评价】①对本品过敏者禁用。孕妇及哺乳期妇女、结节性甲状腺肿合并甲状腺功能亢进症者、甲状腺癌患者禁用。②外周血白细胞数偏低、对硫脲类药物过敏、肝功能异常患者慎用。

【药物商品】国产药品：获批文的有19个，生产企业有北京同济达药业、上海信谊天平药业、上海上药中西制药、默克制药（江苏）（赛治）、齐鲁制药（佳琪亚）等。进口药品：获批文的有3个，生产企业是德国 Merck Healthcare KGaA（赛治）。

【贮存】常温、遮光、密闭保存。

【药品识记】扫码认药

### 其他抗甲状腺药物

其他抗甲状腺药物品种信息见表9－7。

表9－7　其他抗甲状腺药物品种信息

| 药物名称 | 其他名称 | 作用与适应证 | 品种信息 |
|---|---|---|---|
| 卡比马唑［典］［医保(乙)］ | 甲亢平 | 本品起效慢，维持时间较长。在疗效与不良反应方面优于其他硫脲类药物。但应注意，甲状腺危象时不宜使用 | 【剂型及规格】片剂：5mg<br>【生产商】邯郸市柏林药业等 |
| 碘化钾［典］ | | 为补碘药。用于地方性甲状腺肿的预防与治疗，甲状腺功能亢进症手术前准备及甲状腺亢进危象 | 【剂型及规格】片剂：130mg（含碘100mg）、10mg<br>【生产商】广州白云山光华制药、修正药业集团等 |

**知识链接**

**甲亢与甲减**

甲状腺功能亢进症（简称甲亢）。　2. 甲状腺功能减退症（简称甲减）。

【详情扫码】

**即学即练**

答案解析

甲状腺激素缺乏的替代治疗选用（　　）

A. 甲硫氧嘧啶　B. 甲巯咪唑　C. 丙硫氧嘧啶　D. 左甲状腺素

## 任务四　影响骨代谢药

PPT

骨代谢病是直接或间接由钙磷等代谢紊乱引起的全身性骨疾病，但也可能突出反映为身体某一部位的骨改变。骨质疏松症是常见的骨代谢病之一，是由于多种原因导致的骨密度和骨质量下降，骨微结构破坏，造成骨脆性增加，从而容易发生骨折的全身性骨病，分为原发性和继发性两大类。原发性骨质疏松症又分为绝经后骨质疏松症（Ⅰ型）、老年性骨质疏松症（Ⅱ型）和特发性骨质疏松（青少年型）三种。继发性骨质疏松症多继发于内分泌系统疾病、结缔组织疾病、血液系统疾病、慢性肾脏疾病等。

骨质疏松症初期通常没有明显的临床表现，常被称为“寂静的疾病”或“静悄悄的流行病”，但随着病情进展，骨量不断丢失、骨微结构破坏后会出现骨痛、脊柱变形，严重者可发生骨质疏松性骨折等后果，骨质疏松骨折危害巨大，是老年患者致残和致死的主要原因之一。在中国，骨质疏松症已跃居常见病、多发病的第七位，发病率逐年上升。

## 一、抗骨质疏松药

### （一）概述 微课3

抗骨质疏松药是临床上用来治疗骨质疏松症的一类药物，根据疾病发生的情况，主要有基本补充剂、抑制骨吸收药物和促骨形成药物这三大类。其中，钙剂和维生素 D 是药物治疗的基础药物。临床上，抑制破骨细胞的骨吸收是主要的治疗措施，主要药物有双磷酸盐、雌激素及其受体调节剂、降钙素。甲状旁腺激素为促骨形成药物。锶盐类药物和维生素 $K_2$ 具有抗骨吸收和促骨形成的作用。

### （二）常见药品识别

#### 阿仑膦酸钠[典][基][医保(乙)]

#### Alendronate Sodium

**【商品名】** 福善美、固邦、天可

**【药理作用与适应证】** 为第三代氨基双膦酸盐类骨代谢调节剂，与骨内羟基磷灰石有强亲和力，能进入骨基质羟磷灰石晶体中，当破骨细胞溶解晶体，药物被释放，能抑制破骨细胞活性，并通过成骨细胞间接起抑制骨吸收作用。

用于治疗绝经后妇女的骨质疏松症，以预防髋部和脊柱骨折，也适用于男性骨质疏松症以增加骨量。

**【剂型及规格】** 主要剂型有片剂、肠溶片。①阿仑膦酸钠片（肠溶片）：10mg、70mg。②阿仑膦酸钠维 $D_3$ 片：阿仑膦酸钠 70mg、维生素 $D_3$ 2800IU。③阿仑膦酸钠维 $D_3$ 片（Ⅱ）：阿仑膦酸钠 70mg、维生素 $D_3$ 5600IU。

**【药物评价】** ①早餐前至少 30 分钟用 200ml 温开水送服。服药后应保持上身直立，卧床有可能引起食管刺激或溃疡性食管炎。②胃肠道紊乱、胃炎、食管不适、十二指肠炎、消化性溃疡病患者慎用。婴幼儿、青少年不宜服用。

**【品种信息】** 国产药品：获批文的有 35 个，生产企业有扬子江药业集团、石药集团欧意药业（固邦）、海南全星制药（天可）等。进口药品：获批文的有 10 个，生产企业是 Rovi Pharma Industrial Services，S. A.

**【贮藏】** 密闭，15～30℃保存。

**【药品识记】** 扫码认药

#### 阿法骨化醇[典][基][医保(乙)]

#### Alfacalcidol

**【别名】** 1α－羟化维生素 $D_3$、阿尔法骨化醇、阿法 $D_3$

**【商品名】** 法能、萌格旺

**【药理作用与适应证】** 本品药效学同骨化三醇，具有促进血钙值的正常化和骨病变等的改善作用，对骨质疏松症产生的腰背等疼痛及骨病变，具有明显的改善作用。

主要适用于防治骨质疏松症、佝偻病和软骨病、肾原性骨病、甲状旁腺功能减退症。

**【剂型及规格】** 主要剂型有：滴剂、片剂、胶囊剂。①滴剂：2μg/ml。②胶囊剂：0.25μg、1μg。③片剂：0.25μg、0.5μg、1μg。

**【药物评价】** ①用药过程中应注意监测血钙、血尿素氮、肌酐以及尿钙、尿肌酐。②青年患者只限于青年特发性骨质疏松症及糖皮质激素过多引起的骨质疏松症。③妊娠期用药安全性尚无足够证据，哺乳期应考虑停药。④出现高钙血症时须停药，待血钙恢复正常，按末次剂量减半给药。

**【品种信息】** 国产药品：获批文的有18个，生产企业有正大制药（青岛）、华润双鹤药业、南通华山药业（法能）等。进口药品：获批文的有12个，生产企业有丹麦LEO Pharma A/S、日本TEIJIN Pharma Limited（萌格旺）等。

**【贮藏】** 密闭，置阴凉处保存。

**【药品识记】** 扫码认药

## 其他抗骨质疏松药物

其他抗骨质疏松药物品种信息见表9-8。

**表9-8 其他抗骨质疏松药物品种信息**

| 药物名称 | 其他名称 | 作用与适应证 | 品种信息 |
| --- | --- | --- | --- |
| 骨化三醇[医保(乙)] | 盖三淳 | 为维生素$D_3$的最重要活性代谢产物之一，促进肠道对钙的吸收并调节骨的矿化。用于绝经后和老年性骨质疏松，慢性肾功能衰竭尤其是接受血液透析病人之肾性骨营养不良症，术后甲状旁腺功能低下，特发性甲状旁腺功能低下，假性甲状旁腺功能低下，维生素D依赖性佝偻病及低血磷性维生素D抵抗型佝偻病等 | 【剂型及规格】胶囊剂：1.0μg<br>【生产商】正大制药（青岛）（盖三淳）等 |
| 降钙素[典][医保(乙)] | 密盖息<br>益盖宁<br>翰欣 | 可直接抑制破骨细胞对骨的吸收，通过对骨骼、肾脏和胃肠道的调节使血钙降低。用于骨质疏松症、伴有骨质溶解和（或）骨质减少的骨痛、Pagct氏骨病（变形性骨炎），以及继发于乳腺癌、肺或肾癌、骨髓瘤和其他恶性疾病的肿瘤性骨溶解、甲状旁腺功能亢进，缺乏活动或维生素D中毒等情况引起的高钙血症和高钙现象等疾病 | 【剂型及规格】注射液：50U（1ml）、100U（1ml）、400U（1ml）；喷鼻剂：每瓶2ml含14次喷射量，每喷量50U、100U<br>【生产商】深圳翰宇药业（翰欣）、Delpharm Huningue S. A. S.（密盖息）、Asahi Kasei Pharma Corporation（益盖宁）等 |
| 唑来膦酸[医保(乙)] | 密固达<br>择泰 | 为双膦酸盐类骨吸收抑制剂，主要作用是抑制骨吸收。用于治疗绝经后妇女的骨质疏松症；治疗变形性骨炎、恶性肿瘤溶骨性骨转移引起的疼痛 | 【剂型及规格】注射剂：5ml∶4mg（按无水唑来膦酸计）、100ml∶5mg<br>【生产商】南京海润医药、Novartis Pharma Schweiz AG（密固达、择泰）等 |
| 利塞膦酸钠[医保(乙)] | 吉威<br>唯善 | 为双膦酸盐类骨吸收抑制剂，能够与骨中羟磷灰石结合，具有抑制骨吸收的作用。用于治疗和预防绝经后妇女的骨质疏松症 | 【剂型及规格】片剂：5mg、35mg；胶囊剂：5mg<br>【生产商】芜湖华信生物药业、常州华生制药（吉威）、天方药业（唯善）等 |

**【药品识记】** 扫码认药

## 二、骨关节炎常用药

### 氨基葡萄糖[医保(乙)]

### Glucosamine

【商品名】维固力、奥泰灵、步迈新、留普安、伊索佳、普力得

【药理作用与适应证】骨性关节炎是关节软骨蛋白多糖生物合成异常而呈现退行性病变的结果。本品为抗炎药，是一种天然的氨基单糖，可以刺激软骨细胞产生有正常多聚体结构的蛋白多糖，抑制损伤软骨的酶，并可防止损伤细胞的超氧化自由基的产生，从而延缓或逆转骨性关节炎的病理过程和疾病的进展，改善关节活动，缓解疼痛。

用于治疗和预防全身所有部位的骨关节炎，包括膝关节、肩关节、手腕关节、颈及脊椎关节和踝关节等。可缓解和消除骨关节炎的疼痛、肿胀等症状，改善关节活动功能。

【剂型及规格】主要剂型有散剂、胶囊剂、颗粒剂、片剂。①硫酸氨基葡萄糖胶囊：0.25g。②硫酸氨基葡萄糖散：1.5g/袋。③硫酸氨基葡萄糖片（泡腾片）：0.25g。④硫酸氨基葡萄糖颗粒：0.25g。⑤盐酸氨基葡萄糖片：0.24g、0.25g。⑥盐酸氨基葡萄糖颗粒：0.48g。⑦盐酸氨基葡萄糖胶囊：0.24g、0.25g、0.48g、0.75g。

【药物评价】①本品宜在餐时或餐后服用，可减少胃肠道不适，特别是有胃溃疡的患者。②严重肝、肾功能不全者慎用。③过敏体质者慎用。④妊娠期妇女和哺乳期妇女慎用。

【品种信息】国产药品：获批文的有33个，生产企业有山西康宝生物制品（留普安）、北京康必得药业（普力得）、四川新斯顿制药（步迈新）、浙江海正药业（伊索佳）等。进口药品：获批文的有15个，生产企业有中国香港澳美制药厂（奥泰灵）、爱尔兰 Rottapuarm Limited 等。

【贮藏】遮光，密封，在干燥处保存。

【药品识记】扫码认药

### 知识链接

**氨基葡萄糖的应用领域**

**1. 免疫调节**　通过与其他物质如半乳糖、葡萄糖醛酸等物质结合形成透明质酸、角质硫酸等具有机体生物活性的重要产物，参与对机体的保护作用。

**2. 治疗骨关节炎**　是形成人体软骨细胞的重要营养素，合成氨基聚糖的基本物质，健康关节软骨的天然组织成分。随着年龄增长，人体内氨基葡萄糖缺乏越来越严重，关节软骨不断退化和磨损。欧美和日本大量医学研究表明：它可以帮助修复和维护软骨，并能刺激软骨细胞的生长。

**3. 抗氧化、抗衰老**　能极好地螯合 $Fe^{2+}$，同时能保护脂质大分子不被羟基自由基氧化损害，具有抗氧化能力。

**4. 防腐抗菌方面**　对食品中常见的21种腐败菌均有明显的抗菌作用，氨基葡萄糖盐酸盐对细菌的抑菌效果最为明显，且随着浓度增加，抑菌作用逐渐变强。

答案解析

**即学即练**

氨基葡萄糖常见剂型有（　　）

A. 片剂　　B. 散剂　　C. 胶囊剂　　D. 以上都是

## 实践实训十

### 糖尿病慢病管理健康教育技能训练

**【实训目的】**

本次实训引入社会药房糖尿病慢病会员健康管理教学情景，通过慢病专员角色扮演，模拟组织患教会，为糖尿病会员进行用药指导和健康管理，使学生以职业人的角色在仿真化的教学环境中进行技能训练和素养提升，实现了知行合一、学以致用。通过实训可巩固降糖药合理用药知识，拓展提升糖尿病健康教育技能，在训练中培养学生爱岗敬业、勤奋乐业、精湛技艺、服务患者、护佑健康的职业素养和个人品质，以及组织沟通、团队协作和主动开展工作的能力。

**【实训准备】**

1. 模拟药房，配备咨询服务台和多媒体投影设备。
2. 部分降糖药包装盒、血糖仪、产品资料。
3. 慢病会员档案资料。

**【实施步骤】**

1. 前期准备，以小组为单位组成一个患教会工作团队，组长进行分工，布置好患教会的工作场景，为患教会的开展做好环境准备工作（包括准备好凳子、倒好热水、慢病会员的档案资料、健康管理资料等）。
2. 根据教师下发的糖尿病健康教育资料，小组组织集体研学，确定好本次小组健康教育的主题，制作好健康教育的课件。
3. 现场情景模拟、角色扮演开展患者健康教育。
4. 小组间互评、教师点评。

**【注意事项】**

1. 慢病专员患教过程中要始终保持同理心、细心耐心、仁爱关怀，语言要通俗易懂。
2. 模拟现场过程要保持完整性，主要步骤包括：顾客接待→教育前检测→用药咨询→会员档案管理→健康教育（课件讲授）→现场互动→征集意见→做好患教会统计表。
3. 组长要做好组内成员的具体分工，充分发挥好各组员的优势。
4. 本次评价采用小组学生互评和教师评价相结合，实训前应做好相应的评价表。

**巩固提升**

激素、影响内分泌及代谢疾病常用药各类别重点品种见如下思维导图，扫码查看药物商品包装标签及简化版说明书，巩固学习。

药品详情

- 重点品种
  - 性激素类药：黄体酮胶丸/软胶囊、醋酸甲羟孕酮片、地屈孕酮片
  - 口服降糖药
    - 磺酰脲类：格列吡嗪缓释片、格列美脲片
    - 非磺酰脲类：瑞格列奈片
    - 双胍类：盐酸二甲双胍片/缓释片
    - 葡萄糖苷酶抑制剂：阿卡波糖片
    - 噻唑烷二酮类：盐酸吡格列酮片
    - 二肽基肽酶Ⅳ抑制剂：盐酸西格列汀片、沙格列汀片
  - 胰岛素：门冬胰岛素注射液，精蛋白生物合成人胰岛素注射液（预混SOR）
  - 甲状腺激素：左甲状腺素钠片
  - 抗甲状腺药：甲巯咪唑片
  - 影响骨代谢药：阿法骨化醇软胶囊、阿仑膦酸钠片

## 目标检测

答案解析

### 一、单项选择题

1. 治疗单纯性甲状腺肿选用（　　）

A. 甲硫氧嘧啶　　B. 甲巯咪唑　　C. 丙硫氧嘧啶　　D. 甲状腺激素

2. 下列商品名为优甲乐的是（　　）

A. 甲硫氧嘧啶片　　B. 甲巯咪唑片　　C. 甲状腺片　　D. 左甲状腺素钠片

3. 下列商品名为赛治的是（　　）

A. 甲硫氧嘧啶　　B. 甲巯咪唑　　C. 甲状腺激素　　D. 丙硫氧嘧啶

4. 甲状腺功能检查，选用（　　）

A. 甲硫氧嘧啶　　B. 甲巯咪唑　　C. 放射性碘　　D. 丙硫氧嘧啶

5. 胰岛素依赖型糖尿病的治疗选用（　　）

A. 胰岛素　　B. 氯磺丙脲　　C. 格列齐特　　D. 苯乙双胍

6. 下列不属于抗骨质疏松药物的是（　　）

A. 阿仑膦酸钠　　B. 阿法骨化醇　　C. 降钙素　　D. 氨基葡萄糖

### 二、多项选择题

1. 属于肾上腺皮质激素类药物的有（　　）

A. 氢化可的松　　B. 泼尼松　　C. 甲泼尼龙

D. 地塞米松　　E. 黄体酮

2. 下列属于传统口服降糖药的是（　　）

A. 格列本脲　　B. 二甲双胍　　C. 吡格列酮

D. 达格列净　　E. 高血压

3. 下列属于现代口服降糖药的是（　　）

A. 格列本脲　　B. 二甲双胍　　C. 卡格列净

D. 沙格列汀　　E. 利拉鲁肽

4. 下列商品名属于阿仑膦酸钠制剂的是（　　）

A. 福善美　　B. 法能

C. 固邦　　D. 天可

书网融合……

知识回顾　微课 1　微课 2　微课 3　习题

# 项目十　专科常用药

## 学习引导

专科用药是指专门用于治疗某科疾病的药物。医药市场中所泛指的专科用药，一般包括眼科用药、耳鼻喉科用药、皮肤科用药、妇科用药、儿科用药等。专科用药虽然市场规模较小，但发展迅速，前景广阔，有“行业虽小、大有可为”之说，部分已形成完整的产业链，也诞生了不少龙头企业和明星产品。例如，美国爱尔康公司已成为全球最大的眼科药品与医疗器械专业公司；治疗湿性年龄相关性黄斑变性的明星创新药康柏西普已代表国产创新药走出国门。

本单元主要介绍五官科用药（包含眼科、耳鼻喉科、口腔科用药）、皮肤科用药、妇产科用药、儿科用药常用药物及代表药品，并结合当前国内医药市场介绍其药物商品的基本信息。

## 学习目标

1. **掌握**　专科常用药的分类，每种类别代表药品的名称、适应证。
2. **熟悉**　专科常用药每种类别代表药品的作用特点、剂型规格以及药物评价信息。
3. **了解**　专科常用药的概述、市场现状和发展趋势，代表药品的品种信息以及其他品种的相关商品信息。

## 任务一　五官科用药

PPT

五官科疾病主要指眼、耳、鼻、咽喉、口腔这几个部位常发生的一些疾病。常见的五官科疾病中，眼部疾病主要有眼睑病、结膜病、角膜疾病、青光眼、白内障、视网膜病、视神经与视路疾病、眼外伤及职业性眼病、斜视、弱视、近视、视疲劳等；耳部疾病主要有中耳炎、耳鸣、外耳炎、耳聋、鼓膜穿孔与修补、听力障碍等；鼻部疾病主要有急性鼻炎、慢性鼻炎、鼻窦炎、鼻息肉、过敏性鼻炎等；咽喉及口腔疾病主要有急性咽喉炎、慢性咽炎、扁桃体炎、声带息肉、口腔溃疡、口角炎、牙龈炎、牙周炎等。

五官科用药常见剂型主要有滴眼液、眼膏、眼用凝胶、眼用注射液、滴耳液、耳用栓剂、耳用喷雾剂、耳用软膏剂、耳用乳膏剂、耳用凝胶剂、滴鼻剂、鼻用气雾剂、鼻用喷雾剂、口含片、口腔粘贴片、含漱液等，其中大部分为外用药剂型。

目前，国内五官科用药的主要生产企业有山东博士伦福瑞达、湖北远大天天明、浙江莎普爱思、沈阳兴齐、成都康弘生物、江西珍视明、江西闪亮、上海信谊、杭州民生、浙江仙琚、上海运佳黄浦、北京华素等。

**案例分析**

**案例描述** 近年来，中国眼科药物市场发展迅速，市场规模自2015年的21亿美元增长至2019年的28亿美元，复合年增长率为8.0%。根据卫生部统计年鉴，我国患病率最高的眼科疾病依次为：白内障、青光眼、视网膜病变、屈光不正、结膜病等，抗过敏药和黄斑变性药物是增长较快的品类。2020年《药品目录》中眼科化学药物制剂有75个，主要剂型依次为滴眼剂、眼膏剂、眼用凝胶、注射剂、口服常释剂型和植入剂。

从2018年国内重点省市公立医院眼科用药格局分析，进口药物占64.08%，而国产药物仅占35.92%，其中，TOP5公司是瑞士诺华、日本参天、德国Ursapharm、美国爱尔康、美国艾尔建，占据了半壁江山。

**讨　　论** 1. 我国重点省市公立医院滴眼剂TOP15的品牌有哪些？

2. 查阅资料，简述我国眼科用药市场的发展和变化。

答案解析

## 一、眼科用药

眼睛与中枢神经系统相似，其与人体的其他部位相隔一层屏障，称为血眼屏障。以口服普通剂量的药品作为全身应用，由于大多数药物不易透过血眼或房水屏障，使眼内的药物浓度不能达到有效水平，不能及时和有效控制疾病，故常采用局部用药，其作用直接，并可使药物浓度达到有效水平。

凡用于治疗眼部疾病的药品称为眼科疾病用药，种类很多，包括全身用药和局部用药两类，有的药品既可全身用药又可局部用药。主要剂型包括注射剂、滴眼剂、眼膏剂、凝胶剂和眼腔涂抹用药等。

本任务仅介绍眼科疾病常用的治疗药物，包括抗细菌感染药、抗病毒药、降低眼压药、白内障用药、散瞳药等，用于治疗眼部常见的细菌及病毒感染、青光眼、白内障、散瞳（眼底检查、验光或眼科手术术前）以及眼部炎症等。

眼科常用药品种信息见表10-1。微课1

**表10-1　常见眼科专用药品种信息**

| 药物名称 | 功能类别 | 作用与适应证 | 品种信息 |
|---|---|---|---|
| 阿昔洛韦 [典][基][医保(甲、乙)] | 抗感染药 | 本品体外对单纯性疱疹病毒、水痘带状疱疹病毒、巨细胞病毒等具有抑制作用，对病毒有特殊的亲和力，但对哺乳动物宿主细胞毒性低。适用于治疗单纯疱疹性角膜炎 | 【剂型及规格】滴眼液：8ml：8mg、5ml：5mg、0.4ml：0.4mg<br>【生产商】山东博士伦福瑞达制药等 |
| 更昔洛韦 [典][基][医保(乙)] | 抗感染药 | 广谱抗疱疹病毒药。适用于治疗单纯疱疹性角膜炎 | 【剂型及规格】滴眼液：8ml：8mg；眼用凝胶：5g：7.5mg等<br>【生产商】湖北潜龙药业、湖北科益药业等 |
| 氯霉素 [典][基][医保(甲)] | 抗感染药 | 广谱抗生素，作用机制是抑制细菌的蛋白质合成，对多数革兰阴性和某些革兰阳性菌，沙眼衣原体和立克次体等有效。适用于治疗由大肠杆菌、流感嗜血杆菌、克雷伯菌属、金黄色葡萄球菌、溶血性链球菌和其他敏感菌所致的眼部感染，如沙眼、结膜炎、角膜炎、眼睑缘炎等 | 【剂型及规格】滴眼液：10ml：20mg、8ml：20mg、0.25%；眼膏：1%、3%等<br>【生产商】山东博士伦福瑞达制药（润舒）等 |

续表

| 药物名称 | 功能类别 | 作用与适应证 | 品种信息 |
|---|---|---|---|
| 红霉素<br>[典][基][医保(甲)] | 抗感染药 | 大环内酯类抗生素，作用机制是抑制细菌蛋白质合成，对革兰阳性细菌和沙眼衣原体有抗菌作用。适用于沙眼、结膜炎、睑缘炎及眼外部感染 | 【剂型及规格】眼用制剂：0.5%；软膏剂：0.5%等<br>【生产商】马应龙药业、新乡华青药业等 |
| 氧氟沙星<br>[典][基][医保(甲、乙)] | 抗感染药 | 通过抑制细菌的DNA旋转酶和DNA复制而发挥作用。由于其独特的作用机制，具有抗菌谱广、抗菌活性强的特点，对革兰阴性菌、阳性菌群均有较强的抗菌作用。适用于治疗细菌性结膜炎、角膜炎、角膜溃疡、泪囊炎、术后感染等外眼感染 | 【剂型及规格】滴眼液：5ml：15mg、8ml：24mg、0.3%；眼膏剂：2g：6mg、3.5g：10.5mg等<br>【生产商】上海信谊金朱药业（信利妥）、沈阳兴齐眼药（迪可罗）、参天制药（中国）（泰利必妥）等 |
| 左氧氟沙星<br>[典][基][医保(甲、乙)] | 抗感染药 | 为氧氟沙星的左旋体，其抗菌活性约为氧氟沙星的两倍，阻碍细菌DNA的复制而达到抗菌作用。具有抗菌谱广、抗菌作用强的特点。适用于治疗敏感细菌引起的细菌性结膜炎、细菌性角膜炎 | 【剂型及规格】滴眼液：5ml：15mg、5ml：24.4mg<br>【生产商】山东博士伦福瑞达制药（海伦）、珠海联邦制药中山分公司（联邦左福康）、北京吉洛华制药等 |
| 利福平<br>[典][基][医保(甲)] | 抗感染药 | 为半合成广谱杀菌剂，与依赖于DNA的RNA多聚酶的β亚单位牢固结合，抑制细菌RNA的合成，防止该酶与DNA连接，从而阻断RNA转录过程。适用于沙眼、结膜炎、角膜炎等 | 【剂型及规格】滴眼液：溶液片每片含利福平5mg，缓冲液每瓶10ml<br>【生产商】蚌埠丰原涂山制药、四川泰华堂制药等 |
| 妥布霉素<br>[典][医保(乙)] | 抗感染药 | 属氨基糖苷类抗生素。抗菌谱与庆大霉素近似，对大肠埃希菌、产气杆菌、克雷伯菌、奇异变形杆菌、某些吲哚阳性变形杆菌、铜绿假单胞菌、某些奈瑟菌、某些无色素沙雷杆菌和志贺菌等革兰阴性菌有抗菌作用。适用于敏感细菌所致的外眼及附属器的局部感染 | 【剂型及规格】滴眼液：8ml：24mg、5ml：15mg；眼膏：0.3%<br>【生产商】黑龙江天龙药业、南京天朗制药、比利时 Novartis Pharma NV（托百士）等 |
| 苄达赖氨酸<br>[典] | 白内障用药 | 为醛糖还原酶（AR）抑制剂，抑制眼睛中AR的活性，达到预防或治疗白内障的目的。适应证为早期老年性白内障 | 【剂型及规格】滴眼液：8ml：40mg、0.3ml：1.5mg<br>【生产商】浙江莎普爱思药业（莎普爱思）、珠海联邦制药等 |
| 吡诺克辛 | 白内障用药 | 通过保持和改善晶状体膜的功能、阻止多元糖醇的积累而防止或减少晶状体混浊。主要治疗初期老年性白内障、轻度糖尿病性白内障或并发性白内障等 | 【剂型及规格】滴眼液：5ml：0.25mg<br>【生产商】湖北远大天天明制药等 |
| 毛果芸香碱<br>[典][基][医保(甲、乙)] | 青光眼用药 | 具有直接作用的拟胆碱药物，通过收缩瞳孔括约肌，使周边虹膜离开房角前壁，开放房角，增加房水排出。同时本品还通过收缩睫状肌的纵行纤维，增加巩膜突的张力，使小梁网间隙开放，房水引流阻力减小，增加房水排出，降低眼压。适用于急性闭角型青光眼、慢性闭角型青光眼、开角型青光眼、继发性青光眼等 | 【剂型及规格】滴眼液：5ml：0.1g、10ml：100mg、5ml：50mg<br>【生产商】山东博士伦福瑞达制药（真瑞）、杭州民生药业、湖南华纳大药厂等 |
| 色甘酸钠<br>[典][医保(乙)] | 抗过敏药 | 作用机制是稳定肥大细胞膜，制止肥大细胞释放组胺、白三烯、5-羟色胺、缓激肽及慢反应物质等致敏介质，从而预防过敏反应的发生。适用于预防春季过敏性结膜炎 | 【剂型及规格】滴眼液：8ml：0.16g<br>【生产商】湖北远大天天明制药、江西珍视明药业、江西科伦药业等 |
| 依美斯汀<br>[医保(乙)] | 抗过敏药 | 是一种相对选择性的组胺$H_1$受体拮抗剂。体内研究表明，本品对组胺引起的结膜血管渗透性的改变存在着浓度相关的抑制关系。适用于暂时缓解过敏性结膜炎的体征和症状 | 【剂型及规格】滴眼液：5ml：2.5mg<br>【生产商】山东博士伦福瑞达制药、比利时 S.A.Alcon-Couvreur N.V.（埃美丁）等 |
| 可的松<br>[典][基][医保(甲、乙)] | 抗炎药 | 为糖皮质激素类药物。具有抗炎、抗过敏作用。适用于过敏性结膜炎 | 【剂型及规格】滴眼液：3ml：15mg；眼膏：0.5%、1%、0.25%<br>【生产商】广东南国药业、江西科伦药业、江西珍视明药业等 |

续表

| 药物名称 | 功能类别 | 作用与适应证 | 品种信息 |
| --- | --- | --- | --- |
| 复方托吡卡胺 [基][医保(乙)] | 散瞳药及睫状肌麻痹药 | 为散瞳药，由托吡卡胺及盐酸去氧肾上腺素组成。托吡卡胺具有阿托品样的副交感神经抑制作用，药物吸收后可引起散瞳及调节麻痹，盐酸去氧肾上腺素具有交感神经兴奋作用，吸收后表现为散瞳及局部血管收缩。为检查用散瞳及调节麻痹剂 | 【剂型及规格】滴眼液：5ml：托吡卡胺25mg，盐酸去氧肾上腺素25mg<br>【生产商】长春迪瑞制药、沈阳兴齐眼药等 |
| 康柏西普 [典][基][医保(乙)] | 眼科用药（其他） | 是利用中国仓鼠卵巢（CHO）细胞表达系统生产的重组融合蛋白。用于治疗湿性年龄相关性黄斑变性（AMD） | 【剂型及规格】眼用注射液：10mg/ml、0.2ml/支<br>【生产商】成都康弘生物科技（朗沐） |
| 阿柏西普 [医保(乙)] | 眼科用药（其他） | 通过重组DNA技术由中国仓鼠卵巢（CHO）$K_1$细胞生产的融合蛋白，适用于治疗成人的新生血管（湿性）年龄相关性黄斑变性（AMD）；糖尿病性黄斑水肿（DME） | 【剂型及规格】眼内注射溶液：40mg/ml<br>【生产商】Vetter Pharma - Fertigung GmbH & Co. KG（艾力雅） |
| 普拉洛芬 [医保(乙)] | 眼科用药（其他） | 具有抑制前列腺素的生成和稳定细胞膜的作用。用于外眼及眼前节炎症的对症治疗（眼睑炎、结膜炎、角膜炎、巩膜炎、浅层巩膜炎、虹膜睫状体炎、术后炎症） | 【剂型及规格】滴眼液：0.1%（5ml：5mg）<br>【生产商】广东众生药业、山东海山药业等 |
| 玻璃酸钠 [医保(乙)] | 眼科辅助用药 | 本品可与纤维连接蛋白结合，通过该作用促进上皮细胞的连接和伸展，具有优越的保水性，有促进创伤愈合、角膜上皮伸展作用，与人工泪液相比可显著性的防止角膜干燥。适用于伴随下述疾患的角结膜上皮损伤：干燥综合征、Stevens - Johnson syndrome、干眼综合征等内因性疾患；手术后、药物性、外伤、佩戴隐形眼镜等外因性疾患 | 【剂型及规格】滴眼液：5ml：5mg、0.4ml：0.4mg、0.1%<br>【生产商】齐鲁制药、山东博士伦福瑞达制药、珠海亿胜生物制药等 |
| 阿托品 [典][基][医保(甲、乙)] | 散瞳药及睫状肌麻痹药 | 本品阻断M胆碱受体，因而使瞳孔括约肌和睫状肌松弛，形成扩瞳。用于虹膜睫状体炎、检查眼底前的散瞳、验光配镜屈光度检查前的散瞳 | 【剂型及规格】眼用凝胶：5g：50mg；眼膏：1%<br>【生产商】上海通用药业、沈阳兴齐眼药（迪善）等 |
| 复方硫酸软骨素 | 眼科用药（其他） | 所含硫酸软骨素可促进末梢循环，具有调节细胞生长作用；维生素E参与自由基的清除，具有抗氧化作用，并可使末梢血管扩张，改善局部血液循环，促进炎症病变组织恢复；维生素$B_6$参与氨基酸及脂肪代谢，有助于消除眼疲劳和增强角膜及视网膜细胞的活动；尿囊素直接作用于角质蛋白分子，促进其结合水的能力增加，吸收更多的水分，有助于上皮组织的修复和创面的愈合；牛磺酸可以缓解睫状肌痉挛。用于视疲劳，干眼症 | 【剂型及规格】滴眼液：15ml：硫酸软骨素75mg、牛磺酸15mg，13ml：硫酸软骨素65mg、牛磺酸13mg；眼用凝胶：5g：硫酸软骨素25mg、牛磺酸5mg<br>【生产商】沈阳兴齐眼药股份、曼秀雷敦（中国）药业（乐敦莹）、珠海联邦制药中山分公司 |
| 复方门冬维甘滴眼液 [典] | 眼科用药（其他） | 所含门冬氨酸钾、维生素$B_6$在糖、蛋白质、脂肪代谢中起重要作用，可维持角膜与虹膜、睫状体的新陈代谢；甘草酸二钾具有类皮质激素作用，可抗炎、抗过敏；盐酸萘甲唑林为血管收缩剂，可减轻炎症和充血；氯苯那敏为抗组胺药，可缓解过敏反应症状；甲硫酸新斯的明为抗胆碱酯酶药，具有拟胆碱作用，可降低眼压，调节视力以及解除眼肌疲劳。用于抗眼疲劳，减轻结膜充血症状 | 【剂型及规格】滴眼液：15ml、13ml<br>【生产商】曼秀雷敦（中国）药业（新乐敦）、江西闪亮制药、广东众生药业等 |
| 四味珍层冰硼滴眼液 [典] | 眼科用药（其他） | 清热解痉，去翳明目。用于肝阴不足，肝气偏盛所致的不能久视、青少年远视力下降，青少年假性近视、视力疲劳 | 【剂型及规格】滴眼液：8ml、13ml、15ml<br>【生产商】江西珍视明药业 |
| 萘敏维滴眼液 [典] | 眼科用药（其他） | 萘甲唑啉为拟肾上腺素药，具有收缩血管作用，可缓解因过敏及炎症引起的眼充血症状；氯苯那敏为抗组胺药，可减轻眼部过敏症状；维生素$B_{12}$对维持眼部神经功能有一定作用。用于缓解眼睛疲劳、结膜充血以及眼睛发痒等症状 | 【剂型及规格】滴眼液：10ml，0.4ml：盐酸萘甲唑啉0.008mg、氯苯那敏0.08mg、维生素$B_{12}$ 0.04mg<br>【生产商】中国大冢制药（艾唯多）、湖北远大天天明制药、江西闪亮制药等 |

## 二、耳鼻喉科和口腔科用药

耳鼻喉科和口腔科用药是指作用于耳部、鼻部和口腔咽喉部的药物统称。

耳部用药主要用于耳道或外耳道感染，如氧氟沙星、环丙沙星滴耳剂等，其中氧氟沙星占了绝大部分市场份额，基本上替代了其他品种。使用滴耳剂时患者头微侧，一般每次滴入滴耳剂 5 ~ 10 滴，每日两次。

鼻腔用药主要用于防治各类鼻炎、鼻黏膜肿胀等，如麻黄碱滴鼻剂等。鼻除其外部为皮肤所覆盖外，鼻腔和鼻窦内部均为黏膜覆被，鼻腔又深又窄，滴鼻时应头往后仰，适当吸气，使药液尽量达到较深部位。该类药物不能连续使用超过 3 天，过度频繁使用或延长使用时间可引起鼻塞症状反复。通常每天 3 ~ 4 次，每次 1 ~ 2 滴。

口腔科用药主要包括治疗口腔、咽喉、牙周等部位的感染，减轻口腔局部疼痛与刺激的药物，如复方硼砂含漱液等。

耳鼻喉科及口腔科常用药品种信息见表 10 – 2。 微课 2

**表 10 – 2　常见耳鼻喉科和口腔科用药品种信息**

| 药物名称 | 功能类别 | 作用与适应证 | 品种信息 |
|---|---|---|---|
| 氧氟沙星<br>[典][基][医保(甲、乙)] | 抗感染类 | 本品对革兰阳性、革兰阴性菌具有广谱抗菌作用。对包括葡萄球菌属、链球菌属、变形杆菌属、铜绿假单胞菌、流感嗜血杆菌在内的来自中耳炎、外耳道炎、鼓膜炎病灶的致病菌株，具有抗菌活性 | 【剂型及规格】滴耳液：5ml∶15mg、8ml∶24mg、0.3%<br>【生产商】Santen Pharmaceutical Co., Ltd., Noto Plant（泰利必妥）、深圳万和制药、上海信谊金朱药业等 |
| 洛美沙星<br>[医保(乙)] | 抗感染类 | 对肠杆菌科细菌如大肠埃希菌、志贺菌属、变形杆菌属、肠杆菌属等具有高度的抗菌活性；流感嗜血杆菌、淋病奈瑟菌等对本品亦呈现高度敏感；对假单胞菌属、葡萄球菌属和肺炎球菌、溶血性链球菌等亦有一定的抗菌作用。适用于敏感细菌所致的中耳炎、外耳道炎、鼓膜炎 | 【剂型及规格】滴耳液：5ml∶15mg<br>【生产商】武汉五景药业（乐芬）、黑龙江龙桂制药（哥台）、辰欣佛都药业（爱邦）等 |
| 麻黄碱<br>[典][基][医保(甲)] | 减轻充血类 | 为拟肾上腺素药，可直接激动血管平滑肌的 α、β 受体，使皮肤、黏膜以及内脏血管收缩。用于鼻部，可作为减鼻充血剂，缓解因感冒等引起的鼻塞症状。用于急慢性鼻炎及感冒鼻塞等 | 【剂型及规格】滴鼻液：1%<br>【生产商】天津金虹胜利药业等 |
| 羟甲唑啉<br>[典][基][医保(乙)] | 减轻充血类 | 为咪唑啉类衍生物，具有直接激动血管 $\alpha_1$ 受体而引起血管收缩的作用，从而减轻炎症所致的充血和水肿。用于急慢性鼻炎、鼻窦炎、过敏性鼻炎、肥厚性鼻炎 | 【剂型及规格】滴鼻液：10ml∶5mg、5ml∶2.5mg、3ml∶1.5mg<br>【生产商】丹东药业、南京天朗制药、黑龙江天辰药业等 |
| 赛洛唑啉<br>[典][医保(乙)] | 减轻充血类 | 为咪唑啉类衍生物，具有直接激动血管 $\alpha_1$ 受体而引起血管收缩的作用，从而减轻炎症所致的充血和水肿。用于减轻急、慢性鼻炎、鼻窦炎、过敏性鼻炎、肥厚性鼻炎等疾病引起的鼻塞症状 | 【剂型及规格】滴鼻液：10ml∶10mg、10ml∶5mg、5ml∶2.5mg；鼻用喷雾剂：10ml，内含赛洛唑啉 10mg，每喷含赛洛唑啉 0.125mg<br>【生产商】湖北远大天天明制药（诺通）、杭州万邦天诚药业（天诚诺尔）、GSK Consumer Healthcare SARL 等 |
| 丙酸氟替卡松<br>[基] | 皮质激素类 | 为局部用糖皮质激素类药物，具有强效的局部抗炎与抗过敏作用。用于预防和治疗季节性过敏性鼻炎（包括枯草热）和常年过敏性鼻炎 | 【剂型及规格】鼻喷雾剂：60 喷/瓶，每喷含丙酸氟替卡松 50μg；120 喷/瓶，每喷含丙酸氟替卡松 50μg<br>【生产商】Glaxo Wellcome. S. A.（辅舒良） |

续表

| 药物名称 | 功能类别 | 作用与适应证 | 品种信息 |
| --- | --- | --- | --- |
| 布地奈德 [基][医保(乙)] | 皮质激素类 | 为局部用糖皮质激素类药物，具有强效的局部抗炎与抗过敏作用。用于季节性和常年性的过敏性鼻炎，血管运动性鼻炎；预防鼻息肉切除后鼻息肉的再生，对症治疗鼻息肉 | 【剂型及规格】鼻喷雾剂：6ml∶7.68mg、64μg/喷、32μg/喷等<br>【生产商】AstraZeneca AB（雷诺考特）等 |
| 糠酸莫米松 [基][医保(乙)] | 皮质激素类 | 局部用糖皮质激素，发挥局部抗炎作用的剂量并不引起全身作用。适用于治疗成人和3岁以上儿童季节性或常年性鼻炎 | 【剂型及规格】鼻喷雾剂：50μg/揿（0.05%）、60揿/瓶等<br>【生产商】Schering - Plough Labo N. V（内舒拿）、浙江仙琚制药等 |
| 氯己定 [典][医保(乙)] | 口腔杀菌剂 | 所含葡萄糖酸氯己定为广谱杀菌剂；甲硝唑具有抗厌氧菌作用。用于牙龈炎、冠周炎、口腔黏膜炎等引起的牙龈出血、牙周脓肿、口腔黏膜溃疡等的辅助治疗 | 【剂型及规格】复方含漱液：30ml、100ml、150ml、200ml、300ml（每1ml含葡萄糖酸氯己定1.2mg、甲硝唑0.2mg）等<br>【生产商】深圳南粤药业（口泰）、乐泰药业等 |
| 硼砂 [典][医保(甲)] | 消毒防腐剂 | 硼砂与低浓度液化酚具有消毒防腐作用；甘油除对口腔黏膜具有保护作用外，还能与硼砂、碳酸氢钠发生反应生成甘油硼酸钠，更有利于主药发挥药效。用于口腔炎、咽炎等的口腔消毒防腐 | 【剂型及规格】复方含漱液：每100ml含硼砂、碳酸氢钠各1.5g，液化酚和甘油各0.3ml<br>【生产商】上海小方制药 |
| 碘甘油 [典] | 消毒防腐剂 | 作用机制是使菌体蛋白质变性，死亡，对细菌、病毒均有杀灭作用。用于口腔黏膜溃疡、牙龈炎及冠周炎 | 【剂型及规格】溶液剂、搽剂、涂剂：1%<br>【生产商】北京海德润制药、上海小方制药等 |
| 地喹氯铵 | 口腔杀菌剂 | 为阳离子表面活性剂，具有广谱抗菌作用，对口腔和咽喉部的常见致病细菌和真菌感染有效。用于急、慢性咽喉炎，口腔黏膜溃疡，齿龈炎 | 【剂型及规格】含片：0.25mg<br>【生产商】珠海同源药业、华润双鹤药业等 |
| 甲硝唑 [典][基][医保(甲、乙)] | 抗感染口腔制剂 | 为抗厌氧菌药，作用机制为阻碍细菌代谢，对专性厌氧菌有杀灭作用。用于牙龈炎、牙周炎、冠周炎及口腔溃疡 | 【剂型及规格】口颊片：3mg；口腔粘贴片：5mg×12片/盒<br>【生产商】江西广信药业（迷尔脱）、江苏中天药业（麦斯特）等 |
| 西地碘 [典] | 口腔杀菌剂 | 活性成分为分子碘，在唾液作用下迅速释放，直接卤化菌体蛋白质，杀灭各种微生物。用于慢性咽喉炎、口腔溃疡、慢性牙龈炎、牙周炎 | 【剂型及规格】含片：1.5mg。<br>【生产商】北京华素制药（华素片）、浙江华润三九众益制药等 |
| 溶菌酶 | 口腔杀菌剂 | 为黏多糖溶解酶，可使构成革兰阳性菌细胞壁的不溶性多糖水解而起杀菌作用。适用于急慢性咽炎、口腔溃疡 | 【剂型及规格】含片：20mg×20片/盒<br>【生产商】杭州国光药业、山东司邦得制药等 |

## 三、常用中成药

五官科常用药中成药品种信息见表10-3。

**表10-3　常见五官科专用药（中成药）品种信息**

| 药物名称 | 功能类别 | 作用与功能主治 | 品种信息 |
| --- | --- | --- | --- |
| 麝珠明目滴眼液 [医保(乙)] | 眼科用药清热剂 | 消翳明目。用于老年性初、中期白内障；视疲劳，症见眼部疲倦、眼酸胀痛、眼干涩、视物模糊 | 【剂型及规格】滴眼液：每瓶0.3g、5ml；每瓶0.15g、2.5ml<br>【生产商】福建麝珠明制药 |
| 复方熊胆滴眼液 [典][医保(乙)] | 眼科用药清热剂 | 清热降火、明目退翳。用于肝火上炎、热毒伤络型之急性细菌性结膜炎，流行性角结膜炎 | 【剂型及规格】滴眼液：5ml、8ml<br>【生产商】长春普华制药 |

续表

| 药物名称 | 功能类别 | 作用与功能主治 | 品种信息 |
|---|---|---|---|
| 石斛夜光丸 [典][基][医保(甲)] | 眼科用药<br>扶正剂 | 滋阴补肾，清肝明目。用于肝肾两亏，阴虚火旺，内障目暗，视物昏花 | 【剂型及规格】丸剂：每100粒重10g、每袋7.3g、每袋6g、每粒0.2g、每瓶36g等<br>【生产商】北京同仁堂、哈药集团世一堂制药厂等 |
| 冰连滴耳剂 [医保(乙)] | 耳鼻喉科用药<br>耳病 | 清热解毒，燥湿祛脓。用于风热症、肝胆温热型急、慢性化脓性中耳炎 | 【剂型及规格】滴耳剂：8ml<br>【生产商】江西科伦药业 |
| 鼻炎康片 [典][基][医保(甲)] | 耳鼻喉科用药<br>鼻病 | 清热解毒，宣肺通窍，消肿止痛。用于风邪蕴肺所致的急、慢性鼻炎，过敏性鼻炎 | 【剂型及规格】片剂：每片0.37g（含马来酸氯苯那敏1mg）<br>【生产商】国药集团德众（佛山）药业 |
| 苍耳子鼻炎滴丸 [医保(乙)] | 耳鼻喉科用药<br>鼻病 | 疏风，清肺热，通鼻窍，止头痛。用于风热型鼻疾，包括急、慢性鼻炎，鼻窦炎，过敏性鼻炎 | 【剂型及规格】滴丸：每丸重43mg<br>【生产商】四川字库山制药 |
| 黄氏响声丸 [典][基][医保(甲)] | 耳鼻喉科用药<br>咽喉病 | 疏风清热，化痰散结，利咽开音。用于声音嘶哑，咽喉肿痛，咽干灼热，咽中有痰，或寒热头痛，或便秘尿赤，急、慢性喉炎 | 【剂型及规格】丸剂：0.133g×36丸×2板、糖衣丸400丸/瓶、炭衣丸每丸0.1g<br>【生产商】无锡济煜山禾药业 |
| 玄麦甘桔颗粒 [典][基][医保(甲)] | 耳鼻喉科用药<br>咽喉病 | 清热滋阴，祛痰利咽。用于阴虚火旺，虚火上浮，口鼻干燥，咽喉肿痛 | 【剂型及规格】颗粒剂：10g×25袋、每袋装6g（低糖型）、每袋装10g、每袋装3克（无蔗糖）<br>【生产商】太极集团重庆中药二厂、四川逢春制药等 |
| 口腔溃疡散 [典][基][医保(甲)] | 耳鼻喉科用药<br>口腔病 | 清热敛疮。用于口腔溃疡 | 【剂型及规格】散剂：3g×1瓶/盒<br>【生产商】北京同仁堂、贵州瑞和制药等 |
| 口腔炎喷雾剂 [医保(乙)] | 耳鼻喉科用药<br>口腔病 | 清热解毒，消炎止痛。用于治疗口腔炎，口腔溃疡，咽喉炎等；对小儿口腔炎症有特效 | 【剂型及规格】喷雾剂：20ml×1瓶/盒、10ml/瓶<br>【生产商】江西珍视明药业、黑龙江天龙药业等 |

**【药品识记】** 扫码认药

## 知识链接

### 五官科用药中滴剂的正确使用

1. 滴耳药　　2. 滴鼻药　　3. 滴眼药

详情扫码

## 即学即练

1. 口泰是（　）的商品名

A. 复方氯己定含漱液　　B. 复方硼砂含漱液

C. 溶菌酶含片　　D. 西地碘含片

2. 下列眼科药品可以用来治疗白内障的是（　）

A. 左氧氟沙星滴眼液　　B. 色甘酸钠滴眼液

C. 吡诺克辛滴眼液　　D. 阿昔洛韦滴眼液

答案解析

# 任务二　皮肤科用药

PPT

## 案例分析

**案例描述**　2008年7月，江苏某市一名23岁男医生跳楼身亡。其父母发现，儿子曾长期服用异维A酸胶丸治疗痤疮，国内厂家该药说明书上对自杀等风险的说明比较简略，而美国厂家的说明书上却详细列出“药品可引发抑郁、幻听、自杀……”，于是他们将药厂告上法庭。法院审理后认为，被告对药物可能产生的副作用未能详尽地列举，存在过错，最后判被告赔偿家属55000元。

之后SFDA发出通报称，异维A酸口服剂型可导致罕见且严重的皮肤损害，其他罕见不良反应包括抑郁自杀等，建议医生与患者沟通药品的潜在风险信息，权衡用药利弊。

**讨　　论**　1. 异维A酸作为皮肤科用药，有哪些剂型？

2. 异维A酸口服制剂适应证是什么，有哪些禁忌？

答案解析

大气污染日益严重，导致皮肤病发病率不断提高，皮肤病的致病因素也在不断地升级。WHO曾宣布，皮肤病将是21世纪人类历史上发病率最高、致残率最高、传染性最强的一种疾病。皮肤病是医学上的常见病、多发病，具有发病范围广、病情种类多、治疗时间长等特征。

作用和治疗皮肤疾病的药物称为皮肤科用药。包括外用和内服两种给药途径，其中外用药物在皮肤病治疗和预防上占有十分重要的地位，其可直接接触到皮肤的损害部位而发挥作用，局部药物浓度高，效果明显，也可避免口服用药在体内过程的不良反应，故其用量大。常见的药物剂型有软膏剂、乳膏剂、搽剂、洗剂、涂膜剂、贴剂、喷雾剂等。

目前，皮肤外用药市场产品近500种，主要分为以下几类。

**1. 抗感染药**　如莫匹罗星、红霉素、过氧苯甲酰、阿昔洛韦、咪康唑、克霉唑、联苯苄唑、特比奈芬、曲安奈德益康唑、二硫化硒等。

**2. 糖皮质激素类**　如氢化可的松、氟轻松、糠酸莫米松、哈西奈德等。

**3. 痤疮用药**　如维A酸、异维A酸、阿达帕林等。

**4. 角质溶解药**　如水杨酸、鱼石脂、尿素等。

**5. 消毒防腐药**　如炉甘石、依沙吖啶、聚维酮碘等。

皮肤科常用药品种信息见表10－4。

**表10－4　常见皮肤科专用药（化学药品和生物制品）品种信息**

| 药物名称 | 功能类别 | 作用与适应证 | 品种信息 |
|---|---|---|---|
| 莫匹罗星<br>[基][医保(乙)] | 抗感染药 | 对与皮肤感染有关的各种革兰阳性球菌有很强的抗菌活性，对耐药金黄色葡萄球菌和某些革兰阴性菌也有一定的抗菌作用。适用于革兰阳性球菌引起的皮肤感染，如脓疱病、疖肿、毛囊炎等原发性皮肤感染及湿疹合并感染、溃疡合并感染、创伤合并感染等继发性皮肤感染 | 【剂型及规格】软膏剂：2%<br>【生产商】杭州中美华东制药、中美天津史克制药（百多邦）、北京协和药厂等 |

续表

| 药物名称 | 功能类别 | 作用与适应证 | 品种信息 |
|---|---|---|---|
| 红霉素<br>[典][基][医保(甲)] | 抗感染药 | 为大环内酯类抗生素，作用机制是抑制细菌蛋白质合成，对革兰阳性细菌和沙眼衣原体有抗菌作用。用于脓疱疮等化脓性皮肤病、小面积烧伤、溃疡面的感染和寻常痤疮 | 【剂型及规格】凝胶剂：1%<br>【生产商】辰欣药业、上海通用药业、浙江维康药业等 |
| 过氧苯甲酰<br>[典][医保(乙)] | 抗感染药 | 是一种氧化剂，能缓慢释放出新生态氧，可杀灭痤疮丙酸杆菌，并有使皮肤干燥和脱屑作用。用于寻常痤疮 | 【剂型及规格】凝胶剂：15g：0.75g、10g：0.5g、18g：0.9g；乳膏剂：5%、10%<br>【生产商】Laboratoires Galderma、湖北人福成田药业等 |
| 阿昔洛韦<br>[典][基][医保(甲、乙)] | 抗感染药 | 本品体外对单纯性疱疹病毒、水痘－带状疱疹病毒、巨细胞病毒等具抑制作用。用于单纯疱疹或带状疱疹感染 | 【剂型及规格】乳膏/软膏剂：3%、5%、每支10g<br>【生产商】北京悦康凯悦制药、江苏亚邦强生药业等 |
| 咪康唑<br>[典][基][医保(甲)] | 抗感染药 | 为广谱抗真菌药，通过抑制真菌细胞膜的合成，以及影响其代谢过程，对皮肤癣菌、念珠菌等有抗菌作用。对某些革兰阳性球菌也有一定疗效。可用于由皮肤真菌、酵母菌及其他真菌引起的皮肤、指（趾）甲感染，如：体股癣、手足癣、花斑癣、头癣、须癣、甲癣；皮肤、指（趾）甲念珠菌病；口角炎、外耳炎 | 【剂型及规格】（硝酸盐）乳膏剂/软膏剂/搽剂/溶液剂/散剂：2%<br>【生产商】西安杨森制药（达克宁）、漳州无极药业（拜尼多）、华润三九（南昌）药业等 |
| 克霉唑<br>[典][基][医保(甲)] | 抗感染药 | 为广谱抗真菌药，对多种真菌，尤其是白念珠菌有抗菌作用。其作用机制是抑制真菌细胞膜的合成，以及影响其代谢过程。用于体癣、股癣、手癣、足癣、花斑癣、头癣以及念珠菌性甲沟炎和念珠菌性外阴阴道炎 | 【剂型及规格】乳膏剂：1%、3%，每支10g<br>【生产商】拜耳医药保健（凯妮汀）、上海通用药业等 |
| 联苯苄唑<br>[典][医保(乙)] | 抗感染药 | 为广谱抗真菌药，作用机制是抑制细胞膜的合成，对皮肤癣菌及念珠菌等有抗菌作用。适用于皮肤真菌、酵母菌、霉菌和其他真菌如糠秕孢子菌引起的皮肤真菌病，以及微小棒状杆菌引起的感染，如脚癣、手癣、体癣、股癣、花斑癣、表皮念珠菌病 | 【剂型及规格】乳膏剂/凝胶剂：1%；搽剂：每ml含联苯苄唑0.01g；喷雾剂：10ml：0.1g；片剂：0.1g；溶液剂：1%；涂膜剂：15g：0.15g<br>【生产商】Kern Pharma，S. L.（美克）、北京华素制药（孚琪）等 |
| 特比萘芬 | 抗感染药 | 为广谱抗真菌药，能高度选择性地抑制真菌麦角鲨烯环氧化酶，阻断真菌细胞膜形成过程中的麦角鲨烯环氧化反应而干扰真菌醇的早期生物合成，从而发挥抑制和杀灭真菌的作用。用于治疗手癣、足癣、体癣、股癣、花斑癣及皮肤念珠菌病等 | 【剂型及规格】乳膏剂/凝胶剂：1%；喷雾剂：15ml：0.15g<br>【生产商】Hanmi Pharm. Co.，Ltd.（采特）、中美天津史克制药（兰美抒）、齐鲁制药（丁克）等 |
| 曲安奈德益康唑<br>[典][基][医保(乙)] | 抗感染药 | 本品中硝酸益康唑为抗真菌药，对皮肤癣菌、霉菌和酵母菌（如念珠菌）等有抗菌活性，对某些革兰阳性菌也有效。曲安奈德为糖皮质激素，具有抗炎、止痒及抗过敏作用。可用于伴有真菌感染或有真菌感染倾向的皮炎、湿疹；由皮肤癣菌、酵母菌和霉菌所致的炎症性皮肤真菌病，如手足癣、体癣、股癣、花斑癣；尿布性皮炎；念珠菌性口角炎；甲沟炎；由真菌、细菌所致的皮肤混合感染 | 【剂型及规格】乳膏剂：每g含：曲安奈德1mg（0.1%），硝酸益康唑10mg（1%）<br>【生产商】西安杨森制药（派瑞松）、江苏恒瑞医药（吉佰芙）、扬子江药业（扶严宁）等 |
| 二硫化硒<br>[典][医保(乙)] | 抗感染药 | 具有抗皮脂溢出作用，还具有一定的抗真菌作用。用于去头屑、头皮脂溢性皮炎、花斑癣（汗斑） | 【剂型及规格】洗剂：2.5%<br>【生产商】江苏迪赛诺制药（希尔生）、大有药业扬州等 |

续表

| 药物名称 | 功能类别 | 作用与适应证 | 品种信息 |
| --- | --- | --- | --- |
| 氢化可的松<br>[典][基][医保(甲、乙)] | 肾上腺皮质激素类药 | 外用具有抗炎、抗过敏、止痒及减少渗出作用；可以减轻和防止组织对炎症的反应，能消除局部非感染性炎症引起的发热、发红及肿胀，从而减轻炎症的表现；免疫抑制作用：防止或抑制细胞中介的免疫反应，延迟性的过敏反应，并减轻原发免疫反应的扩展。用于过敏性皮炎、湿疹、神经性皮炎、脂溢性皮炎及瘙痒症等 | 【剂型及规格】乳膏剂：10g：25mg、10g：100mg；（丁酸盐或醋酸盐）乳膏剂：10g：10mg<br>【生产商】哈药集团制药总厂、天津金耀药业（尤卓尔）等 |
| 氟轻松<br>[典] | 肾上腺皮质激素类药 | 外用可使真皮毛细血管收缩，抑制表皮细胞增殖或再生，抑制结缔组织内纤维细胞的新生，稳定细胞内溶酶体膜，防止溶酶体酶释放所引起的组织损伤，具有较强的抗炎及抗过敏作用。用于过敏性皮炎、异位性皮炎、接触性皮炎、脂溢性皮炎、湿疹、皮肤瘙痒症、银屑病、神经性皮炎等 | 【剂型及规格】（醋酸盐）乳膏剂：10g：2.5mg、20g：5mg<br>【生产商】辰欣药业、天津太平洋制药等 |
| 糠酸莫米松<br>[基][医保(乙)] | 肾上腺皮质激素类药 | 具有抗炎、抗过敏、止痒及减少渗出等作用。用于湿疹、神经性皮炎、异位性皮炎及皮肤瘙痒症 | 【剂型及规格】乳膏剂/凝胶剂：0.1%<br>【生产商】拜耳医药（上海）（艾洛松）、浙江仙琚制药等 |
| 哈西奈德<br>[典][医保(乙)] | 肾上腺皮质激素类药 | 具有抗炎、抗过敏、止痒及减少渗出等作用。可用于接触性湿疹、异位性皮炎、神经性皮炎、面积不大的银屑病、硬化性萎缩性苔癣、扁平苔癣、盘状红斑狼疮、脂溢性皮炎（非面部）、肥厚性瘢痕 | 【剂型及规格】软膏剂/涂膜剂：10g：10mg；外用液体剂：0.1%、10ml<br>【生产商】天津金耀药业（哈乐特）、福元药业、辰欣药业等 |
| 维A酸<br>[典][基][医保(甲)] | 抗痤疮制剂 | 为体内维生素A的代谢中间产物，主要影响骨的生长和促进上皮细胞增生、分化、角质溶解等代谢作用。外用治疗寻常痤疮、鱼鳞病及银屑病，亦用于其他角化异常性皮肤病 | 【剂型及规格】乳膏剂：15g：3.75mg、10g：5mg、10g：10mg、20g：20mg<br>【生产商】扬子江药业（丽英）、上海通用药业（唯爱）等 |
| 异维A酸<br>[典][医保(乙)] | 抗痤疮制剂 | 用于治疗痤疮时具有缩小皮脂腺组织，抑制皮脂腺活性，减少皮脂分泌，减轻上皮细胞角化及毛囊皮脂腺口的角质栓塞，并抑制痤疮丙酸杆菌的生长繁殖。外用制剂适用于局部寻常性痤疮的治疗。口服制剂适用于重度难治性结节性痤疮。由于使用该药后有明显的不良反应，故应在其他常规治疗无效时才能考虑。另外，该药可能导致严重的出生缺陷，女性患者中仅适用于不准备或不能妊娠者 | 【剂型及规格】胶囊/胶丸剂：10mg；凝胶剂：10g：5mg<br>【生产商】上海信谊延安药业（泰尔丝）、哈尔滨大中制药（爱思洁）、重庆华邦制药等 |
| 阿达帕林<br>[医保(乙)] | 抗痤疮制剂 | 维甲酸类化合物，具有抗炎特性。作用机制是通过使毛囊上皮细胞正常分化而减少微小粉刺形成。在体内与体外的标准抗炎分析中，阿达帕林优于维甲酸。适用于以粉刺、丘疹和脓疱为主要表现的寻常型痤疮的皮肤治疗。亦可用于治疗面部、胸和背部的痤疮 | 【剂型及规格】凝胶剂：0.1%<br>【生产商】Laboratoires GALDERMA（达芙文）、天津金耀药业、四川明欣药业等 |
| 水杨酸<br>[典][基][医保(甲)] | 角质溶解药 | 局部应用是一种角质软化剂。但因制剂的浓度不同而作用各异。1%～3%浓度有角化促成和止痒作用；5%～10%有角质溶解作用，能将角质层中连接鳞屑的细胞间黏合质溶解，并由此亦可产生抗真菌作用。用于头癣、足癣及局部角质增生 | 【剂型及规格】软膏剂：5%、2%<br>【生产商】马应龙药业、上海小方制药、天津金耀药业等 |
| 鱼石脂<br>[典][基][医保(甲)] | 消毒防腐药 | 具有温和刺激性和消炎、防腐及消肿作用。用于疖肿 | 【剂型及规格】软膏剂：10%<br>【生产商】浙江康恩贝制药、江西希尔康泰制药等 |
| 尿素<br>[典][基][医保(甲)] | 角质溶解药 | 可使角质蛋白溶解变性，增进角质层水合作用，从而使皮肤柔软，防止干裂。用于手足皲裂，也可用于角化型手足癣所引起的皲裂 | 【剂型及规格】软膏/乳膏剂：10%、2%、10g：2g<br>【生产商】上海通用药业、马应龙药业、天津太平洋制药等 |

续表

| 药物名称 | 功能类别 | 作用与适应证 | 品种信息 |
|---|---|---|---|
| 炉甘石<br>[典][基][医保(甲)] | 其他类 | 所含炉甘石和氧化锌具有收敛、保护作用，也有较弱的防腐作用。用于急性瘙痒性皮肤病，如荨麻疹和痱子 | 【剂型及规格】复方洗剂：每1000ml含炉甘石150g、氧化锌50g、甘油50ml<br>【生产商】上海小方制药、江苏迪赛诺制药等 |
| 依沙吖啶<br>[典][基][医保(甲、乙)] | 消毒防腐药 | 能抑制革兰阳性细菌，主要是球菌。用于小面积、轻度外伤创面及感染创面的消毒 | 【剂型及规格】（乳酸盐）外用溶液剂：0.1%；软膏剂：10g：10mg<br>【生产商】黑龙江惠美佳制药、南昌白云药业等 |
| 聚维酮碘<br>[典] | 消毒防腐药 | 对多种细菌、芽胞、病毒、真菌等有杀灭作用。作用机制是本品接触创面或患处后，能解聚释放出所含碘发挥杀菌作用。特点是对组织刺激性小，适用于皮肤、黏膜感染。用于化脓性皮炎、皮肤真菌感染、小面积轻度烧烫伤，也用于小面积皮肤、黏膜创口的消毒 | 【剂型及规格】乳膏剂：10%；凝胶剂：5g：0.5g（含有效碘1%）；溶液剂：1%、5%<br>【生产商】丽珠集团丽珠制药厂（黛卫）、南京南大药业（丽泽）、成都永安制药（艾利克）等 |

**【药品识记】**扫码认药

**即学即练**

答案解析

1. 达芙文是（　　）的商品名

A. 异维A酸　B. 阿达帕林　C. 哈西奈德　D. 糠酸莫米松

2. 下列药品可以用来治疗手足癣的是（　　）

A. 莫匹罗星　B. 阿昔洛韦　C. 咪康唑　D. 氟轻松

PPT

# 任务三　妇产科用药

妇产科用药主要包括妇科用药、产科用药和计划生育用药。

产科用药最常见的为子宫收缩药和引产药，其中常见子宫收缩药有米非司酮、米索前列醇、依沙吖啶等。妇科用药是近年来市场发展较快的品种，主要分为妇科炎症用药、妇科调经药、乳腺增生药、妇科安胎药、其他妇科用药等，其中以外用药品种和中成药品种居多。计划生育用药主要包括各类口服避孕药。

妇产科常用药品种信息见表10－5。

**表10－5　常见妇产科用药品种信息**

| 药物名称 | 功能类别 | 作用与适应证 | 品种信息 |
|---|---|---|---|
| 米非司酮<br>[典][基][医保(乙)] | 产科用药子宫收缩药 | 为受体水平抗孕激素，具有终止早孕、抗着床、诱导月经及促进宫颈成熟等作用，与孕酮竞争受体而达到拮抗孕酮作用，与糖皮质激素受体亦有一定结合力。本品能明显增高妊娠子宫对前列腺素的敏感性，小剂量本品序贯合并前列腺素类药物，可得到满意的终止早孕效果。用于无防护性生活后或避孕失败后，72小时以内预防妊娠的临床补救措施。与前列腺素药物序贯合并使用，可用于终止停经49天内的妊娠 | 【剂型及规格】片剂：10mg、20mg、25mg；胶囊剂：5mg、10mg、12.5mg<br>【生产商】浙江仙琚制药（含珠停）、上海新华联制药（息隐）、武汉九珑人福药业（紫韵）等 |

续表

| 药物名称 | 功能类别 | 作用与适应证 | 品种信息 |
|---|---|---|---|
| 米索前列醇<br>[基][医保(甲)] | 产科用药<br>子宫收缩药 | 为终止早孕药。具有宫颈软化、增强子宫张力及宫内压的作用。与米非司酮序贯合用可显著增高或诱发早孕子宫自发收缩的频率和幅度。与米非司酮序贯合并使用，可用于终止停经49天内的早期妊娠 | 【剂型及规格】片剂：0.2mg<br>【生产商】Piramal Healthcare UK Limited（喜克馈）、浙江仙琚制药、华润紫竹药业等 |
| 依沙吖啶<br>[典][基][医保(甲、乙)] | 产科用药<br>子宫收缩药 | 本品经羊膜腔内给药和宫腔内给药。药物可引起子宫内蜕膜组织坏死而产生内源性前列腺素，引起子宫收缩。本品直接对子宫肌肉也有兴奋作用。为中期妊娠引产药，用于终止12~26周妊娠 | 【剂型及规格】注射剂（冻干粉针剂）：0.1g（无水乳酸依沙吖啶）；注射液：2ml：50mg<br>【生产商】华润双鹤药业、江苏迪赛诺药业、广西河丰药业等 |
| 咪康唑<br>[典][基][医保(甲)] | 妇科用药<br>抗感染药和抗菌剂 | 为广谱抗真菌药，对多种真菌，尤其是念珠菌有抗菌作用，对某些革兰阳性细菌也有抗菌力。作用机制是抑制真菌细胞膜的合成，以及影响其代谢过程。用于局部治疗念珠菌性外阴阴道病和革兰阳性细菌引起的双重感染 | 【剂型及规格】（硝酸盐）栓剂：0.2g、0.4g；阴道软胶囊：0.4g；阴道片：0.1g<br>【生产商】西安杨森制药（达克宁）等 |
| 甲硝唑<br>[典][基][医保(甲、乙)] | 妇科用药<br>抗感染药和抗菌剂 | 具有抗厌氧菌和抗滴虫作用，作用机制是阻碍细菌或滴虫代谢，促进其死亡。用于厌氧菌性阴道病、滴虫性阴道炎及混合感染 | 【剂型及规格】栓剂：0.5g；阴道泡腾片：0.2g<br>【生产商】北京双吉制药、马应龙药业、上海上药信谊药厂等 |
| 克霉唑<br>[典][基][医保(甲、乙)] | 妇科用药<br>抗感染药和抗菌剂 | 为广谱抗真菌药，对多种真菌，尤其是白色念珠菌有抗菌作用。作用机制是抑制真菌细胞膜的合成，以及影响其代谢过程。用于念珠菌性外阴阴道病 | 【剂型及规格】阴道膨胀栓：0.15g；阴道片或阴道泡腾片：0.5g<br>【生产商】武汉联合药业、迪沙药业、山东罗欣药业等 |
| 硝呋太尔制霉素<br>[医保(乙)] | 妇科用药<br>抗感染药和抗菌剂 | 硝呋太尔为硝基呋喃类衍生物，具有广谱抗微生物作用，对滴虫、细菌、白念珠菌等均具有活性。制霉菌素为多烯类抗真菌药，对念珠菌属具较强活性。本品在体外具有抗真菌、抗滴虫、抗细菌的广谱活性。用于细菌性阴道病、滴虫性阴道炎、念珠菌性外阴阴道炎、阴道混合感染 | 【剂型及规格】阴道栓/阴道软胶囊：为复方制剂，每粒含硝呋太尔0.5g，制霉素20万U<br>【生产商】意大利多帕药业 Doppel Farmaceutici S. R. L.（麦咪康帕）、华润三九（唐山）药业（水青）、北京金城泰尔制药（朗依）等 |
| 左炔诺孕酮片<br>[典] | 避孕药 | 为速效、短效避孕药，避孕机制是显著抑制排卵和阻止孕卵着床，并使宫颈黏液稠度增加，精子穿透阻力增大，从而发挥速效避孕作用。用于女性紧急避孕，即在无防护措施或其他避孕方法偶然失误时使用 | 【剂型及规格】片剂：0.75mg、1.5mg<br>【生产商】华润紫竹药业（毓婷）、东北制药集团沈阳第一制药（安婷）、Gedeon Richter Plc.（保仕婷）等 |
| 妇科千金片<br>[典][基][医保(甲)] | 妇科用药<br>清热剂 | 清热除湿，益气化瘀。用于湿热瘀阻所致的带下病，腹痛，症见带下量多、色黄质稠，小腹疼痛，腰骶酸痛，神疲乏力。慢性盆腔炎见有上述证候者 | 【剂型及规格】片剂：18片/板<br>【生产商】株洲千金药业股份有限公司 |
| 乌鸡白凤丸<br>[典][基][医保(甲)] | 妇科用药<br>扶正剂 | 补气养血，调经止带。用于气血两虚，身体瘦弱，腰膝酸软，月经不调，带下 | 【剂型及规格】丸剂：每袋6g<br>【生产商】九芝堂股份、江西药都樟树制药、江西汇仁药业股份等 |
| 乳癖消<br>[典][基][医保(甲、乙)] | 妇科用药<br>散结剂 | 软坚散结，活血消痈，清热解毒。用于痰热互结所致的乳癖、乳痈，症见乳房结节、数目不等、大小形态不一、质地柔软，或产后乳房结块、红热疼痛。乳腺增生、乳腺炎早期见上述证候者 | 【剂型及规格】片剂：0.32g、0.34g、0.57g；颗粒剂：8g；丸剂：2g；胶囊剂：0.32g<br>【生产商】沈阳红药集团、辽宁上药好护士药业、广东雷允上药业等 |

【药品识记】扫码认药

## 知识链接

### 中国妇科用药市场现状及规模分析

近年来，受环境污染加剧、竞争压力增加、工作节奏加快、生活方式改变等诸多因素影响，妇科疾病已成为我国妇女的普遍问题，发病率持续上升，且呈现出多年龄层覆盖趋势。妇科疾病具有反复性和持续性特点，通常需要长期给药才能根治。

市场刚需推动了妇科用药市场的增长。我国妇科用药全终端销售规模从2014年342.63亿元增长至2019年的457亿元，复合增长率为5.93%，2020年达到485亿元。从销售格局看，妇科炎症用药占比达42.6%，妇科调经药占比达28.4%。随着女性对私处健康保护、经期健康调理和优生优育观念的加强，我国各年龄段的女性对妇科炎症、调经养血、安胎保胎等妇科用药的市场需求保持强劲，市场规模将不断增长。

## 即学即练

答案解析

1. 喜克馈是（　　）的商品名

A. 依沙吖啶　　B. 米索前列醇　　C. 米非司酮　　D. 硝呋太尔制霉素

2. 下列药品可以用来治疗滴虫性阴道炎的是（　　）

A. 咪康唑　　B. 克霉唑　　C. 米非司酮　　D. 甲硝唑

# 任务四　儿科用药

PPT

## 案例分析

**案例描述**　2016年，《儿童用药安全调查报告白皮书》显示，因用药不当，我国每年约有3万儿童陷入无声世界，造成肝肾功能、神经系统等损伤的难以计数。同期，央视播出儿童安全用药公益视频，孩子们的经历催人泪下，引起社会很大反响。多名医药卫生专家共同呼吁：儿童不是大人的缩小版，儿童要用儿童专用药。

国家药品监督管理局官网药品数据查询显示，截止至2023年3月18日，我国上市批准药品（化药、中药和生物制剂等）的批准文号数为228121个（按成分统计为8299个），其中儿科专用药物（按儿童、儿科、小儿等统计）批准文号总数为3061个（成分194个），占比仅为1.34%。全国7000多家药企中，专门生产儿童用药的仅10余家，有儿童药品生产部门的企业仅30多家。

**讨　论**　1. 用药面前，为什么“儿童不是大人的缩小版”？

2. 造成儿童专用药短缺的主要原因是什么？

【儿童安全用药公益视频】

答案解析

近年来，儿童用药的安全性备受社会关注，儿童专用药品种不足与不合理用药是儿童用药安全的两大焦点。党和国家高度重视儿童用药安全问题，不断出台保障儿童用药需求和用药安全的相关政策和文件，鼓励制药企业、药品研发机构研发更多的儿童专用药品，并从政策层面对儿童专用药研发的评审、进入医保和临床使用等环节提供绿色通道。

儿童用药（又称儿科用药）是指应用于儿童患病所使用的药物，包括两类：一是只有儿童用法用量的儿童专用药；二是既规定了成人的用法用量，也给出了儿童用法用量的儿童可用药物。我国医学上，儿童是指0～14周岁的人群。

儿科用药常见剂型主要包括：口服溶液剂、颗粒剂、糖浆剂、混悬剂、泡腾片、散剂、滴剂、合剂等液体制剂或溶于液体后可制成液体状服用的剂型；注射剂；贴剂、栓剂、软膏等皮肤黏膜给药剂型；气雾剂、喷雾剂、吸入粉雾剂等吸入雾化剂型。儿科用药在口味上要求较高，具有不同果味的口服剂型儿童服用的依从性更高。

目前，国内生产儿科用药的主要生产企业有上海强生、葵花药业、哈药六厂、哈药三精、先声药业、山东达因、北京韩美、江西仁和、河北神威、浙江亚峰、四川百利、贵州益佰、亚宝药业、武汉健民、北京首儿、康芝药业、华润三九等。

常见的儿科专用药品种信息见表10－6和表10－7。

**表10－6　常见儿科专用药（化学药品和生物制品）品种信息**

| 药物名称 | 功能类别 | 作用与适应证 | 品种信息 |
|---|---|---|---|
| 咖啡因<br>[典][基][医保(乙)] | 中枢神经系统用药 | 小剂量增强大脑皮层兴奋，振奋精神，减少疲劳。剂量增大可兴奋延髓呼吸中枢及血管运动中枢，特别当这些中枢处于抑制状态时，作用更为显著。用于小儿多动症；防治未成熟新生儿呼吸暂停或阵发性呼吸困难 | 【剂型及规格】（枸橼酸盐）注射液：1ml：20mg<br>【生产商】国药集团国瑞药业等 |
| 牛肺表面活性剂<br>[基][医保(乙)] | 呼吸系统用药 | 降低肺泡气－液界面表面张力，保持肺泡稳定，防止肺不张。据文献报道，在伴有呼吸障碍的早产儿，肺表面活性物质有使肺泡扩张和稳定的作用，可改善肺的顺应性和气体交换。用于经临床和胸部放射线检查诊断明确的新生儿呼吸窘迫综合征的治疗 | 【剂型及规格】注射用无菌粉末：70mg<br>【生产商】华润双鹤药业（珂立苏） |
| 培门冬酶<br>[基][医保(甲)] | 抗肿瘤药 | 通过选择性耗竭血浆中的门冬酰胺而杀伤白血病细胞。用于儿童急性淋巴细胞白血病患者一线治疗 | 【剂型及规格】注射液：2ml：1500IU/5ml：3750IU<br>【生产商】江苏恒瑞医药 |
| 阿莫西林<br>[典][基][医保(甲)] | 抗感染药 | 通过抑制细菌细胞壁合成而发挥杀菌作用，可使细菌迅速成为球状体而溶解、破裂。适用于敏感菌（不产β内酰胺酶菌株）所致的各种感染 | 【剂型及规格】颗粒剂：0.125g、0.25g<br>【生产商】海南先声药业（再林）、珠海联邦制药股份（阿莫仙）等 |
| 小儿氨酚黄那敏颗粒 | 感冒药 | 对乙酰氨基酚能抑制前列腺素合成，有解热镇痛作用；氯苯那敏为抗组胺药，能减轻流涕、鼻塞、打喷嚏等症状；体外培育牛黄有解热、镇惊作用。用于缓解儿童普通感冒及流行性感冒引起的发热、头痛、四肢酸痛、打喷嚏、流鼻涕、鼻塞、咽痛等症状 | 【剂型及规格】颗粒剂：对乙酰氨基酚0.125g、人工牛黄5mg、马来酸氯苯那敏0.5mg<br>【生产商】葵花药业集团（葵花康宝）、浙江亚峰药厂（小快克）、四川恩威制药（小儿力克舒）、华润三九药业（小三九）、哈药集团制药六厂（护彤）等 |
| 小儿氨酚烷胺颗粒 | 感冒药 | 对乙酰氨基酚能抑制前列腺素合成，有解热镇痛的作用；金刚烷胺可抗“亚－甲型”流感病毒，抑制病毒繁殖。用于缓解儿童普通感冒及流行性感冒引起的发热、头痛、四肢酸痛、打喷嚏、流鼻涕、鼻塞、咽痛等症状，也可用于儿童流行性感冒的预防和治疗 | 【剂型及规格】颗粒剂：含对乙酰氨基酚100mg、盐酸金刚烷胺40mg<br>【生产商】葵花药业集团（葵花康宝）、江西铜鼓仁和制药（优卡丹）、华润三九（唐山）药业等 |
| 小儿美敏伪麻 | 感冒药 | 适用于缓解普通感冒、流行性感冒及过敏引起的咳嗽、咳痰、打喷嚏、流鼻涕、鼻塞、咽痛等症状 | 【剂型及规格】口服溶液剂：100ml<br>【生产商】上海强生制药（艾平） |

续表

| 药物名称 | 功能类别 | 作用与适应证 | 品种信息 |
| --- | --- | --- | --- |
| 对乙酰氨基酚<br>[典][基][医保(甲、乙)] | 解热镇痛药 | 本品能抑制前列腺素合成，具有解热镇痛作用。用于儿童普通感冒或流行性感冒引起的发热，也用于缓解轻至中度疼痛，如头痛、关节痛、偏头痛、牙痛、肌肉痛、神经痛 | 【剂型及规格】干混悬剂：1.01g：0.3g、6.5g：0.5g；滴剂（混悬液）：0.8ml：80mg、10ml：1g、15ml：1.5g；颗粒剂：80mg、0.1g、0.16g、0.25g；栓剂：0.15g 等<br>【生产商】广州白云山天心制药（施宁）、青岛国海生物制药（宜利妙）、上海强生制药（泰诺林）、中美上海施贵宝制药（百服咛）等 |
| 布洛芬<br>[典][基][医保(甲、乙)] | 解热镇痛药 | 本品能抑制前列腺素的合成，具有解热镇痛及抗炎作用。用于儿童普通感冒或流行性感冒引起的发热。也用于缓解儿童轻至中度疼痛，如头痛、关节痛、偏头痛、牙痛、肌肉痛、神经痛 | 【剂型及规格】混悬液：5ml：0.1g、25ml：0.5g、30ml：0.6g、100ml：2g<br>【生产商】上海强生制药（美林）、北京韩美药品、惠氏制药（雅维）、武汉人福药业（迪尔诺）、江苏恒瑞制药（吉浩）等 |
| 小儿布洛芬<br>[医保(甲)] | 解热镇痛药 | 本品能抑制前列腺素的合成，具有解热镇痛及抗炎作用。用于儿童普通感冒或流行性感冒引起的发热。也用于缓解儿童轻至中度疼痛，如头痛、关节痛、偏头痛、牙痛、肌肉痛、神经痛 | 【剂型及规格】栓剂：50mg、100mg<br>【生产商】山西达因儿童制药、山西同达药业等 |
| 孟鲁司特钠<br>[医保(乙)] | 呼吸系统用药 | 适用于2~14岁儿童哮喘的预防和长期治疗，包括预防白天和夜间的哮喘症状，治疗对阿司匹林敏感的哮喘患者以及预防运动诱发的支气管收缩；适用于减轻过敏性鼻炎引起的症状（2~14岁儿童的季节性过敏性鼻炎和常年性过敏性鼻炎） | 【剂型及规格】咀嚼片：4mg、5mg；颗粒剂：0.5g：4mg<br>【生产商】鲁南贝特制药（平奇）、美国默沙东 Merck Sharp & Dohme Ltd.（顺尔宁）等 |
| 枯草杆菌二联活菌颗粒<br>[医保(乙)] | 消化系统用药<br>微生态制剂 | 本品含有枯草芽孢杆菌和屎肠球菌，可调节人体肠道环境，促进肠道正常菌群的生长繁殖，抑制肠道致病菌的生长，从而有效地保护肠道。用于消化不良、食欲不振、营养不良，肠道菌群紊乱引起的腹泻、便秘、腹胀、肠道内异常发酵、肠炎，使用抗生素引起的肠黏膜损伤等症 | 【剂型及规格】颗粒剂：每袋1g<br>【生产商】北京韩美药品（妈咪爱） |
| 双歧杆菌三联活菌散<br>[医保(乙)] | 消化系统用药<br>微生态制剂 | 本品可直接补充正常生理性细菌，调节肠道菌群，能抑制肠道中对人体具有潜在危害的菌类甚至病原菌。适用于肠道菌群失调引起的腹泻和腹胀，也可用于治疗轻中度急性腹泻及慢性腹泻 | 【剂型及规格】散剂：每袋1g、2g<br>【生产商】上海上药信谊药厂（小培菲康） |
| 维生素AD滴剂<br>[典][医保(乙)] | 维生素类 | 维生素A和D是人体生长发育的必需物质，尤其对胎儿、婴幼儿的发育，上皮组织的完整性，视力，生殖器官，血钙和磷的恒定，骨骼、牙的生长发育等有重要作用。适用于预防和治疗维生素A及D的缺乏症，如佝偻病、夜盲症及小儿手足抽搐症 | 【剂型及规格】滴剂（胶囊型）：每粒含维生素A2000U、维生素D700U，每粒含维生素A1500U、维生素D500U，每粒含维生素A5000U、维生素D500U，每粒含维生素A1200U、维生素D400U<br>【生产商】山东达因海洋生物制药（伊可新）等 |
| 小儿碳酸钙 $D_3$ 颗粒<br>[医保(乙)] | 维生素类 | 钙是维持人体神经、肌肉、骨骼系统、细胞膜和毛细血管通透性正常功能所必需。维生素D能参与钙和磷的代谢，促进其吸收并对骨质形成有重要作用。主要用于儿童钙补充 | 【剂型及规格】颗粒剂：每袋含碳酸钙0.75g、维生素 $D_3$ 100IU<br>【生产商】浙江康恩贝制药等 |
| 磷酸哌嗪宝塔糖 | 驱肠虫药 | 具有麻痹蛔虫的作用，使蛔虫不能附着在宿主肠壁，随肠蠕动而排出。主要用于儿童蛔虫和蛲虫感染 | 【剂型及规格】锭剂：0.2g<br>【生产商】广西南宁百会药业等 |

表10-7 常见儿科专用药（中成药）品种信息表

| 药物名称 | 功能类别 | 作用与功能主治 | 品种信息 |
|---|---|---|---|
| 小儿柴桂退热颗粒/口服液 [典][基][医保(乙)] | 解表剂<br>表里双解 | 发汗解表，清里退热。用于小儿外感发热。症状：发热，头身痛，流涕，口渴，咽红，溲黄，便干等 | 【剂型及规格】颗粒剂：每袋2.5g（每1g相当于饮片1.0g）、每袋5g；合剂：每支10ml<br>【生产商】葵花药业集团、贵州百灵企业、吉林敖东延边药业等 |
| 小儿金翘颗粒（小儿青翘颗粒）[基][医保(乙)] | 解表剂<br>辛凉解表 | 疏风清热，解毒利咽，消肿止痛。用于风热袭肺所致乳蛾，症见恶寒发热，咽部红肿疼痛，吞咽时加剧，咽干灼热，喉核红肿；小儿急性扁桃体炎见上述证候者 | 【剂型及规格】颗粒剂：每袋5g、7.5g<br>【生产商】四川凯京制药 |
| 小儿泻速停颗粒 [典][基][医保(甲)] | 清热剂<br>清利肠胃湿热剂 | 清热利湿，健脾止泻，缓急止痛。用于小儿湿热壅遏大肠所致的泄泻，症见大便稀薄如水样，腹痛，纳差；小儿秋季腹泻及迁延性、慢性腹泻见上述证候者 | 【剂型及规格】颗粒剂：3g、5g、10g<br>【生产商】河南省百泉制药、哈尔滨儿童制药厂 |
| 小儿肺热咳喘颗粒/口服液 [典][基][医保(乙)] | 止咳剂<br>清热化痰平喘 | 清热解毒，宣肺止咳，化痰平喘。用于感冒，支气管炎属痰热壅肺证者 | 【剂型及规格】颗粒剂：每袋4g（相当于饮片10.6g）、3g；合剂：每1ml相当于饮片1.77g<br>【生产商】上海医药集团青岛国风药业、海南葫芦娃药业、黑龙江葵花药业等 |
| 小儿消积止咳口服液 [典][基][医保(甲)] | 止咳剂<br>消积化痰 | 清热肃肺，消积止咳。用于小儿饮食积滞、痰热蕴肺所致的咳嗽、夜间加重、喉间痰鸣、腹胀、口臭 | 【剂型及规格】每1ml相当于饮片1.0g<br>【生产商】鲁南厚普制药 |
| 小儿肺咳颗粒 [典][基][医保(乙)] | 止咳剂<br>健脾止咳 | 健脾益肺，止咳平喘。用于肺脾不足，痰湿内壅所致咳嗽或痰多稠黄，咳吐不爽，气短，喘促，动辄汗出，食少纳呆，周身乏力，舌红苔厚；小儿支气管炎见以上证候者 | 【剂型及规格】颗粒剂：每袋3g、8g<br>【生产商】天圣制药、长春人民药业 |
| 健儿消食口服液 [典][基][医保(乙)] | 扶正剂<br>健脾益气 | 健脾益胃，理气消食。用于小儿饮食不节损伤脾胃引起的纳呆食少，脘胀腹满，手足心热，自汗乏力，大便不调，以至厌食、恶食 | 【剂型及规格】合剂：每支10ml<br>【生产商】葵花药业集团重庆小葵花儿童制药、江西民济药业、华润三九（枣庄）药业等 |
| 醒脾养儿颗粒 [基][医保(乙)] | 扶正剂<br>健脾益气 | 醒脾开胃，养血安神，固肠止泻。用于脾气虚所致的儿童厌食，腹泻便溏，烦躁盗汗，遗尿夜啼 | 【剂型及规格】颗粒剂：每袋2g<br>【生产商】贵州健兴药业 |
| 小儿黄龙颗粒 [基][医保(乙)] | 安神剂<br>安神定志 | 滋阴潜阳、安神定志。用于注意缺陷多动障碍中医辨证属阴虚阳亢证者，症见多动不宁，神思涣散，性急易怒，多言多语，盗汗，口干咽燥，手足心热等 | 【剂型及规格】颗粒剂：每袋5g<br>【生产商】重庆希尔安药业 |
| 小儿化食丸（口服液）[典][基][医保(甲)] | 消导剂<br>消食导滞 | 消食化滞，泻火通便。用于小儿胃热停食，脘腹胀满，恶心呕吐，烦躁，口渴，大便干燥 | 【剂型及规格】丸剂（大蜜丸）：每丸1.5g<br>【生产商】葵花药业集团（佳木斯）、北京同仁堂制药厂、广州市香雪制药等 |

**【药品识记】**扫码认药

## 知识链接

### 儿童用药国内外市场现状及发展

全球儿童药物市场规模呈逐年上升趋势：2018年约为973亿美元，2019年全球儿童药物及疫苗市场估值约为1220亿美元，预计于2025年到达1410亿美元。这种发展趋势推动了全球医药企业对儿童用药的研发；同时，全球各国政府对儿童用药政策不断推进，对儿童用药安全问题的关注以及对儿童专用药的重视，也将大大推动儿童用药的发展。

【详情扫码】

保障中国儿童用药安全，呵护中国儿童健康成长，是全社会共同的责任，更是时代赋予医药人的历史使命。

**即学即练**

答案解析

在我国，医学上儿童是指（　　）的人群。

A. 0～8 周岁　　B. 0～10 周岁　　C. 0～12 周岁　　D. 0～14 周岁

## 巩固提升

专科常用药各类别重点品种见如下思维导图，扫码查看药物商品包装标签及简化版说明书，巩固学习。

药品详情

- 重点品种
  - 五官科用药
    - 眼科用药
      - 抗感染：妥布霉素滴眼液、盐酸左氧氟沙星滴眼液、红霉素眼膏、阿昔洛韦滴眼液
      - 白内障：吡诺克辛滴眼液
      - 青光眼：硝酸毛果芸香碱滴眼液
      - 抗过敏：富马酸依美斯汀滴眼液
      - 干眼症：玻璃酸钠滴眼液
      - 视疲劳：萘敏维滴眼液
    - 耳鼻喉和口腔用药
      - 耳鼻喉用药：布地奈德鼻喷雾剂、丙酸氟替卡松鼻喷雾剂、盐酸洛美沙星滴耳液
      - 口腔用药：西地碘含片、醋酸地塞米松粘贴片
  - 皮肤科用药
    - 抗感染：莫匹罗星软膏、红霉素软膏、阿昔洛韦乳膏、硝酸咪康唑乳膏、盐酸特比萘芬喷雾剂
    - 肾上腺皮质激素：复方醋酸地塞米松乳膏、丁酸氢化可的松乳膏
    - 痤疮用药：维A酸乳膏、阿达帕林凝胶
    - 角质溶解药：水杨酸苯酚贴膏、尿素维E乳膏
    - 镇痛抗炎：双氯芬酸二乙胺乳胶剂、复方水杨酸甲酯乳膏
  - 妇科用药
    - 阴道外用药：硝酸达克宁栓、克霉唑阴道片
    - 避孕药：左炔诺孕酮片
    - 中成药制剂：妇科千金片、乳癖消片、乌鸡白凤丸
  - 儿科用药
    - 化学制剂：小儿氨酚黄那敏颗粒、小儿氨酚烷胺颗粒、对乙酰氨基酚滴剂、磷酸哌嗪宝塔塘、枯草杆菌二联活菌颗粒
    - 中成药制剂：小儿感冒颗粒、小儿肺热咳喘口服液、丁桂儿脐贴、小儿柴桂退热颗粒

# 实践实训十一

## 专科常用药分类识记及药品推介训练

**【实训目的】**

1. 能够分类识别五官科、皮肤科、妇产科、儿科常见病常用药品，从大类到小类按类列药。

2. 能够对上述药品根据其通用名、商品名进行分类整理，熟练说出药品的药理作用特点和适应证，在此基础上进行药品陈列、存储、介绍等相关工作。

3. 能按功能、用途对皮肤科、五官科、妇产科、儿科常用药品进行知名产品推介。

**【材料准备】**

1. 代表药品包装盒或者药品卡片若干。

2.《专科常用药各类别重点品种列表》。

3. 计算机、网站、智能手机。

4. 模拟药房。

**【实施步骤】**

**1. 获取资讯** 全员分小组集中学习专科常用药品种信息表（表10－1至表10－7），对着《专科常用药各类别重点品种列表》，扫码巩固学习重点品种药物商品包装标签及简化版说明书；教师讲解重点品种，认真做好记录。

**2. 组内自主识别** 小组成员分工协作，结合资讯知识点及教师点睛要点，对训练组下发的医药商品卡片或药品包装盒，按类识别并记忆药物商品信息，包含药品功能类别、通用名称、商品名称、主要作用与适应证，讨论并交流最佳记忆方式；可利用互联网查阅信息，强化记忆。

**3. 检验识别成果**

（1）打乱训练组卡片次序，教师计时，各小组成员分工完成药品分类陈列，教师现场考核评价。（教师团队考核）

（2）组内每人随机抽取一个产品，进行小组知名产品推介比赛。（组内个人考核）

（3）每组推荐代表随机抽取一个产品，进行班内知名产品推介比赛。（教师团队考核50%、组间团队考核50%）

**4. 教师总结点评**

**【注意事项】**

1. 教师在示范过程中要结合药品包装图片，增强直观性，可用引导法与学生互动。

2. 自主识别过程主要依靠团队协作学习，要求每位成员高度配合，发挥最大潜能，寻找最佳训练方法，不断提高团队合作、探究学习的能力。

3. 每个小组每名同学要明确该任务的考核要求。

4. 药品分类陈列采用教师评价方式；组内竞赛，采用生生互评方式；组间竞赛采用教师评价与学生评价相结合的方式。

5. 注意调动学生的积极性和主动性，形成以赛促学、以赛促练的学习氛围。

答案解析

## 目标检测

### 一、单项选择题

1. 色甘酸钠滴眼液主要适用于（　　）

A. 流行结膜炎　　B. 流行性出血结膜炎　　C. 春季过敏性结膜炎　　D. 沙眼

2. 属于激素类的眼部抗炎药是（　　）

A. 红霉素　　B. 醋酸可的松　　C. 马来酸噻吗洛尔　　D. 硝酸毛果芸香碱

3. 氧氟沙星滴眼液主要用于（　　）

A. 防治青光眼　　B. 眼部抗炎　　C. 眼部抗感染　　D. 白内障

4. 苄达赖氨酸滴眼液的商品名称为（　　）

A. 白内停　　B. 舒适明　　C. 莎普爱思　　D. 乐可清

5. 西地碘含片的商品名称为（　　）

A. 喉爽　　B. 华素片　　C. 飞赛乐　　D. 易坦静

6. 辅舒良主要用于治疗（　　）

A. 口腔溃疡　　B. 关节炎　　C. 气管炎　　D. 鼻炎

7. 下列药品属于痤疮用药的是（　　）

A. 盐酸贝那普利片　　B. 复方地芬诺酯片　　C. 二甲双胍片　　D. 阿达帕林凝胶

8. 下列药品属于角质溶解药的是（　　）

A. 呋塞米片　　B. 盐酸小檗碱　　C. 水杨酸软膏　　D. 氟他胺片

9. 麦咪康帕是（　　）的商品名

A. 依沙吖啶　　B. 米索前列醇　　C. 米非司酮　　D. 硝呋太尔制霉素

10. 下列医药商品不属于儿童专用药的是（　　）

A. 妈咪爱　　B. 小培菲康　　C. 伊可新　　D. 整肠生

### 二、多项选择题

1. 下列药物中，可用于眼部抗感染的包括（　　）

A. 妥布霉素　　B. 氧氟沙星　　C. 托吡卡胺　　D. 红霉素

2. 常用的减鼻充血药有（　　）

A. 3% 硼酸乙醇　　B. 0.5% 麻黄碱　　C. 0.05% 羟甲唑啉　　D. 0.1% 赛洛唑啉

3. 下列药品属于妇产科用药的是（　　）

A. 含珠停　　B. 喜克馈　　C. 朗依　　D. 安素丝

4. 下列不属于儿童用药常见剂型的是（　　）

A. 片剂　　B. 胶囊剂　　C. 颗粒剂　　D. 糖浆剂

5. 儿童用药品种短缺的主要原因是（　　）

A. 研发成本高　　B. 儿童药品的立法不足

C. 临床试验难度较大　　D. 大多数父母不愿意将孩子作为临床受试者

## 三、判断题

1. 阿昔洛韦滴眼液可用于治疗单纯疱疹性角膜炎。
2. 埃美丁是色甘酸钠滴眼液的商品名。
3. 溶菌酶含片可用于急慢性咽炎、口腔溃疡。
4. 息隐是妇科用药依沙吖啶的商品名。
5. 儿科用药（儿童用药）是指应用于儿童患病所使用的药物，包括两类：一是只有儿童用法用量的儿童专用药；二是既规定了成人的用法用量，也给出了儿童用法用量的儿童可用药物。

书网融合……

知识回顾　微课1　微课2　习题

# 项目十一　其他类别常用药

## 学习引导

本单元主要介绍其他类别的常用药，包括：泌尿系统用药，抗变态反应药，影响免疫功能药，调节生活质量药，调节水、电解质及酸碱平衡药，以及常见的生物制品。结合当前国内医药市场介绍常用药物的商品信息，便于学习者分类识记药物商品，为后续专业课程学习和未来从事药物商品的流通和服务工作奠定基础。

## 学习目标

1. **掌握**　各类别药物的分类及常见品种，每种类别下代表药品的名称与适应证。
2. **熟悉**　每种类别代表药品的药理作用特点、剂型规格以及药物评价信息。
3. **了解**　各类别药物的概述、市场现状和发展趋势，代表药品的品种信息以及其他品种的相关商品信息。

PPT

## 任务一　泌尿系统常用药

泌尿系统由肾脏、输尿管、膀胱及尿道组成，主要功能为排泄机体代谢过程中所产生的各种不为机体所利用或有害的物质。泌尿系统各器官都有可能发生疾病，并波及整个系统，甚至影响全身健康。随着病原微生物种类不断增多、老龄化日益加快、亚健康人群数量增长，泌尿系统用药需求将持续稳定增长。且随着我国医药科技不断进步、居民收入水平不断提升、健康意识不断增强，我国泌尿系统用药市场发展态势良好，消费者对药物的药效、副作用、品质等要求也将不断提高，市场将逐步向大品牌靠拢。

本任务介绍的泌尿系统常用药，根据作用特点和用途不同，主要有利尿药、脱水药、抗尿崩症用药、良性前列腺增生用药等。

### 一、利尿药

#### （一）概述

利尿药是一类作用于肾脏，能促进体内电解质（钠离子为主）和水分排出而增加尿量的药物。主要通过影响肾小球滤过、肾小管重吸收和分泌的功能而实现利尿作用。临床主要用于治疗水肿性疾病，或与降压药合用治疗高血压，还可促进某些能经肾脏排泄的药物、毒物中毒时的排泄。利尿药在心衰的治疗中起着重要的作用，目前仍作为一线药物广泛用于各种心力衰竭的治疗。

根据作用部位和效能可分为以下几类。

**1. 高效能利尿药** 主要作用于髓袢升支粗段，如呋塞米、布美他尼、依他尼酸等。

**2. 中效能利尿药** 主要作用于远曲小管近端，如氢氯噻嗪等。

**3. 低效能利尿药** 主要作用于远曲小管远端和集合管，如螺内酯、氨苯蝶啶等。

### （二）常见药品识别

#### 呋塞米[典][基][医保(甲)]

#### Furosemide

**【别名】**呋喃苯胺酸、速尿、利尿灵

**【药理作用与适应证】**本品用于心性、肝性和肾性水肿，尤其是应用其他利尿药效果不佳时，应用本品仍可能有效；静注可有效地消除左心衰所引起的急性肺水肿，降低颅内压，消除脑水肿；预防急性肾功能衰竭和加速毒物的排泄；还可用于治疗高血压，尤其当伴有肾功能不全或出现高血压危象时，本品尤为适用。

**【剂型及规格】**主要剂型有片剂、注射剂。①呋塞米片：20mg、40mg。②呋塞米注射液：20mg：2ml。

**【药物评价】**①应从最小有效剂量开始，根据利尿反应调整剂量，以减少水、电解质紊乱等不良反应的发生。长期使用应适当补充钾盐。②慎与链霉素等氨基糖苷类抗生素合用，以免增加其耳毒性。③孕妇及对磺胺类、噻嗪类药物过敏者禁用；严重肝肾功能不全、糖尿病、痛风患者及小儿慎用。

**【品种信息】**国产药品：获批文的有120个，生产企业有上海美优制药、哈药集团、辽宁绿丹药业、葵花药业集团（衡水）得菲尔等。暂无进口药品。

**【贮藏】**原料遮光，密封保存；片剂遮光，密封，在干燥处保存；注射液，遮光，密闭保存。本品遇光变色，但不影响疗效。

**【药品识记】**扫码认药

#### 氢氯噻嗪[典][基][医保(甲)]

#### Hydrochlorothiazide

**【别名】**双氢克尿噻、双氢氯噻嗪

**【药理作用与适应证】**本品作用于髓袢升支粗段皮质部（远曲小管近端），抑制 NaCl 在此处的重吸收，从而起到排钠利尿作用。尚有降压作用。

用于治疗各型水肿性疾病（尤以对心性水肿较好），中枢性或肾性尿崩症，可单独或与其他降压药联合应用治疗原发性高血压。

**【剂型及规格】**氢氯噻嗪片：10mg、25mg、50mg。

**【药物评价】**①本品大多不良反应与剂量和疗程有关。其中水、电解质紊乱所致的副作用较为常见。应从最小有效剂量开始用药，以减少副作用，减少反射性肾素和醛固酮分泌。②有低钾血症倾向或者长期用药的患者，应酌情补钾或与保钾利尿药合用。③孕妇、哺乳妇女、肝功能不全者及糖尿病患者

慎用。④对磺胺类药物过敏及肾功能严重不全者禁用。

**【品种信息】** 国产药品：获批文的有248个，生产企业有常州制药、重庆西南合成制药、丽珠集团利民制药、华北制药等。进口药品：获批文的有17个，大多为复方制剂，生产企业有瑞士诺华 Sanofi - aventis groupe 等。

**【贮藏】** 原料及片剂遮光，密封保存。

**【药品识记】** 扫码认药

## 螺内酯[典][基][医保(甲)]

## Spironolactone

**【别名】** 安体舒通、螺旋内酯固醇

**【商品名】** 舍平

**【药理作用与适应证】** 本品化学结构与醛固酮相似，为醛固酮的拮抗剂，利尿作用弱而缓慢、持久。用于治疗与醛固酮增多有关的顽固性水肿或腹水，如慢性充血性心力衰竭、肾病综合征、肝硬化等引起的水肿或腹水；治疗原发性醛固酮增多症；可作为原发性或继发性高血压的辅助用药。

**【剂型及规格】** 主要剂型有片剂、胶囊剂。①螺内酯片：12mg、20mg。②螺内酯胶囊：20mg。

**【药物评价】** ①严重肾功能不全、高钾血症者禁用。孕妇、哺乳妇女慎用。②与肾毒性药物合用时，肾毒性增加。③大剂量服用本品可引起嗜睡和运动失调，服药期间应避免驾车、开船和从事高空作业，以防意外。

**【品种信息】** 国产药品：获批文的有46个，生产企业有海南海神同洲制药（舍平）、上海衡山药业、上海上药信谊、长春白求恩制药等。暂无进口药品。

**【贮藏】** 原料密封保存；片剂及胶囊剂密封，在干燥处保存。

**【药品识记】** 扫码认药

## 其他利尿药

其他利尿药品种信息见表11－1。

**表11－1　其他利尿药品种信息**

| 药物名称 | 其他名称 | 作用与适应证 | 品种信息 |
|---|---|---|---|
| 布美他尼 [典][医保(乙)] | 丁胺速尿、丁苯氧酸、丁尿胺、辛帝、百畅 | 用于水肿性疾病，包括充血性心力衰竭、高血压、预防急性肾功能衰竭，用于各种原因导致肾脏血流灌注不足等 | 【剂型及规格】片剂：1g；注射剂：0.5g、1.0g；粉末剂：2ml∶0.5mg、2ml∶1mg<br>【生产商】海南卓泰制药、卫材（辽宁）制药（辛帝）、海南通用康力制药（百畅）等 |
| 托拉塞米 [典][医保(乙)] | 托拉沙得、伊迈格、特苏尼、拓赛 | 片剂或者胶囊剂用于充血性心力衰竭所致的水肿患者，也可用于原发性高血压患者。注射剂用于需要迅速利尿或不能口服利尿的充血性心力衰竭、肝硬化腹水、肾脏疾病所致的水肿患者 | 【剂型及规格】片剂：5mg、10mg、20mg；注射液：10mg∶1ml、10mg∶2ml、20mg∶2ml；注射用粉针剂：10mg、20mg<br>【生产商】湖北亨迪药业（伊迈格）、江苏苏中药业（拓赛）、南京优科制药（特苏尼）等 |
| 依他尼酸 [典] | 利尿酸 | 用于充血性心力衰竭、急性肺水肿、肾性水肿、肝硬化腹水、肝癌腹水、血吸虫病腹水、脑水肿及其他水肿。因可引起永久性耳聋，现已少用 | 【剂型及规格】片剂：25mg；注射剂：25mg<br>【生产商】广州白云山光华制药等 |

续表

| 药物名称 | 其他名称 | 作用与适应证 | 品种信息 |
|---|---|---|---|
| 氯噻酮[典] | 嗪氯噻酮、氯噻酮、氯酞酮 | 用于水肿性疾病、高血压、中枢性或肾性尿崩症、肾石症 | 【剂型及规格】片剂：50mg、100mg<br>【生产商】山西太原药业、海南制药等 |
| 氨苯蝶啶[典][基][医保(甲)] | 三氨蝶啶 | 为保钾利尿药，用于治疗各类水肿，如心力衰竭、肝硬化及慢性肾炎引起的水肿或腹水，以及糖皮质激素治疗过程中发生的水钠潴留 | 【剂型及规格】片剂：50mg<br>【生产商】华润双鹤药业、上海新亚药业、长春长红制药等 |
| 阿米洛利[典][医保(乙)] | 盐酸阿米洛利、氨氯吡咪 | 为保钾利尿药。用于治疗水肿性疾病，亦可用于难治性低钾血症的辅助治疗 | 【剂型及规格】片剂：2.5mg、5mg<br>【生产商】江苏迪赛诺制药、杭州民生药业等 |
| 乙酰唑胺[典][基][医保(甲)] | 醋唑磺胺、醋氮酰胺 | 用于治疗各种类型的青光眼，对各种类型青光眼急性发作时的短期控制是一种有效地降低眼压的辅助药物 | 【剂型及规格】片剂：0.25g<br>【生产商】北京斯利安药业、上海上药信谊药厂等 |

【药品识记】扫码认药

## 二、脱水药

### （一）概述

脱水药又称渗透性利尿药，是指具有高渗透压，能使组织脱水的小分子非电解质化合物，其药物作用完全决定于溶液中药物分子本身所发挥的渗透压作用。这种药物在体内不被代谢或代谢较慢，静脉给药后，可使血浆内渗透压迅速增高，引起组织脱水。在相同浓度时，分子量越小，产生的渗透压越高，脱水能力越强。具有减轻或消除脑水肿、降低颅内压的作用，其利尿作用并不明显，禁用于心功能不全的患者。常见的药物有甘露醇、山梨醇、高渗葡萄糖等。

### （二）常见药品识别

#### 甘露醇[典][基][医保(甲、乙)]

#### Mannitol

**【别名】**甘露密醇、甘露糖醇

**【药理作用与适应证】**甘露醇为单糖，在体内不被代谢，经肾小球滤过后在肾小管内甚少被重吸收，起到渗透利尿作用。

用于治疗各种原因引起的脑水肿，降低颅内压，防止脑疝；也可有效降低眼内压，应用于其他降眼内压药无效时或眼内手术前准备等。

**【剂型及规格】**甘露醇注射液：50ml：10g、100ml：20g、250ml：50g、2000ml：100g。

**【药物评价】**①快速静脉注射，可因血容量突然增加，加重心负荷，故心功能不全者禁用。颅内有活动性出血者禁用，以免因颅内压迅速下降而加重出血。另外肺水肿、充血性心力衰竭、严重失水者及孕妇禁用。②因本品排水多于排钠，故不适用于全身性水肿的治疗，仅作为其他利尿药的辅助药。③本品可加剧强心苷类药物的毒性作用。

**【品种信息】**国产药品：获批文的有273个，生产企业有石家庄华旭药业、山东天力药业、青岛明月海藻集团等。暂无进口药品。

【贮藏】避光，密闭保存。

### 甘油果糖氯化钠[典][医保(甲)]

### Glycerol Fructose and Sodium Chloride

【别名】甘果糖

【商品名】布瑞得、固利压

【药理作用与适应证】本品为含有甘油、果糖和氯化钠的高渗制剂，通过高渗透性脱水，能使脑水分含量减少，降低颅内压。其降低颅内压作用起效较缓，持续时间较长。

用于脑血管病、脑外伤、脑肿瘤、颅内炎症及其他原因引起的急慢性颅内压增高、脑水肿等症。

【剂型及规格】甘油果糖氯化钠注射液：250ml、500ml。

【药物评价】①一般无不良反应，偶有瘙痒、皮疹、头痛、恶心、口渴和出现溶血现象。②禁用于：遗传性果糖不耐受者、低渗性脱水症患者；对该制剂中任何一成分过敏者；高钠血症、心功能不全者、无尿和严重脱水者。③仅通过静脉给药，使用时勿漏出血管。

【品种信息】国产药品：获批文的有 64 个，生产企业有青岛金峰制药有限公司、大连天宇制药有限公司、四川美大康佳乐药业等。进口药品：获批文的有 2 个，生产企业是中国台湾南光化学制药（固利压）。

【贮藏】在凉暗处保存。

【药品识记】扫码认药

## 三、抗尿崩症用药

### （一）概述

尿崩症是指精氨酸加压素不同程度的缺乏或各种原因导致肾脏对精氨酸加压素敏感性降低，导致肾小管重吸收水功能性障碍的一组综合征，其中前者为中枢性尿崩症，后者为肾性尿崩症。临床特点为多尿、烦躁、极度口渴、大量饮水、低比重尿与低渗尿。凡能缓解这些症状的药物，均可称为抗尿崩症用药，主要药物有鞣酸加压素和去氨加压素，具体品种信息见表 11－2。

表 11－2　抗尿崩症用药品种信息

| 药物名称 | 其他名称 | 作用与适应证 | 品种信息 |
| --- | --- | --- | --- |
| 鞣酸加压素[医保(乙)] | 长效尿崩停 | 为垂体后叶激素类药物，属于抗利尿激素药，能促进远端肾小管及集合管对水分的重吸收而具有抗利尿作用。主要用于中枢性尿崩症 | 【剂型及规格】注射液：5ml：300单位<br>【生产商】上海上药第一生化药业 |
| 去氨加压素[典][基][医保(甲)] | 醋酸去氨加压素 | 为多肽类药物。用于治疗中枢性尿崩症、颅外伤或手术所致暂时性尿崩症、血小板减少症、血友病 A、血管性血友病、夜间遗尿症（6 岁或 6 岁以上的患者），还可用于尿崩症的鉴别诊断和肾脏浓缩功能试验 | 【剂型及规格】注射液：4μg（按去氨加压素计为 3.56μg）<br>【生产商】海南中和药业、深圳翰宇药业等 |

【药品识记】扫码认药

## 四、良性前列腺增生用药

### （一）概述

前列腺是男性生殖系统的一部分，形似栗子，其主要功能是构成后尿道和分泌前列腺液。前列腺增生又称良性前列腺增生，是引起中老年男性排尿障碍最常见的一种良性疾病。主要表现为尿频、尿急、夜尿增多、排尿分叉和进行性排尿困难等症状。该病随全球人口老年化发病日渐增多，且发病率随年龄递增。据统计，60 岁以上男性，约 50% 会表现前列腺增生症状；80 岁以上男性，约 80% 表现前列腺增生症状。

良性前列腺增生的常用治疗药物有 5α－还原酶抑制剂、α 受体阻滞剂、M 受体拮抗剂以及植物制剂等。α 受体阻滞剂主要是通过阻滞分布在前列腺和膀胱颈部平滑肌表面的肾上腺素能受体，从而缓解下尿路症状，代表药物有坦索罗辛、赛洛多辛、多沙唑嗪和特拉唑嗪等。5α－还原酶抑制剂主要是通过抑制体内睾酮向双氢睾酮转变，达到缩小前列腺体积的目的，代表药物有非那雄胺、度他雄胺等。

### （二）常见药品识别

#### 坦洛新[基][医保(乙)]

Tamsulosin

**【别名】**坦索罗辛

**【商品名】**积大本特、哈乐、必坦

**【药理作用与适应证】**对前列腺增生引起的排尿困难、夜间尿频、残余尿感等症状有明显改善。主要用于治疗前列腺增生所致排尿障碍。适用于轻、中度患者及未导致严重排尿障碍者，如已发生严重尿潴留时不应单独服用此药。

**【剂型及规格】**主要剂型有缓释胶囊剂、缓释片剂。①坦洛新缓释胶囊：0. 2mg。②坦洛新缓释片：0. 2mg。③盐酸坦索罗辛缓释胶囊：0. 2mg。

**【药物评价】**①用药前需先排除前列腺癌。②过量使用可致血压下降，尤其与降压药合用时，应注意血压变化。如引起血压下降，可平卧，必要时进行常规的治疗。③直立性低血压、肾功能不全及冠心病患者慎用。④高龄患者应注意服用后状况，如得不到期待的效果，不应继续增量，应改用其他方法治疗。⑤使用本品患者在进行白内障超声乳化手术时，因可出现虹膜松弛综合征，术前应告知眼科医生，以便采取预防措施。⑥对磺胺过敏者，使用本药出现过敏反应的可能性增加。⑦本品不适用于女性及儿童患者。

**【品种信息】**国产药品：获批文的有 5 个，生产企业有杭州康恩贝制药（必坦）、鲁南贝特制药、昆明积大制药（积大本特）。暂无进口药品。

**【贮藏】**密闭保存

**【药品识记】**扫码认药

#### 特拉唑嗪[典][基][医保(甲)]

Terazosin

**【其他名称】**四喃唑嗪

【商品名】高特灵

【药理作用与适应证】本品可降低膀胱出口部位的平滑肌张力，解除前列腺增生时由于平滑肌张力引起的排尿困难，使尿流动力学得到改善。还可降低外周血管张力，使血压下降，不引起反射性心跳加快。对血脂有改善作用。

适用于改善良性前列腺增生引起的症状。单独用或与其他降压药联合，亦可用于治疗轻度或中度高血压，主要降低舒张压。

【剂型及规格】主要剂型有片剂、胶囊剂。①特拉唑嗪片：1mg、2mg。②特拉唑嗪胶囊：2mg。

【药物评价】①用药前需先排除前列腺癌。②患者在开始治疗及增加剂量时应避免突然改变体位，以免发生头晕、无力。当出现低血压时，患者应坐下或躺下。③因可能会产生晕厥或直立性低血压，在首次给药后12小时内，增加剂量后或中断治疗后又重新用药时，勿驾车或从事操作危险机械等工作。④老年人对降压作用较敏感，应用本品须加注意，服药期间按时测量血压。⑤服药时若发生胃肠不适，可与食物并服以减轻症状。

【品种信息】国产药品：获批文的有45个，生产企业有雅培制药（高特灵）、上海延安药业、海南碧凯药业等。进口药品：获批文的有2个，生产企业有英国 Aesica Queenborough Limited 等。

【贮藏】遮光，密封保存。

【药品识记】扫码认药

## 非那雄胺[典][基][医保(乙)]

## Finasteride

【别名】非那司提、非那甾胺

【商品名】普洛平、蓝乐

【药理作用与适应证】本品为5α－还原酶竞争抑制剂，抑制外周睾酮转化为二氢睾酮，降低血液和前列腺、皮肤等组织中二氢睾酮水平。前列腺的生长发育和良性增生依赖于二氢睾酮，本品通过降低血液和前列腺组织中的二氢睾酮水平而抑制增生、改善增生的相关临床症状。

适用于治疗已有症状的良性前列腺增生症，改善症状。降低发生急性尿潴留的危险性。降低需进行经尿道切除前列腺和前列腺切除术的危险性。

【剂型及规格】主要剂型有片剂、胶囊剂。①非那雄胺片：5mg。②非那雄胺胶囊：5mg。

【药物评价】①本品主要在肝脏代谢，肝功能不全者慎用。②对于有大量残留尿和（或）严重尿流减少的患者，应密切监测其阻塞性尿路疾病。③治疗前期，须认真鉴别有无患前列腺癌和乳腺肿瘤的可能性，且随后要定期检查。

【品种信息】国产药品：获批文的有60个，生产企业有河北元森制药（普洛平）、天方药业（蓝乐）、扬子江药业集团江苏海慈生物药业等。进口药品：获批文的有8个，生产企业有波多黎各 AIAC International Pharma LLC 等。

【贮藏】遮光，密封，30℃以下保存。

【药品识记】扫码认药

### 其他良性前列腺增生用药

其他良性前列腺增生用药品种信息见表 11－3。

表 11－3 其他良性前列腺增生用药品种信息

| 药物名称 | 其他名称 | 作用与适应证 | 品种信息 |
| --- | --- | --- | --- |
| 多沙唑嗪 [典][医保(乙)] | 甲磺酸多沙唑嗪、可多华、立衡 | 为选择性 α 受体阻滞剂，通过选择性、竞争性阻断神经节后 $α_1$ 肾上腺素能受体，达到扩张血管、降低血压的作用。通过选择性阻断位于基质、被膜和膀胱颈部平滑肌中的 $α_1$ 肾上腺素能受体而改善良性前列腺增生的症状。适用于良性前列腺增生症和高血压 | 【剂型及规格】片剂：1mg、2mg、4mg。<br>【生产商】合肥立方制药（立衡）等 |
| 阿夫唑嗪 [医保(乙)] | 盐酸阿夫唑嗪、桑塔前列泰、瑞通 | 为一种经口服途径起效的喹诺啉类衍生物。它是一种选择性的，突触后 $α_1$ 肾上腺素受体拮抗剂对前列腺、膀胱三角区和尿道部位的 $α_1$ 肾上腺素受体有选择性作用。用于缓解良性前列腺增生引起的症状 | 【剂型及规格】片剂：2.5mg；缓释片：5mg<br>【生产商】鲁南贝特制药等 |
| 度他雄胺 | 安福达 | 为雄激素类药，抑制睾酮向双氢睾酮（DHT）的转化。用于治疗中、重度症状的良性前列腺增生症 | 【剂型及规格】胶囊剂：0.5mg<br>【生产商】成都盛迪医药、四川国为制药、GlaxoSmithKline（Ireland）Limited（安福达） |
| 黄酮哌酯 [典][医保(甲)] | 优必达 | 平滑肌松弛药，对泌尿生殖系统的平滑肌具有选择性解痉作用。用于膀胱炎、前列腺炎、尿道炎等引起的尿急、下腹部疼痛等症状，也用于妇科痉挛性疼痛如痛经等，还可合并其他药品用于肾结石、尿道结石和下尿道手术后引起的各种疼痛 | 【剂型及规格】片剂：0.1g、0.2g；胶囊剂：0.1g<br>【生产商】吉林金恒制药、深圳海王药业等 |
| 普适泰 [医保(乙)] | 舍尼通 | 作用机理可能与阻碍体内睾酮转化为二氢睾酮及抑制白三烯、前列腺素合成有关。用于良性前列腺增生，慢性、非细菌性前列腺炎 | 【剂型及规格】片剂：花粉提取物 P－5 70mg、花粉提取物 EA－10 4mg<br>【生产商】南京美瑞制药（舍尼通） |
| 普乐安 [典][基][医保(甲)] | 前列康 | 由油菜花花粉组成。具有补肾固本的功效。用于肾气不固所致的腰膝酸软、排尿不畅、尿后余沥或失禁，慢性前列腺炎及前列腺增生症见上述症状者 | 【剂型及规格】片剂（薄膜衣）：0.55g（含油菜花粉 0.5g）；胶囊剂：0.375g<br>【生产商】云南白药集团、宿州亿帆制药有限公司等 |

**【药品识记】**扫码认药

**即学即练**

下列前列腺增生用药属于 5α－还原酶竞争抑制剂的是（　　）

A. 非那雄胺　B. 特拉唑嗪　C. 坦洛新　D. 多沙唑嗪

答案解析

PPT

## 任务二　抗变态反应药和影响免疫功能药

变态反应又称超敏反应，即机体与抗原性物质在一定条件下相互作用，产生致敏淋巴细胞或特异性抗体，如与再次进入的抗原结合，可导致机体生理功能紊乱和组织损害的免疫病理反应。

免疫功能是指机体对疾病的抵抗力，机体的免疫功能是在淋巴细胞、单核细胞和其他有关细胞及其产物的相互作用下完成的。免疫功能是免疫系统根据免疫识别而发挥的作用。

案例分析

**案例描述**　患者，男，46岁。近半个月感觉四肢、躯干剧烈瘙痒，身上皮疹周围还有红晕。医生诊断为荨麻疹，为他开了氯苯那敏片，服药后症状好转，但出现早上睡不醒、精力不集中的现象。

**讨　　论**　1. 医生使用氯苯那敏的目的是什么？

2. 针对该患者的症状有何建议？

答案解析

## 一、抗变态反应药

### （一）概述

抗变态反应药是用于防治变态反应性疾病的药物，亦称抗过敏药。这类药包括：①抗组胺药，主要是组胺 $H_1$ 受体拮抗剂，如异丙嗪、氯苯那敏、苯海拉明等，能与组胺竞争效应细胞上的组胺 $H_1$ 受体，使组胺不能同 $H_1$ 受体结合，从而抑制其引起过敏反应的作用。②过敏反应介质阻释剂，能稳定肥大细胞膜，阻止组胺及其过敏反应介质（如慢反应物质缓激肽等）的释放而产生抗过敏反应，如色甘酸钠等。③其他抗变态反应药：包括钙盐，如氯化钙、葡萄糖酸钙；脱敏制剂，如粉尘螨注射液；糖皮质激素，如泼尼松等。

### （二）常见药品识别

#### 氯苯那敏[典][基][医保(甲、乙)]

Chlorphenamine

**【别名】** 马来酸氯苯那敏、扑尔敏、氯苯吡胺、氯屈米通

**【商品名】** 敏菲尔、维福佳

**【药理作用与适应证】** 为第一代烷基胺抗组胺药，本品通过对 $H_1$ 受体的拮抗起到抗过敏作用。其特点是抗组胺作用较强，用量小，具有中等程度的镇静作用和抗胆碱作用，适用于各种过敏性疾病。与解热镇痛药配伍用于治疗感冒。用于过敏性鼻炎、感冒和鼻窦炎及过敏性皮肤疾患，如荨麻疹、过敏性药疹或湿疹、血管神经性水肿、虫咬所致皮肤瘙痒等。

**【剂型及规格】** 主要剂型有片剂、胶囊剂、注射剂。①马来酸氯苯那敏片：4mg。②马来酸氯苯那敏滴丸：2mg、4mg。③氯苯那敏注射液：1ml：10mg、2ml：20mg。

**【药物评价】** ①不良反应为嗜睡、疲劳、乏力、口鼻咽喉干燥、痰液黏稠，可引起注射部位局部刺激和一过性低血压，少见皮肤瘀斑、出血倾向。②老年患者应在医师指导下使用。服药期间不得驾驶机、车、船、从事高空作业、机械作业及操作精密仪器。③注射剂有刺激性，静脉注射过快可致低血压或中枢神经兴奋。不宜与氨茶碱作混合注射。④有交叉过敏现象，对其他抗组胺药或麻黄碱、肾上腺素、异丙肾上腺素、去甲肾上腺素及碘过敏者，也可能对本药过敏。

**【品种信息】** 国产药品：获批文的有1964个，生产企业有上海新华联制药、上海皇象铁力蓝天制药（敏菲尔）、华中药业（维福佳）、沈阳新地药业等。暂无进口药品。

**【贮藏】** 原料及片剂遮光，密封保存；注射液遮光，密闭保存；滴丸遮光，密封，在凉处保存。

【药品识记】扫码认药

## 苯海拉明[典][基][医保(甲)]

## Diphenhydramine

【别名】盐酸苯海拉明、苯那君、可他敏

【药理作用与适应证】为乙醇胺类抗组胺药。能对抗或减弱组胺对血管、胃肠和支气管平滑肌的作用，对中枢神经系统有较强的抑制作用，也有镇吐和抗胆碱（M受体）作用。

可用于：①过敏性疾病，尤其适用于皮肤黏膜的过敏性疾病，如过敏性药疹、过敏性湿疹、血管神经性水肿和荨麻疹等。对平滑肌痉挛所致支气管哮喘的效果较差，须与氨茶碱、麻黄碱等合用。②镇静安眠和手术前给药。③抗帕金森病和药物所致锥体外系症状。④防晕止吐，可用于乘船乘车所致晕动病，以及放射病、手术后及药物引起的恶心呕吐。

【剂型及规格】主要剂型有片剂、注射剂、胶囊剂。①盐酸苯海拉明片：25mg。②盐酸苯海拉明注射液：1ml：20mg。③盐酸苯海拉明软胶囊：25mg、50mg。

【药物评价】①有头晕、嗜睡等副作用，故驾驶员、精密仪器操作者不宜使用。②药物过量中毒：发生频率和强度与血药浓度有关，最常见的表现为意识障碍，另外还有精神病症状、抽搐及抗胆碱样症状，如瞳孔扩大、心动过速、心率加快和呼吸衰竭等。儿童对药物过量更为敏感，特别易导致兴奋，偶可见急性谵妄、幻听和幻视。

【品种信息】国产药品：获批文的有286个，生产企业有宜昌人福药业、内蒙古海天制药、福州海王福药制药等。暂无进口药品。

【贮藏】原料密封保存；片剂遮光，密封保存；注射液密闭保存。

【药品识记】扫码认药

## 异丙嗪[典][基][医保(甲)]

## Promethazine

【别名】盐酸异丙嗪、非那根、抗胺荨、盐酸普鲁米近

【药理作用与适应证】为吩噻嗪类抗组胺药。作用较苯海拉明持久，亦具明显的中枢镇静作用，但比氯丙嗪弱；能增强麻醉药、催眠药、镇痛药和局部麻醉药的作用，降低体温，有镇吐作用。

适用于：①抗过敏，适用于各种过敏症（如哮喘、荨麻疹等）。②镇吐抗眩晕，可用于一些麻醉和手术后的恶心呕吐，乘车、船等引起的眩晕等。③镇静催眠，可在外科手术和分娩时与哌替啶合用，缓解患者紧张情绪，或用于晚间催眠药。亦可与氯丙嗪等配成冬眠注射液用于人工冬眠。

【剂型及规格】主要剂型有片剂、注射剂。①盐酸异丙嗪片：12.5mg、25mg。②盐酸异丙嗪注射液：25mg：1ml、50mg：2ml。

【药物评价】①本药注射剂具有强烈刺激性，应特别注意避免静脉外渗漏或误插入动脉，本药不能皮下注射。不宜与氨茶碱混合注射。②肝功能减退者慎用。③老年人用本药易发生头晕、呆滞、低血压及锥体外系症状。④儿童应用大剂量时可出现谵妄、心血管系统反应等，故2岁以下儿童不推荐使用。

【品种信息】国产药品：获批文的有216个，生产企业有哈药集团、广东南国药业、天津金耀药业

等。暂无进口药品。

【贮藏】原料及片剂遮光，密封保存；注射液遮光，密闭保存。

【药品识记】扫码认药

## 氯雷他定[典][基][医保(甲、乙)]

Loratadine

【别名】氯羟他定、诺那他定、克敏能

【商品名】福莱西、开瑞坦、史泰舒、海王抒瑞、舍泰、邦诺、华畅等

【药理作用与适应证】哌啶类抗组胺药，为阿扎他定的衍生物，具有选择性地拮抗外周组胺 $H_1$ 受体的作用。其抗组胺作用起效快、效强、持久。其作用比阿司咪唑及特非那定均强。

本品用于缓解过敏性鼻炎有关的症状，如喷嚏、流涕、鼻痒、鼻塞以及眼部痒及烧灼感。口服药物后，鼻和眼部症状及体征得以迅速缓解。亦适用于缓解慢性荨麻疹、瘙痒性皮肤病及其他过敏性皮肤病的症状及体征。

【剂型及规格】主要剂型有：片剂、分散片、咀嚼片、胶囊剂、颗粒剂、糖浆剂。①氯雷他定片：10mg。②氯雷他定分散片：5mg、10mg。③氯雷他定咀嚼片：5mg。④氯雷他定胶囊：10mg。⑤氯雷他定颗粒：5mg、10mg。⑥氯雷他定糖浆：60mg∶60ml、50ml∶50mg。

【药物评价】①常见不良反应有乏力、头痛、嗜睡、口干、胃肠道不适（包括恶心、胃炎）以及皮疹等。偶见嗜睡，健忘及晨起面部肢端水肿。②2 岁以下儿童不推荐使用。妊娠期及哺乳期妇女慎用。对本品中的成分过敏或特异体质的患者禁用。

【品种信息】国产药品：获批文的有 145 个，生产企业有河南九势制药（福莱西）、拜耳医药（上海）（开瑞坦）、青岛双鲸药业（邦诺）、湖北康源药业（史泰舒）、南京亿华药业（华畅）、深圳海王药业（海王抒瑞）等。进口药品：获批文的有 6 个，生产企业有 Schering－Plough Labo N. V. 等。

【贮藏】遮光，密闭保存。

【药品识记】扫码认药

## 其他抗变态反应药

其他抗变态反应药品种信息见表 11－4。

**表 11－4　其他抗变态反应药品种信息**

| 药物名称 | 其他名称 | 作用与适应证 | 品种信息 |
|---|---|---|---|
| 赛庚啶[典][基][医保(甲)] | 盐酸赛庚啶、二苯环庚啶 | 可与组织中释放出来的组胺竞争效应细胞上的 $H_1$ 受体，从而阻止过敏反应的发作。用于荨麻疹、湿疹、过敏性和接触性皮炎、皮肤瘙痒、鼻炎、偏头痛、支气管哮喘等 | 【剂型及规格】片剂：2mg；乳膏剂：0.5%、20g∶100mg<br>【生产商】常州四药制药、海南制药等 |
| 西替利嗪[基][医保(乙)] | 仙特敏、赛特赞、适迪、贝分、昔利 | 为选择性组胺 $H_1$ 受体拮抗剂。用于季节性和常年性过敏性鼻炎、结膜炎及过敏反应所致的瘙痒和荨麻疹 | 【剂型及规格】片剂：5mg、10mg；胶囊剂：10mg；分散片：10mg；口服液：10mg∶10ml<br>【生产商】齐鲁制药（适迪）、鲁南贝特制药（贝分）、扬子江药业集团（昔利）等 |

续表

| 药物名称 | 其他名称 | 作用与适应证 | 品种信息 |
| --- | --- | --- | --- |
| 左西替利嗪［医保(乙)］ | 左旋西替利嗪、畅然、齐平、强溢、迪皿、西可新、诺思达 | 为口服选择性组胺 $H_1$ 受体拮抗剂。用于治疗过敏性角膜炎、过敏性鼻炎，包含季节性的过敏性鼻炎和常年性的过敏性鼻炎，还可以用于治疗皮肤的过敏性疾病，比如荨麻疹、瘙痒等 | 【剂型及规格】片剂：5mg；颗粒剂：2.5mg；胶囊剂：5mg；口服溶液剂 10ml：5mg、75ml：37.5mg<br>【生产商】江苏恒瑞医药（齐平）、浙江仟源海力生制药有限公司（强溢）、湖南九典制药（畅然）、重庆华邦制药（迪皿）、苏州东瑞制药（西可新）、鲁南贝特制药（诺思达）等 |
| 地氯雷他定［医保(乙)］ | 地洛他定、芙必叮、地恒赛、信敏汀 | 是一种非镇静性的长效组胺拮抗剂，具有强效、选择性地拮抗外周 $H_1$ 受体的作用。用于治疗慢性特发性荨麻疹、常年过敏性鼻炎及季节性过敏性鼻炎 | 【剂型及规格】片剂：8.8mg；分散片：5mg；胶囊剂：5mg；糖浆剂：100ml：50mg、60ml：30mg<br>【生产商】海南普利制药（芙必叮）、深圳市海滨制药（地恒赛）、深圳信立泰药业（信敏汀）等 |
| 特非那定［典］ | 丁苯哌丁醇 | 为特异 $H_1$ 受体阻断剂。用于过敏性鼻炎和荨麻疹，也可用于过敏性皮肤病和花粉症 | 【剂型及规格】片剂：30mg、60mg；颗粒剂：5mg、30mg；胶囊剂：30mg<br>【生产商】江苏联环药业等 |
| 非索非那定 | 非索那丁、非索那定、莱多菲、毕馨、敏杰 | 具有选择性外周 $H_1$ 受体拮抗作用的抗组胺药物。用于季节性过敏性鼻炎和慢性特发性荨麻疹 | 【剂型及规格】片剂：30mg、60mg；胶囊剂：60mg<br>【生产商】浙江万晟药业（莱多菲）、四川省旭晖制药（毕馨）、太极集团重庆涪陵制药（敏杰）等 |
| 咪唑斯汀［典］［医保(乙)］ | 奥尼捷 | 是一种强效的、高选择性的组胺 $H_1$ 受体拮抗剂。适用于季节性过敏性鼻炎、花粉症、常年性过敏性鼻炎及荨麻疹等皮肤过敏症状 | 【剂型及规格】片剂：10mg<br>【生产商】北京嘉林药业、华润三九医药（奥尼捷） |
| 依巴斯汀［典］［医保(乙)］ | 苏迪、思金 | 对组胺 $H_1$ 受体具有选择性拮抗作用。用于季节性、常年性过敏性鼻炎和慢性荨麻疹、湿疹、皮炎、痒疹、皮肤瘙痒症等 | 【剂型及规格】片剂：10mg<br>【生产商】江苏联环药业（苏迪）、台州保灵药业（思金） |
| 依美斯汀［医保(乙)］ | 埃美丁 | 一种相对选择性的组胺 $H_1$ 受体拮抗剂。滴眼液用于暂时缓解过敏性结膜炎的体征和症状；缓释胶囊用于过敏性鼻炎和荨麻疹 | 【剂型及规格】滴眼液：5ml：2.5mg；缓释胶囊：2mg<br>【生产商】山东博士伦福瑞达制药、比利时 S. A. Alcon - Couvreur N. V.（埃美丁） |
| 曲普利啶［典］［医保(乙)］ | 刻免 | 可选择性地阻断组胺 $H_1$ 受体，具有抗组胺、抗胆碱及中枢镇静作用。用于各种过敏性疾病，包括过敏性鼻炎、结膜炎、荨麻疹、支气管哮喘、花粉症、动植物与食物引起的过敏等 | 【剂型及规格】片剂：2.5mg；胶囊剂：2.5mg<br>【生产商】珠海联邦制药（刻免） |

**【药品识记】**扫码认药

## 二、免疫抑制药

### （一）概述

免疫抑制药又被称为细胞毒性药物，通过抑制细胞代谢途径或者杀灭增殖细胞而发挥抗肿瘤的作用。主要用于肿瘤性疾病以及器官移植的治疗，也广泛应用于风湿免疫性疾病的治疗，如类风湿关节炎、系统性红斑狼疮以及肌炎等。免疫抑制药用于风湿性疾病的主要依据是可以杀伤机体不需要的细胞，从而有助于病情的缓解。目前常见的免疫抑制药主要有环孢素、环磷酰胺、甲氨蝶呤以及来氟米特等。

### （二）常见药品识别

## 环孢素[典][基][医保(甲、乙)]

## Ciclosporin

**【别名】** 环孢霉素 A、环孢多肽 A、环孢灵、山地明

**【商品名】** 新赛斯平、田可、丽珠环明、新山地明

**【药理作用与适应证】** 本药主要抑制 T 细胞功能。主要用于肾、肝、心、肺、骨髓移植的抗排异反应，可与肾上腺皮质激素或其他免疫抑制剂合用，也可用于治疗类风湿关节炎、系统性红斑狼疮、肾病型慢性肾炎、自身免疫性溶血性贫血、银屑病、葡萄膜炎等自身免疫性疾病。

**【剂型及规格】** 主要剂型有：胶囊剂、口服溶液、注射剂。①环孢素胶囊：25mg；环孢素软胶囊：10mg、25mg、50mg。②环孢素口服溶液：50ml∶5g。③环孢素注射液：5ml∶0.25g。

**【药物评价】** ①许多与环孢素治疗有关的副作用呈剂量依赖性并在剂量降低后减退。所有不良反应范围基本一致，仅在发生率和严重程度上有所不同。②用药期间需监测血药浓度（血环孢素谷值），使本药的血浆水平控制在 50～300ng/ml，以免因血药浓度过高导致肾毒性或过低导致排异反应。亦应监测血象、肝功能、肾功能。③本药吸收较缓慢，故服用过量药物 2 小时内，经催吐尚可将未吸收的药物除去。出现肝肾毒性时则应对症处理，体内药物消除后症状可消失。透析和药用炭吸附血液灌流均不能有效清除本药。④对环孢素或辅料中任何成分过敏者、3 岁以下儿童、有病毒感染时禁用。本品不能与他克莫司同时服用。

**【品种信息】** 国产药品：获批文的 38 个，生产企业有杭州中美华东制药（新赛斯平）、丽珠制药（丽珠环明）、华北制药（田可）、山东新时代药业等。进口药品：获批文的有 15 个，生产企业有 Catalent Germany Eberbach GmbH（新山地明）、TEVA Czech Industries s. r. o.。

**【贮藏】** 避光密封，在阴凉干燥处保存。

**【药品识记】** 扫码认药

## 其他免疫抑制药

其他免疫抑制药品种信息见表 11－5。

**表 11－5　其他免疫抑制药品种信息**

| 药物名称 | 其他名称 | 作用与适应证 | 品种信息 |
| --- | --- | --- | --- |
| 雷公藤多苷 [基][医保(甲)] | 雷公藤苷、雷公藤总苷 | 可用于类风湿关节炎、红斑性狼疮、皮肌炎、贝赫切特综合征、肾小球肾炎等。外用于银屑病（牛皮癣）的治疗 | 【剂型及规格】片剂：10mg<br>【生产商】远大医药黄石飞云制药、广东华南药业等 |
| 硫唑嘌呤 [典][基][医保(甲)] | 依木兰、咪唑巯嘌呤 | 主要用于器官移植时抗排异反应，多与皮质激素并用，或加用抗淋巴细胞球蛋白（ALG），疗效较好 | 【剂型及规格】片剂：50mg、100mg<br>【生产商】常州亚邦制药、浙江诚意药业、上海上药信谊药厂等 |
| 吗替麦考酚酯 [典][基][医保(乙)] | 霉酚酸酯、骁悉、赛可平 | 适用于接受同种异体肾脏或肝脏移植的患者，预防器官的排斥反应 | 【剂型及规格】胶囊剂：250mg；片剂：0.25g、0.5g；注射剂：500mg<br>【生产商】上海罗氏制药（骁悉）、杭州中美华东制药（赛可平）等 |

续表

| 药物名称 | 其他名称 | 作用与适应证 | 品种信息 |
| --- | --- | --- | --- |
| 他克莫司 [医保(乙)] | 普乐可复 | 主要用于器官移植的抗排异反应，尤其适用于肝移植，还可用于肾、心、肺、胰、骨髓及角膜移植等 | 【剂型及规格】胶囊剂：0.5mg、1mg；软膏剂：0.1%、0.03%<br>【生产商】华北制药、爱尔兰安斯泰 Astellas Ireland Co. Ltd（普乐可复）等 |
| 环磷酰胺 [典][基][医保(甲)] | 癌得星、安道生、和乐生、匹服平 | 用于各种自身免疫性疾病，对严重类风湿关节炎及全身性红斑狼疮，大部分病例有效；对儿童肾病综合征，其疗效较硫唑嘌呤好，可长期缓解 | 【剂型及规格】片剂：50mg；注射剂：0.2g、0.5g、0.8g、1.0g<br>【生产商】江苏恒瑞医药（匹服平）、德国 Baxter Oncology GmbH（安道生、和乐生）等 |
| 甲氨蝶呤 [典][基][医保(甲)] | 氨甲蝶呤、氨克生 | 主要用于类风湿关节炎、银屑病关节炎、红斑性狼疮、脊柱关节病的周围关节炎、多肌炎、皮肌炎、多发性肉芽肿等自身免疫性疾病 | 【剂型及规格】片剂：2.5mg；注射剂：50mg、0.1g、1.0g<br>【生产商】浙江大为药业、通化茂祥制药等 |
| 利妥昔单抗 [基][医保(乙)] | 达伯华、美罗华 | 适用于复发或耐药的滤泡性中央型淋巴瘤（国际工作分类 B、C 和 D 亚型的 B 细胞非霍奇金淋巴瘤）的治疗 | 【剂型及规格】注射剂：100mg∶10ml/瓶、500mg∶50ml/瓶<br>【生产商】信达生物制药（达伯华）、瑞士罗氏 Roche Diagnostics GmbH 等（美罗华） |

**【药品识记】**扫码认药

## 三、免疫增强药

### （一）概述

免疫增强药主要用于增强机体的抗肿瘤、抗感染能力，纠正免疫缺陷。常用的免疫增强药有化学合成药物左旋咪唑、异丙肌苷等，人或动物免疫产物胸腺素、转移因子、干扰素、白介素等，微生物来源的卡介苗及其他来源的生物多糖、中药有效成分等。

### （二）常见药品识别

#### 重组人干扰素 α2a[医保(乙)]

**【别名】**罗荛愫、罗扰素

**【商品名】**因特芬、长生德佳、贝尔芬、奥平、迪恩安

**【药理作用与适应证】**本品具有天然 α 干扰素的多种活性，其抗病毒作用是通过在细胞内诱发抗病毒状态和调节免疫系统的效应，从而达到中和病毒或清除受病毒感染的细胞。

主要用于治疗淋巴或造血系统肿瘤、病毒性疾病。①某些病毒性疾病：乙型肝炎、丙型肝炎、尖锐湿疣、带状疱疹、小儿病毒性肺炎和上呼吸道感染、慢性宫颈炎等。②某些恶性肿瘤：毛细胞白血病、慢性粒细胞白血病、多发性骨髓瘤、非霍奇金淋巴瘤、卡波齐肉瘤、肾癌、喉乳头状瘤、黑色素瘤、蕈样肉芽肿、膀胱癌、基底细胞癌等。

**【剂型及规格】**主要剂型有：软膏剂、栓剂、注射剂、冻干粉针剂。①重组人干扰素 α2a 软膏：2 万 IU/g，5.0g/支。②注射用重组人干扰素 α2a/重组人干扰素 α2a 注射液：100 万 IU、300 万 IU、500 万 IU。③重组人干扰素 α2a 栓：6 万 IU/枚、50 万 IU/枚。

【药物评价】①严重的肝、肾或骨髓功能不正常者、癫痫及中枢神经系统功能损伤者、对该制剂的任何成分有过敏史者、患有严重心脏疾病或有心脏病史者、伴有晚期失代偿性肝病或肝硬化的肝炎患者、正在接受或近期内接受过免疫抑制剂治疗的慢性肝炎患者、即将接受同种异体骨髓移植的 HLA 抗体识别相关的慢性髓性白血病患者禁用。②本药冻干制剂溶解后为无色透明液体，如遇有浑浊、沉淀等异常现象，则不得使用。以注射用水溶解时应沿瓶壁注入，以免产生气泡，溶解后宜于当日用完，不得放置保存。

【品种信息】国产药品：获批文的有 10 个，生产企业有沈阳三生制药（因特芬）、长春生物制品研究所（长生德佳）等。暂无进口药品。

【贮藏】2～8℃条件下冷藏，不可冷冻。

## 重组人白介素－2[医保(乙)]

## Recombinant Human Interleukin－2

【商品名】新德路生、金路康、远策欣、辛洛尔、英路因、安捷素、因特康、欣吉尔、洛金

【药理作用与适应证】具有抗病毒、抗肿瘤和增强机体免疫功能等作用。

用于肾细胞癌、黑色素瘤、乳腺癌、膀胱癌、肝癌、直肠癌、淋巴癌等恶性肿瘤的治疗。用于手术、放疗及化疗后的肿瘤患者的治疗，可增强机体免疫功能。用于各种自身免疫病的治疗，如类风湿关节炎、系统性红斑狼疮、干燥综合征等。对某些病毒性、杆菌性疾病或胞内寄生菌感染性疾病，如乙型肝炎、麻风病、肺结核、白念珠菌感染等具有一定的治疗作用。

【剂型及规格】主要剂型有注射剂。注射用重组人百介素－2（冻干制剂）：5 万 IU/支、10 万 IU/支、20 万 IU/支、50 万 IU/支、100 万 IU/支、150 万 IU/支。

【药物评价】①对本品有过敏史的患者禁用。②高热、严重心脏病、低血压者及严重心肾功能不全者、肺功能异常或进行过器官移植者禁用。③本品加生理盐水溶解后为透明液体，如遇浑浊、沉淀等现象，不宜使用。④使用本品从小剂量开始，逐渐增大剂量。应严格掌握安全剂量。

【品种信息】国产药品：获批文的有 31 个，生产企业有北京四环生物制药（新德路生）、山东金泰生物工程等。暂无进口药品。

【贮藏】2～8℃冷藏、遮光保存。

## 其他免疫增强药

其他免疫增强药品种信息见表 11－6。

**表 11－6　其他免疫增强药品种信息**

| 药物名称 | 其他名称 | 作用与适应证 | 品种信息 |
|---|---|---|---|
| 左旋咪唑[典] | 盐酸左旋咪唑、左咪唑 | 用于肺癌、乳腺癌手术后或急性白血病、恶性淋巴瘤化疗后的辅助治疗。及自身免疫性疾病如类风湿关节炎、红斑性狼疮、银屑病以及上呼吸道感染、小儿呼吸道感染、肝炎、菌痢、疮疖、脓肿等。对顽固性支气管哮喘的近期疗效显著 | 【剂型及规格】片剂：25mg、50mg；涂布剂：500mg∶5ml；锭剂：5mg、15mg；搽剂：5ml∶500mg；颗粒剂：10g∶50mg<br>【生产商】四川升和药业、辽宁格林生物药业等 |
| 卡介菌多糖核酸 | 卡介苗素、卡舒宁、卡提素、维尔本 | 主要用于预防和治疗慢性支气管炎、感冒及哮喘 | 【剂型及规格】注射剂：每安瓿 1ml，含卡介菌多糖 0.35mg，核酸不低于 40μg/30μg<br>【生产商】浙江万晟药业、吉林亚泰生物药业等 |

续表

| 药物名称 | 其他名称 | 作用与适应证 | 品种信息 |
| --- | --- | --- | --- |
| 香菇多糖 | 香菇糖、能治难、瘤停能、天地欣 | 用于急慢性白血病、胃癌、肺癌、乳腺癌等肿瘤的辅助治疗，提高患者免疫功能，减轻放射治疗和化学治疗的副作用。亦可用于治疗乙型病毒性肝炎 | 【剂型及规格】片剂：0.1g；注射剂：2ml∶1mg；胶囊剂：每粒装0.185g<br>【生产商】金陵药业、南京绿叶制药等 |
| 转移因子 | P-转移因子、人（猪）脾转移因子、牛转移因子、白细胞转移因子、百佳、悦康佳 | 用于治疗某些抗生素难以控制的病毒性或霉菌性细胞内感染（如带状疱疹、流行性乙型脑炎、白念珠菌感染等）。对恶性肿瘤可作为辅助治疗剂，对自身免疫性疾病和细胞免疫功能低下的有关疾病也有一定治疗作用 | 【剂型及规格】胶囊剂：6mg（多肽）∶200μg（核糖）、3mg（多肽）∶100μg（核糖）；注射剂：2ml∶3mg（多肽）∶100μg（核糖）、2ml∶6mg（多肽）∶200μg（核糖）<br>【生产商】成都利尔药业、南京新百药业、湖南一格制药等 |
| 胸腺素 | 胸腺肽、胸腺多肽、日达仙、欣乐维、迪赛、胸腺因子、赛威 | 用于胸腺发育不全综合征、运动失调性毛细血管扩张症、慢性皮肤黏膜真菌病等免疫缺陷病。对胸腺发育不全症患儿可长期用作替代性治疗。用于肿瘤患者，可见大部分患者T细胞数增多，也见有临床症状改善。对全身性红斑狼疮、类风湿关节炎等自身免疫性疾病有一定疗效 | 【剂型及规格】胶囊剂：5mg、15mg；片剂：5mg、10mg、20mg、30mg；注射剂：2ml∶5mg、2ml∶10mg、5ml∶50mg<br>【生产商】上海宝隆药业、长春海外制药等 |

【药品识记】扫码认药

**即学即练**

答案解析

氯雷他定适用于（　）

A. 过敏性鼻炎　B. 急性荨麻疹　C. 过敏性结膜炎　D. 以上都是

# 任务三　调节生活质量药

PPT

**案例分析**

**案例描述**　患者，女，25岁，某机关行政人员。近日出现眼干眼涩，稍微使用一会儿电子产品眼睛不舒服，夜间视力差，平日里不喜欢食用蔬菜水果，经常吃方便面等快餐食品。

**讨　　论**　1. 患者出现这种现象的原因是什么？

2. 针对该患者的症状有何建议？

答案解析

## 一、维生素及矿物质类药

### （一）概述

维生素是人和动物为维持正常的生理功能而必须从食物中获得的一类微量有机物质，在人体生长、代谢、发育过程中发挥着重要的作用。目前世界公认的维生素有14种，分为脂溶性维生素（A、D、E、

K）和水溶性维生素（C 和 B 族），大多数维生素在体内不能合成，也无一定的贮存，故必须经常从食物中摄取，少数可在体内合成或由肠道内细菌产生，并在体内有一定的贮存。在正常饮食情况下，一般很少发生维生素缺乏症。但当食物中缺乏维生素或由于疾病，人体摄入维生素不足，或机体吸收维生素的能力发生障碍，或机体对维生素的需要量增加，甚至因一些药物的干扰作用导致维生素合成减少时，都会引起维生素缺乏症。

矿物质系统是维持人体营养和机体功能所必需的无机化合物，某些维生素和矿物质可能发生协同作用。有些矿物质所需的量相当大，在人体组织中占有较大比重，如钙、钾、磷、钠、氯和镁。有些矿物质需要的量较少，其含量占人体重量的比例也非常小，称为微量元素。但对人体有重要作用，如铁、锌、硒、锰、碘和铜等。

### （二）常见药品识别

常见脂溶性维生素类药物品种信息见表 11－7。微课 1

表 11－7　常见脂溶性维生素类药物品种信息

| 药物名称 | 其他名称 | 作用与适应证 | 品种信息 |
|---|---|---|---|
| 维生素 A［典］［医保（乙）］ | 维生素甲、视黄醇 | 用于维生素 A 缺乏症，如夜盲症、眼干燥症、角膜软化症和皮肤粗糙等。补充需要，如妊娠、哺乳期妇女和婴儿等 | 【剂型及规格】胶囊剂：维生素 A 5000U；维生素 A 2.5 万 U<br>【生产商】国药控股星鲨制药等 |
| 维生素 D［典］ | 抗佝偻病维生素 | 用于维生素 D 缺乏症的预防与治疗；慢性低钙血症、低磷血症、佝偻病及伴有慢性肾功能不全的骨软化症、家族性低磷血症及甲状旁腺功能低下；治疗急、慢性及潜在手术后手足搐搦症及特发性手足搐搦症 | 【剂型及规格】滴剂（胶囊型）：每粒维生素 D 400U、维生素 D 800U<br>【生产商】山东达因海洋生物制药、青岛双鲸药业等 |
| 维生素 E［典］ | 生育酚、产妊酚 | 用于未进食强化奶或有严重脂肪吸收不良母亲所生的新生儿、早产儿、低出生体重儿；未成熟儿、低出生体重儿常规应用预防维生素 E 缺乏；进行性肌营养不良的辅助治疗；维生素 E 需要量增加的情况，如甲状腺功能亢进、吸收功能不良综合征、肝胆系统疾病等 | 【剂型及规格】片剂：10mg、50mg、100mg；软胶囊剂：5mg、10mg、50mg、100mg；注射剂：1ml：50mg<br>【生产商】重庆西南合成制药、浙江医药等 |
| 维生素 K［典］ | 植物甲萘醌、凝血维生素 | 用于各种原因引起的维生素 K 依赖性凝血因子过低导致的凝血障碍；中度梗阻性黄疸（胆、胰疾病）等伴有凝血功能改变及其他出血性疾病 | 【剂型及规格】片剂：2mg、10mg；注射剂：1ml：10mg<br>【生产商】浙江诚意药业等 |
| 维生素 AD［典］［医保（乙）］ | 贝特令、伊可新 | 用于防治夜盲症、眼干燥症、佝偻病、骨软化症及其他维生素 AD 缺乏症；维生素 D 缺乏症的预防和治疗；维生素 A 缺乏症的预防和治疗；婴幼儿生长发育迟缓；妊娠及哺乳期的妇女；患感染性及慢性疾病者 | 【剂型及规格】软胶囊剂：维生素 A 3000U 与维生素 D 300U、维生素 A10000U 与维生素 D1000U；丸剂（糖丸）：每丸含维生素 A2000U 和维生素 D200U、每丸含维生素 A1800U 和维生素 D 600U<br>【生产商】山东达因海洋生物制药（伊可新）、浙江仟源海力生制药（贝特令）等 |

【药品识记】扫码认药

常见水溶性维生素类药物品种信息见表 11－8。微课 2

**表 11－8　常见水溶性维生素类药物品种信息**

| 药物名称 | 其他名称 | 作用与适应证 | 品种信息 |
|---|---|---|---|
| 维生素 $B_1$ [典][基][医保(甲、乙)] | 硫胺 | 用于脚气病防治及各种疾病的辅助治疗（如全身感染、高热、糖尿病、多发性神经炎、小儿麻痹后遗症以及小儿遗尿症、心肌炎、食欲缺乏、消化不良、甲状腺功能亢进和妊娠期等） | 【剂型及规格】片剂：5mg、10mg；注射液：50mg：2ml、100mg：2ml；丸剂：5mg、10mg<br>【生产商】江西天新药业、华中药业等 |
| 维生素 $B_2$ [典][基][医保(甲、乙)] | 核黄素、维生素乙 2 | 用于口眼和外生殖器部位的炎症，如口角炎、唇炎、舌炎、眼结膜炎和阴囊炎等疾病的防治 | 【剂型及规格】片剂：5mg、10mg；注射液：5m：1ml、1mg：2ml、5mg：2ml、10mg：2ml<br>【生产商】湖北广济药业、赤峰制药等 |
| 维生素 $B_6$ [典][基][医保(甲)] | 吡多辛 | 用于防治因大量或长期服用异烟肼、肼屈嗪等引起的周围神经炎、失眠、不安；减轻抗癌药和放射治疗引起恶心、呕吐或妊娠呕吐等；治疗婴儿惊厥或给妊娠期妇女服用以预防婴儿惊厥；白细胞减少症；局部涂搽治疗痤疮、酒糟鼻、脂溢性湿疹等 | 【剂型及规格】片剂：10mg；缓释片：50mg；注射液：25mg：1ml、50mg：1ml、0.1g<br>【生产商】常州亚邦制药、南京制药等 |
| 维生素 C [典][基][医保(甲、乙)] | 抗坏血酸 | 用于维生素 C 缺乏症的预防及治疗；急慢性传染病时，消耗量增加，宜适当补充；克山病患者在发生心源性休克时，可用大剂量治疗；肝硬化、急性，肝炎和砷、汞、铅、苯等慢性中毒时的肝脏损害；其他用于各种贫血、过敏性皮肤病、口疮、促进伤口愈合等 | 【剂型及规格】片剂：20mg、25mg、50mg、100mg、250mg；咀嚼片剂：100mg；泡腾片：500mg；丸剂：50mg、100mg；颗粒剂：2g：0.1g；注射液：50mg：2ml、100mg：2ml、500mg：5ml、2.5g：20ml<br>【生产商】上海上药新亚药业、帝斯曼江山制药（江苏）等 |
| 烟酰胺 [典][医保(乙)] | 尼克酰胺 | 用于冠心病、病毒性心肌炎、风湿性心脏病及少数洋地黄中毒等伴发的心律失常（多为其他药物无效后应用） | 【剂型及规格】片剂：50mg、100mg；注射液：50mg：1ml、100mg：1ml<br>【生产商】上海上药信谊药厂、惠州大亚制药等 |
| 烟酸 [典][医保(乙)] | 尼克酸、维生素 $B_3$ | 用于预防和治疗因烟酸缺乏引起的糙皮病等，也用作血管扩张药及治疗高脂血症 | 【剂型及规格】片剂：50mg、100mg；缓释片：0.25g、0.5g、0.75g；注射剂：20mg：2ml、100mg：2ml、50mg：5ml<br>【生产商】广州白云山明兴制药、福州海王福药制药等 |
| 多种维生素 | | 用于预防和治疗因维生素与矿物质缺乏引起的各种疾病 | 【剂型及规格】注射剂：每支 5ml<br>【生产商】山西普德药业等 |

【药品识记】扫码认药

常见矿物质类药物品种信息见表 11－9。

**表 11－9　常见矿物质类药物品种信息**

| 药物名称 | 其他名称 | 作用与适应证 | 品种信息 |
|---|---|---|---|
| 碳酸钙 [典][医保(乙)] | 协达利 | 用于预防和治疗钙缺乏症，如骨质疏松、手足抽搐症、骨发育不全、佝偻病以及妊娠期和哺乳期妇女、绝经期妇女钙的补充 | 【剂型及规格】片剂：0.2g、0.25g、0.3g；咀嚼片：0.125g；胶囊剂：0.25g、0.5g<br>【生产商】上海碳酸钙厂、吉林万通药业（协达利）等 |
| 葡萄糖酸钙 [典][基][医保(甲、乙)] | 佳加钙 | 用于预防和治疗钙缺乏症，如骨质疏松、手足搐搦症、骨发育不全、佝偻病以及儿童、妊娠期和哺乳期妇女、绝经期妇女、老年人钙的补充。急性血钙过低、碱中毒及甲状腺功能低下所致手足搐搦症 | 【剂型及规格】片剂：每片含葡萄糖酸钙 1.0g（相当于钙 90mg）、每片含葡萄糖酸钙 0.5g（相当于钙 45mg）；口服溶液剂：10%；注射剂：10ml：1g<br>【生产商】国药集团汕头金石制药、四川依科制药等 |

续表

| 药物名称 | 其他名称 | 作用与适应证 | 品种信息 |
|---|---|---|---|
| 葡萄糖酸钙锌 | 锌钙特 | 适用于治疗因缺钙、锌引起的疾病，包括骨质疏松，手足抽搐症，骨发育不全，佝偻病，妊娠妇女和哺乳期妇女、绝经期妇女钙的补充，小儿生长发育迟缓，食欲缺乏，厌食症，复发性口腔溃疡以及痤疮等 | 【剂型及规格】口服溶液剂：10ml（含葡萄糖酸钙0.6g，葡萄糖酸锌0.03g，盐酸赖氨酸0.1g）<br>【生产商】澳诺（中国）制药（锌钙特）等 |
| 葡萄糖酸锌[典] | 星瑞灵 | 主要用于小儿及老年、妊娠妇女因缺锌引起的生长发育迟缓、营养不良、厌食症、复发性口腔溃疡、皮肤痤疮等 | 【剂型及规格】颗粒剂：每袋70mg（相当于锌10mg）；喷雾剂：15g∶0.3g；胶囊剂：174mg；软膏剂：30g∶0.6g；糖浆剂：100ml∶0.35g、100ml∶0.70g；片剂：35mg、70mg；口服溶液剂：10ml∶35mg<br>【生产商】广州白云山星群（药业）股份有限公司、哈药集团三精制药、南京星银药业（星瑞灵）等 |

**【药品识记】**扫码认药

## 二、调节性功能药

### 枸橼酸西地那非
### Sildenafil Citrate

**【别名】**枸橼酸西地那非

**【商品名】**金戈、万艾可

**【药理作用与适应证】**本品是治疗勃起功能障碍的口服药物，它是西地那非的枸橼酸盐，一种环磷酸鸟苷（cGMP）特异的5型磷酸二酯酶（PDE5）的选择性抑制剂。适用于治疗勃起功能障碍。

**【剂型及规格】**枸橼酸西地那非片：20mg、25mg、50mg、100mg。

**【药物评价】**由于西地那非可增强硝酸酯的降压作用。故服用任何剂型硝酸酯的患者，无论是规律服用或间断服用，均为禁忌证。对本品中任何成分过敏的患者禁用。

**【品种信息】**国产药品：获批文的有42个，生产企业有广州白云山药业（金戈）、常州亚邦制药、齐鲁制药、辉瑞制药（万艾可）等。进口药品：获批文的有4个，生产企业有法国Fareva Amboise等。

**【贮藏】**密封，阴凉干燥处保存。

**【药品识记】**扫码认药

## 三、抗肥胖症药

### 奥利司他
### Orlistat

**【商品名】**艾丽、伊宁曼、舒尔佳

**【药理作用与适应证】**为局部作用的胃肠道脂肪酶抑制剂，它通过与胃、小肠腔内胃脂肪酶和胰脂肪酶的活性丝氨酸部位形成共价键使酶失活而发挥治疗作用，失活的酶不能将食物中的脂肪（主要是甘油三酯）水解为可吸收的游离脂肪酸和单酰基甘油。未消化的甘油三酯不能被身体吸收，从而减少热量摄入，控制体重。

用于已进行适度饮食控制和运动锻炼的肥胖和超重者，包括已经出现与肥胖相关的危险因素（糖尿病、高血压、血脂异常等）患者的长期治疗。

**【剂型及规格】** 主要剂型有片剂、胶囊剂。①奥利司他胶囊：60mg、120mg。②奥利司他片：60mg、120mg。

**【药物评价】** ①2 型糖尿病的肥胖患者用本品治疗后体重减轻，常伴有血糖控制改善，需调整降血糖药，避免低血糖发生。②禁用人群：8 岁以下儿童，孕妇及哺乳期妇女，对药物制剂中任何成分过敏者，慢性吸收不良综合征、胆汁郁积症患者，器质性肥胖患者（如甲状腺功能减退），器官移植者及服用环孢霉素者、未超重者。③服用本品时应尽量减少摄入脂肪含量高的食物，应注意结合运动和控制饮食，才能达到良好效果。请按推荐剂量服用，不要擅自增加用量，建议每日服用奥利司他不超过 3 次。

**【品种信息】** 国产药品：获批文的有 19 个，生产企业有浙江海正药业（伊宁曼）、植恩生物技术股份有限公司、山东新时代药业（舒尔佳）等。进口药品：获批文的有 2 个，生产企业有意大利 Delpharm Milano S. r. l. 等。

**【贮藏】** 25℃以下、防潮保存。

**【药品识记】** 扫码认药

### 知识链接

**各类常见维生素的作用以及食物来源**

1. 维生素 A　2. 维生素 $B_1$　3. 维生素 $B_2$　4. 维生素 $B_6$　5. 维生素 $B_{12}$
6. 维生素 K　7. 维生素 C　8. 维生素 D　9. 维生素 E

【详情扫码】

### 即学即练

维生素 A 的别名为（　　）

A. 抗坏血酸　B. 视黄醇　C. 生育酚　D. 凝血维生素

答案解析

## 任务四　调节水、电解质及酸碱平衡药

PPT

水和电解质平衡是指机体每日摄取和排出的水量及钠量（细胞外液的主要电解质）是否保持平衡和如何保持平衡。水、电解质代谢紊乱在临床上十分常见。许多器官系统的疾病，一些全身性的病理过程，都可以引起或伴有水、电解质代谢紊乱；外界环境的某些变化，某些医源性因素如药物使用不当，也常导致水、电解质代谢紊乱。如果得不到及时的纠正，水、电解质代谢紊乱本身又可使全身各器官系

统特别是心血管系统、神经系统的生理功能和机体的物质代谢发生相应的障碍，严重时可导致死亡。

## 一、水、电解质平衡调节药

**案例分析**

**案例描述**　患者，男，23岁。职业：战士，部队工作。平素参加军事体育锻炼，具有强烈的爱国热情，革命英雄主义精神和艰苦奋斗、刻苦耐劳的坚强毅力。某日高温天气执勤时因高热、大汗，意识障碍1小时入院。

**讨　论**　1. 患者出现这种现象的原因是什么？

2. 针对该患者的处理措施有哪些？

答案解析

### （一）概述

水和电解质平衡是指机体每日摄取和排出的水量及钠量（细胞外液主要的电解质）是否保持平衡和如何保持平衡。正常成人体液总量约占体重的60%，其中细胞内液占40%，血浆占5%，细胞间液占15%。当机体出现水、电解质平衡紊乱时应及时补充无机盐与水，防止水、盐代谢紊乱。常见药品有口服补盐液、氯化钠、氯化钾。

### （二）常见药品识别

#### 口服补液盐[典][基]

#### Oral Rehydration Salt

**【别名】** ORS

**【商品名】** 延力

**【药理作用与适应证】** 钠离子、钾离子是维持体内恒定的渗透压所必需，而恒定的渗透压，则为维持生命所必需，体内的钠和钾如丢失过多，则会出现低钠综合征或低钾综合征。急性腹泻，暑天高温、劳动大量出汗均可导致上述症候，本品可以补充钠、钾及体液，调节水及电解质的平衡。

本品为电解质补充药，用于治疗和预防急、慢性腹泻造成的轻度脱水。

**【剂型及规格】** 主要剂型有溶液剂、散剂。①口服补液盐溶液：每瓶350ml。②口服补液盐散Ⅰ：每包14.75g（大袋：葡萄糖11g，氯化钠1.75g；小袋：氯化钾0.75g，碳酸氢钠1.25g）。③口服补液盐散Ⅱ：每包13.95g（氯化钠1.75g，氯化钾0.75g，枸橼酸钠1.45g，无水葡萄糖10g）。④口服补液盐散Ⅲ：每包5.125g（氯化钠0.65g，氯化钾0.375g，枸橼酸钠0.725g，无水葡萄糖3.375g）。

**【药物评价】** ①胃肠道不良反应可见恶心、刺激感，多因未按规定溶解本品，由于浓度过高而引起。②一般不用于早产儿。婴幼儿应用本品时需要少量多次给予。剂量超过每日100ml/kg时，需给予饮水，以免发生高钠血症。③严重失水或应用本品后失水无明显纠正时，须改为静脉补液。少尿、无尿、严重失水或有休克征象时应静脉补液。④严重腹泻，粪便量超过每小时30ml/kg，此时病人口服往往不能吸收足够量的口服补液盐；葡萄糖吸收障碍；由于严重呕吐等原因不能口服者；肠梗阻、肠麻痹和肠穿孔等需静脉补液。

**【品种信息】** 国产药品：获批文的有63个，生产企业有西安安健药业、金花企业、上海强生制药（延力）、海南海力制药等。暂无进口药品。

【贮藏】密封，在干燥处保存（10～30℃）。

【药品识记】扫码认药

## 氯化钠[典][基][医保(甲)]

## Sodium Chloride

【别名】食盐

【药理作用与适应证】氯化钠是一种电解质补充药物。钠和氯是机体重要的电解质，主要存在于细胞外液，对维持正常的血液和细胞外液的容量和渗透压起着非常重要的作用。

用于各种原因所致的失水，包括低渗性、等渗性和高渗性失水；高渗性非酮症糖尿病昏迷，应用等渗或低渗氯化钠可纠正失水和高渗状态；低氯性代谢性碱中毒；外用生理盐水冲洗眼部、洗涤伤口等；还用于产科的水囊引产。

【剂型及规格】常用剂型为注射剂。氯化钠注射液：250ml∶氯化钠2.25g、500ml∶氯化钠4.5g、100ml∶氯化钠0.9g。

【药物评价】①一般无不良反应，不恰当应用可有：给药速度过快、过多可导致血压升高、头痛、头昏，体重增加，出现水肿，心率加快、胸闷、呼吸困难、肺部哮鸣音。②心力衰竭、肺水肿、脑水肿、颅内压增高、肝硬化腹水、急性肾功能衰竭少尿期、慢性肾功能衰竭对利尿剂反应不佳者、高钠血症禁用。③脑、肾、心脏功能不全及血浆蛋白过低者慎用。④对已有酸中毒者如大量应用，可引起高氯性酸中毒。故可采用碳酸氢钠生理盐水或乳酸钠生理盐水。⑤静脉滴注时要注意无菌操作，严防污染。开瓶后24小时，不宜再继续使用。

【贮藏】密封保存。

## 氯化钾[典][基][医保(甲)]

## Potassium Chloride

【商品名】莱丁甲、欣健聚

【药理作用与适应证】为电解质补充药。用于治疗各种原因引起的低钾血症（多由严重吐泻不能进食、长期应用排钾利尿剂或肾上腺皮质激素所引起），预防低钾血症，洋地黄中毒引起频发性，多源性早搏或快速心律失常。

【剂型及规格】主要剂型有片剂、缓释片、颗粒剂、注射液。①氯化钾片：0.25g、0.5g。②氯化钾缓释片：0.5g、0.6g。③氯化钾颗粒：每袋1.57g∶含氯化钾1.5g；每袋1.05g∶含氯化钾1.0g。④注射用氯化钾：1g∶10ml、1.5g∶10ml。

【药物评价】①静脉滴注过量时可出现疲乏、肌张力减低、反射消失、周围循环衰竭、心率减慢甚至心搏骤停。②脱水病例一般先给不含钾的液体，等排尿后再补钾。③静脉滴注时，速度宜慢，溶液不可太浓，否则不仅引起局部剧痛，且可导致心脏停搏。④口服本品溶液或无糖衣片，对胃肠道有较强的刺激性，部分患者难以耐受。当患者服后出现腹部不适、疼痛等症状时，应加警惕，因服用氯化钾片等制剂时，有造成胃肠溃疡、坏死或狭窄等并发症的可能，宜采用本品的10%水溶液稀释于饮料中在餐后服用，以减少刺激性。如有氯化钾控释片则更好。⑤肾功能严重减退者，尿少时慎用，无尿或血钾过高时禁用。

【贮藏】密封保存

【药品识记】扫码认药

## 二、糖类药物

### （一）概述

糖类药物是指以糖为基础的药物，即糖自身可以作为药物，而且许多化合物可以通过糖类、与糖相关的结合蛋白和酶类物质相互作用，影响到一些生理和病理过程，也可以成为糖类药物。

其中最常见的为葡萄糖。葡萄糖是一种广泛存在于自然界中的一类单糖，葡萄糖极容易被吸收，是可直接进入人体内为人体提供能量的重要能量来源。葡萄糖摄入人体以后可直接为人体提供热量，对治疗低血糖、高血压、水肿等症状有积极作用。同时还有利尿、解毒的功效，并且可以为中暑、昏迷患者的部分功能运行提供重要作用。

### （二）常见药品识别

#### 葡萄糖[典][基][医保(甲、乙)]

#### Glucose

【别名】右旋糖

【药理作用与适应证】葡萄糖是人体主要的热量来源之一，用来补充热量，治疗低糖血症。当葡萄糖和胰岛素一起静脉滴注，糖原的合成需钾离子参与，从而使血钾浓度下降，故用来治疗高钾血症。高渗葡萄糖注射液快速静脉推注有组织脱水作用，可用作组织脱水剂。另外，葡萄糖是维持和调节腹膜透析液渗透压的主要物质。

用于补充能量和体液；用于各种原因引起的进食不足或大量体液丢失（如呕吐、腹泻等），全静脉内营养，饥饿性酮症；低血糖症；高钾血症；高渗溶液用作组织脱水剂；配制腹膜透析液；药物稀释剂；静脉法葡萄糖耐量试验；供配制 GIK（极化液）液用。

【剂型及规格】主要剂型有散剂、注射剂。①口服葡萄糖散剂：50g、100g、500g。②葡萄糖注射液：0.5g∶10ml、2g∶10ml、1g∶20ml、5g∶20ml、10g∶20ml、5g∶100ml、10g∶100ml、12.5g∶250ml、25g∶250ml、25g∶500ml、50g∶500ml、50g∶1000ml、100g∶1000ml 等。

【药物评价】①葡萄糖有引湿性，且易发霉，为细菌的良好培养基，故在配制注射液时，必须特别注意。夏季细菌易于繁殖，尤应注意消毒。②冬季注射前须先将安瓿加热至与体温相同的温度，再徐徐注入静脉，可避免痉挛。③高渗溶液应缓慢注射。④脑、肾、心脏功能不全者，血浆蛋白过低者，糖尿病及酮症酸中毒未控制患者，高渗性脱水患者禁用，高血糖非酮症高渗状态禁用。

【贮藏】原料密封保存，注射液密闭保存。

## 三、酸碱平衡调节药

### （一）概述

酸碱平衡调节药主要用于纠正酸碱平衡失调。通常治疗酸中毒与碱中毒均包括基本病因治疗和纠正酸或碱中毒两部分。纠正酸碱平衡失调不能矫枉过正，需要边治疗边观察反应，并在治疗过程中密切观察。

### （二）常见药品识别

#### 碳酸氢钠[典][基][医保(甲)]

#### Sodium Bicarbonate

**【别名】** 小苏打、酸式碳酸钠

**【药理作用与适应证】** 为抗酸药。用于治疗代谢性酸中毒、碱化尿液等，也可作为制酸药，治疗胃酸过多引起的症状。①治疗代谢性酸中毒：本品使血浆内碳酸根浓度升高，中和氢离子，从而纠正酸中毒。②碱化尿液：由于尿液中碳酸根浓度增加后 pH 值升高，使尿酸、磺胺类药物与血红蛋白等不易在尿中形成结晶或聚集。③制酸：口服能迅速中和或缓冲胃酸，而不直接影响胃酸分泌，缓解高胃酸引起的症状。

**【剂型及规格】** 主要剂型有片剂、注射剂。①碳酸氢钠片：0.3g、0.5g。②碳酸氢钠注射液：10ml：0.5g、100ml：5g、250ml：12.5g。

**【药物评价】** ①中和胃酸：口服作用迅速，减少胃酸对溃疡面的腐蚀和消化作用。但因作用弱且短暂，可引起腹胀、嗳气等，甚至引起溃疡穿孔或激发胃酸分泌，现已少用。②纠正代谢性酸中毒，大量吸收，可引起碱血症。不宜与胃蛋白酶合剂、维生素 C 等酸性药物合用。③心力衰竭、水肿和肾功能衰竭患者慎用。

**【品种信息】** 国产药品：获批文的有 659 个，生产企业有四川金药师制药、陕西孙思邈高新制药等。暂无进口药品。

**【药品识记】** 扫码认药

#### 乳酸钠[典][医保(甲)]

#### Sodium Lactate Solution

**【药理作用与适应证】** 为纠正酸血症的药物，其高渗溶液注入体内后，在有氧条件下经肝脏氧化、代谢，转化成碳酸根离子，纠正血中过高的酸度。可用于纠正代谢性酸血症。由于作用不及碳酸氢钠迅速，现已渐少用。但在高钾血症或普鲁卡因胺等引起的心律失常伴有酸血症者，仍以应用本品为宜。

本品用于纠正代谢性酸中毒，腹膜透析液中缓冲剂、高钾血症伴严重心率失常 QRS 波增宽者。

**【剂型及规格】** 乳酸钠注射液：10ml：1.12g、20ml：2.24g、50ml：5.60g。

**【药物评价】** ①给药速度不宜过快，以免发生碱中毒、低钾及低钙血症。如过量，会造成碱血症。②有低钙血症者（如尿毒症），在纠正酸中毒后易出现手足发麻、疼痛、搐搦、呼吸困难等症状，是由于血清钙离子浓度降低所致。③在一般情况下不宜用0.9%氯化钠注射液或其他含氯化钠溶液稀释本品，以免成为高渗溶液。④心力衰竭及急性肺水肿、脑水肿者，乳酸性酸中毒已显著时，重症肝功能不全者，严重肾功能衰竭有少尿或无尿者禁用。

**【品种信息】** 国产药品：获批文的有 60 个，生产企业有上海信谊金朱药业、西南药业等。暂无进口药品。

【贮藏】遮光保存。

### 乳酸钠林格[典][基][医保(甲)]

Sodium Lactate Ringers Injection

【药理作用与适应证】本品用于代谢性酸中毒或有代谢性酸中毒的脱水病例。

【药物评价】乳酸血症患者禁用。心肾功能不全、重症肝功能不全、高渗性脱水症患者慎用。

【剂型及规格】乳酸钠林格注射液：250ml、500ml、1000ml。

【品种信息】国产药品：获批文的有 60 个，生产企业有华仁药业、安徽环球药业等。暂无进口药品。

【贮藏】密闭保存。

答案解析

**即学即练**

下列不是水、电解质平衡调节药的是（　　）

A. 口服补盐液　　B. 氯化钠　　C. 氯化钾　　D. 氯化钙

PPT

## 任务五　生物制品

生物制品是指应用普通的或以基因工程、细胞工程、蛋白质工程、发酵工程等生物技术获得的微生物、细胞及各种动物和人源的组织和液体等生物材料制备的，用于人类疾病预防、治疗和诊断的药品。生物制品不同于一般医用药品，它是通过刺激机体免疫系统，产生免疫物质（如抗体）才发挥其功效，在人体内出现体液免疫、细胞免疫或细胞介导免疫。人用生物制品主要包括疫苗类（含类毒素）、抗毒素及抗血清、血液制品、细胞因子、生长因子、酶等。

从全球生物制药产业发展来看，我国生物制药产业起步较晚但增速较快，市场潜力较大。2014～2019 年，我国生物制药产业市场规模从 1167 亿元增长至 3172 亿元，占全球市场的 16%，年均增速 22%，超过 8.8% 的全球同期增速。2021 年，市场规模达到 4100 亿元，预计在 2023 年将达到 5053 亿元。我国生物医药市场将成为仅次于美国的全球第二大生物医药市场，生物药创新能力已经提升至国际前列，生物药在研品种数量已跃至全球第二名。

生物制药产业作为我国的战略性新兴产业，是“健康中国”的重要支撑。生物制药的健康发展，特别是药品安全与稳定供应，关乎国泰民安，加快生物制药产业发展既是推动经济增长的驱动力，也是实现关键技术创新的突破口，更是守护广大人民群众长期健康的“生命线”。

**知识链接**

#### 中国生物制品事业发展史——爱与责任 百年坚守

百年中国生物制品的发展历程，就是一部中国生物制品事业的发展史。让我们一起推开历史之门，打开仓门，跨越国门，穿过科研之门，一起走进关爱之门、健康之门、幸福之门，感受逝去的荣光与未来的精彩。

【详情扫码】

【中国生物百年主题形象宣传片】

（摘自：第十九届中国生物制品年会暨庆祝中国生物百年华诞大会）

## 一、疫苗类

### 案例分析

**案例描述** 流感是一种由流感病毒引起的可造成大规模流行的急性呼吸道传染病。流感与普通感冒相比，症状更加严重，传染性更强，抗生素治疗无效。但流感是可以预防的，接种流感疫苗是预防流感的有效措施，可显著降低受种者罹患流感及流感相关并发症的风险，同时还可以减少患流感后传染给他人的风险。1～15岁儿童接种流感疫苗的保护效力为77%～91%；65岁以下成人接种流感疫苗可减少87%流感相关的住院；60岁以上老人接种流感疫苗后，保护流感相关呼吸道疾病的效力为58%；为敬老院和慢性病护理机构中的老人接种流感疫苗，可减少30%～70%流感和肺炎相关的住院。

**讨　论** 1. 接种流感疫苗的好处有哪些？

2. 哪些人群需要接种流感疫苗？

3. 我国现已批准上市的流感疫苗有哪些类型？

答案解析

### （一）概述

疫苗是指为了预防、控制传染病的发生、流行，用于人体预防接种的疫苗类预防性生物制品。预防接种用的生物制品包括疫苗、菌苗和类毒素。其中，由病菌制成的为菌苗；由病毒、立克次体、螺旋体制成的为疫苗，有时也统称为疫苗。

### （二）常见药品识别

疫苗类代表品种信息见表11－10。

**表11－10 疫苗类代表品种信息**

| 药物名称 | 作用与适应证 | 品种信息 |
| --- | --- | --- |
| 乙型脑炎减毒活疫苗[典] | 用于预防流行性乙型脑炎。接种对象主要为8月龄以上健康儿童和由非疫区进入疫区的儿童和成人 | 【剂型及规格】注射剂：复溶后每瓶（支）0.5ml、1ml、2.5ml，每1次人用剂量为0.5ml，含乙型脑炎活病毒应不低于5.4LgPFU/ml等<br>【生产商】兰州生物制品研究所等 |
| 乙型肝炎疫苗[典] | 用于乙型肝炎的预防。适用于：乙型肝炎表面抗原阳性母亲的新生儿；预防意外感染人群，如血友病患者、肾透析患者、医务人员或皮肤破损被乙型肝炎表面抗原阳性的血液或分泌物污染的人员等；与乙型肝炎患者或携带者密切接触的易感人群 | 【剂型及规格】注射剂：每支1ml，每1次人用剂量1ml，含HBsAg 60μg等<br>【生产商】武汉生物制品研究所、北京生物制品研究所等 |

续表

| 药物名称 | 作用与适应证 | 品种信息 |
|---|---|---|
| 麻疹减毒活疫苗 [典] | 用于预防麻疹。接种对象：年龄为8个月以上的麻疹易感者 | 【剂型及规格】注射剂：复溶后每瓶0.5ml、1ml、2.5ml，每1次人用剂量为0.5ml，所含麻疹活病毒应不低于3.0LgCCID$_{50}$等<br>【生产商】长春祈健生物制品等 |
| 脊髓灰质炎减毒活疫苗糖丸 [典] | 用于预防脊髓灰质炎。接种对象：主要为2个月龄以上儿童 | 【剂型及规格】丸剂：1g/粒，每1次人用剂量1粒，含脊髓灰质炎活病毒总量应不低于5.95LgCCID$_{50}$，其中Ⅰ型应不低于5.8LgCCID$_{50}$，Ⅱ型应不低于4.8LgCCID$_{50}$，Ⅲ型应不低于5.3LgCCID$_{50}$<br>【生产商】北京生物制品研究所等 |
| 新型冠状病毒灭活疫苗（Vero细胞） | 用于预防新型冠状病毒的感染。 | 【剂型及规格】注射剂：0.5ml/支，每1次人用剂量为0.5ml，含新型冠状病毒抗原600SU；0.5ml/支，每1次人用剂量0.5ml，含有灭活新型冠状病毒抗原200WU；0.5ml/瓶，每1次人用剂量0.5ml，含灭活新型冠状病毒抗原6.5U<br>【生产商】北京科兴中维生物技术（克尔来福）、武汉生物制品研究所（众康可维）、北京生物制品研究所（众爱可维） |
| 重组新型冠状病毒疫苗（5型腺病毒载体） | 用于预防新型冠状病毒的感染。 | 【剂型及规格】0.5ml/瓶，含表达新型冠状病毒S蛋白的重组复制缺陷型人5型腺病毒$5 \times 10^{10}$VP；1.5ml/瓶（3次人用剂量）。<br>【生产商】康希诺生物股份公司（克威莎） |
| 四价流感病毒裂解疫苗 | 接种本疫苗后，可刺激机体产生抗流感病毒的免疫力。用于预防本株病毒引起的流行性感冒。 | 【剂型及规格】每瓶（支）0.25ml或0.5ml<br>【生产商】江苏金迪克生物技术股份有限公司、北京科兴生物制品有限公司等 |
| 流感全病毒灭活疫苗 | 接种本疫苗后，可刺激机体产生抗流行性感冒病毒的免疫力。用于预防流行性感冒。 | 【剂型及规格】每瓶（支）1.0ml<br>【生产商】北京生物制品研究所有限责任公司、兰州生物制品研究所有限责任公司 |
| 流感病毒亚单位疫苗 | 本品用于成人和6个月以上儿童预防流行性感冒。特别适用于感染流行性感冒后易于发生合并症者。 | 【剂型及规格】每瓶0.5ml<br>【生产商】中逸安科生物技术股份有限公司 |

## 二、抗毒素

### （一）概述

抗毒素是对毒素具有中和作用的特异性抗体，能中和某种毒素的抗体或含有这种抗体的血清。应用类毒素进行免疫预防接种，使机体产生相应的抗毒素，可以预防疾病。

### （二）常见药品识别

抗毒素类代表品种信息见表11－11。

表11－11　抗毒素类代表品种信息

| 药物名称 | 作用与适应证 | 品种信息 |
|---|---|---|
| 破伤风抗毒素 [典][基][医保(甲)] | 预防和治疗破伤风 | 【剂型及规格】注射剂：2.5ml，每支10000IU；0.75ml，每支1500IU<br>【生产商】江西生物制品研究所等 |

续表

| 药物名称 | 作用与适应证 | 品种信息 |
| --- | --- | --- |
| 抗狂犬病血清[典][基][医保(甲)] | 配合狂犬病疫苗预防狂犬病 | 【剂型及规格】注射剂：每瓶400IU（2.0ml）<br>【生产商】上海赛伦生物技术、兰州生物制品研究所等 |
| 抗炭疽血清[典][医保(甲)] | 用于炭疽患者或有炭疽感染危险者 | 【剂型及规格】注射剂：每支5ml<br>【生产商】兰州生物制品研究所 |
| 多价气性坏疽抗毒素[典][医保(甲)] | 预防及治疗气性坏疽 | 【剂型及规格】注射剂：每瓶（支）5.0ml，含多价气性坏疽抗毒素5000IU<br>【生产商】兰州生物制品研究所 |
| 肉毒毒素[典][医保(乙)] | 适应证为眼睑痉挛、面肌痉挛及相关局灶性肌张力障碍。暂时改善65岁及65岁以下成人因皱眉肌（或）降眉间肌活动引起的中度至重度皱眉纹 | 【剂型及规格】注射用A型肉毒毒素：每瓶含A型肉毒毒素50单位(U)、100单位（U）<br>【生产商】兰州生物制品研究所 |
| 白喉抗毒素[典][医保(甲)] | 预防和治疗白喉 | 【剂型及规格】注射剂：每瓶（支）0.5ml，含白喉抗毒素1000IU（预防用）；每瓶（支）2.0ml，含白喉抗毒素8000IU（治疗用）<br>【生产商】兰州生物制品研究所、武汉生物制品研究所 |

## 三、血液制品

### （一）概述

血液制品是指各种人血浆蛋白制品，包括人血白蛋白、人胎盘血白蛋白、静脉注射用人免疫球蛋白、肌注人免疫球蛋白、组织胺人免疫球蛋白、特异性免疫球蛋白、免疫球蛋白（乙型肝炎、狂犬病、破伤风免疫球蛋白）、人凝血因子Ⅷ、人凝血酶原复合物、人纤维蛋白原、抗人淋巴细胞免疫球蛋白等。

### （二）常见药品识别

#### 人血白蛋白[典][医保(乙)]

#### Human Serum Albumin

**【别名】** 白蛋白、拜斯明、健康人血白蛋白、人血浆白蛋白、人血清白蛋白

**【药理作用与适应证】** 本品系由健康人血浆，经低温乙醇蛋白分离法或经批准的其他分离法分离纯化，并经60℃10小时加温灭活病毒后制成。含稳定剂，不含防腐剂和抗菌药。本品有增加循环血容量和维持血浆渗透压的作用。

本品适用于失血创伤、烧伤引起的休克；脑水肿及损伤引起的颅压升高；肝硬化及肾病引起的水肿或腹水；低蛋白血症的防治；新生儿高胆红素血症；用于心肺分流术、烧伤的辅助治疗、血液透析的辅助治疗和成人呼吸窘迫综合征。

**【剂型及规格】** 人血白蛋白注射剂：10% 20ml、10% 50ml、10% 100ml、20% 25ml、20% 50ml、20% 100ml、25% 50ml 等。

**【药物评价】** ①一般不会产生不良反应，偶可出现寒颤、发热、颜面潮红、皮疹、恶心呕吐等症状，快速输注可引起血管超负荷导致肺水肿，偶有过敏反应。②对白蛋白有严重过敏者、高血压患者、

急性心脏病者、正常血容量及高血容量的心力衰竭患者、严重贫血患者、肾功能不全者、急性肺水肿患者禁用。③本品打开后，应一次用完，不得分次使用或给第二人使用。输注过程中，如发现患者有不适反应，应立即停止。

**【品种信息】** 国产药品：获批文的有 169 个，生产企业有山东泰邦生物制品、上海新兴医药、上海莱士血液制品、国药集团上海血液制品等。进口药品：获批文的有 24 个，生产企业有瑞典 CSL Behring L. L. C. 等。

**【贮藏】** 本品应于 2 ~ 8℃ 避光保存和运输。

**【药品识记】** 扫码认药

## 人免疫球蛋白[典][医保(乙)]

## Human Immunoglobulin

**【药理作用与适应证】** 为健康人血浆或血清来源的人免疫球蛋白，其中丙种球蛋白（主要为 IgG）含量占 90% 以上。主要用于免疫缺陷病以及传染性肝炎、麻疹、水痘、腮腺炎、带状疱疹等病毒感染和细菌感染的防治，也可用于哮喘、过敏性鼻炎、湿疹等内源性过敏性疾病。

**【剂型及规格】** 人免疫球蛋白注射剂：每瓶 300mg（10% 3ml）、150mg（10% 1. 5ml）。

**【药物评价】** ①一般无不良反应，少数人会出现注射部位红肿、疼痛反应，无需特殊处理，可自行恢复。注射大量时可见局部疼痛、心悸、恶心和暂时性体温升高。②对免疫球蛋白过敏或有其他严重过敏史者，有 IgA 抗体的选择性 IgA 缺乏者禁用。③为肌内注射用，不可静脉注射。药瓶开启后须 1 次用完。运输及贮存过程中严禁冻结。

**【品种信息】** 国产药品：获批文的有 280 个，生产企业有国药集团上海血液制品、国药集团武汉血液制品、四川远大蜀阳药业、成都蓉生药业等。暂无进口药品。

**【贮藏】** 2 ~ 8℃ 避光密闭保存。

### 知识链接

#### 顾方舟：一辈子只做一件事

“糖丸爷爷”顾方舟，中国最伟大的病毒学专家之一，国人尊称为“中国病毒学之父”，“感动中国 2019 年度人物”。他是我国脊髓灰质炎疫苗研发生产的拓荒者，他以身试药、以儿试药，研发的“糖丸”护佑了几代中国人的生命健康，使中国进入无脊髓灰质炎时代。

“感动中国 2019 年度人物”顾方舟颁奖词：舍己幼，为人之幼，这不是残酷，是医者大仁。为一大事来，成一大事去。功业凝成糖丸一粒，是治病灵丹，更是拳拳赤子心。你就是一座方舟，载着新中国的孩子，渡过病毒的劫难。

从顾方舟身上我们感受到老一辈科学家对祖国和人民的热爱和奉献精神，对科研工作的无私精神、无畏精神和开拓精神以及作为教育工作者的伟大育人精神。

顾方舟事迹【详情扫码】

**即学即练**

“糖丸”是指（　　）

A. 流行性乙型脑炎　　B. 乙型肝炎

C. 脊髓灰质炎减毒活疫苗　　D. 麻疹减毒活疫苗

答案解析

其他类别常用药的各类重点品种见如下思维导图，扫码查看药物商品包装标签及简化版说明书，巩固学习。

药品详情

- 重点品种
  - 泌尿系统常用药
    - 利尿药：氢氯噻嗪片、螺内酯片、呋塞米片
    - 良性前列腺增生药：普乐安片、盐酸坦洛斯缓释胶囊、盐酸特拉唑嗪胶囊、非那雄胺片
  - 抗变态反应药：马来酸氯苯那敏片、氯雷他定片、盐酸西替利嗪片
  - 调节生活质量药
    - 维生素及矿物质类药：碳酸钙$D_3$片、维生素A软胶囊、维生素E软胶囊、维生素AD滴剂、复合维生素$B_6$片、维生素C咀嚼片、多维元素片、葡萄糖酸钙口服溶液、小儿维生素咀嚼片
    - 调节性功能药：枸橼酸西地那非片
    - 抗肥胖症药：奥利司他胶囊
  - 调节水、电解决质及酸碱平衡药
    - 水、电解质平衡药：口服补液盐Ⅰ、口服补液盐Ⅱ
    - 酸碱平衡药：酸碱氢钠片

## 实践实训十二

### 抗变态反应药、维生素及矿物质类药社会药房用药咨询技能训练

**【实训目的】**

1. 学会对过敏性疾病和维生素及矿物质缺乏症的判断，能够对病症进行正确的评估。

2. 熟练掌握常用的抗变态反应药、维生素及矿物质类药物及代表品种，明确每种药品的商品信息。

3. 能够根据患者的病症特点，对症荐药，并对推荐药品进行合理用药指导，提高患者用药依从性。

**【实训准备】**

1. 实训环境，如模拟药房。

2. 药物商品素材，如常见抗变态反应药、维生素及矿物质类药物商品包装盒或卡片数十种。

3. 教师提供病情案例，抽签确定各小组技能训练的内容。

4. 组内两两进行合作，分别扮演营业员和患者。

## 【实施步骤】

1. 根据教师提供的病情案例，各小组进行资料查阅，归纳总结出推荐药物，并从药物商品素材中挑选出相应的品种。

2. 各小组讨论协作完成用药咨询的情景模拟脚本书面设计。

3. 组内两人合作，根据团队设计的脚本，按照疾病问询、疾病评估、药品介绍、用药指导、健康指导等步骤，进行角色扮演、情景模拟。

4. 组内观摩交流、完成组内评价，教师巡回指导发现问题并进行汇总。

5. 教师选取各组优秀代表进行班内观摩分享，结合问题进行总结点评。

## 【注意事项】

1. 用药咨询过程要注重药学服务礼仪的规范性，做到专业严谨、仁爱关怀。

2. 用药咨询环节要保持完整性，两人模拟训练的过程要注意角色互换。

3. 各组需提交情景模拟脚本书面设计，作为团队的考核内容。

4. 本次实训采用组内个人评价 + 组间团队互评 + 教师团队评价相结合。

## 【扫码获取病情案例】

答案解析

# 目标检测

### 一、单项选择题

1. 治疗尿崩症选用（　　）

A. 螺内酯　B. 氨苯蝶啶　C. 乙酰唑胺　D. 鞣酸加压素

2. 属于高效能利尿药的是（　　）

A. 呋塞米　B. 托拉塞米　C. 氯噻酮　D. 螺内酯

3. 坦洛新的商品名有（　　）

A. 通乐　B. 哈乐　C. 保列治　D. 普洛平

4. 氯苯那敏用于治疗（　　）

A. 哮喘　B. 过敏性疾病　C. 高血压　D. 糖尿病

5. 甘露醇的常见剂型有（　　）

A. 片剂　B. 注射液　C. 胶囊剂　D. 栓剂

6. 治疗缺铁性贫血，宜选用（　　）

A. 维生素 $B_{12}$　B. 硫酸亚铁　C. 叶酸　D. 红细胞生成素

7. 治疗夜盲症、眼干燥症、角膜软化症和皮肤粗糙等应选用（　　）

A. 维生素 C　B. 维生素 A　C. 维生素 D　D. 维生素 AD

8. 预防与治疗慢性低钙血症、低磷血症、佝偻病应选用（　　）

A. 维生素 C　B. 维生素 A　C. 维生素 K　D. 维生素 D

9. 下列利尿药与氨基苷类抗生素合用会加重耳毒性的是（　　）

A. 呋塞米　　B. 乙酰唑胺　　C. 氢氯噻嗪　　D. 螺内酯

10. 关于噻嗪类利尿药，下列所述错误的是（　　）

A. 痛风患者慎用　　B. 糖尿病患者慎用　　C. 可引起低钙血症　　D. 肾功能不良者禁用

## 二、多项选择题

1. 呋塞米的别名有（　　）

A. 呋喃苯胺酸　　B. 速尿　　C. 利尿灵　　D. 利尿通

2. 下列属于生物制品的是（　　）

A. 糖丸　　B. 破伤风抗毒素

C. 人血白蛋白　　D. 破伤风人免疫球蛋白

3. 以下关于氯雷他定，说法正确的是（　　）

A. 是哌啶类抗组胺药　　B. 可用于过敏性鼻炎

C. 可用于过敏性结膜炎　　D. 无嗜睡、头晕不良反应

E. 2 岁以下儿童不推荐使用

书网融合……

知识回顾　　微课 1　　微课 2　　习题

# 项目十二　非药品类医药商品

## 学习引导

随着中国经济的健康飞速发展，中国居民的生活水平得到明显提高，医药板块作为朝阳产业，取得了瞩目成绩。社会药房是医药产业的重要组成部分，其发展规模也取得了巨大进步，品类和销售额都得到较大的提高。近年来，药店板块中非药品类医药商品的消费指数，越来越引起行业的关注，其消费的扩大和提升极大地推动了我国药店板块的快速发展，成为我国医药产业中发展较快的品类之一，为改善和提高我国人民的身体健康水平起到了积极促进作用。

本单元主要介绍当前社会药房非药品类医药商品的常见品类及其代表商品的品种信息，包括保健食品、医疗器械、化妆品、消毒产品四大类。

## 学习目标

1. **掌握**　保健食品、医疗器械、化妆品、消毒产品的定义以及与药品的本质区别。
2. **熟悉**　保健食品、医疗器械、化妆品、消毒产品的分类。
3. **了解**　保健食品、医疗器械、化妆品、消毒产品的功能及代表品种信息。

PPT

## 任务一　分类认识非药品类医药商品

### 一、保健食品

微课 1

#### 案例分析

**案例描述**　氨基酸是组成大脑的重要物质。实验证明，大脑中氨基酸含量的多少，决定了人的智力和记忆力高低，补脑、提高记忆的关键是补足氨基酸。某市一中高三班 20 多名学生竟然选择静脉注射氨基酸来补充能量，他们在教室内打吊瓶的照片在网上走红，被称之为“史上最刻苦吊瓶班”。

**讨　　论**　1. 高三学生选择静脉注射氨基酸来补充能量是否正确？

2. 我们应如何正确补充氨基酸？

答案解析

党的二十大报告指出“把保障人民健康放在优先发展的战略位置，完善人民健康促进政策”，并对“推进健康中国建设”作出全面部署。随着后疫情时代的到来，人们对健康的渴望愈发迫切，保健食品作为营养科学技术理论的核心载体，为建设“健康中国”提供了原始动力，也为国民健康提供了重要保障，这对保健食品行业的发展可以起到巨大的推动作用。

### （一）保健食品的定义及功能分类

保健食品是指声称具有特定保健功能或者以补充维生素、矿物质为目的的食品。即适宜于特定人群食用，具有调节机体功能，不以治疗疾病为目的，并且对人体不产生任何急性、亚急性或者慢性危害的食品。

根据《中华人民共和国食品安全法》规定，保健食品必须经过注册或备案。目前，监管部门依法批准注册的保健食品允许声称的保健功能主要有27类，依法备案的保健食品允许声称的保健功能为补充维生素、矿物质。

其中，批准注册的保健食品允许声称保健功能的有27类，主要包括：

**1. 增强生理功能（10类）** 增强免疫力、辅助改善记忆、改善睡眠、缓解视疲劳、缓解体力疲劳、抗氧化、提高缺氧耐受力、改善生长发育、促进泌乳、清咽。

**2. 预防慢性疾病（5类）** 辅助降血脂、辅助降血糖、辅助降血压、增加骨密度、改善营养性贫血。

**3. 增加机体对有害因素的抵抗力（3类）** 促进排铅、对辐射危害有辅助保护功能、对化学性肝损伤的辅助保护作用。

**4. 减肥美容（5类）** 减肥、祛痤疮、祛黄褐斑、改善皮肤水分、改善皮肤油分。

**5. 改善胃肠功能（4类）** 调节肠道菌群、促进消化、通便、对胃黏膜损伤有辅助保护功能。

补充维生素、矿物质包括补充钙、镁、钾、锰、铁、锌、硒、铜、维生素A、维生素D、维生素$B_1$、维生素$B_2$、维生素$B_6$、维生素$B_{12}$、烟酸（尼克酸）、叶酸、生物素、胆碱、维生素C、维生素K、泛酸、维生素E、β-胡萝卜素。

**知识链接**

根据《中华人民共和国食品安全法》《保健食品原料目录与保健功能目录管理办法》等规定，国家市场监督管理总局会同国家卫生健康委员会、国家中医药管理局调整了《保健食品原料目录 营养素补充剂（2023年版）》《允许保健食品声称的保健功能目录 营养素补充剂（2023年版）》，制定了《保健食品原料目录 大豆分离蛋白》《保健食品原料目录 乳清蛋白》，2023年6月14日发布，自2023年10月1日起施行。并表示，此前发布有关目录与本版本不一致的，以本版本为准。

可扫码查看《保健食品原料目录　营养素补充剂（2023年版）》《允许保健食品声称的保健功能目录　营养素补充剂（2023年版）》《保健食品原料目录 大豆分离蛋白》《保健食品原料目录 乳清蛋白》等详细信息。

【详情扫码】

### （二）社会药房常见保健食品识别

#### 蛋白粉

**【保健功能】**增强免疫力。

**【适宜人群】**免疫力低下者。

**【不适宜人群】**婴幼儿、孕妇、乳母、肾功能异常者。

**【注意事项】**本品不能代替药物；适宜人群外的人群不推荐食用本产品。

**【品种信息】**国产保健食品注册：获批文的约有 211 个，生产企业有汤臣倍健股份有限公司、浙江康恩贝集团医疗保健品有限公司、雅芳（中国）有限公司、杭州海王生物工程有限公司等；进口保健食品注册：获批文的有 1 个，生产企业为美国胜天国际集团股份有限公司；国产保健食品备案：获批文的约有 24 个，生产企业有澳润（山东）药业有限公司、安徽佳洪健康产业有限公司、广东春华药业有限公司、安徽百岁兰药业有限公司等；暂无进口保健食品备案。

**【贮藏】**密闭，置于阴凉干燥处保存。

### 氨糖软骨素钙

**【剂型】**主要剂型有片剂、颗粒剂、胶囊剂。

**【保健功能】**本品经动物实验评价，具有增加骨密度的保健功能。

**【适宜人群】**中老年人。

**【不适宜人群】**少年儿童、孕妇、乳母。

**【注意事项】**本品不能代替药物；本品添加了营养素，与同类营养素同时食用时不宜超过推荐量；对氨基葡萄糖过敏者慎用；有严重肝、肾功能不全者在食用本品后应该定期检查肝、肾功能。

**【品种信息】**国产保健食品注册：获批文的约有 45 个，生产企业有汤臣倍健股份有限公司、北京世纪合辉医药科技股份有限公司、浙江颐宝保健食品有限公司等；暂无进口保健食品注册和保健食品备案。

**【贮藏】**密闭，置于阴凉干燥处保存。

### 褪黑素

**【剂型】**主要剂型有片剂、胶囊剂。

**【保健功能】**改善睡眠。

**【适宜人群】**睡眠状况不佳者。

**【不适宜人群】**少年儿童、孕妇、乳母。

**【注意事项】**本品不能代替药物；从事驾驶、机械作业或危险操作者，不要在操作前或操作中食用；自身免疫症状（类风湿等）及甲亢患者慎用。

**【品种信息】**国产保健食品注册：获批文的约有 96 个，生产企业有汤臣倍健股份有限公司、广州市佰健生物工程有限公司、山东鲁抗医药集团赛特有限责任公司、深圳纽斯康生物工程有限公司等；进口保健食品注册：获批文的有 18 个，生产企业有美国法默维特有限公司、美国鹰王制药公司、美国宝力士有限公司等；国产保健食品备案：获批文的约有 528 个，生产企业有江西皓宇生物科技有限公司、浙江民生健康科技有限公司、杭州娃哈哈医药保健品有限公司等；暂无进口保健食品备案。

**【贮藏】**置于阴凉干燥处保存。

### 大豆磷脂

**【剂型】**主要剂型有口服液、软胶囊剂、粉剂。

**【保健功能】**辅助降血脂。

**【适宜人群】**血脂偏高者。

**【不适宜人群】**少年儿童、孕妇、乳母。

【注意事项】本品不能代替药物；适宜人群外的人群不推荐食用本产品。

【品种信息】国产保健食品注册：获批文的约有 67 个，生产企业有纽斯葆广赛（广东）生物科技股份有限公司、杭州海王生物工程有限公司、汤臣倍健股份有限公司等；进口保健食品注册：获批文的有 5 个，生产企业有北京特特工贸公司、北京奥泰健康产品有限公司等；暂无保健食品备案。

【贮藏】密封，置于阴凉干燥处保存。

【商品识记】扫码认识社会药房常见保健食品。

知识链接

米糠的华丽转身

你或许不敢相信，在浙江省农村普遍用于喂猪的、名不见经传的稻谷加工下脚料米糠竟被称为“天赐营养源”，这一切是因为米糠可开发出多种保健食品。上海某保健品公司从米糠中开发出 γ－谷维醇这一功能因子从而生产出 48 元一盒的“降脂灵”。

【启示】我们要从米糠的华丽转身中认识到各种事物都应该有自己的正确位置，从而找准自己的位置，成就自身价值。

世上没有垃圾，只是放错地方的宝藏。

——（意大利）但丁

关于米糠的故事【详情扫码】

## 二、医疗器械

医疗器械是医药商品的重要组成部分，关系人民群众身体健康和生命安全，党中央、国务院高度重视医疗器械质量安全与创新发展，2021 年 2 月，国务院总理李克强签署第 739 号国务院令，公布新《医疗器械监督管理条例》（自 2021 年 6 月 1 日起施行），从制度层面进一步促进行业创新，更好满足人民群众对高质量医疗器械的需求。此外，为了规范医疗器械注册与备案行为，保证医疗器械的安全、有效和质量可控，国家市场监督管理总局于 2021 年 8 月公布《医疗器械注册与备案管理办法》，自 2021 年 10 月 1 日起施行。

二十大报告提出“推进健康中国建设，把保障人民健康放在优先发展的战略位置”，为我国健康事业的发展指明了方向。尤其对医疗卫生、健康保障、科技创新的发展都提出了明确方向。反映在医疗器械行业，就必然要加强对医疗器械质量安全的监管。报告中强调了“科技创新”在我国现代化建设全局中的核心地位。在集采的冲击下，众多医械企业走到了十字路口，实施创新驱动的发展战略，对于当下的医械行业而言，实为利好之举。2022 年，国家医疗保障局也首次释放国采信号，创新医疗器械将暂不纳入带量采购，在全国范围内拓宽了创新医械产品的市场空间。

### （一）医疗器械的定义

医疗器械是指直接或者间接用于人体的仪器、设备、器具、体外诊断试剂、校准物、材料以及其他类似相关的物品，包括所需要的计算机软件；其效用主要通过物理等方式获得，不是通过药理学、免疫学或者代谢的方式获得，或者虽然有这些方式参与但只起辅助作用。

### （二）医疗器械的分类

国家对医疗器械按照风险程度实行分类管理，按照风险程度由低到高，管理类别依次分为第一类、第二类和第三类，国家药品监督管理部门负责制定医疗器械的分类规则和分类目录。医疗器械的分类及代表品种见表 12－1。

表 12－1　医疗器械的分类及代表品种

| 类别 | 风险程度 | 管理措施 | 代表商品 |
| --- | --- | --- | --- |
| 第一类 | 低 | 常规管理 | 普通纱布、绷带、医用橡皮膏、创口贴、听诊器（无电能）、集液袋、基础外科手术器械、口罩等 |
| 第二类 | 中 | 严格控制管理 | 体温计、血压计、助听器、制氧机、避孕套、针灸针、心电诊断仪器、无创监护仪器、光学内镜、便携式超声诊断仪、全自动生化分析仪、恒温培养箱、牙科综合治疗仪、医用脱脂棉、医用脱脂纱布等 |
| 第三类 | 高 | 特别措施严格控制管理 | 心脏起搏器、微波手术刀、植入器材（人工心脏瓣膜、人工关节、血管支架、植入人体体内的止血纱布）、一次性使用无菌注射器、一次性使用输液器、输血器、彩色超声成像设备、激光手术设备、高频电刀、微波治疗仪、医用核磁共振成像设备、X 线治疗设备等 |

#### 知识链接

**医用纱布是二类医疗器械，还是三类医疗器械？**

医用纱布，在医疗器械分类时，到底属于第二类还是第三类，这其实取决于它是否能植入体内使用，现在市场上有很多止血纱布以及可溶性止血纱布，其中三类医用止血纱布是可以植入人体体内、被人体吸收，不用取出；二类只用于体表，不可用于体内。

医疗器械分类管理，目的是为了更安全的使用医疗器械，二类医用止血纱布只能用于体表，这是原则。虽然有的二类医用纱布厂家宣传可以用于体内，但是不符合法律规定，一旦出了问题是要追究法律责任的。

【启示】我们在学习医药商品分类及医疗器械分类知识的同时，关键是学以致用，要具备在实际工作中正确地去使用相关知识的能力，以解决工作中的实际问题。

### （三）常见家用医疗器械识别

#### 电子血压计

**【结构及组成】**由主机、袖带（腕带）、空气管和电源适配器组成。

**【预期用途】**用于测量成人血压及脉搏数。

**【注意事项】**①使用电子血压计测量血压前应休息几分钟，以消除劳累、兴奋等对血压的影响，运动后则必须休息 30 分钟才能测量。②在温暖的房间测量，每天同一时间测量，建议早晨醒后或午休后测量，因为此时血压上升符合血压波动的一般规律，能真实地反映被测者的最高血压。③臂带要捆扎适度，臂带的中心处与心脏处于同一水平高度。④测量前心情放松，做几次深呼吸，连续测量要间歇 5 分钟，测量时不要说话或晃动身体。⑤臂式袖带卷得不可过紧或过松，以能轻松放入示指为准，气管要位于手臂内侧。

**【品种信息】**境内医疗器械（注册）：获批准的约有 526 个，生产企业有欧姆龙（大连）有限公司、江苏鱼跃医疗设备股份有限公司、松下电气机器（北京）有限公司等；境内医疗器械（注册历史数据）：获批准的约有 461 个，生产企业有欧姆龙（大连）有限公司、江苏鱼跃医疗设备股份有限公司等；进口医疗器械（注册）：获批准的约有16个，生产企业有欧姆龙健康医疗株式会社オムロンヘルスケア株式会社、般巴迪有限公司InBody Co.，Ltd. 等；进口医疗器械（注册历史数据）：获批准的约有27个，生产企业有爱安德株式会社、欧姆龙健康医疗株式会社等。

### 血糖仪

**【结构及组成】**主机：由电路板、按键、液晶显示屏、外壳组成。配件：采血笔（已取得医疗器械注册证或经备案的合格产品）、电池、拓展坞（选配）、数据线（选配）。

**【预期用途】**本品与配套血糖试条配合使用，用于末梢全血葡萄糖测试，可用于医疗机构快速血糖测试、糖尿病患者或其他人群进行自我血糖监测。本产品只用于血糖水平的监测，不适用于糖尿病的最终诊断。

**【注意事项】**①建议患者用酒精消毒，不要用碘酒消毒，待酒精完全挥发之后再测试，否则酒精稀释了血液，影响结果准确性。②确保将足量指血滴入试纸，测试时若采血量不足或过多，都会影响测定结果。③一定要选用与血糖仪相匹配的试纸条，最好使用原厂家配套生产的。④采血部位要交替轮换，不要长期扎同一个地方，以免形成瘢痕。手指两侧取血最好，因其血管丰富而神经末梢分布较少，不仅痛感少而且出血充分。取血时不要过分挤压，以免组织液挤出与血液相混，导致血糖测试值偏低。另外，如果手指温度过低、血流不畅等也会影响测定结果。⑤有些血糖仪是滴血后再插进血糖试纸测定的，如果时间延长或过短都可能使血糖值不准，因此需要多加练习。⑥有些血糖仪在检测时挪动试纸条或检测时发生移动或倾斜等，都会影响检测结果。⑦采血针一经使用，针尖会随着使用次数的增加而钝化，使用过的采血针上也容易有病菌繁殖，会直接危害健康，因此，血糖检测完毕后，应立即将使用过的试纸及采血针妥当弃置。⑧若测得的血糖值异常高或者异常低，须按正确方法重测一次，再向医生咨询。

**【品种信息】**境内医疗器械（注册）：获批准的约有124个，生产企业有北京怡成生物电子技术股份有限公司、江苏鱼跃医疗设备股份有限公司等；境内医疗器械（注册历史数据）：获批准的约有90个，生产企业有江苏鱼跃医疗设备股份有限公司、北京乐普医疗科技有限责任公司等；进口医疗器械（注册）：获批准的约有38个，生产企业有安晟信糖尿病保健股份公司Ascensia Diabetes Care Holdings AG等；进口医疗器械（注册历史数据）：获批准的约有63个，生产企业有惠碁生物科技股份有限公司、Bayer HealthCare LLC等。

**【商品识记】**扫码认识社会药房常见医疗器械类商品。

## 三、化妆品

被称为“美丽经济”的中国化妆品产业，经过20多年的迅猛发展，现今已经取得了前所未有的成就。中国的化妆品市场是全世界最大的新兴市场，在短短的20多年里，中国化妆品产业从小到大，由弱到强，从简单粗放到科技领先、集团化经营，全行业形成了一个初具规模、极富生机活力的产业大军。化妆品企业如雨后春笋般越来越多，名目繁多的化妆品品牌层出不穷，市场竞争愈演愈烈。

与此同时，化妆品法规体系也以前所未有的速度加快健全完善，随着国务院颁布的《化妆品监督管理条例》于2021年1月1日起施行，我国的化妆品监管正式进入2.0时代。

### （一）化妆品的定义

关于化妆品的定义世界各国（地区）的法规规定略有不同。在我国，根据《化妆品监督管理条例》规定，化妆品是指以涂抹、喷洒或者其他类似方法，施用于皮肤、毛发、指甲、口唇等人体表面，以清洁、保护、美化、修饰为目的的化学工业产品。

### （二）化妆品的分类

国家按照风险程度对化妆品实行分类管理，分为特殊化妆品和普通化妆品。

用于染发、烫发、祛斑、美白、防晒、防脱发的化妆品以及宣称新功效的化妆品为特殊化妆品。

特殊化妆品以外的化妆品为普通化妆品。

### （三）社会药房常见化妆品识别

社会药房常见的化妆品有染发膏、防晒霜、祛斑霜、面膜、洁面乳等。

扫码认识具体商品。

## 四、消毒产品

消毒产品是医疗卫生机构和市民经常使用的健康相关产品，与人民群众生命健康息息相关。随着我国经济快速发展和消费升级，国家对于医疗卫生费用投入不断增加，医疗机构数量显著增长，居民的卫生健康意识也持续提高。2018 年，国家卫生健康委员会颁布了《消毒产品卫生安全评价技术要求》，本标准作为消毒产品卫生安全评价的强制性卫生行业技术性标准，主要内容规定了消毒产品卫生安全评价的基本要求和内容，对消毒产品进行卫生安全评价有较强的实用性和可操作性。2020 年以来，受新冠疫情影响，我国消毒产品市场供不应求，带动价格上涨，我国政府陆续出台政策支持医用物资骨干企业发展。受疫情和各项利好政策影响，未来我国消毒产品行业发展潜力较大。

### （一）消毒产品定义

根据《中华人民共和国传染病防治法》第七十八条规定，消毒是指用化学、物理、生物的方法杀灭或者消除环境中的病原微生物。根据《消毒管理办法》第四十五条规定，消毒产品包括消毒剂、消毒器械（含生物指示物、化学指示物和灭菌物品包装物）、卫生用品和一次性使用医疗用品等。

### （二）消毒产品的具体分类

消毒产品分类见表 12－2。

**表 12－2　消毒产品分类**

| 分类 | 包含品种 |
|---|---|
| 消毒剂类 | ①用于医疗卫生用品消毒、灭菌的消毒剂；②皮肤、黏膜消毒的消毒剂（其中用于黏膜消毒剂仅限医疗卫生机构诊疗用）；③用于餐饮具消毒的消毒剂；④用于瓜果、蔬菜消毒的消毒剂；⑤用于水消毒的消毒剂；⑥用于环境消毒的消毒剂；⑦用于物体表面消毒的消毒剂；⑧用于空气消毒的消毒剂；⑨用于排泄物、分泌物等污物消毒的消毒剂等 |
| 消毒器械类 | ①用于医疗器械、用品灭菌的灭菌器械；②用于医疗器械、用品消毒的消毒器械；③用于餐饮具消毒的、空气消毒的、水消毒的、物体表面消毒的消毒器械 |

续表

| 分类 | 包含品种 |
| --- | --- |
| 生物指示剂 | ①用于测定压力蒸汽灭菌效果的指示物；②用于测定环氧乙烷灭菌效果的指示物；③用于测定紫外线消毒效果的指示物；④用于测定甲醛灭菌效果的指示物；⑤用于测定电离辐射灭菌效果的指示物 |
| 化学指示剂 | ①用于测定压力蒸汽灭菌的指示物（包括指示卡、指示胶带、指示标签和BD试纸）；②用于测定环氧乙烷灭菌的指示物（包括指示卡和指示标签）；③用于测定紫外线消毒的指示物（包括辐照强度指示卡和消毒效果指示卡）；④用于测定干热灭菌效果的指示物；⑤用于测定电离辐射灭菌效果的指示物；⑥用于测定化学消毒剂浓度的指示物 |
| 灭菌包装物 | ①用于压力蒸汽灭菌且带有灭菌标识的包装物；②用于环氧乙烷灭菌且带有灭菌标识的包装物；③用于甲醛灭菌且带有灭菌标识的包装物 |
| 卫健委规定的其他物品 | 卫生用品类①妇女经期卫生用品：卫生巾（纸、带）、卫生护垫、卫生栓（内置棉条）；②尿布等排泄物卫生用品：尿裤、尿布（垫、纸）、隔尿垫；③皮肤、黏膜卫生用品：湿巾（纸）、卫生湿巾（纸）、抗（抑）菌洗剂（不含栓剂、皂类）；④隐形眼镜护理用品：隐形眼镜护理液、隐形眼镜保存液、隐形眼镜清洁剂；⑤其他的一次性卫生用品：纸巾（纸）、卫生棉（棒、签、球）、化妆棉（纸、巾）、手（指）套、口罩、纸质餐饮具等 |

### （三）社会药房常见消毒产品识别

社会药房中常见的消毒产品有消毒液、医用酒精、碘伏、高锰酸钾消毒片、消毒皮肤外用软膏等，扫码认识具体商品

**即学即练**

答案解析

下列属于消毒产品的是（　　）

A. 纱布　　B. 绷带　　C. 酒精　　D. 创口贴

## 实践实训十三

### 非药品类医药商品信息查询训练

**【实训目的】**

通过本次实训，让学生学会利用国家市场监督管理总局官网、国家药品监督管理局官网、中华人民共和国卫生健康委员会官网以及常见的医药电商网等数据网站，并结合当前社会药房终端市场，熟练查询保健食品、医疗器械、化妆品、消毒产品四类非药品类医药商品品种信息，以培养学生的市场意识、信息意识和主动探究协作学习能力、计算机应用能力以及医药商品的信息检索能力。

**【材料准备】**

1. 全班分成8个组，6～7人/组，人数少的班级可5～6人/组。
2. 计算机、网络。
3. 《非药品类医药商品信息表》。

## 【实施步骤】

1. 教师分别演示国家市场监督管理总局官网（http：//www. samr. gov. cn/）、国家药品监督管理局官网（http：//www. nmpa. gov. cn/）、中华人民共和国卫生健康委员会官网（http：//www. nhc. gov. cn/）非药品类医药商品数据查询操作过程和医药电商网（健客网、1药网、好药师、康爱多、天猫医药馆、京东医药商城等）品种查询过程。

2. 小组协作，结合对生产企业的认知度、本任务相关知识点，讨论确定出本次实训需要查询的商品品类及品种名称，按照教师的示范操作依次熟悉相关网站，进行品种信息的初步筛选，讨论确定出具体商品。

3. 小组按照商品大类进行分工，完成教师提供的《非药品类医药商品信息表》，每类补充1~7个代表商品，摘录其主要商品信息，搜集商品包装图片。

4. 组内交流、检验成果。

5. 提交资料、检查评价。

6. 班内总结分享。

## 【注意事项】

1. 选择品种时优先选择知名度高的或者网店销量较大的。

2. 填写商品信息时要注意格式规范。

3. 查询过程同时搜集商品的包装图片，强化品种知识。

4. 搜集的图片命名格式为“类别+名称+厂家简称”，同一类别归属一个文件夹，从大类到小类依次建档。

5. 组内可自由开展商品图片识记竞赛，如“看图片—背名称—说分类—讲特点”。

## 【扫码获取《非药品类医药商品信息表》】

微课2

答案解析

# 目标检测

### 一、单项选择题

1. 下列医药商品属于第一类医疗器械的是（　　）

A. 纱布　　B. 体温计　　C. 医用脱脂棉　　D. 医用脱脂纱布

2. 有较高风险，需要采取特别措施严格控制管理以保证其安全、有效的医疗器械属于（　　）

A. 第一类　　B. 第二类　　C. 第三类　　D. 第四类

3. 下列医药商品属于第二类医疗器械的是（　　）

A. 基础外科手术器械　　B. 医用橡皮膏　　C. 纱布　　D. 医用脱脂纱布

### 二、多项选择题

1. 保健食品的保健功能包括（　　）

A. 增强免疫力　　B. 改善生长发育　　C. 缓解视疲劳

D. 抗氧化　　E. 改善营养性贫血

2. 以下医药商品属于特殊化妆品的是（　　）

A. 染发膏　　B. 祛斑霜　　C. 美白霜

D. 防晒霜　　E. 烫发膏

书网融合……

知识回顾　　微课 1　　微课 2　　习题

# 参考文献


[1] 周荣．医药商品学［M］.2 版．北京：中国医药科技出版社，2016.

[2] 王雁群．医药商品学［M］.2 版．北京：中国医药科技出版社，2017.

[3] 杨群华，刘立．实用药物商品知识［M］.4 版．北京：化学工业出版社，2020.

[4] 刘勇．医药商品学［M］.3 版．北京：中国医药科技出版社，2015.

[5] 傅宏义．新编药物大全［M］.4 版．北京：中国医药科技出版社，2017.

[6] 陈新谦，金有豫，汤光．新编药物学［M］.18 版．北京：人民卫生出版社，2018.

[7] 茹仁萍，武谦虎．抗感染药物临床合理应用手册［M］．北京：中国医药科技出版社，2016.

[8] 国家药品监督管理局执业药师资格认证中心．国家执业药师职业资格考试指南－药学综合知识与技能［M］.8 版．北京：中国医药科技出版社，2020.

[9] 国家药品监督管理局执业药师资格认证中心．国家执业药师职业资格考试指南－药学专业知识（二）［M］.8 版．北京：中国医药科技出版社，2020.

[10] 叶真，丛淑芹．药品购销技术［M］．北京：化学工业出版社，2020.

[11] 李淑霞．药事管理学［M］.7 版．济南：山东人民出版社，2020.

[12] 杨世民．药事管理学［M］．北京：人民卫生出版社，2016.

[13] 李俊伟，张翼宇．医学类专业课程思政教学案例集［M］．北京：中国中医药出版社，2020.

[14] 邓金栋，温再兴．中国药品流通行业发展报告（2020）［M］．北京：社会科学文献出版社，2020.